图书在版编目（ＣＩＰ）数据

思想政治教育质性研究及其应用：对大学生思想政
治状况的解释与理解 / 李红著. -- 天津：天津人民出版
社,2018.8
　　ISBN 978-7-201-14148-0

Ⅰ.①思… Ⅱ.①李… Ⅲ.①大学生－思想政治教育
－研究－中国 Ⅳ.①G641

中国版本图书馆 CIP 数据核字(2018)第 217155 号

思想政治教育质性研究及其应用
SIXIANG ZHENGZHI JIAOYU ZHIXING YANJIU JIQI YINGYONG

出　　版	天津人民出版社	
出 版 人	黄　沛	
地　　址	天津市和平区西康路35号康岳大厦	
邮政编码	300051	
邮购电话	（022)23332469	
网　　址	http://www.tjrmcbs.com	
电子信箱	tjrmcbs@126.com	

策划编辑	王　康	
责任编辑	林　雨	
特约编辑	王　倩	
装帧设计	汤　磊	

印　　刷	高教社(天津)印务有限公司	
经　　销	新华书店	
开　　本	787毫米×1092毫米　1/16	
印　　张	23.75	
插　　页	2	
字　　数	300千字	
版次印次	2018年8月第1版　2018年8月第1次印刷	
定　　价	96.00元	

目　录

中篇：思想政治教育质性研究的构建

下篇：解释与理解大学生的思想状况

导论　思想政治教育质性研究的源起

任何一门学科都有自己的研究方法，思想政治教育领域有诸多的研究方法，既有理论层面的方法，又有操作性强的实践方法。根据思想政治教育的目的和学科特点，拓展思想政治教育质性研究领域，将对思想政治教育的方法研究和实践活动的操作性、可行性和实效性产生积极的影响。

一、质性研究及其发展

质性研究经历了一百多年的发展，经过了相互重叠的七个历史时期，[①]其理论基础由实证主义范式直到后实证主义理论，吸纳诸多理论的精华，形成各种各样新的解释性、质性的视角，[②]是具有包容性、开放性、客观性、解释性、反思性、过程性、质疑性和批判性等多视角的研究方法。质性研究既是一种理论，也是一种科学而规范的操作方法。质性研究是与量性研究不同的理论与方法，它是通过多种手段对文本进行归纳分析，构建理论，发现问题，是国际学界方法研究发展到新阶段的代表。可以说，质性研究本身是国外比较成熟的理论和方法系统，是得到国际学界普遍认可，被应用于各个学科领域的理论研究与方法研究。在国外，质性研究被广泛地应用到许多社会科学领域，甚至包括军事、医学等应用科学领域，特别是教育领域的应用更为广泛，

---

①②　参见［美］诺曼·K.邓津，伊冯娜·S.林肯：《定性研究：方法论基础》（第 1 卷），风笑天等译，重庆大学出版社，2007 年，第 3 页。

经验比较丰富,普及比较广泛。在国外和中国港台地区,高校都十分注重培养学生运用方法的能力,开设多种方法类的课程,多数高校都开设质性研究类的课程。在学生的研究报告或论文中都要求应用一定的方法,包括实证方法和质性方法。

质性研究理论与方法被引进中国是最近十几年的事情,国内只有极少数学科运用质性研究方法。20世纪90年代,质性研究才被引进中国,质性研究在中国的应用不仅时间短,而且应用的领域也比较少。尽管如此,就质性研究的特点而言,比较适合应用于教育领域,可以说质性研究完全有条件应用于思想政治教育领域。质性研究是一个独立的理论和方法相统一的系统,它不属于哪个学科,各学科都可以按照其目的和要求吸纳质性研究的理论与方法,从而达到本学科的研究与实践的目标。将质性研究纳入思想政治教育领域是个新的尝试,将为思想政治教育方法领域的理论研究与实践操作起到积极的作用。

思想政治教育质性研究是在马克思主义理论指导下,吸收质性研究的主要成果而形成。思想政治教育质性研究是将质性研究的方法纳入思想政治教育之中,使之具有思想政治教育特色的方法体系,之所以如此,一方面在国内的思想政治教育学界,思想政治教育质性研究理论与方法的研究属于空白领地,而质性研究是国际学界方法研究发展的最新阶段,将质性研究方法引入思想政治教育领域,显然不仅有运用国际最新研究方法的价值,而且可开发更多研究方法的"处女地";另一方面质性研究又极为适合思想政治教育的理论与实践的特点,有较强的科学性、契合性、操作性和实效性,是思想政治教育实践活动不可或缺的理论与方法。

二、思想政治教育理论与方法的研究需要质性研究

第一,思想政治教育目的是根据社会和个人发展的需要,对社会成员进

行思想政治观念和思想道德教育，使社会成员的思想政治观念和思想道德水平提高到适应社会发展需要的水平，思想政治教育的目的和目标需要通过具体的实践活动达成，思想政治教育的具体实践活动的全过程和各个方面都贯穿着思想政治教育的目标、性质、范畴、内容、规律、过程等理论内容，而实现活动过程需要一定的方法，方法是过河的桥或船，是实现思想政治教育目标并与思想政治教育过程同步的方式和手段。张耀灿指出："思想政治教育方法是人们在认识世界、改造世界的过程中所采取的方式和手段的总和……方法是人们达到预期目的的一种手段、工具、途径、技术和范式。"①而教育者要把社会成员的阶级立场、观点、思想意识、行为规范、价值观念等社会意识形态，转化为教育对象的个体经验、品质、评价和行为习惯等，就必须有一定的方式和手段才能实现。受过较好训练的教育者应该掌握改变教育对象的思想认识和提高教育对象认识水平的操作方法与手段，以及具备解决教育对象思想问题所需备的专业能力。

作为理论性、应用性、综合性和政治性很强的思想政治教育学科，经过二十多年的建设和发展，已经形成初步完善的理论系统和学科结构，可以说思想政治教育学科建设取得长足的进展，其研究范围不断清晰，主要包括："思想政治教育基本理论研究、思想政治教育的形成和发展研究、思想政治教育方法理论依据、思想政治教育管理理论研究"②"思想政治教育应用研究和现实追踪研究"③"思想政治教育实践及其创新与发展研究"④。但是思想政治教育是实践性很强的学科，而以往的研究仍存在着重理论轻实践的问题，具体如下："主干学科建设较强，分支学科建设较弱；基础研究较强，应用研究较弱；

---

① 张耀灿、郑永廷、吴潜涛、骆郁廷：《现代思想政治教育学》，人民出版社，2006年，第360~361页。
② 同上，第29页。
③ 刘建军：《思想政治教育学科建设》，《思想理论教育》，2007年第1期。
④ 沈壮海：《推进思想政治教育学科建设的思考》，《思想理论教育》，2006年第11期。

认知性学科较多,情意性学科偏少。"①学界一致认为基础研究应该与应用研究并重,应该加强应用研究和实践操作方法的研究。即便学界在思想政治教育方法研究方面,也是多停留于理论研究层面。一是思想政治教育方法论、方法、方法体系的内涵及其关系,二是方法的本质、层次、原则、价值、功能、作用,三是方法的形成基础、发展方式、运行条件,四是方法运用结果的评估,五是思想政治教育拓展领域:涉及危机干预方法等研究,网络思想政治教育舆论调查方法与分析、网络心理行为和言论疏导的引导方法。目前,运用科学有效的方法进行思想政治教育的研究成果不多见,多停留于方法论、方法等理论领域的探索之中。思想政治教育也是实践性很强的学科,不仅要加大基本理论研究的深度和广度,还要拓展思想政治教育专业方法的研究与实践。从这种意义上说,从思想政治教育的理论形态转化为微观操作性较强的实践形态的路径是亟须解决的问题,思想政治教育质性研究为解决这个问题提供了新的理论视域和行之有效的规范方法。

第二,思想政治教育学科的发展性特征,又为质性研究的融入与存在提供了广范的应用空间,即思想政治教育内涵发展的核心是教育质量的提高。外延发展是思想政治教育在领域上的拓展……是教育要面向现代化、面向世界、面向未来的客观要求。②将质性研究纳入思想政治教育之中正是拓展学科发展的重要方面,它开拓了思想政治教育研究新的理论思维和微观方法的新领域。因此,思想政治教育的学科特点说明质性研究适应并能满足思想政治教育学科的需要。一方面,质性研究引进思想政治教育领域可以解决理论指导实践过程中如何规范操作的瓶颈问题。虽然思想政治教育在谈话、调查等微观工作方法方面积累了丰富的经验,但是如何使这些经验上升到科学的规范操作和理论层面,这是一个理论实践化和实践理论化的问题,也是使一个理论如何具体指导微观层面上的思想政治教育实践活动和理论创

① 张耀灿:《思想政治教育学科理论体系发展创新探析》,《思想教育研究》,2007 年第 5 期。

② 参见张耀灿、郑永庭、吴潜缘、骆郁廷:《现代思想政治教育学》,人民出版社,2006 年,第 67 页。

新的问题,思想政治教育质性研究为此提供了一个新视域。

另一方面,思想政治教育质性研究具有发现问题深入而准确,能够解决深层次思想的问题,为思想政治教育活动提供准确问题目标等特点,这些特点能够满足思想政治教育专业实践性的要求,有效地丰富了思想政治教育学科应用研究的内容。思想政治教育质性研究不仅有自身的理论,更有其方法实施过程中的具体程序、方式和方法,它可以有效地服务于思想政治教育的目的,即以中国共产党和国家的主流意识形态引领社会上层建筑和意识形态发展的社会历史使命,并践行对社会成员进行社会所需要的思想政治观念、道德品质等教育实践活动,推进了思想政治教育从理论形态到实践形态的转换,通过教育实践活动满足社会塑造个人高尚人格的需要和个人自我完善精神世界的需要。

上篇：基础理论的辨析

第一章　对科学研究的认识与辨析

任何研究都离不开方法,方法(即一种研究过程的方式)是一种用来收集论据的技术,通常的方法有通过访谈以获得信息,或通过观察行为来获得资料,或通过检测和记录历史踪迹收集材料。方法有实证方法和质性方法,如何认识不同类型方法的科学性、客观性是值得思考的问题。

一、对"证实原则"的认识误区与辨析

(一)有关证实原则

研究方法源于方法论,方法论源于认识论,什么样的认识是科学的认识? 怎样获得知识认识才是科学的? 对于什么是科学知识的认识, 向来争论不休。"证实原则"似乎成为衡量科学的唯一标准,在讨论中长期处于统治地位。"证实原则"是逻辑经验主义的认识原则,它源于休谟《人类理解研究》(出版于 1748 年)的观点,即只有数学和经验科学的命题是有意义的,其他命题都没有意义,也就是说通过数字和经验科学命题获得的知识是科学的,其他命题是不科学的。具体而言, 只有可能被证实——逻辑证实和经验证实——的知识才是科学的知识,否则便是非科学的陈述。按照这样划分科学与非科学的界限,科学只是少数能够被逻辑证实和经验证实的事物的专利,而大量未被证实和未被经验的鲜活的自然现象和社会现象, 都被排斥在所谓"科学"的范围之外了,这样的"科学"岂不成为自然与社会之外的孤岛了

吗？而脱离自然和社会的不具有普遍性的所谓"科学"，又何称其为科学？当脱离自然现象和社会现象的所谓自称的"科学"，已经把自己置于只见树木，不见森林的狭隘境地，失去科学普遍性和规律性的基本要义，因为这样的认识不符合客观事实。

以只有数学和经验科学的命题是有意义的实证原则为标准来划分科学与非科学的界限，显然是狭隘的，它无法回答如下的问题：人的认识和经验是有限的，而世界万物是无限的，人能够局部地、部分地证实和经验世间的事物，世间万物不可能全部被人所证实和所经验。也就是说，有限的证实即逻辑证实、经验证实与无限的客观事物之间是一对矛盾，这一矛盾，对于以"证实原则"作为划分科学的标准提出尖锐的怀疑。对此，波普提出科学理论不可能被经验证实，而经验可以被证伪。因为科学理论是全称性的和普遍性的判断，其所概括的经验事实是无限的，所有的科学事实不能被一一验证，但是却可以证伪。波普的结论是：只有可能被经验证伪的知识，而不是证实的知识，才是科学的知识，而不能被证伪的知识便是非科学的知识。[①]"关于经验事实的单称判断只能证伪而不能证实科学理论的全称判断，因而只有可能被经验证伪——而不是证实——的知识，才是科学的知识。"[②]

证伪和证实是什么样的关系呢？证实是为了确定对事物认识的可靠性、精准性、确定性和可验证性，当波普发现用"实证原则"作为科学标准无法解决人类的有限实证和经验与自然界和社会无穷现象之间的认识矛盾时，便提出证伪原则。其目的是用逻辑和理论分析的反证方式来证明知识的可靠性、精准性、确定性和科学性，这是反方向的证实，只是为了证实的迂回策略，实质上是证实的重要组成部分和一种补充形式，证伪是为了更好地证实，都是证实的范畴之内。

---

① 参见王海明：《伦理学方法》，商务出版社，2003年，第57~59页。

② 同上，第59页。

（二）科学知识的证实

证实是说明知识的科学性的条件，科学的知识需要证实和证伪，但是科学知识需要的是证明、论证，而不是证实有些知识需要实验、观察等可见性手段以证明其科学性，人们对一些知识的认识要通过思维、逻辑等证明其科学性，无论是可见性的实验、观察，还是不可见性的思维、逻辑分析，都是证明人类获得知识的科学性。自然科学和社会科学都可以通过思维的、逻辑的、实验的、观察的、测量的、数字的等方式证明其客观性、真实性、科学性，而不是证实这些知识的科学性。"理论只可以用理论或逻辑来证明，而不可能用理论或逻辑来证实；理论只能用理论、逻辑之外的东西证实。"①科学知识的证实需要在客观外界的实践中证实其科学性，而不是在主观世界中证实其科学性，用理论和逻辑来证实理论和知识的科学性，显然是主观世界的产物，理论和知识只有通过理论和逻辑之外的现实社会检验才能实证，这显然是个实践的问题。就科学理论的证实而言，若认为科学理论是被逻辑证实和经验证实的知识与科学理论是被经验所证实——观察或实验所证实的知识都是在证明意义上的判断，而不是证实意义上的判断，否则就是无意义的判断。

人们所获得的知识可能是真，亦可能为假，真假是知识的一种属性，可通过被检验和证明所获得知识的真假，所不同的是，不同的知识所需要检验和证明的方法和手段有所不同，有些知识可以通过精密仪器检验，有些知识要通过社会生活实践检验，有些知识通过思维、逻辑推理验证，检验的方式是多元的，因为知识的产生是既是多元的，也是历史的。此时未检验不等于将来不能检验，此时检验确定为真知识，未必将来不能被新的检验所推翻，这就是马克思主义的辩证否定观。而认为只有科学才是可检验、可证实的，

---

① 王海明：《伦理学方法》，商务出版社，2003 年，第 60 页。

而非科学知识是不可检验的、不可证实的论调，是把可检验性、可实证性作为衡量是否是科学的划界标准，反映出知识的可检验性和可证实性的片面性和狭隘性。正如王海明所认为的：证实原则和证伪原则的错误在于知识的可检验性和经验的片面化、狭隘化。因为可检验性和可证实性并不是科学区别与非科学的特征，而是科学与非科学的共性，是一切知识具有的属性。[①]把证伪和实证，即可检验性可实证性作为科学划分的标准，其实质是科学亦即自然科学，它是精准可靠的知识，因而是能够用经验事实——观察和实验——检验的知识体系[②]。用"证实原则"作为科学的分水岭，必然导致确立自然科学受遵崇的霸主地位，用自然科学的"可检验性可实证性"来验证社会科学的科学性，社会科学自然因缺乏"可检验性可证实性"而处于被误认为是"非科学性"的窘境。

科学理论检验标准（证实和证伪）都是各种观察和实验——精密的和非精密——以及生活实践等一切社会实践活动，可是现代经验实证主义却把具有数学精确性的精密观察和实验奉为检验标准，由此认为只有被精密地观察到和检验到的知识才是科学。如果按照这种逻辑推论，有相当的思维科学和社会科学学科就不能称其为科学了，显然有片面性。精密观察和实验是有限的局部的操作，而客观外界是无限丰富复杂的，以有限的局部的判断代替对全部科学分界是显然是片面的、狭隘的。如果按照"证实原则"而言，即便人能够证实 N 个命题，而 N+1 没有被证实就不能称其为科学了，也许有一天 N+1 和 N+2 都被证实和被验证，而被证实和被验证的结果是 N+2 的验证推翻了 N+1 的证实和验证结论，那么 N+1 是否还是科学的呢？可见此时是被证实的科学，而彼时未必是被证实的科学，"证实原则"是人类在某一时段内认识自然和认识社会的部分真实的科学原则，人类对于自然和社会的认识是不断肯定、否定接近真实世界的认识过程。

---

①②　参见王海明：《伦理学方法》，商务出版社，2003 年，第 61 页。

二、社会科学与自然科学同样具有科学性

（一）自然科学与社会科学都具有科学的同一性

"科学是关于任何实际存在的事物的普遍性的知识体系——关于自然界事物的普遍性的知识体系是自然科学；关于社会事物的普遍性的知识体系是社会科学；关于人类思维领域的事物的普遍性的知识体系是思维科学；关于宇宙一切事物普遍性的知识体系是哲学。"[①]由于对事物普遍性、规律性的认识是科学的认识，有关事物的普遍性知识体系是科学，因而有关事物具有普遍性的知识体系是划分科学的标准。社会科学是关于社会领域事物的普遍性的知识体系，如有关思想政治教育领域事物的普遍性的知识体系就是思想政治教育学。

如果论证社会科学的科学性，就必须从认识人类社会开始。如果说自然科学是关于自然现象的科学，或者是揭示自然现象规律和本质的科学的话，那么社会科学是关于人类社会现象的科学，是关于人类社会生产、交往等各种社会实践活动认识的科学。对社会的认识就是人类认识世界和改造世界的自我认识的实存形式，只要是现实存在的且对人类有影响的社会现象，就会有人类对其进行研究，人类社会就是一个客观的、有规律的自然的社会历史运动的过程，人的认识就是对人类社会发展规律的过程认识，就是一个人们认识世界和改造世界的过程，就是一个不断认识社会、认识自我、反思批判、不断探索的自我意识的建构过程。社会科学就是人类对社会现象的认识和反应符合社会现象实存状态并不断接近真理的认识过程，如果否认社会科学的科学性，也就否认了社会现象存在的实在性和人的认识能力的确定

---

① 王海明:《伦理学方法》,商务出版社,2003 年,第 64 页。

性和可能性,从而也就否定了自然科学的科学性。马克思在《1844年经济学哲学手稿》中指出:"社会是人同自然界的完成了的本质的统一,是自然界的真正复活,是人的实现了的自然主义和自然界的实现了的人道主义。"①可见自然界和人类社会是完整的统一体,自然是社会化了的自然,社会是人化了自然,自然界与人类统一在社会之中。自然科学是有关与人类认识社会现象一样的认识自然现象的科学,如果承认了人类对自然现象认识能力的确定性和可能性,也就承认了人类认识社会现象的确定性和可能性。因此,社会科学与自然科学一样是人类对于自然和社会的科学认识,人文社会科学则是在理论层面上展开的社会认识活动的专门化和典型化形式,也是人类社会自我意识的科学理论层面和科学认识形式。②从这种意义而言,自然科学与社会科学之间除了研究内容、部分方法和手段不同以外,在逻辑上和部分研究方法上有一致性,自然科学在社会科学问题研究中具有同等的有效性;相应地,社会科学的研究结果与自然科学一样具有客观性和普遍性,并成为社会科学积累性知识增长的内在组成部分。③

(二)社会科学同样具有科学特征

从近代以来,自然科学的实证原则被奉为天经地义的科学,依靠数据的"准确性、精确性、确定性、可重复性等,是实证的基本内涵"④。实证原则追求客观性、价值无涉、经验性便成了衡量科学特征的重要标志,这源于西方科学传统及其理论,社会科学自然也逃脱不了被以实证原则标准衡量是否是具有科学特征的命运。很多学者都在讨论社会科学如何能成为科学和具有科学特征。孔德认为:对社会的认识要成为实证的科学就必须从形而上学和

---

① 《马克思恩格斯文集》(第一卷),人民出版社,2009年,第187页。
② 参见欧阳康:《社会认识方法论》,武汉大学出版社,1998年,第21页。
③ 同上,第25~26页。
④ 同上,第24页。

科学中划分出来,成为独立的学科。①密尔、休谟、孔德都认为形而上学的实体是不真实的,只有感知的现象事实存在,在感知背后没有本质或终极的现实,社会科学家应该把精确的数据作为事实的源泉,从中可以得出在经验上有效的规律。这是产生实际效益的唯一的知识类型②。密尔认为:被经验证实有用的有关人的行为的知识,对群体比对个体有更强的预测力。③科学不属于道德范畴,它讨论的是手段问题,对于科学研究而言,不能用对与错来判断,而只能用真或假来评价,至于政治性问题只有在应用时才有意义,研究过程是不带有政治意义的。显然,密尔、休谟、孔德都主张目的和手段分离的二元论,以及知识一定是被证实的才为科学。照此标准衡量社会科学,就难以逃离价值选择和判断与价值无涉的对立了。韦伯的观点能为此解围,韦伯认为价值无涉和价值是有关联的,社会科学无法排除价值选择,在选题阶段社会科学家是有价值选择的,在研究阶段便是价值无涉,至于研究结果如何有价值立场的运用是另一回事了。如此说来,分阶段处理价值无涉与价值问题便是较好地处理了社会科学价值有涉的问题,也达到了证明社会科学具有科学特征的要求。

"实证原则"作为最先被发明并用于自然科学领域的科学研究原则,有其特殊的历史意义,有力地推动了自然科学的真理性、系统性和科学性发展,受到空前推崇也在情理之中。它不仅对自然科学研究方法影响深远,对社会科学研究方法的影响同样深远,以至于人文社会科学的研究方法中渗透着较强的"实证原则"色彩,这是自然而然的事情。事实上,社会科学家也将这些实证的内涵引进社会科学研究之中,以此证明其科学特征或向着科学性靠近。他们提出整体方法、观察方法、实验方法、比较方法和历史方法等具体的实证方法,其思想直至影响后来社会科学普遍所采用的分析、检验、

---

① 参见欧阳康:《社会认识方法论》,武汉大学出版社,1998 年,第 25 页。

②③ 参见[美]诺曼·K.邓津、伊冯娜·S.林肯:《定性研究方法论基础》(第一卷),风笑天等译,重庆大学出版社,2007 年,第 146 页。

定量、客观等研究方法,这就是社会科学研究方法中科学主义思潮的基本内容。

既然自然界与人类社会具有统一的整体性,自然科学和社会科学都具有对事物的单一性、特殊性与普遍性、一般性相统一的研究特征,则人类对自然的认识和对社会的认识在认识论、方法和逻辑上都有相同之处,二者相互借鉴,相互影响也是顺理成章的事情。自然科学为社会科学研究提供了科学的方法与理论依据,社会科学为自然科学的发展提供必要的人文条件。虽然社会科学通常以理论形态表现,但仍然无法脱离直面现实生活的观察和经验,这就是"实证原则"在社会领域研究的确定性、真实性、客观性表现。有理由相信社会科学的实践性特征终究将被纳入科学特征之中,以丰富传统实证研究的科学特征,因为"在思辨终止的地方,在现实生活面前,正是描述人们实践活动和实际发展过程的真正的实证科学开始的地方。关于意识的空话将终止,它们一定会被真正的知识所代替"[1]。社会是自然与人类完整统一的社会历史演变过程,社会历史中记载着与人类生存息息相关的具体生活活动,社会科学研究不可以离开这些鲜活的具体生活情境,恰恰这些具体鲜活的生活情境是社会科学研究提升为理论的源泉。"由此可见,历史向世界历史的转变,不是'自我意识'、宇宙精神或者某个形而上学幽灵的某种纯粹的抽象行动,而是完全物质的、可以通过经验证明的行动,每一个过着实际生活的、需要吃、喝、穿的个人都可以证明这种行动。"[2]人类知识是不断自我丰富、自我更新、自我发展的动力系统,社会科学研究是人类科学知识的一部分,具有科学知识的真理性、确定性、客观性、合理性、有效性特征,是人类以理论思维形态完成了对世界和人类社会的认识,其科学性的生命力就在于其理论来自于社会实践,来自于鲜活的社会实际生活,科学理论就是人类对这些鲜活的社会现实生活进行整体的、系统的、真实的、客观的认识和

①　《马克思恩格斯文集》(第一卷),人民出版社,2009年,第526页。

②　同上,第541页。

反映,只不过是生成为理论形态来描述,反映对社会现实的认识而已。

三、质性研究与量性研究的差异与联系

实证研究运用精准的数据统计方法,经过严格的程序和控制无关变量而获得可靠的数据,其结论具有可靠性和确定性的,也因此通常被叫作用定量研究、量化研究和量性研究(中国香港、中国台湾、新加坡等地区和国家就是这样的称谓)。自20世纪60年代以来,在实证研究的基础上,质性研究越来越受到国际学界的关注和采纳,被普遍运用到很多学科,它于20世纪90年代传入中国,也得到国内学界的认同(既然"质性研究"这个概念已被国内学界普遍接纳,为了避免概念混淆,以及与"质性研究"这个概念相对应,也为了对两种不同研究模式进行对比和说明的便利,下文用"量性研究"这个概念代表实证研究的称谓,使"质性研究"与"量性研究"两个概念既有对应,又相区别)。质性研究在某些方面弥补了量性研究的不足之处,然而弥补不是代替,质性研究不能代替实证研究。因为对于事物(包括对社会和人)的研究离不开以数量统计分析为依据,但是依靠单调、枯燥的数字为研究依据的量性研究又无法反映丰富、多样、变化着的世界和人类生活,在这一点上,质性研究恰恰能做到实证研究不及的地方。可见一方面,量性研究和质性研究是两个不同的研究系统和方式,双方有着明显的差异,各有其特色与功能;另一方面,量性研究和质性研究双方又具有互补性。具体如下:

(一)质性研究与量性研究的差异

第一,量性研究与质性研究的理论基础不同。二者分别代表了两种不同的哲学基础和不同的研究范式。实证研究的哲学基础是实证主义、科学主义、行为主义;质性研究的哲学基础则是自然主义、人文主义、解释学、现象学、符号学、建构主义、后结构主义、马克思主义、女性主义、文化研究、扎根

理论、酷儿理论。由于量性研究与质性研究的理论基础不同,导致其对事物的认识和立场不同,理论的不同也标志着其认识论、方法论和方法的不同,这也是两个理论互相攻击的原因。

第二,量性研究与质性研究的特点不同。量性研究在于追求实证性、客观性、精准性、确定性、单一性。具体而言,研究假设的验证性、设计的结构性、方法的程序性、选样的随机性和代表性、研究者的中立性、环境的控制性、过程的演绎性、变量的因果性、统计的精确性、结果的可靠性、推测的普遍性。

质性研究的特点在于追求研究目标的发现性、设计的开放性、选样的个体性、研究者的参与性和反思性、环境的自然性、过程的探索性、概念间的逻辑性、理论的建构性、结果的解释性、结论的可信性和独特性。

第三,量性研究与质性研究的方式不同。量性研究首先提出假设,研究目的是验证假设,提出缜密度高、结构性强的设计法案及其规范的操作程序,确定变量及其关系,根据研究假设,严格按照随机性和代表性规则进行选样,通过严格操作来控制无关变量的研究情境,采用试验法、结构性观察法、问卷法等方法和问卷、量表、统计软件、计算机等工具,收集变量之间因果关系的数据,用计算机对数据进行一般统计和高级统计(无误差),采纳证伪法判断和验证假设的真伪,最后的结论从理论上又具体抽象到整体和普遍现象。

质性研究没有假设,问题是在研究过程中发现,研究目的是发现问题,分析其多重因素,进行解释性理解,研究设计比较灵活多样,富有张力和弹性,有目的性地选择小样本,通过访谈、田野观察、实物分析等多种途径和录音笔、摄像机、照相机等工具收集资料(包括访谈录音、田野笔记、个人资料、照片、实物、官方文件、文献等),从资料分析中产生概念及其关系,形成分析框架和产生理论,从中发现新问题,研究结果具有个案性、地域性和独特性。

第四,量性研究与质性研究的研究者的立场不同。量性研究是研究者自已提出研究假设,研究的目的是验证假设。为了达到价值无涉的客观性,极力排除研究者本人的主观影响,要求研究者保持价值中立,作为旁观者面对研究对象和研究过程。为此,研究者必须严格按照研究过程中每个环节的操作规范化和程序化,以保障结论客观公正。

质性研究的过程是要从研究资料的过程中发现问题,建构理论,目的是对研究现象进行解释性理解。对此,研究者不提出假设,而是在研究对象原有的生活状态下,视研究对象为研究过程的合作者,与研究者平等互动,研究者不是旁观者,而是参与者;研究者在与研究对象的互动中收集资料。研究者在资料的分析中提炼概念及其相互关系,归纳出模型,构建理论。在收集资料和分析资料的过程中,研究者始终处于与研究对象和资料的互动之中,始终保持自我反思的立场,从多角度、多理论地分析资料与研究对象所在的生活状况和文化背景之间的关系,使分析过程保持合公正、合逻辑,使研究具有整体性和过程性,而不是片段的、局部的、短暂的研究。

第五,量性研究与质性研究的结果不同。量性研究的结果以假设为前提,以严谨的研究程序为依托,以精准的统计数字为依据,获得可靠的结论。呈现研究结果时以描述数据为主,只作简单的推测,行文简明、明确、清楚,直接证明单一假设前提的真伪,不加更多人为的解释和分析,完全尊重、依靠数据的结论。

质性研究的结果以研究的自然环境为依托,依靠田野收集的各种资料,遵循分析资料的规则,依据多种理论分析资料中的逻辑关系,发现问题,建构分析框架,归纳出理论,最终要对问题及其原因进行详细的解释性理解,研究结果呈现复杂、多视角、对维度、分析详细、篇幅长等特色。

(二)质性研究与量性研究之间的联系、相通、渗透与互补关系

质性研究与量性研究是两个不同的科学研究类型,二者有各自的研究对象、理论、方法和风格。然而二者可以相互联系、渗透和相互补充,原因是

二者都属于相同的科学范围之内,有相通的科学规范,在此基础上,二者才能实现相互渗透和相互补充。具体如下:

第一,质性研究与量性研究之间的区别是在同一科学范围内的差异,而不是绝对泾渭分明,原因是二者有着共同的背景。量性研究与质性研究都属于科学的范畴,"科学的生命得自于科学共同体的运作, 这个共同体共享有关科学的假设、态度和研究的技术。科学共同体(Scientific Community)是受到一组共同的规范、行为、态度所制约的一群人。它是一个专业共同体,因为在其中发生互动的一群成员共享着一套道德原则、信仰与价值、技术与训练,以及职业生涯路径"①。量性研究与质性研究都属于科学的范畴当然都包括在科学的共同体之中,二者都是研究与自然、人类相关的问题,只不过一个是从自然科学研究,另一个是从人文社会科学研究而已。量性研究与质性研究都有科学共同体的所有特征, 这些特征会体现在微观层面的某项自然科学或社会科学研究的全过程之中;二者的科学家都是经过科学训练的专门人才,研究者都应具有科学研究的态度,都会遵守科学研究的共同伦理规范,如杜绝以下行为:

一是不当科学行为(Scientific Misconduct)。作假与研究欺骗(Research Fraud)、抄袭与剽窃(Plagiarism)他人研究成果。二是合法不合理的行为(Unethical But Legal)。如果一本学术著作或一篇学术(含学位论文)论文没有一个注释的话,虽然不能说其违法,但是不符合学术伦理规范,况且也不意味着未来的法律没有此类规定。三是不道德的权力关系。一个研究项目,涉及项目主持人、研究组成员、研究对象和其他合作者,项目主持人借自己所拥有的学术权威或主持人的地位等权力, 不公平地对待和不尊重参与项目的人员,甚至随意侵害项目参与人员的利益,把别人当成实现自己目的的手段等。四是受访者的个人经历或隐私不受保护。五是研究过程给研究对象造成

① [美]劳伦斯·纽曼著:《社会研究方法——定性和定量的取向》,郝大海译,中国人民大学出版社,2012年,第13页。

心理和法律方面的伤害。六是研究对象受到欺骗或参与研究方法实施的对象不被告知研究或实验的相关细节等，如进行深度访谈之前，其一，不告知访谈对象有关访谈的目的；其二，不告知访谈对象谈话过程因研究目的需要录音，而偷偷录音；其三，不告知访谈对象访谈资料的去向等。①

美国民意研究协会行为规范也有类似的职业伦理与实务规范。②

也就是说，无论是质性研究，还是量性研究，都会遵循科学的共同法则。由此可见，质性研究与量性研究的差异是科学范围之内的区别，科学的共性为二者共有，这些共性是二者相互渗透、相互补充的前提条件。

第二，质性研究与量性研究的研究主体既有人性的一面，又有研究者中立的一面。一方面，质性研究与量性研究的研究主体都是人，人是二者相互联系的共同前提，质性研究与量性研究都离不开人作为研究者共有的特性。在学界，一般认为质性研究具有主观性特色，量性研究具有客观性色彩。在自然科学研究的过程中，始终秉承"实证原则"，坚持客观主义，反对主观主义，主张客观与主观的分离，貌似不会有社会科学那样的主观渗透，并与质性研究完全不同。事实上，世界上没有绝对分离的事物，反而事物是相互联系的。深入探讨会发现，自然科学的研究不是与世隔绝的铁板一块，只要是人所从事的工作，就不可避免地受到社会文化、思潮、价值观等的影响，就会有人文思想的存在，具体如下：

一是科学家都是在社会中成长的，其思想深处都带有其成长过程中的社会文化、思想、价值观的印记。虽然自然科学家要严格按照自然科学的规则、思维、规范、程序、操作进行研究，然而自然科学家也不是生活在真空之中、不食人间烟火的怪物，科学研究本身是尊重自然、社会利益和他们们人

---

① 参见[美]劳伦斯·纽曼著：《社会研究方法——定性和定量的取向》，郝大海译，中国人民大学出版社，2012年，第150~172页。

② 参见[美]艾尔·巴比(Earl Babble)：《社会研究方法》(第十一版)，邱泽奇译，华夏出版社，2013年，第73页。

权益的行为,科学家们所追求真理的自由、自治的信仰,坚韧不拔的精神,正是人文精神的体现;二是自然科学家在选择研究假设或观察自然现象时,必然要对自然界有所认识,不可避免地要解决如何看待自然界和怎样揭示自然界某一现象的本质问题,这其中包含着科学家的自然观和世界观在内;三是自然科学家在研究过程中还要处理诸如与研究对象、同事、学生、上司等各种人际关系,有人际关系存在就有权力或权利关系的存在,就有立场、价值判断了;四是科学家也要处理研究成果使用或转化,其中体现其价值观;五是科学家要有社会责任感,遵守研究伦理规则,而科学研究的伦理原则鲜明地体现出人文科学精神。因此,科学家的世界观、价值观和人生观对于其从事科学研究会有或多或少的影响。

另一方面,量性研究中似乎最能体现出研究者的客观性,研究者始终保持中立立场,质性研究者似乎总带有主观性进行研究。事实上,质性研究者无论在研究设计,还是在田野中收集资料,还是在分析资料的过程中,都始终保持中立立场。质性研究有一套约束研究者保持中立立场的规则,如研究者在收集资料中既要进入现场参与其中,又要不断反思自己的立场和角色;在面对所收集的资料时,质性研究者要把自己的立场、价值判断"悬置"起来,保持中立立场,不断自我反思,完全让资料说话。这些都体现出质性研究者价值无涉的实证原则,甚至有的学者索性把实证原则贯穿于编码过程中。可见质性研究中渗透着量性研究的客观性、实证性原则。质性研究不通过数字统计进行分析,似乎违反了"实证原则",似乎缺少"可实证性、精准性、客观性",似乎主观色彩更浓一些。试想,即便是实证原则下的具体研究方法,哪个不是人为的设计呢? 有人为设计,就会有主观色彩,只是通过什么办法限制主观色彩而已。质性研究可以通过研究者的中立立场、逻辑分析和研究者的自我反思手段,把研究者的主观臆断降低到最低程度,以保证其研究结果的可信性和客观性。

第三,既然质性研究与量性研究都属于科学研究的范畴,二者也就有着密切的联系,所谓密切的联系是指二者缺一不可,谁也无法摆脱谁,量性研究中有质性研究,质性研究中有量性研究,二者相互渗透、相互借鉴、相互补充。

首先,质性研究与量性研究都需要质与量的研究。量性研究开始之前需要质的定向,当一项科学研究的立项或对于研究假设的确定之时,如果没有定性的分析或研究是不会成立的。量性研究者一旦确立研究(包括假设在内)就意味着其已经作了质性的判断了,研究过程只不过是验证假设或判断而已,任何一个量性研究都要有定性的判断和确定。当科学家说某个事物是什么,或者可能是什么时,就是一种质性的判断,只有在质性的判断基础上,才能进行量性的研究,否则量化是盲目的。从这种意义上说,质性研究是量性研究确定研究方向的必经之路。

质性研究中需要定量分析。当一个质性研究确定以后,就要对概念进行操作化分解,这种分解的轨迹,是按照自然科学所遵守的逻辑推理和关系进行的,而这种操作化过程和逻辑推演过程,用数字标示和推算。具体而言,质性研究也需要如同自然科学中的科学、规范的程序和规则那样,获得可靠的"数据",这里所谓的数据是指质性研究中对文字的逻辑分析要依据科学、规范的程序和规则。在实际操作中,质性研究在资料分析过程运用编码系统,编码是用数字符号表示的,虽然用以编码的数字极为简单,但是数字符号却代表着编码中的各种种属概念及其概念群、层级关系的划分、复杂的因果关系网络等内容。概念的界定有名义定义、操作定义,对概念的操作化过程,就是为了便于对概念进行量化和测量而作的分解概念内涵的过程,通过分解概念划分出变量和种属关系,进而可以进行概念的属性、顺序、距离、定比等测量。可见复杂的质性研究仍然离不开严谨的数字顺序及其逻辑推理,尽管质性研究所运用的简单数字系统不如量性研究统计那样复杂,但简单的数字却代表着顺序、逻辑关系等复杂内容,数字之间的关系有着与量性研究中相似的逻辑严谨性。

其次,质性研究与量性研究都需要归纳和演绎。质性研究的方法似乎应属于归纳法,量性研究应归为演绎法,事实上二者都无法离开归纳和演绎。在量性研究中,虽然科学家在最初阶段提出假设,之后的研究便是验证假设,主要采用了演绎方法,但是当科学家把收集到的具体(实验、调查或测量)数据进行分析时,便是一个归纳的过程,准确地说是归纳和演绎同时运用的过程;质性研究者最初不会提出假设,看起来没有演绎,当质性研究者进入田野调查之前,便有了自己的研究问题了,只不过不像量性研究的假设那样的精准和严谨而已。当质性研究研究者对资料进行分析时,看上去是个归纳过程,事实上,质性研究者在对资料进行分析时是个十分艰苦的过程,既运用归纳法,同时也运用演绎法,在每个细小的环节上,研究者都要用资料验证自己的判断,一切以资料为准,验证过程就是演绎过程。可见质性研究和量性研究都离不开演绎法和归纳方法。

再次,质性研究与量性研究都需要解释性理解。实证原则的科学标准主要有"可实证性、精准性、客观性、确定性、经验性",自然科学家在达到上述标准的过程,就是对自然的认识和理解的过程。以实证原则标准之一的"经验性"为例,经验性同其他实证原则的特性一样,是接近科学必然性的基本条件。密尔认为:"当命题是从经验中推断而来,我们所有的知识素材全部由经验提供,并严格遵循归纳的方法时,我们就可以接近科学的必然性了。"[1]自然科学家的研究过程就是接近必然性的经验过程,这个过程是科学家从经验中对自然界某个问题或假设的认识和理解过程。理解是生活经验的基本结构,人类所有活动本身就是解释性理解(Interpretive understanding)的活动,解释性理解是人类一切活动所具有的普遍特征。自然科学的研究是科学家对某一假设或问题的解释性理解的过程,自然科学的研究成果源自数据证据,科学家用这些数据证据进行论证,由已知推向未知,回答和验证自己

---

[1] [美]诺曼·K.邓津、伊冯娜·S·林肯:《定性研究方法论基础》(第1卷),风笑天等译,重庆大学出版社,2007年,第145~146页。

提出的假设或问题。科学家对假设的回答和验证就是一种对假设的解释，是科学家对某个假设或问题的描述、认识、理解和解释的过程，只不过是用自然科学的规则、语言或数据来解释罢了。如此说来，自然科学也无法离开对自然界问题的解释，而解释学是质性研究的理论基础，描述的、理解的和解释的方法正是质性研究常用的方法，这说明量性研究中渗透着质性研究的理论。

最后，质性研究与量性研究构成了科学研究不可或缺的研究类型，二者的目的都是试图揭示自然现象和社会现象的本质性和规律性，以及现象之间的内在联系，只不过二者达到研究目的的方式不同而已。质性研究就研究方式而言，是对个案或某个现象进行全面的、整体的、全过程式的研究，比较深入地揭示社会现象和人的思想、观念、情感等，其研究的深刻性是量性研究所不及的，但是质性研究的深度性既是其长处，也是其短处，质性研究的对象范围多数是对个案的深入研究，每个研究都有其特殊性，甚至是独特性即缺少普遍性；量性研究从研究方式而言，是对某个现象或问题的某个点或特征进行严谨的、程序化、规范化、大范围的研究，研究样本大，收集的数据也大，能反映社会现象的普遍性表层特征，这是质性研究所不及的地方，但是量性研究的精准性和普遍性既是其长处，也是其短处。其短处是研究假设很小，如求证某个变量的因果关系，并且研究程序要求严格，甚至苛刻，研究社会实际现象很难按照量性研究的程序操作；研究的结果只能反映社会现象的某个局部、单一的点或某个特征，不能反映社会现象的全貌。

综上所述，虽然质性研究与量性研究之间确实有很多差异（见表1），这些差异不是绝对的，是相对的，二者有着相互联系、相互渗透、相互补充、取长补短的关系。

表1-1 质性研究与量性研究比较

比较项目	质性研究	量性研究	备注
研究目的	解释现象,构建理论,发现新问题	验证假设,推测普遍性	
理论特点	主观与客观密切相关	主观与客观分离	
研究设计	弹性,灵活性,过程性	结构性,具体性,严谨性,程序性,操作性	
研究环境	轻松和自然情境下全面扑捉具体信息	严格控制变量关系下获取数字信息	
研究关系	参与性研究,研究者与研究对象之间是互为主体的分享、合作关系	旁观性研究,研究者与研究对象之间是主客对立的主从关系	
研究方式	微观下以归纳分析为主,获得独特性结论	宏观下以演绎分析为主,获得普遍性结论	
研究结果	多层解释、复杂,可信,检测标准不固定,不可重复	单一、简单,可靠,可检测的固定标准,可重复	

从质性研究与量性研究的比较可以看出,一是质性研究与量性研究在科学共同体中有诸多的共同性,共同性在二者研究中显性和隐性地存在着。二是质性研究与量性研究是一一对应关系,如解释与验证、灵活与结构、自然与控制、参与与旁观、主客体对立与合作、复杂与简单等。这些对应关系恰好构成了科学研究中两个不可缺少的对应部分,对应关系说明彼长正是此短,此长正是彼短,因此双方具有此长补彼短、彼长补此短的关系。三是二者的对应关系,在科学研究的范围内各持一端,两端之间是广阔的张力场,两极和张力场便构成科学研究的领地(目前还没有第三种科学研究类型),即便在张力场间暂时出现学界不能一致认同的空白带或断裂带。所谓空白带是指质性研究与量性研究之间的衔接界限或相容部分还没有得到学界的一致认同。虽然以往科学研究多以量性研究为主,如据美国学者"哈佛大学的卡尔·多伊奇(Karl Deutsch)等人所统计,从 1900—1965 年间,六十二项社会科学方面的进展和创造性成就中,定量的问题或发现占三分之二,占 1930年以来重大进展的六分之五。完全非定量的文献——认识新的模式但没有任何明确的定量问题的含义——在整个时期中是稀少的,而自 1930 年以来

特别稀少"①。但是20世纪60年代以后情况发生了很大的变化,学界一致确认:量性研究和质性研究都是科学研究不可缺少的研究类型,并且预计二者会走向融合之路。四是在一项科学研究中,如果把质性研究和量性研究的结合起来,相互验证,取长补短,共同揭示社会现象的本质和内在规律,将是最为令人满意的结局。实际情况也证明了这一点,目前科学研究的设计同时采用质性研究与量性研究两种方法的越来越多,未来随着科学研究的发展,其趋势是对二者的关系研究会越发清晰。

可见质性研究与量性研究在很多方面是相互联系、相互渗透、相互补充、取长补短的关系。

四、质性研究突破了科学研究的瓶颈

实证研究最早获得科学的桂冠,无法解决人文社会科学有关人类丰富而不可视的内心世界这一难题,而人类的感觉、情感、思想、心理、潜意识等这些特有的不可视现象又是明确无误地被确认是存在的,它却无法被实证研究确认和证实。显然,实证研究在人类特有的心理、思想等主观现象面前显得束手无策,人文社会科学本身需要另辟蹊径,需要发现适合社会科学特点并能够解决量性研究无法解决的认识论、方法论及其方法,质性研究便承担了这一历史使命。质性研究在实证研究基础上,解决了社会科学研究的问题,其具体表现如下:

(一)质性研究的科学特性、历史进步性及其研究风格

第一,质性研究是"科学共同体"内的"范式"转化。量性研究和质性研究

---

① [美]丹尼尔·贝尔:《当代西方社会科学》,范岱年译,社会科学文献出版社,1988年,第5页。转引自:嘎日达:《论科学研究中质与量的两种取向和方法》,《北京大学学报》(哲学社会科学版),2004年1月。

都属于"科学共同体"的范围内的不同类型,它们合而不同,共处于"科学共同体"之内。量性研究追求实证原则,即追求以数据为依据的"可实证性、精准性、客观性、确定性、经验性",它更适用于人对自然界的认识和对社会及人的部分认识。自然界先于人而存在,人对自然界产生浓厚兴趣,因此自然科学更早对自然界进行测量、检验、分析等研究,从而获得"可实证性、精准性、客观性、确定性、经验性"的结果,科学史也是这样发展的。然而实证研究采用实验、测量等方式,获得精准的数字、强度或频率计算等结论,无法获得对人类丰富的且变化多端的情感、感觉、心理、潜意识等现象及其与社会之间关系的全部精确数据和实证结果,只能获得局部数据和结果。

任何事物本身一经产生,便同时就产生出否定其自身的对立面了。实证研究发展到一定阶段就会出现它的对立面了,那就是质性研究。量性研究到质性研究是"科学共同体"内的转化,当量性研究出现无法解决的困境时,就会出现内生性变革,不是外生性变革,于是出现转变或更替科学研究的"范式"。质性研究就是科学"范式"转变的必然结果,这种转变的实质是确立人文社会科学的科学地位。对于科学领域而言,增加科学的社会文化特征和人文内涵,使科学更趋于"人",而不是停于"物"有着特殊的意义。

第二,质性研究是人类科学研究历史上的进步。在人类科学研究发展的漫长历史中,首先是前科学时代,之后出现科学时代的实证研究(量性研究),量性研究最先解决了自然科学的诸多问题,取得了辉煌的历史成绩,树立了科学权威,被誉为科学之王。实证研究要优先于前科学时代,质性研究产生于实证研究之后,每种研究方式的出现都是要解决人类面临的问题。

量性研究和质性研究属于"科学共同体"内的两种研究类型,其一前一后出现的历史顺序不是随意排序的,每一种科学研究类型的出现都有其历史必然性。质性研究是在量性研究成果的基础上形成的,是在量性研究面临解决人类问题(自然问题和社会问题)出现困难时出现的。从宏观历史发展看,后面出现的科学研究类型,一定是在前面的科学研究类型基础上产生的,并有所突破和发展,科学家也是如此。每个科学家都是在前人已有研究成果的基础上才有所发现、发明的,否则科学如何能发展,人类历史如何能螺旋式上升呢? 尽管历史也有暂时的倒退或停滞,但是历史的发展趋势总是无法阻挡地向前进的。当历史出现矛盾和难题时,人类一定会探索解决矛盾和难题的办法,新的历史就是在一个个不断变革、推陈出新、超越旧历史中前行的(这里不是主张线性进步主义),历代社会变迁也说明了这一点。历史如此,人类对事物的研究和认识也如此,正如同人们的新认识和新知识,是在面对问题并解决问题之后才产生的一样,质性研究后于实证研究出现,便是人类对于社会问题的研究与认识有了新的进步,新的进步在于,质性研究在实证研究无法解决社会问题研究的瓶颈下解决了这个难题,它超越了实证研究的边界,尽管在学界还存在一些对于质性研究的非议,那又能怎样呢? 无论如何谁都无法否认质性研究在实证研究无力解决社会问题研究方面所做出的贡献,这说明质性研究在认识上具有历史进步性。

第三,质性研究之所以能够突破实证研究在社会科学研究中的瓶颈,其原因之一是现实主义的研究风格。质性研究的前提是社会现实,这一研究风格取决于研究立场和理念,社会科学研究是从社会现象和人本身出发,还是从研究者的主观假设判断出发? 质性研究采取的是从现实出发的立场,以现实研究对象为核心的研究理念,研究的全过程紧紧围绕着研究对象的特点而进行。具体如下:一是质性研究的对象是社会现象或人,由于社会现象是复杂多样的,相应地,生活在多样复杂社会中的人,也是充满着复杂性和多样性。要把社会现象或人作为研究对象,既需要有多样复杂的理论、方法和手段,又需要有现实性、整体性、过程性等研究策略。因此,质性研究的研究对象是从社会现象或人中选择的,而不是用主观假设的问题作为研究对象。二是选择适合研究对象的多种理论作为研究社会问题的理论基础,并且服务于研究过程。不仅如此,研究结果还可以创造理论,而不是把研究对象控制在某一理论的设置之中,不是固着于某一理论。三是质性研究把研究对象作为选择研究方法的参照点,而不是用研究方法来选择研究对象。四是质性研究的研究资料来自社会现实或人,而不是从实验室或人为设定的变量关系中获得数据资料。五是质性研究从田野中收集第一手资料,保持研究对象的生活原貌,以第一手的田野资料作为研究依据,从中发现问题、创建理论、解释社会现象,而不是把研究对象分解成一小块一小块或一部分一部分之后,放置在人工设计的实验室里或问题框架里,人为地设定变量关系,再通过实验、问卷等方法检验变量关系,验证假设的真伪,以此来推断其普遍性。

可见质性研究是一个来自社会现实,又回到社会现实的研究模式,体现出其现实性、务实性、平等性、平民性等特征,接近研究对象的实际或社会现实的研究类型,是质性研究能够解决社会科学研究瓶颈的秘诀。

(二)质性研究理论和方法的多元性

第一,理论和方法上的多元性是质性研究能够突破社会科学研究瓶颈的突出特点,质性研究理论和方法的多元性源于其研究对象的复杂性和多样性特征。由于质性研究以社会现象和人作为研究对象,并确认研究对象与其存在的社会、文化、习俗等背景有着密切的因果关系,并且这些背景是研究对象之所以如此的原因。在研究中,质性研究者不可能把研究对象孤立起来或与复杂的社会因素分离开。为了适应研究对象及其社会背景的复杂性和多样性特征,质性研究在理论上采纳兼容并蓄,吸纳现代多种理论为研究基础,如实证主义、建构主义、解释学、现象学、人种学、文化研究、批判主义、女性主义。与之相应,在方法上,质性研究也采取个案研究法、访谈研究法、历史研究法、民族志研究法、扎根理论研究法、内容分析研究法、行动研究法、德尔菲法等多种多样的方式。

质性研究之所以在理论和方法上采纳多元性策略并能够突破社会科学研究的瓶颈,是由于人文社会科学研究的对象是置于丰富多彩、变化万千的社会之中,即便选择某一个研究主题,研究对象也与丰富、复杂、多元、流动的社会现象之间有着千丝万缕的联系，这是质性研究对研究对象的基本认识，也是学界普遍认同的人文社会科学研究的基本规律。质性研究作为人文社会科学研究类型遵守了这一基本规律，便能突破社会科学研究的瓶颈，否则无法达到研究效果。

第二，质性研究采纳多元的理论和方法，避免了形而上学思维方式。面对以丰富多彩的社会现象和人为研究对象的人文社会科学，如果只运用某一种理论和某一种方法进行研究，并且去追求社会现象的真与假、合理与不合理的论证的话，可能会出现以下三种情况：一是就会排斥其他的理论和方法，就会用一己的理论和方法强加给异己的理论和方法，从而强调一己而否定其他，这样形成一个研究的自我权威和独霸局面，以及唯我独尊的研究态度和立场。科学研究的霸权主义容易陷入极端主义，也是一种以偏概全的形而上学表现。二是容易形成二元对立的思维方式，如"可实证性、精准性、客观性、确定性、经验性"的对立面，便是"规范性、粗略性、主观性、否定性、理论性"，这些正面和反面现象的特征构成了事物的两极。对此，如果按照二元对立的思维方式，只是坚持其中的一极，而否定另一极的话，虽然二元对立的思维方式只能对事物的某个特性、某个点、某个局部的研究奏效，也势必会陷入"白即白、黑即黑、非此即彼"的绝对主义陷阱。反之，也容易陷入相对主义的陷阱。众所周知。世界多样丰富的，社会现象和人，特别是人的思想、情感及其深奥莫测的内心世界具有多样性、潜在性、复杂性、流动性，用二元对立的思维方式对此进行研究是无能为力的。事实上事物的两极之间存在着巨大的丰富、复杂而变化的张力场，科学研究的任务是揭示、描述、说明、解释、预测这个张力场中间之现象的真实性和可信性，而二元对立的思维方式难以担当这样的研究使命，也不符合客观社会现象的实际，难以具备客观性。三是在二元对立的思维模式中，暗含着另一层含义，即等级关系。在某个具体的研究中，由于研究者唯我正确的信念使然，容易构成研究者与研究对象之间的对立关系。这种对立不是平行的对立关系，而是等级式的对立关系;其内部是主与从的关系,即主观(研究者)为主,客观(研究对象)为从,研究者处于研究的核心位置,以研究者的研究为目的;研究对象处于研究的边缘位置,是为研究者达到目的手段;研究者有领导指挥研究的权力,研究对象只有服从的义务,甚至没有任何知情权和发言权。由于人文社会科学的研究对象是社会现象和人,即便是社会现象也不可离开人,因而研究社会现象实质上是在研究人,当人作为研究对象时,处于前述的等级关系之中,显然有失对作为研究对象的人的尊重。

(三)质性研究资料的自然性和研究关系的平等性

第一,质性研究的资料源自于社会现实的生活。资料是科学研究的基础,资料的准确和真实关系研究的效果。但是收集资料要解决如下问题:收集什么资料? 谁的资料? 在哪儿收集? 如何收集? 这些问题涉及研究者所主张的科学研究方法论的问题。在方法论上,质性研究主张研究的整体性、研究对象与社会背景的关联性和研究的过程性,主张研究对象与社会背景有着密切联系,人的所思、所想都与其生活经历相关,研究对象的生活状态是研究不可分割的重要部分,研究者要对研究对象及其生活状态和社会背景进行整体性研究。研究对象的生活状态及其社会背景就是研究对象的自然状态,这一自然状态正是质性研究者要捕捉的资料来源。因此,研究者就要进入研究对象的自然状态之中收集资料,研究者采纳多种方法收集资料,其中包括访谈录音、记录、备忘录、照片、视频、图画、实物、官方文献等资料。只有在研究对象生活的自然状态下收集资料,才能反映出研究对象的原汁原味的生活状态,从而保证了资料的原始性、自然性和真实性,原始性和自然性具有真实性,真实性与可靠性有高度相关性,才能为研究打下真实性和可信性的基础。

第二,质性研究的资料源泉是社会现实和人们的日常生活,质性研究者从研究对象鲜活的现实生活中收集研究资料。这还不够,还需要研究者获得研究对象的信任与合作,只有研究对象把研究者当成局内人的时候,合作才有效果。具体而言,当研究者以自己为工具进入田野调查时,把自己当作田野中的一员,把研究对象当作研究的合作者,与研究对象平等互动,研究者在这种平等交流中收集资料。这种平等的互动关系既保证了所收集资料的日常性、真实性,又保持了研究资料的自然原生态背景;既体现了研究者平等参与的理念,又体现了研究者对研究对象的关怀、平等的人文理念。

(四)资料分析的逻辑性与结果的解释性

第一,质性研究者对所收集的资料进行分析,是个极为繁琐而艰苦的劳动,研究者要有极大的耐心,其过程完全体现为实证的、严谨的原则。具体过程是:对资料进行编码,归纳和概括出概念;找出概念之间的种属关系,对现象的情境进行分析,发现现象之间的因果关系;找出部分与整体的关系,最后建立模型,形成理论。质性研究分析的整个过程是个完成的系统,在每个环节中,研究者都要不断提出问题,解决问题;不断自我反思,保持自己的中立立场;在不断破解局部问题中逐渐显现核心主题,在核心主题统领下形成整体框架。全部分析过程都是在归纳和演绎中前行的,因此质性研究对资料的分析具有较强的逻辑性。

第二,质性研究的结果是建立理论框架,理论框架是研究者对所需的问题的理解,用理论框架对所发现的问题和现象进行解释。解释性理解(Interpretive Understanding)是质性研究最具特色的核心结果。解释性理解是人类一切活动所具有的普遍特征,无论是人类改造自然的生产活动,还是人改造人的社会政治、经济、文化和教育等活动,都具有解释性理解的特征。质性研究通过科学研究,运用解释性理解的方式来全面地、深入地、完整地诠释社会现象和人的精神世界或内心情感是什么?怎么样?为什么?如果不是深度的研究的话,是难以得出这样的研究结果的。因此,质性研究的解释性理解是科学研究不可或缺的特色。

第二章　绝对主义与相对主义的对立与辨析

从 19 世纪中叶开始,有关质性研究方法与量性研究方法哪个更科学的争论就开始了, 它涉及学界多年来所争论的绝对主义和相对主义的关系问题,质性研究与量性研究之所以是不同的研究类型,源于其各自持有的本体论不同,有关绝对主义和相对主义之争,讨论更多的是二者对立的一面。事实上,二者表现形式上是对立的,实质上是一脉相承的。绝对主义和相对主义都有主、客观的预设,它们在形而上学范围内各持一端,是形而上学内的两端,或者说是形而上学的两种表现形式。绝对主义和相对主义都有其长处和短处,若要取长补短,就需要超越二者的对立,超越二者后的整合能量要远远大于其中的某个力量, 这是从根本上认识质性研究与量性研究方法及其融合的关键。

在探讨超越绝对主义和相对主义路径之前, 需要寻找分析二者的对立关系的切入点。切入点是多层面的,可以从多维度的符合逻辑的排列组合上讨论,也可以从基本范畴开始讨论。从基本范畴开始进入讨论是比较明智的选择,这些基本范畴是主观性和客观性、普遍性与特殊性、合理性与不合理性。

一、关于绝对主义和相对主义的对立

绝对主义和相对主义的对立是一个系统性的对立。量性研究以绝对主义为本体论,质性研究以相对主义为本体论,本体论的差异是根本性差异。

(一)绝对主义和相对主义的系统性对立

任何方法背后都有方法论的指导,任何方法论背后都有认识论的支配,任何认识论背后都有本体论的支配,归根到底,质性研究方法与量性研究方法之争是本体论、认识论和方法论之争,核心根源是本体论之争。质性研究的本体论是相对主义,量性研究的本体论是绝对主义,绝对主义是把所有被认为是相对的东西绝对化,相对主义是把所有被认为是绝对的东西相对化。可见二者所持的本体论有很大差异,甚至截然对立,各持一端,二者本体论的差异决定了其认识论和方法论的不同,这也是要讨论这个问题的原因。具体如下:在本体论上,绝对主义主张世界是真实存在的,世界是可以理解的,世界存在着绝对的、客观的、确定的、普遍有效的实在、真理和道德标准;相对主义认为世界的真实性只是概率的真实,人不能完全认识它,没有绝对的、客观的、确定的、普遍有效的实在、真理和道德标准,现实世界是被社会的政治、文化、经济、伦理、性别等制度塑造而成的真实,并且在历史的变化中逐步形成真实的世界。在认识论上,绝对主义认为世界是客观存在的,人只能认识客观世界,认识对象是一种客观存在,离开了人对它的认识,它的存在就失去意义了,显然这是主、客观二元分离的客观主义认识论。事实上,不管人是否能够认识世界,世界都存在着,世界的存在是不以人的意志为转移的;相对主义认为,通过主、客观交流可以达到对客观世界的认识。人之外的客观事物(包括人)是人认识的对象,也是人认识的前提,人通过语言系统表达自己的认识。在方法论上,质性研究主张对研究现象进行整体性和过程性的研究,注重对研究对象与社会背景之间关联性研究的方法论;量性研究主张对研究对象的局部性、验证性、还原性进行研究的方法论。

(二)绝对主义和相对主义对立的具体表现

绝对主义和相对主义的对立具体表现在客观性和主观性、普遍性与特殊性对立、是否存在合理性的问题上。一方面,绝对主义认为世界是确定无疑地、真实地存在着,并将这个判断推到极致,以此为唯一的终极标准;从事物的普遍性立场出发,探求世界上的事物的内在的、普遍的联系,寻找世界的普遍规律,将此作为唯一的研究目的;认为世界是有确定的合理性与不合理性的统一标准。另一方面,相对主义认为世界是否真实地存在着是个概率性的真实,客观事物是难以确定的,通过沟通可以认识世界;相对主义从事物的特殊性出发,强调事物的差异性、非中心性、不可通约性;探求某一事物之所以谓之的特殊性,其与所处的环境之间的密切关系,人们所认识的世界只不过是在历史、政治、经济、文化、伦理和性别等的价值中形塑而成的,现实是被建构的现实;不存在对事物判断的统一标准,每个事物都有其具体性、特殊性,其合理性与不合理性视具体情境而定。

二、关于绝对主义和相对主义的辨析

(一)关于绝对主义的辨析

第一,绝对主义主张世界确定无疑地存在着,而且还有可检验其真实存在的终极标准,强调世界的客观性"只有在客观领域内的东西才可以被'客观地'了解。真实的知识仅限于物体及其在时间和空间领域中的联系"①。这个观点有其道理,如果人无法确定这个世界的真实存在,而感受到的都是这个世界的瞬息万变或模糊不清的事物的话,那么人类也无法生存,更谈不上人要感受客观事物了。但是将世界的客观性推到极端,也就否定了人的主观性和人的认识能力。毕竟对于客观世界的确定需要人的主观参与,一旦追问

---

① [美]诺曼·K.邓津、伊冯娜·S.林肯:《定性研究方法论基础》(第1卷),风笑天等译,重庆大学出版社,2007年,第188~189页。

"谁在追求对客观外界的认识？"这个问题,就已经预示着追求者是具有主观性的人了,或者说追求者问自己："追求的终极是什么？"本身就已经落入主观范围内了。没有人的主观性,也就无法确认事物的客观性,因为每一个确认都是人的主观的确认,如果只有不存在主观的确认,才有客观性,那么没有主观的确认也无所谓客观性与否了。当绝对主义在强调客观性重要于主观性时,把客观放在第一位,有唯物论的发端,但随即把客观性的发端推到极致时,又抛弃了唯物论,走向地道的客观唯心论。

第二,人类在确定世界是存在的同时必然要探寻世界是什么？其本原是什么？这是人类认识世界的必然逻辑进程,因此绝对主义探究世界的普遍性是人类认识发展的必然阶段,有其积极意义。语言是人们探索世界的介质,每个概念都是人们探索世界过程的结果,每个概念都具有普遍性、抽象性和概括性。世界是由无数个个体构成的无限的整体,此处用"无限"一词的缘由,是指由于宇宙有太多的秘密还未揭开,人们还说不清楚宇宙有多大。有一点可以肯定,"宇宙"这一概念是涵盖了所有星球和星系的整体性概念。用"宇宙"这个词来概括一个无限大的世界,不是空洞无物的,它含有无数的星球和星系。也就是说,任何抽象性、普遍性的概念,都包含着特殊性、差异性和具体性的事物,任何整体都是由部分构成的,无论这个整体是有限的,还是无限的。整体事物之所以存在,有其自身存在的必然性和规律性,整体事物之所以能运转是有规律可循的,世界既是一个有整体性世界,也就是一个有普遍性和规律性是世界。

但是由于普遍性具有抽象、概括特征,而人类社会现象同自然界一样,是充满纷繁复杂、丰富多彩的世界,具有特殊性、差异性特征。如果将普遍性作为终极标准,并用以推导、概括、评判具有多样而复杂的差异性的社会现象的话,则显然缺少说服力,也不合逻辑,这正是绝对主义的缺陷所在。黑格尔把普遍性看成既是脱离特殊性的抽象的共同性,也是"与独立自存的特殊事物相对立的共同性",也就是说普遍性既有抽象的共同性,也有具体内容的共同性。按此观点，普遍性既是抽象的，又是具体性的表征。虽然普遍性、规律性是从特殊性、差异性、个别性中抽象、概括出来的。但是如果用普遍性否定特殊性和差异性的话，前者自身便不复存在了，没有差异性和特殊性，也就谈不上普遍性了。普遍性是理性形态，人们的感官难以感受到普遍性；特殊性和差异性是感性形态，人们可以感受得到。前者不能等同、替代和包含后者。因此，普遍性不是万能的，如果将其推到极致，将一叶障目，遮蔽了人类社会丰富的特质。从另一个角度而言，是否可能会存在某个社会的个性特征不符合某个社会普遍性，甚至相反呢？这个问题需要论证。同理，用唯一的价值标准评判多样的差异性社会现象是困难的。

(二)关于相对主义的辨析

第一，相对主义认为世界是否真实地存在是个概率性的真实，强调事物的差异性、非中心化；探求某一事物与其与所处的环境之间的因果关系，人们所认识的现实是被建构的现实。这个观点有一定的道理。其一，由于自然界和社会充满了差异性、独特性、异质性、个别性的现象，需要从时间和空间角度不断地探索。当人们确定某个事物的时候，随着社会历史的发展，该事物也在不断地发展，原有被确定事物存在着被质疑之处。对此，需要反思已有的经验和结论，以及具体情况具体分析，这样才能够揭示和解释自然界和人类社会的复杂现象。因此质疑有其积极的意义。其二，由于社会的差异性、独特性、异质性，对事物的评价标准也具有差异性，这与个体主观判断有直接的关系，每个主体判断者都会借助于自己的理论背景或历史文化背景为标准作出判断，而这些标准正是判断者所生活的社会群体或组织的标准，至于这种组织规则或评价标准的合理性与不合理性，对于生活在这种规则或标准下的人而言，是合理的，合逻辑的；而对于另一个组织或群体而言，未必有合理。可见每个社会群体或组织内都有其特殊之处，每个社会群体或组织之间都存在差异性和特殊性，那么相对主义认为存在局部合理性的观点有一定的道理。其三，每个人都会受到其所生活的环境影响，当需要了解一个组织或群体内部成员的思想和情感等状况时，无法摆脱组织和群体内部的各种约定俗成的习惯，这是个体思想和情感形成的历史文化环境原因。例如不同的种族、民族、地域、社区之间在不同的时期，存在着不同的生活习惯和语言交流习惯，这些习惯和语言含义是组织内部成员约定而成。对于生活在组织习惯下的成员而言，习惯即是约定俗成的组织规则，它不仅被成员普遍认可和接受，并按照这些规则生活。同时这些组织规则保障了组织的正常运行和组织成员的正常生活，具有合理性。约定俗成的习惯是隐性规则，国家的政治、经济、文化、法律等规定是显性规则，这些隐性和显性规则是人的思想、情感等内心活动产生的源泉，研究的任务之一是揭示不同种族、民族、地域、社区和组织的规则，及其成员与这些规则的关系。因此，相对主义所主张的个体认识是在社会的政治、经济、文化、伦理和性别等的价值中形塑而成的，有一定的道理。其四，相对主义"去中心化"的观点有平等、平权的含义在其中。从思想领域而言，有利于淡化霸权和等级观念，树立平等、自由理念；从现实领域而言，对于打破世界霸权主义和一国独霸的国际格局，使各国有平等的话语权，促进世界和平有着积极的现实意义。事实上，相对主义盛行有着现实基础。一战之后，人们意识到各国、各地区都有着自己的历史文化，而不是西方某些国家的文化统治世界，各国都应该有自己的话语权，于是反对文化话语霸权的思想得到普遍认同，"西方中心论"受到严重的挑战。特别是二战以后，各被殖民国家纷纷行动起来，参加争取和平与独立的世界历史潮流之中，极大地瓦解了殖民主义和帝国主义国家对第三世界国家在政治、经济、文化上的压迫与剥削，世界格局发生了巨大的变化。同时相对主义兴盛，有力地打破了"西方中心论""权威论""理想至上"的神话。相对主义既兴盛于历史，又支持了历史与现实。

总之，对已经确定的客观事物、客观规律、价值评价存有怀疑，并且不断地追问和质疑，有利于人们深入反思和认识已有的定论；强调社会现象的特殊性,有利于人们认识事物之所以是这样的深层环境原因;主张非中心化,有利于模糊社会的权力中心与边缘的边界,不断推进社会走向平等与进步;强调世界的建构性,有利于发挥人的主观能动性和创造性。

第二,将普遍质疑客观事物的存在、拒斥规律的普遍性、价值的相对性和主观的建构性推向极致,就无法确认世界的真实性。当人们无法确认客观世界的真实存在时,又如何确认自己的主观世界呢? 如果人们把怀疑外部世界的真实存在扩大化,甚至推到极致的话,怀疑必然会迁移到自我世界,同样会怀疑自己主观世界的真实性。从这种意义上说,相对主义自身也不复存在了,其结果必然陷入虚无主义的泥潭。因此,相对主义存在三个误区,具体如下:

误区之一:相对主义在本体论上,一方面强调现实是人们主观建构的现实,另一方面强调主观建构是在历史、政治、经济、文化、伦理和性别等的价值中形塑而成,这显然是个矛盾体。既然人无法确认外部世界是否真实地存在,而历史、政治、经济、文化、伦理和性别等现象及其价值是独立于人之外、客观地存在着的。也就是说,主观对世界的认识和对世界的确认是无法离开客观世界,即主观性离不开客观性。主观形塑是要借助客观外界事物而实现。遗憾的是,相对主义讨论的重点没有交集在主观性与客观性的辩证关系上,而是最终归落于主观性。虽然相对主义强调不同群体特性的文化环境因素,但是却易夸大文化环境因素。虽然相对主义强调不同群体和不同文化的特殊性和差异性,也强调不排除跨文化和跨理论的理解,却容易陷入不同文化和不同群体间的彼此隔离、不可跨越和不可通约的陷阱。

误区之二:相对主义强调差异性,忽视普遍性。所谓的差异性是针对一个事物相对于其他事物的差异而言的,当人们无法确认自然和社会的普遍性和规律性,无法认识异己的组织、群体的特殊性时,又如何知道自己的群体的差异性和特殊性呢? 因为普遍性和规律性是对具体事物的抽象和概括,其中包含着丰富的具体性和特殊性,不是虚无的空壳。共性寓于个性之中,特殊性是普遍性的外显形式,每一种特殊性都不是孤立存在的,都是与其他特殊性相对应而言,才具有特殊的意义。从社会的整体与部分而言,无数个社会现象的差异构成了整体社会,社会整体是一个大类别的存在,只要是一个类别内的事物,就有其共性、普遍性和规律性。例如社会中"人"这个大类别,无论人与人之间的个体在政治、经济、文化、家庭、社区、教育、性别、种族、民族、地域、肤色、高与矮、胖与瘦、丑与美、健康与不健康等方面的差异有多大,都具有人的基本特征,这些基本特征和内在联系就是普遍性和规律性,普遍性和规律性不会因为某个因素而改变。因此,忽视或否定社会的普遍性,又如何能够确定构成社会的各个小单位(各组织、种族、民族、社区等等)的差异性和特殊性呢? 看不清社会的普遍性和规律性,也就看不清构成社会元素的特殊性和差异性,如果只见特殊性,不见普遍性和规律性的话,就如同只见树木,不见森林一样的了。这是相对主义难以解开自相矛盾的"症结"所在。

误区之三:怀疑或否定客观普遍性和真理性的存在,使得人们对本已确定的客观事物和基本的社会价值标准的认识再次模糊,思想认识陷入混沌状态。其结果导致人们的思维方式趋向于感性化、表层化,缺乏对事物思考的理性化和深层化,这是当代人缺乏坚守精神家园,缺乏理想、信念、信仰的原因之一。反映在生活中,表现为关注个人的当下利益,忽视国家、人类的长远利益。在文化方式上,容易倾向于过渡性、当下性、瞬间性、流行性、时尚性的文化,忽视长期性、深远性、未来性、稳定性、根本性、传统的文化。反映在生活中,便是流行式的、快餐式的、时尚式的生活方式盛行,沉迷于自我世界之中。

总之,当人们看不到宏观的社会全景,又如何能看清微观自我的特殊性呢? 无法确认价值的合理性和正确性,不能确认人之外的社会事物的正确与否,又如何确认自己的认识是被作为具有客观性的社会建构而成的呢? 就如同绝对主义寻找事物的客观终极标准的本身,即失去了终极的意义是徒劳的一样,相对主义抛开客观性去追求主观世界的构建,最终会陷入虚无主义,也会失去主观建构的意义。在主观的范围内无法确定客观的真实性,可是离开主观的范围,更谈不上客观性了。因此,没有绝对的绝对和绝对的相对,有的是绝对中的相对和相对中的绝对,超越绝对和相对的对立,走向绝对与相对的融合之路,世界是客观的,人的认识是人的主观性与人之外的客观性的有机统一。

第三章　超越绝对主义和相对主义对立之辩

　　学界一直在探讨绝对主义和相对主义走向超越之路，这既是一个不可回避的问题，又是一个无定论并值得思考的难点问题。跨越绝对主义与相对主义的对立，首先需要明确"跨越"的内涵。此处的"跨越"指非普遍性和特殊性的两极，而是两极兼有。两极不是经纬分明、毫无相干的对立的两部分，而是有着是相互渗透、相互联系、相互交融的本质关系，跨越即是分析绝对主义普遍性与相对主义特殊性之间的内在的本质联系，以说明二者的非绝对的对立性，而是有本质的联系。

　　那么超越绝对主义和相对主义的对立需要讨论下列问题：超越的本体论前提是什么？超越的关键点和场域是什么？超越的具体策略是什么？具体而言，讨论超越绝对主义和相对主义的思路有以下三个方面：一是超越绝对主义和相对主义本体论对立的基本前提是辩证唯物论和唯物辩证法，超越绝对主义和相对主义对立的超越点和场域是马克思主义的实践观和社会生活；二是超越绝对主义和相对主义研究范式的对立；三是超越绝对主义和相对主义对立的策略是以普遍性与特殊性为轴心，从社会整体结构、解释性理解理论、概念的自我辩证关系与不同群体间的跨越、研究的事实陈述与其条件的关系等角度进行分析，以说明跨越或消减绝对主义普遍性与相对主义特殊性之间的对立。

一、关于超越绝对主义和相对主义本体论对立的相关问题

(一)超越绝对主义和相对主义本体论对立的基本前提

超越绝对主义和相对主义本体论对立的基本前提是要站在辩证唯物论和唯物辩证法的立场上考察世界和人对世界的认识。自然和社会是人们认识形成的客观基础,人通过在自然和社会中的实践活动和人际交往活动,产生对自然和社会的认识,否则人的认识无从谈起,"思想、观念、意识的生产最初是直接与人们的物质活动,与人们的物质交往、与现实生活的语言交织在一起的。人们的想象、思维、精神交往在这里还是人们物质行动的直接产物。表现在某一民族的政治、法律、道德、宗教、形而上学等的语言中的精神生产也是这样。人们是自己的观念、思想等等的生产者"①。

世界是由自然界和人类社会构成的一个整体,自然科学和社会科学是有关人对于自然界和社会的认识,它们构成了人类的科学整体。库恩在《科学革命的结构》中提出了"科学共同体"(Scientific Community)的概念,这是一个很好的借鉴。这个概念不仅涵盖了自然科学和社会科学内容,把人文社会科学纳入科学范围之内,而且使科学具有了人文色彩,消解了科学中的权威优势,给予社会科学应有的科学地位,社会科学与自然科学一样拥有了科学的身份,二者有着同等重要的地位。一方面,自然科学与社会科学和而不同地共处在"科学共同体"之中,"科学共同体"是个整体,自然科学与社会科学是整体中的部分。科学的整体具有共同普遍性的特征,即"科学的生命得自于科学共同体的运作,这个共同体共享有关科学的假设、态度和研究的技术。科学共同体是受到一组共同的规范、行为、态度所约束的一群人。它是一

① 《马克思恩格斯文集》(第一卷),人民出版社,2009年,第524页。

个专业共同体，因为在其中发生互动的一群成员共享着一套道德原则、信仰与价值、技术与训练，以及职业生涯路径。它不是一个地理上的社区。科学共同体在最大的程度上同时涵盖了自然科学和社会科学"①。可见共同的信仰、价值、道德、方法、技术、人生之路是科学共同体的共同特征。而科学共同体中的自然科学和社会科学两部分在共同特征下有各自的特殊理论、方法、技术，这是普遍性下的特殊性和差异性特征，因此科学共同体与自然科学和社会科学的关系是普遍性与特殊性、共性与个性之间的关系。另一方面，量性研究所持的绝对主义立场是站在普遍性的角度看世界，质性研究所持的相对主义立场是站在特殊性的角度看世界，由于绝对主义和相对主义是在形而上学范围内的对立，形而上学是个整体，具有普遍性特征，绝对主义和相对主义是形而上学下的部分，具有特殊性特征。在形而上学整体下的部分，才有唯我独尊、各持一端的极端倾向，其对立难以被调和。若要超越绝对主义和相对主义的对立，就要超越形而上学范围，回归到唯物辩证法的范围，只有在唯物辩证法的范围内探索普遍性和特殊性，才能超越绝对主义和相对主义的极端对立，才有超越的意义。

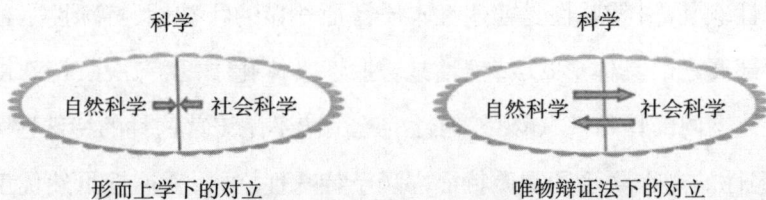

图3-1　自然科学与社会科学不同视角下的比较图

当以唯物辩证法视角，分析绝对主义的普遍性与相对主义的特殊性的关系时，会发现绝对主义和相对主义不仅有对立的一面，还有相互联系、相互渗透、相互作用的一面。众所周知，黑格尔是辩证法大师，虽然他的辩证法

---

① [美]劳伦斯·纽曼：《社会研究方法——定性和定量的取向》，郝大海译，中国人民大学出版社，2012年，第13页。

是建立在唯心论基础上的,但是这绝不妨碍他获得辩证法巨匠的荣誉,以至于令马克思、恩格斯对其十分敬仰,并在唯物论的基础上全盘接受黑格尔的辩证法。黑格尔在《小逻辑》一书中指出:"概念就是存在于本质的真理,因为返回到自己本身的映现,同时即是独立的直接性,而不同的现实性的这种存在,直接地就又是一种在自己本身内的映现。"①"这样,就概念与存在和本质的联系来说,可以对概念作出这样的规定,即:概念是返回到作为简单直接的存在那种的本质,因此这种本质的映现便有了现实性,而这种本质的现实性同时即是一种在自己本身内的自由映现。"②用黑格尔论述概念与现实性关系的理论分析普遍性与特殊性的关系,可以得到以下三方面的启发:其一,概念具有抽象性、概括性、普遍性和本质性特点,概念反映了本质的真理性。普遍性不是空洞无物的普遍性,普遍性是自我同一的普遍性,普遍性无法离开特殊性。普遍性来自于不同类事物的抽象与概括,每类事物都有自己丰富的特殊性和个性在其中,每一类事物之所以区别于其他类,是其类的普遍性使然。从这种意义上说,普遍性是与自我内在丰富特殊性相一致的普遍性,是其内在本质与特殊性保持同一性的普遍性,普遍性是有自我内在规定的普遍性。其二,特殊性是普遍性本质特征外显的特殊性,特殊性是普遍性自我外部展现的具体形式,特殊性是普遍性具体化了的特殊性;特殊性是在普遍性范围内的特殊性,超出普遍性的范围就不是该普遍性的特殊性了。其三,普遍性的内在联系和本质特征内涵于特殊性之中,普遍性虽然优于特殊性,却不能替代特殊性。在不同条件下,二者相互转化,如某一类的普遍性相对于其他类的普遍性而言,又是特殊性了。

总之,用唯物辩证法探讨绝对主义和相对主义的关系,才能看到二者既对立又统一的辩证关系,才能超越二者对立的怪圈。

---

① [德]黑格尔:《小逻辑》,贺麟译,商务印书馆,1982年,第324页。

② 同上,第325页。

(二)超越绝对主义和相对主义对立的超越点及其场域

第一，超越绝对主义和相对主义对立的超越点就是马克思主义的实践观。绝对主义主张认识世界的客观性，相对主义主张认识世界的主观性，如果只站在主观性或客观性各自的角度上的话，无法超越二者的对立，其结果必然走向极端。因此，需要一个中介把主观性与客观性联系起来，这个中介就是实践，实践如同把主观性与客观性连接在一起并走向融合的桥梁。实践是主观见之于客观的东西，只有在实践中，才能形成人对世界的正确认识，人的主观才能感受到客观事物；只有在实践中，才能从主观角度证明客观的存在，主观才明了如何在客观中行动；只有在实践中，才能检验主观的判断是否正确。

第二，超越绝对主义和相对主义对立的实践场域在哪里？实践是实实在在的现实发生物，它不可能发生在抽象的先验观念之中，实践发生的地点就是在人们的现实生活之中。每个人与世界交互作用的场所是自己的生活世界，每个人在自己的生活经历中形成其世界观、价值观和人生观，生活世界是每个人唯一的实在，因此生活世界是人们实践的空间和场域，这个实践空间既是人们的主观与客观的汇集处，又是生活世界影响人、塑造人的地方；它既是人们认识世界、改造世界的地方，也是人们验证自己对世界认识的观念正确与否、树立信仰的地方，同时也是人们的认识受到制约的地方。可见社会生活摆脱了抽象的、远离生活本源的先验观念，它给予实践以载体和空间，使一个空洞的实践概念变为鲜活的实在形态。在现实生活中，各种主观的和客观的要素交织在一起，共同参与社会生活的构建，无数小的社会生活的构建，汇集成了社会有机整体，构成了整个社会生活。

图3-2　在社会生活的实践中超越主观与客观的对立

社会实践是主观见之于客观的场域，同样也是绝对主义普遍性与相对主义特殊性之间交汇的"张力场"。"张力场"是分析普遍性和特殊性本质联系的重要视域，因为普遍性与特殊性或者说差异性与同一性并不是绝对的对立、隔离、毫不相干的两个部分，它们有着本质的联系，这种本质联系在"张力场"中凸显出来。"张力场"是体现二者相互作用、相互交融和相互否定的显现地带。具体而言，一方面没有纯碎的绝对主义和相对主义的两极，否则两极都不存在，因为每一极都是相对于另一极而存在的。每一极都含有另一极的某些要素，只不过从"极"的意义上而言，在某个阶段，这一极包含另一极的要素因过小而忽略不计而已，并不是不含有另一极；另一方面，两极的位置是个历史发展变化的动态形式，例如最初量性研究处于独大地位，似乎它是全部科学研究的化身，实际上，量性研究此极内部早已孕育着自己的对立面即彼极（质性研究）的要素，不管含有彼极的要素多些或少些，彼极却都是在此极内不断变化和壮大的，如同质性研究是量性研究发展到一定阶段的产物一样。与之相应，"张力场"也是由此极向着彼极的方向不断地推演、变化的场域。现实事物也如此，从一极向着两极，甚至多极方向发展。世界的发展正是由一极向两极、多极世界的方向发展。在两极之间的"张力场"地带，若能探寻出两极各要素之间相互联系的表征之处的话，便可以说明普遍性与特殊性是既对立又相容的两极了。

二、关于超越绝对主义和相对主义研究范式的对立

量性研究以绝对主义为其本体论基础，质性研究以相对主义为其本体论基础，由二者的本体论基础不同导致其研究的范式不同，量性研究采用实证主义的范式研究，质性研究采用解释主义的范式研究。"范式"(Paradigm)一词是从有关数据库的排列规则演绎而来。范式的概念和理论是美国著名科学哲学家托马斯·库恩(Thomas Kuhn)在其《科学革命的结构》(*The Structure of Scientific Revolutions*)中提出的，范式是指一个科学共同体成员所共享的信仰、价值、技术等的集合。科学研究不仅是技术和方法问题，更是科学研究在一定的信仰和价值观指导下进行研究活动的理论基础和实践规范，是科学研究者群体所共同遵从的世界观和行为方式。在某种意义上说，范式是一种支配科学研究活动的文化，也是在特定历史时期占主导地位指导科学研究活动的理论，因此范式决定了科学家研究的科学思想、科学体系结构、科学模式、科学方法等的集合。

(一)陈述判断与判断依据的区分

陈述判断与判断依据的辩证关系是超越绝对主义基础上的实证主义研究范式和相对主义基础上的解释主义研究范式对立的分析视角。陈述是对客观事实的描述，科学研究是求真的过程，也是对客观事物认识的过程。当研究者陈述客观事物时，就获得了客观事物的知识和认识。"中国有黄河和长江"是陈述判断，这句话表明其对应的是存在的事实，而不是主观"是"与"非"的价值判断。陈述判断体现了科学研究求真的本质，应该说陈述判断是量性研究和质性研究都认同的观点，这一点在二者的研究程序中都能得到证实，如量性研究通过各种方法排除无关变量，质性研究采取中立立场、反思、"悬置"研究者的主观价值判断等方法排除无关变量。这也是绝对主义极

力主张的观点。美国学者莫里斯·曼德尔鲍姆①站在实证主义研究范式的立场上，在其《历史知识问题——对相对主义的答复》一书中，明确地对陈述与判断进行了区分。他说："一个陈述的真假取决于它所说的话是否符合于它所声称要记述的事实。对在其中作出陈述的那些条件进行的社会学理解，与对陈述本身的真假设所作评估毫无相似之处。"②他认为："一旦主张必须参照一种知识形成于其中的那些条件去理解和评估这种知识的有效性，那么彻底的相对主义就是不可避免的。因此有必要把这个信念表征为相对主义的一个基本的前提。"③他认为这是错误的，"这个错误在于把知识的内容和用以表述和表达知识活动混为一谈"④。也就是把"陈述"与"判断"混为一谈了。如一个陈述句不能作为一个命题，命题是从陈述现象中提取出来的一个逻辑实体，可能为真或假，以命题本身为主体，不指称具体之物，不涉及事实，故不考虑事实如何，仅此而已。这种"陈述"与"判断"的划分十分有意义，意义在于分出研究的三个层次：命题—陈述—判断，其中，命题来自陈述，陈述来自事实，陈述的进一步真假判断来自于事实。

对客观事物的认识首先陈述这个事物存在的真实性，而不是这个事物存在的条件是什么，这是对事物进行科学研究求真的要求，"当我们说一个陈述之所以是真实的是由于它符合事实时，我们所意指的其实是这个陈述所表述的那种存在于这个陈述中各个词之间的关系也存在于这些词所体现

---

① ［美］莫里斯·曼德尔鲍姆（Maurice H.Mandelbaum, 1908—1987），先后毕业于达特茅斯学院、耶鲁大学，获得硕士和博士学位。曾先后执教于达特茅斯学院、约翰·霍普金斯大学，任比较文学教授、哲学教授。1968—1974 年，任美国哲学学会主席。1973 年入选美国艺术与科学学院院士。《历史知识问题》是曼德尔鲍姆的成名作，也是美国哲学家在历史哲学领域的第一部重要作品。其他著作有《道德经验的现象学》（1955 年）、《哲学、科学与感性知觉》（1969 年）、《历史、人和理性》（1971 年）、《哲学、历史和科学》（1984 年）、《社会理论中的目标和必然性》（1987 年）等书。显然，他从绝对主义立场回答相对主义的观点。

② ［美］莫里斯·曼德尔鲍姆：《历史知识问题——对相对主义的答复》，涂纪亮译，北京大学出版社，2012 年，第 128 页。

③④ 同上，第 125 页。

的那些实际对象之间"①。这一点是真理符合论的内涵。也就是说"当一些陈述的确指示某些真实的事实或实际的相互关系时,这些陈述是真的"②。显然,在莫里斯·曼德尔鲍姆那里,事实判断必须先于价值判断。陈述就是事实判断,表达真实的对象,真实的对象是值得思考和研究的对象,研究事实判断是科学研究所要追求的真,陈述就是获得真的事实,获得真的事实也才获得了知识。而判断是带有主观倾向的,并非符合符合论的内涵。即便是多位学者的重复判断也未必是陈述判断,因为重复未必是科学发现,未必发现事物的真或者事物的内在联系。甚至价值判断会有主观的故意,例如就历史而言,不管是有意,还是无意的宣传品,都是对历史事实的伪造,因为宣传品是有目的的故意宣传,而不是事实本身。

同样研究者对客观事物的研究, 不是以他人的价值判断或自身的价值判断的逻辑去研究,或者去推论、去替代客观事物本身的实有逻辑,因为这样的做法都是远离研究者要认识客观事物的目标的。事实上,客观事实有自己的逻辑联系,一个事件引出另一个事件,一个事件与许多事件相联系,这里是指事件之间的因果关系和相关关系,研究者是紧跟事件的脉络前行,而不是跟着研究者自己的判断逻辑找事件的线索及其关系。也就是说客观事实有自己特定的含义、意义、顺序和结构,人的认识是发现这些人之外事实特有的意义、意指、顺序和结构。而不是相反,研究者不是以价值判断为依据去研究客观事实,或者研究价值判断者本身为什么会作出这样的判断的。似乎相对主义的错误之处就在于此, 即用人的主观价值判断的逻辑去研究事实逻辑,这正是绝对主义对相对主义的批评之处。在莫里斯·曼德尔鲍姆那里,批评相对主义的研究是"把知识的内容和用以表述和表达知识活动混为一谈",相对主义的质性研究的本体论基础,质性研究是否也"把知识的内容

---

①② 〔美〕莫里斯·曼德尔鲍姆:《历史知识问题——对相对主义的答复》,涂纪亮译,北京大学出版社,2012年,第129页。

和用以表述和表达知识活动混为一谈"呢？事实并非如此,引用诺曼·K.邓津和伊冯娜·S.林肯在其《定性研究:方法论基础》一书中对质性研究的概括,就证明了并非像莫里斯·曼德尔鲍姆所说的那样。诺曼·K.邓津和伊冯娜·S.林肯认为质性研究"它由一系列解释性的、使世界可感知的身体实践活动所构成。这些实践活动转换世界。它们将世界转换成一系列的陈述,包括实地笔记、访问、谈话、照片、记录和自我备忘录。在这种程度上,定性研究包含着一种对世界的解释性的、自然主义的方式"①。从这个定义可以看出,质性研究是一种转换世界的活动,转换活动只是形式,而转换的内容是世界本身,世界本身就是人要获得的知识内容。莫里斯·曼德尔鲍姆对相对主义的判断只是关注质性研究转换活动的形式,而未关注其转换世界的内容本身。质性研究转换世界的活动就如同实证研究要用实验方法获取实验数字以证明知识内容一样,实验数据只是获得知识内容的手段或形式,而不是知识内容本身,那我们是否也可以说实证研究把知识和获得知识的数字混为一谈了呢？当然不能。同理,也不能简单地批评以相对主义为基础的质性研究把知识内容与表达知识活动混为一谈了。不仅如此,质性研究从一开始就一刻也没有离开过社会实践,研究活动的全过程及其所有方面完全按照社会事实本来的秩序、规则、故事线索去探索,因此质性研究与量性研究一样都是陈述世界真实事实的方法系统。

(二)陈述判断及其依据的辩证关系

第一, 问题的关键是对一个事物的陈述是真的和判断这个事物为真的相关条件是否都属于科学范围之内对真的追求。如果判断是肯定回答,则绝对主义和相对主义皆为科学范围,因为前者是绝对主义主张,后者是相对主

---

① [美]诺曼·K.邓津、伊冯娜·S.林肯:《定性研究:方法论基础》(第1卷),风笑天译,重庆大学出版社,2007年,第4页。

义主张。但是二者之所以表现为对立,原因在于把二者对事物的研究立场截然分割开了。事实上二者是研究问题的不同部分,或者说是前后两个步骤而已。第一步是确定陈述事物,即确定事物的真;第二步是分析为什么是真,即真是在什么语境中产生的。一个被陈述的事实有自己的逻辑、秩序和结构,研究者根据事实本身的逻辑脉络探究即可,而不是主观另辟蹊径,这是违反事物自身规律的。至于评价,其本身不一定是事实,评价不追求事实对象及其依据。评价不一定是客观的真,却是主观的认识。研究者不会以他人的评价判断为自己发现的依据,而是以事实材料为依据,因此研究结果不以评价为依据得出认识的结论,而以非评价性即非主观性的事实材料为依据而得出认识的结果。在这一点上是符合唯物主义认识论的,此处绝对主义有唯物论特征。而相对主义认为研究者的价值评价影响着其对事实判断的结果是有问题的,问题就在于把客观事实与主观判断的顺序颠倒了,应该是先有事实,后有判断,而不是相反,在这一点上相对主义有唯心主义特征。如果相对主义在确定陈述之后而评价的话,则是另一回事,那样的话就不能称其为有唯心主义特征了。

第二,按照陈述事实、论证事实的存在依据,按照事实的逻辑脉络进行研究等都是科学研究的规则,那为什么会出现绝对主义和相对主义的对立呢?原因之一是,二者在遵守科学研究规则的同时所面对的研究对象有较大的差异。绝对主义的研究对象多为客观自然事物,相对而言容易达到科学研究的客观性、确定性、精准性、实证性、经验性的标准,而相对主义的研究对象是人,相对而言难以达到客观性、确定性、精准性、实证性、经验性的标准。换句话说,绝对主义的研究者作为人是以客观事物为研究对象,相对主义的研究者作为人是以人为研究对象(见图3-3)。因此,以相对主义为基础的质性研究并不是有意与以绝对主义为基础的量性研究作对,只是因研究对象的不同所采用的不同理论范式以便于或有利于进行研究而已。如质性研究以自然主义为研究范式,并不是因自然主义范式本身与量性研究作对,而是质性研究把自然主义作为以人为研究对象的工具进行研究更加便利和容易而已。事实上,质性研究所应用的多种理论工具如自然主义等,都有很多机会运用量性研究的方法介入其中,只不过是研究者是否意识到这样的搭配方式并自觉地运用这样的搭配方式问题。

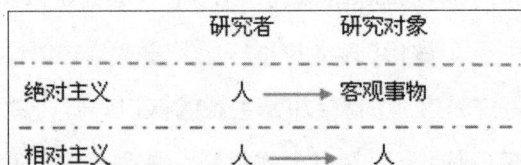

图3-3 绝对主义和相对主义研究对象图

　　既然研究者是人,研究对象也是人,则研究过程势必受研究者所运用的理论工具的影响。而理论工具多为其他研究者的理论成果,这些研究成果即便严格遵守陈述判断,也难免不混杂着价值判断,特别是社会科学研究成果中存在价值判断的可能性比较大,这些价值判断直接或间接地影响着使用这些理论的研究者。一些科学研究中的事实也证明了科学家在陈述事实的过程中,难免不受评价的影响。例如对人的科学试验应遵守客观性和真实性,然而西方女权主义科学家发现,在所发表科学研究论文和进行实验设计时,研究者往往过分强调了群体间的不同,却反过来把相似的部分遮掩了起来。把研究中出现的性别、种族、年龄、教育和其他因素之间的差别轻易地推广为一般性结论,这恰恰忽视了性别和种族等因素的差异,反而以一部分人群的特征推广到普遍现象,这既不恰当,也相当危险。大量的试验是以白人为对象,把这样试验的结果推广到所有人群,就像以男人为研究对象的研究结果推广到所有人,势必会产生错误的结论。

　　在心理学领域,女性主义心理学家认为心理学的实验是存在问题的。心理学领域中受青睐的实验法导致了一些研究盲点,主要表现为标准的实验研究报告写作规范禁止使用第一人称单数,避免提及真实的人,并把行为抽象为概念 Rae Carlson 批评了实验研究在社会科学中的显要地位,认为严格控制和操纵变量的实验法是一种男性化的、施加控制的研究风格,并非女性化的、合作的模式。女性主义者还指出,性别偏见对实验的各个阶段都有影响。①因为从试验的设计者和研究者看,多数是男性实施,他们从一开始就按照男性的科学传统设计试验方案,无法关照女性的经验,所得出的结论也自然是男性的结论,最后把这样的结论推而广之,成为普遍的真理。这些证明所谓客观性并不客观,暗含着男性主观性和妇女被忽视的色彩。

价值判断的主观因素影响研究者的状况也是比较容易解释的,因为"人是特殊的个体,并且正是人的特殊性使人成为个体,成为现实的、单个的社会存在物,同样,人也是总体,是观念的总体,是被思考和被感知的社会的、自为的主体存在,正如人在现实中既作为对社会存在的直观和现实享受而存在,又作为人的生命表现的总体而存在一样"②。因此,以人为研究对象并对人进行整体性研究时,无法回避人的生命表现和人是社会现实的直观这一二者合一的事实,这个事实是以人为研究对象的事实陈述,它必然无法拒绝人本身带有的社会现实的印记与人已经融为一体的事实,人本身带有的社会现实的印记也是研究人本身的内容了。因此,研究人与研究人所处的社会环境是不可分离的整体,在以人为研究对象论证一个陈述社会事实的依据时,难免不研究社会现实或环境因素,这也是相对主义一再强调环境因素影响人的重要性所在。可见绝对主义和相对主义的研究范式,都是在科学研究的普遍规则下因研究对象的特殊性不同而导致不同而已。

① See Reinharz, S., *Feminist Methods in Social Research.* New York: Oxford University Press, 1992, Chapter 5: "Feminist Experimental Research".

② 《马克思恩格斯文集》(第一卷),人民出版社,2009 年,第 188 页。

三、从社会整体结构视角超越普遍性与特殊性的对立

群体的特殊性或群体之间的差异性是在普遍性或同一性下的特殊性或差异性,这意味着在各差异性或特殊性之中内涵着共同要素。能够跨越普遍性与特殊性对立的理由如下：一是从社会群体的整体结构与各群体内的价值内核之间的关系角度,分析整体结构的普遍性与群体特殊性之间的关系,从中观察其普遍性与特殊性的交融之处；二是不同群体之间的差异性和特殊性,源于群体内部的价值内核及其群体内成员的传承,特别是群体成员成长的"关键期"是群体价值内核传承的关键。

(一)群体整体结构的普遍性

第一,世界是个有序的整体结构,是由不同层级群体构成的整体,具有普遍性和同一性。而每个群体都有其特殊性,并有别于同层级的群体和其他层级的群体(此处丝毫没有对不同国家、种族、民族、组织进行高低贵贱的划分,只是针对由自然世界的自然排除结构而言、如一个国家或民族的地理位置、自然状况、人口等)。充满差异性的国家、种族、民族、组织等是构成具有层级结构性的整体群体,其中每个国家、种族、民族、组织等群体都处于群体结构中的不同层级的位置,群体的整体结构具有普遍性。处于不同层级的每个群体都具有区别于其他群体的特殊性,即群体内的价值内核,每个群体都有自己的价值内核,即特殊性,群体的特殊性是普遍存在的；每个群体的特殊性又是在群体结构中的特殊性。换言之,群体的整体结构是包含着每个群体价值内核特殊性的整体结构,同时每个群体的特殊性又体现群体整体结构的特征,每个群体的特殊性既有自身价值内核的特殊性,又有整体结构特征的特殊性,因此群体的特殊性是具有普遍性的特殊性,群体整体结构的普遍性是含有各个群体特殊性的普遍性。可见,绝对主义的普遍性与相对主义

的特殊性不是绝对对立的,它们有相互联系、相互依赖、相互交融的一面。

具体而言,不同国家、种族、民族、组织等群体之间都存在着差异性,但是它们不是杂乱无章的社会群体,而是有序的、有结构的整体性群体,这是群体具有普遍性。每个群体自身既有其结构与秩序, 又居于一定的结构之中,构成大结构的一份子。因此,社会各类群体的差异性是在普遍性结构内的差异性。不同类群体的结构性是指群体的大小层级不同的类别, 具体如下:大层级下面有若干个平级和上下层级的群体,一个国家是个大群体(见图3-4),以中国行政划分为例,国家下面有若干个不同级层的群体即省和自治区;若干个省和自治区是同层级群体,每个同层级群体下面又分为若干个层级的群体;最微小的群体就是每个人直接接触的周围人群,如家庭成员、学校的班级群体和单位群体。反而推之,与个人在血缘和情感上亲密度最高的微小群体,是由若干个不同辈分成员构成的家庭群体;家庭群体的上一层级群体是居民社区(城市是居民小区,农村是村),居民社区的上一层级群体是街道……以此类推,直到国家的大群体。

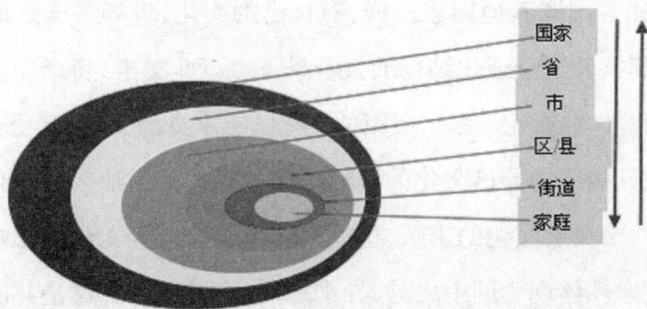

图3-4 国家至家庭的层级图

在政治上,相对于世界而言,世界是由各国和各地区组成的大群体,各国和各地区又是世界下一层级的群体。无论是最大的层级群体,还是最小的层级群体,每一个层级都有一系列的价值体系制约着层级内部成员,使每个层级能正常运转。在每个层级的价值体系中会有一个理念、信念,甚至信仰的核心内核, 核心内核决定了价值体系的内容及其层级群体的整体结构与运行方式,不同核心内核的价值体系领着不同的群体,最小的家庭群体和最大的社会群体皆如此。正是由于各个层级价值体系的核心内核发挥着调节、稳定群体的作用,即便世界出现局部不稳定,却仍然保持着总体平衡。

第二,在同级层内,群体之间的差异是在同级层之下的差异,同级层内的各群体的差异是带有本层内的共同性的差异。换言之,每个群体的特殊性含有本层级的公共要素,同时也含有本层级之上各层级的要素,也就是说,每个群体的特殊性受到本层级以上的不同层级公共要素的影响。例如,中国某个地区的一个民族村落,有着该村落强烈的本民族的本土文化,却也受到从当地县级层的文化要素到全国级层的文化要素,乃至全球层级的文化要素的影响。但是所有不同层级影响要素对于某个群体的影响而言都是外部因素,并且有影响远近、大小之分。但是每个群体的特殊性无论受到什么外界因素的影响,都是局部的或部分的影响,而不会改变其本身的特殊性。如同中华民族的传统文化,经历几千年的历史沧桑,仍然保留至今。

在群体层级结构系统中,不同层级群体的文化各有所异,却共处于相同的背景下,如各国同其他国家一样,有自己的文化,世界各国之间有文化上的差异性,却共处于全球化结构的大背景下。以此类推,每个层级的群体都受到上一级群体的影响。每个层级的文化既有本身的文化,又受到上一级的异己文化或同级层的异己文化的影响,如中国的某个地区的文化既受到上一级层即省、市级层文化的影响,也受到同级层的地区文化的影响。不同群体文化的交融性体现为同中之异、异中之同地交错存在,这是共同文化下的差异性。但是无论外来文化如何影响,无论一己文化接受外来文化的影响有多少,一己文化背后的价值内核是稳固不变的,否则就丧失了本群体的特殊性。某一群体的个体行为或文化现象都会体现出该群体的价值内核,而群体表现出来的文化现象,只是该群体的"果",并不是因,而"果"之"因"在群体内在的价值内核之中。

可见不同层级的群体既相互影响,又构成了有机的整体结构,群体的特殊性是在整体普遍性范围内的特殊性,整体的普遍性既包含特殊性,又渗透于每个群体之中。正如黑格尔所说:"但普遍性乃是自身同一的东西,不过须明白了解,在普遍性里同时复包含有特殊性和个体的东西在内。再则,特殊的东西即是相异的东西或规定性,不过须了解,它是自身普遍的并且是作为个体的东西。"①

(二)群体整体结构中的特殊性

各个国家、种族、民族、组织、群体之间的差异性源于其自身内部的特殊性,特殊性表明此群体与彼群体之间存有差异,这源于每个群体内部的价值内核。这种整体性特征绝不是个体特征的相加之和,而是升华为超越群体中个体之和的另一种东西就是价值内核。迪尔凯姆称之为"综合体"。他说:"水的流动性、营养性和其他属性并不存在于合成水的两种气体之中,而是存在于由它们的结合而形成的合成物之中"。迪尔凯姆将综合体应用于社会现象的认识之中,他认为:"构成整体社会的特殊(Sui Generis)综合体可产生与孤立地出现于个人意识中的现象完全不同的新现象,那就应该承认,这些特殊的事实存在于产生了它们的社会本身之中, 而不存在于这个社会的局部之中,即不存在与它的成员之中,因此,从这个意义上来说,这些特殊的事实,正如生命的特性存在于构成生物的无机物之外一样, 也存在于构成社会的个人意志之外。"②既然群体的特殊性表现为价值内核或综合体,而不是表现为个体的意志或个体意志之和,由此可以获得以下认识:一方面,群体内部的价值内核是该群体之所以如此,以及区别于其他群体的本质特征。虽然每个群体内的价值内核之具体所指有所不同, 但是价值内核对于确定群体的本质与存在、稳固群体的运行与传承等方面具有普遍性。另一方面,群体内

---

① [德]黑格尔:《小逻辑》,贺麟译,商务印书馆,1982 年,第 334~335 页。
② [法]E. 迪尔凯姆:《社会学方法的准则》,狄玉明译,商务印书馆,2002 年,第 12 页。

部的价值内核外显为群体成员共同遵守的规则，以及体现为文化内涵的价值标准，具有合理性、可确定性和普遍性。群体成员的传承是群体价值内核得以延续的关键因素，群体成员之所以能够传承群体的价值内核，在于人的成长的关键期，这是由人的成长规律决定的。可见群体的特殊性都深含着人的成长的普遍性和规律性。

第一，同一群体内的人群，由于个性等因素影响，对于同样的规则理解和接受及其行动是不一样的，但是同一群体内的公共规则和习惯对于其内部成员而言，在根本上或者是基本上是接受的，这些公共规则和习惯体现了群体的价值内核，这是同一群体内的普遍性和规律性，否则同一群体内的个体就无法生存的，同一群体也无法保持平衡。如同生活在美国规则下的美国人，会认为美国的规则是合理性、合逻辑的。然而把美国人的规则拿到中国则行不通，会出现水土不服，因为美国的文化特征与有着悠久历史文化渊源的中国特征是完全不同的，这是不同群体内部的价值内核不同的缘故。

价值内核形成于一个群体发展的历史文化之中，是群体发展历史的结晶。不同群体的价值内核源于该群体的历史传统与传承，即群体的历史文化根基，也是群体的原文化。它既是在群体发展的历史中逐渐形成的，也是每个群体成员参与创造的结果。价值内核是一个群体区别于其他群体的最本质的文化特征，它通过群体的结构、制度、规则、道德、习俗等形式表现出来，是群体存在和发展的根源所在。群体价值内核内涵于每个群体成员的生活之中，或者说，通过每个群体成员的生活表现出来。归根结底，群体价值内核是群体成员个体文化价值内涵及其生活经验的凝练。因此，群体及其成员的价值内核是一致的，尽管群体成员的表现各异，但其价值内涵在本质上都体现着群体的价值内核。

第二，在讨论普遍性和特殊性关系的同时不能忘掉一个概念：个体。黑格尔认为："把概念真正地区别为普遍的、特殊的、个体三个环节，也可以说，是构成概念的三个样式。"①这三个样式三位一体，群体结构有普遍性，群体的价值内核有特殊性，个体是群体价值内核承担者和践行者。群体价值内核依靠个体传承才得以存续。个体接受群体的价值内核有其关键期。群体价值内核是靠每个个体传承的结果，个体传承群体的价值内核有其关键期。在群体中，没有个人传承群体的价值内核，群体就荡然无存。从这种意义上说，群体的价值内核是依靠群体成员的持续传承而存在，以及依托群体成员丰富的实现生活而展现。因为群体的价值内核是群体成员生存状态的凝练与抽象，有群体成员将群体的价值内核还原为真实的现实存在，才有群体价值内核的现实根基，这是群体与群体成员一致性的基础。否则，群体内部的平衡将被打破，甚至群体也不复存在。反之，群体价值核心会统领群体发展，一代代传承下去。不同的群体有着不同的历史文化传统，导致其价值体系相异，从而形成群体间的差异。而不同群体的价值体系是其核心内核的延伸形式，在群体的日常生活中表现为可视的与不可视的规则和习俗，这些规则和习俗既维护着群体的运行，有其合理性，又深入群体成员的内心，并内化为每个群体成员的价值观念和行为习惯。然而在人生成长的不同阶段中，群体成员内化群体价值内核的程度不同，或者说，群体价值内核对人的影响程度有所不同。

第三，当一个人从出生到成人，始终生活在其群体价值体系的环境之中，就会有较强的接受并同化其群体价值观念的心理倾向，这源于人生接受并形成群体价值观的关键期，即从婴幼儿到青年时期(见图 3–5②)。在此关键期中，人的价值观念同其身体的成长一样，是在与客观群体价值体系互动的过程中慢慢形成。如果把群体价值观念从简单到复杂分为若干个单位的话，那么婴幼儿就是从最小单位开始接受群体的影响的，如从一个姿势、动作、习惯等形成感觉，随着年龄的增长，从牙牙学语到学会使用概念、判断、分

---

① [德]黑格尔：《小逻辑》，贺麟译，商务印书馆，1982 年，第 336~337 页。

② 图片引自 http://image.baidu.com/i? tn=baiduimage&ct=201326592&lm。

析等形式逻辑思维,从慢慢升华到理解用概念、判断和分析,再到独立运用概念、判断、分析的辩证思维,整个过程都是在群体的价值体系环境下完成的,这是为何在不同的群体价值体系下成长起来的孩子们有着鲜明差异的原因所在。

图3-5 人生成长的关键期图

关键期的价值在于:一方面,它是个人生命中接受群体价值内核的最佳植入时段及其生根发芽的时期,是个体内化群体价值观念并构成自我价值体系和价值情感的时期,是自我价值观念与群体价值体系达到高度同一的时期。经历关键期,群体成员对原群体价值观有着强烈的情感认同,对成员彼此间的差异有着较高的宽容度。如果原群体成员在关键期后移居到其他群体或多个群体之中,并且接受其他群体价值观念的影响,对原群体的价值体系持有不同看法,即便如此,也会在情感上宽容和认同原群体。另一方面,人在关键期所形成的价值观,与其身体的成长、与客观群体价值体系之间的互动过程,均是同时进行的。这种同期性意味着人成长的关键期是人的身体、情感、个人价值观和群体价值体系融合为一体的时期。其最大意义在于:群体价值观念已经融化在个体的血液之中了,成为个体生命的一部分,其中既有个人先天遗传的因素,又有个体所在群体的价值内核。由此而知,人成长的关键期既是个人价值观念和人格特征最具个性化和固着化的形塑时期,直至影响人的一生;也是个人传承群体价值内核(原文化或根文化)关键期。这一人生的原生态的价值内核如同人生大树之根,无法撼动。纵使日后人生经历重大的变迁,也一定要落叶归根,或者持续代际间传承原文化内核。如某人移居到其他群体之中,接受异己文化,仍然保留原群体文化,异己与一己文化融合并存。接受与并存，原文化仍有优先地位，而且随着岁月的流逝，人越老越眷恋原文化。可见群体价值内核（原文化之根）一旦在人生中的关键期形成，其本质是难以改变的。

在人生的关键期中，个体接受群体价值观念呈现共性特征：一方面，人的年龄与接受客观群体价值影响的广度和深度之间成反比，即年龄越小，接受外界价值的影响越大，对外界环境的反应越原始。如一个新生儿会完全接受环境的影响，但不是被动地接受，而是对环境有所反应或在与环境的互动中接受环境的影响，只不过是用其自然体所能及的原始动作反应而已，如哭、笑、肢体动作等。另一方面，主体的年龄与接受客观群体价值影响的深浅度成正比，即主体年龄越大，其接受客观群体价值的程度越强。

就群体原文化内核和群体成员秉承原文化内核的层面上而言，不同群体间的文化差异性难以替代，相对主义主张的"没有统一标准评价不同群体"观点有一定道理。

四、从解释性理解视域超越普遍性和特殊性的对立

由于每个群体都有其特殊性，如果不同群体之间能够跨越，说明每个群体中都含有共同的要素，即普遍性，普遍性蕴含于特殊性之中。普遍性与特殊性不是截然对立的，而是相互包含、相互渗透、相互交融。因此，群体的差异性或特殊性是在同一性或普遍性下的差异性或特殊性，特殊性或差异性之中是包含普遍性的特殊性或差异性，并且可以通过一定的途径发现普遍性与特殊性之间的关系。因为特殊性与普遍性或差异性与同一性的本质联系，是以一定的"管道"或"载体"形式在社会实践的场域内展示出其表象的，如群体文化表征的语言、文本符号，文本结构通向社会现实，文本结构与社会现实结构有着内在的本质联系，二者存在"同型"，二者的本质结构是相同的。这些表象是一个群体通向另一个群体的环节，对这些表象即特殊性进行

解释性理解(Interpretive understanding),可以发现其背后存在着的本质联系,即普遍性和规律性的东西,正是由于这些普遍性和规律性蕴含在表象之内,才使得每个群体不是封闭的结构,才使得不同群体之间得以跨越,才使得每个群体不断发展。可见讨论有关不同群体之间跨越的"管道"或"载体"的表象,也就是对表征不同群体文化的语言、文本符号、文本结构及其与现实社会的关系等进行解释性理解,是消减绝对主义普遍性与相对主义特殊性对立的一个视角。

具体而言,需要讨论的问题是解释性理解有哪些环节?寻求这个问题的答案,需要讨论以下几个关系:解释性理解与群体文化、文本的关系,文本语言、符号与文本结构的关系,文本结构与社会现实的关系。此外,需要分析的是解释性理解为什么能使不同群体之间的跨越成为可能。

(一)对解释性理解的认识

理解、解释是解释学的重要概念。解释学的主要代表人物是 H.G.伽达默尔(Hans-Georg Gadamer,1900—2002 年)和 P.利科(Paul Ricoeur,1913—2005年)。伽达默尔认为,解释学不是一种解释性技术或技巧,而是一种哲学方法论,是一种反思、批判的哲学方法论。人们不可避免地都会有对世界认识的偏见和观念,还有一些传统束缚着人们对世界的认识,解释学的关键之点是对这些偏见和观念进行反思和批判,为了得到陈述判断,必须深入第一现场,通过对话、沟通的方式获得第一手资料。因为解释对象的背后反映的是解释对象的生活经验,而生活经验反映的是社会的基本结构。因此,解释学是一种解释社会结构的哲学方法论,而不是具体的解释操作方法。解释学主要阐述所能解释的条件,而不是具体的方法。如果说伽达默尔回答了什么是解释学的话,那么保罗·利科在其《解释的冲突——解释学文集》一书中详细地论述了解释学是何以进行的。

解释性理解是人类的"在世"状态。本土文化与异域文化之间或一己文化与异己文化之间跨越特殊性和差异性的有效方式，由于群体的特殊性是通过群体文化而表征的，群体文化是群体的普遍性与特殊性相联系的"管道"或"载体"，而群体文化又是以群体文化文本的形式展现，因此解释性理解群体文化文本，便是进入揭示群体的普遍性与特殊性相联系的场域。解释性理解的结果是：一方面，被解释性理解的群体文化最有可能性被解释方接纳，甚至认同的。被接纳和被认同的群体文化是纳入本土文化并与本土文化融为一体的前提。另一方面，本土文化也有吸纳外来文化的需求和同化外来文化的功能，本土文化正是在不断融合外来文化过程中而得以发展壮大。

异己文化之所以可以被解释性理解，是因为解释性理解是人类生存的状态。人类是有理性的高级动物，"人类理性是解释的理性"[①]，人所具有的理性认识能力正是解释性理解的能力。人的改造世界和改造自身的过程就是解释性理解的过程，可以说人类所有活动本身就是理解和解释的活动，因此解释性理解是人的"在世"（In the world）状态。理解是解释的前提，是人对事物理解前提下的解释，是更深层次理性解释基础上的理解，是对理解的再理解和对解释的再理解与再解释。从这种意义上说，解释性理解是高级理性认识的结果。

解释性理解是通向现实的，而不是停留于概念之中的。每个人都生活在一定的社会群体（包括国家、种族、民族、单位、社区、家庭等）之中，每个社会群体都有自己的文化，每种文化都不是凭空产生的，是群体的生产活动、人际交往活动等的历史生成。马克思、恩格斯认为："思想、观念、意识的生产最初是直接与人们的物质活动，与人们的物质交往、与现实生活的语言交织在一起的。人们的想象、思维、精神交往在这里还是人们物质行动的直接产物。表现在某一民族的政治、法律、道德、宗教、形而上学等的语言中的精神生产

---

① ［美］肖恩·加拉格尔：《解释学与教育》，张光陆、张华译，华东师范大学出版社，2009 年，第 32 页。

也是这样。"①因此,群体文化是群体现实生活的写照,它既来源于现实,又反映现实。有什么样的群体本质,就有什么样的文化现象,群体文化是群体本质的表现。透过现象看本质,解释性理解群体文化的表象,便到达对群体内部本质特征的认识。可见解释性理解不同群体的文化,是认识群体本质的环节,通过认识群体文化现象的环节,才能达到认识群体本质的目标。

文化是群体的表象。群体文化就是表达群体本质特征的文本形式,每个群体的文化都是一个与其他群体相异的活生生的文本,这叫群体文本。群体文本包括群体的语言、实物和活动等形式。通过解释性理解群体文本,一是揭示群体文本与现实之间的本质联系,二是发现不同群体之间存在着共性,这些共性在不同方面表现,如文本与现实之间的本质联系、不同群体中的语言不同,却有着共同的要素等。群体中的共性是普遍性寓于特殊性在"张力场"中的共性表征,这些共性是不同群体跨越的基础。在此基础上,才能揭示不同群体的跨越的过程,也才能揭示了普遍性与特殊性之间的联系在"张力场"内的活动,从而说明普遍性与特殊性不是决然对立的。

(二)文本是群体的文化表征

无论有什么本质特征的群体,都是通过文化表征的;无论什么内容的文化,都是通过一定的文本(文本包括语言、实物和活动等形式)形式表达出来的。由于语言能更为直接和便利地表述群体的文化特征而被普遍采纳,语言便是文本符号常用的表达形式。"宇宙、欲望和想象都是在语言中获得表达的;为了复述世界并使世界变得可被解释,就始终必须要有言语。"②由此而知,对语言的解释性理解便是对群体的解释性理解的必要步骤。

第一,语言产生于社会生活之中,语言是每个群体历史文化积淀的结果,它既反映一定的社会现象,又是群体的文化表征。每个群体都有自己的语言,

① 《马克思恩格斯文集》(第一卷),人民出版社,2009 年,第 524 页。

② [法]保罗·利科:《解释的冲突——解释学文集》,莫伟民译,商务印书馆,2008 年,第 14 页。

不同群体的语言有着较大的差异,说明不同群体生活现状和文化的差异。然而不同的语言之间可以互译,原因是不同群体的语言之间都有着共同的本质:语言是社会现象,是人们思维的外壳;语言有对外部世界的意指性,是主体表达对客体认识的媒介,是人与人之间交流的工具。虽然不同的语言所意指的含义不同,但其语言要素及其结构是相似的,语言都有其共同的要素和共同的结构,不同的语言都含有其音义、词汇和语法顺序,如主语、谓语、宾语、定语、补语、状语要素,以及这些要素的组合结构。不同语言结构的意指功能是相同的,所有语言都有主体意指客体的功能,如现实社会是有结构的,语言可以描述现实的社会结构,并为人们的社会交往活动担当中介角色,这些为语言互译及其通向文本结构奠定了基础。

语言作为文本形式之一,语言因其共同的本质,使得不同的语言之间可以互译或被解释,其结果是语言通向文本结构。由于文本结构与现实结构有着内在联系,因而语言为文本结构通向社会现实创造了条件。每种语言都有特殊性,又因不同语言之间的共同本质特征,通过不同语言之间的互译,可以解释性理解不同语言之间的共同本质,即规律性和普遍性与语言特殊性之间的转换、跨越关系。要实现这个过程,不能回避一个重要的环节,即破解文本符号路径。

第二,由于文本都是由符号表征的(特别是语言符号),文本符号由显性和隐性形式表现出来,显性符号是直观的可知其意指,隐性符号具有象征意义。象征符号具有线索聚集性、间接指向性功能。它是看不见的意义,但不是没有意义,而是更有意义。象征符号为解释性理解提供了一个可见语言符号与不可见语言符号之间联系的线索点,是一个意义与另一个意义的连接的节点,它是原始意义的保护层是一种看不见的关系的象征,在象征的背后隐藏着文化结构中有规律、秩序支配在内的更多面、更深广的意义。正如利科所说:"象征符号是这样被构成的,即象征符号通过一种意义来给出另一种意义;在这一观点下,一种原初的、字面的、俗世的、通常自然的意义,诉诸于一种象征的、精神的、通常生存的、存在的意义,这后一种意义如果脱离了这个间接的指称以外就不能被给出来了。"①当显性和隐性文本符号混杂在一起时,会显现的是片段式的、碎片式的叙述,这与研究者要获得对文本整体全貌的认识相差甚远。然而现在"我们需要这样一种思想工具,好去领会语言与语言之间的联系以及系统如何转变为事件。"②需要寻找语言与语言之间的工具。

第三,联系语言与语言之间关系的思想工具便是文本的自身结构。文本的整体结构如同方向标,为文本符号之间的联系提供了运动的方向,每个文本符号都有其意指,每个文本符号的意指都会指向文本的整体结构。对文本符号进行解释的重大意义在于,可以使其指向文本整体结构,无论文本符号多么复杂、多样、模糊,它们都会指向文本生产者对社会、人和事物的思想认识的整体结构,也就是说,语言与语言的联系都会聚焦到文本结构系统。不仅如此,文本结构指引文本符号向着目标方向运动的过程,不是杂乱无章,而是有序地趋向目标方向。"如果没有象征据以在其中进行意指的结构、秩序之接替,那也就没有任何解释学理解。"③文本结构的重要意义在于,通过语言等形式展示了现实真实事物的整体面貌,整体面貌意味着现实中真实存在着的各种构成文本结构的要素均在其中,文本结构能够把这些要素连接起来,聚集起来。"只有当所思考的事物是这样一个整体,即在其中,事件、人物、制度以及自然的或历史的实在都得到了连接时,多重意义的问题才会向解释者提出来;它是一整套'结构',一种完整的意指整体,并且适合于意义从历史层次向精神层次的过渡。"④每个文本的结构中都存有其共同属性,共有属性就体现在文本结构中各个深层要素之间普遍的和本质的联系,这就是当两个不同的活文本相遇时,或者两个不同语言相遇时,彼此之间可以

---

① [法]保罗·利科:《解释的冲突——解释学文集》,莫伟民译,商务印书馆,2008年,第32页。

② 同上,第486页。

③ 同上,第72页。

④ 同上,第77页。

相互理解与解释的原因所在。

可见文本的共同属性即普遍性是文本符号即特殊性有序联系在一起的根本,没有文本结构,文本的符号要素就会失去意义;反之,没有文本的符号要素,文本结构也不存在,因为文本结构是依靠文本的符号要素展示出来的。从文本结构与文本符号之间的关系而言,一方面说明不同语言之间的互译性,另一方面说明消弱了相对主义所主张的不同文化群体之间的不可通约性,并且不同文化群体之间是可以部分通约的。

(三)文本结构通向社会现实

对群体文化文本的解释性理解不是目的,目的是由文化文本结构通向现实的群体文化,最后解释性理解群体的现实现状,以利于促进群体的发展与进步。那么是什么原因使群体文本能够通向外部世界,如何通向外部世界?

第一,群体文本能够通向外部世界的理由是,群体文本结构与现实群体结构有着"同型"性,"同型"意味着二者之间有着本质的联系,正是由于这种本质的联系,群体文本才是外部世界生成的结果,是对外部世界的反映,即便文本结构是对外部世界整体结构中的局部反映,其与外部社会生活仍然有着本质的联系。本质联系是一种结构式的关系,不会自动地展示在人们的面前,而是通过特殊符号即密码体现这种联系,"我们把密码(code)理解为特定结构之间的形式相符,因而,理解为结构的同型;的确,我们对结构进行理解的要点就全部集中在这个密码观上"①。破译文本结构与社会现实群体结构之间同型的密码,是找到二者同型的关键点,密码即是文本结构与现实群体结构之间联系的象征符号,可见所破译的密码不是空洞的概念,而是现实事物的指代,如果没有密码之后所指代的真实世界及其内涵,指代就失去意

---

① [法]保罗·利科:《解释的冲突——解释学文集》,莫伟民译,商务印书馆,2008年,第43页。

义了,密码也就没有任何被破解的意义了。

第二,密码能够破解文本结构与现实群体结构之间的联系,或者说了解了文本结构,也就了解了现实群体的结构。其技巧是:在解读特殊符号时,要从文本结构与社会结构之间早已被形式化的同型表达之间(二者的相关处入手)去寻找,寻找到象征符号的意义所指,"即构思一种普遍的、能说明那些为隶属于社会生活每个方面的特殊结构所共有的属性之密码(Code)。这个密码的使用,应该对每个孤立的系统,对需要相互比较的所有系统都有效"①。如此一来,解释性理解的关键点是群体文本中具有本质联系和共有属性的部分,这是知道是否触及了现实群体结构的深层本质所在,也是找到文本结构与社会结构之间联系的密码,这是一条从文本通向社会生活的通道。

由上可知,社会是有规律可循的整体结构,社会的规律性和整体结构性以现象为表征,社会现象表现为人们的生产、生活和交往状态,这些状态以丰富的文化形式及其文本展现出来。文本结构与社会现实之间是"同型"的,通过破解"同型"的密码,文本结构便能够通向社会现实。"同型"是不同群体之间存在的本质与规律的联系,这种联系具有普遍性。通过对文本的解释性理解,便能够达到探寻社会内的规律性和整体结构的目的。如此而言,社会表象内存在着普遍性和规律性,表象作为特殊性是内涵着普遍性的表现,这是每个群体共有的特质,也是不同群体之间能够跨越的基础,不同群体之间能够跨越进而消减了特殊性与普遍性的极端对立。

有趣的是群体文本形成的路径与对群体文本分析的路径恰是逆向的过程(见图3-6):

群体文本形成的路径:社会结构与制度→人的实践活动→思想与行为→文本

分析群体文本的路径:文本与符号→文本结构→人的实践活动→社会结构与制度

图3-6 文本形成的路径

① [法]保罗·利科:《解释的冲突——解释学文集》,莫伟民译,商务印书馆,2008年,第43页。

（四）解释性理解使得不同群体之间的跨越成为可能

如果对于不同文化之间达到可以解释性理解的程度的话，那么不同群体之间的跨越就有了可能性。

第一，不同文化的群体可以通过语言交流达到了解彼此。因为不同的语言系统有不同的表达形式，却存在着相互沟通、转译的共性。具体表现为：一是不同的意义系统都是在实践中产生的，都是对社会生活的反映，人们的社会生活是一种交往的过程，语言所反映的是人们交往的状态和过程。二是语言有指称性。语言有抽象性，它不是现实世界的具体事物，很难还原具体事物的原貌，但语言有指称意义，它可以意指具体事物，也可以旨意抽象事物，也因此人类才能进行抽象的思想活动。三是语言是人们交流和转译的工具，更是行动的工具。语言使人们在交往中相互认识，理解彼此的主观状态。交往在不同群体文化之间相互认识、接纳、认同的过程中起到中介作用。不仅如此，如同哈贝马斯的观点，即通过语言所表明的行动过程是达成目标的最有利、最有效的手段。可见语言不仅仅是交流的工具，更是达到语言互译、文化互享、主体经验互换的行动目的的手段。四是不同体系的语言都有着共同的要素和共同的结构，不同文化之间通过主客观的沟通、交往可以达到解释性理解，语言就起到转译（包括体语）思想的中介的作用，不同群体通过语言交流认识彼此及其文化，甚至连同彼此的社会规则和生活习惯一并认同和接受，纳入自己的文化之中。

第二，对于研究者而言，要了解一个异己文化，需要身临其境、感同身受地深入异己文化的现实生活之中，这样的经历和经验，即使研究者保持中立立场，也会使研究者对异己文化产生兴趣、情感、倾向性态度等心理活动，不仅如此，还要有深入的理性分析。这些都无法阻挡异己文化进入一个人的一己文化中的步伐。如果不是研究者，而是普通人，深入异己文化圈内的生活体验经历，也会在感性认识和理性认识上对异己文化有亲近感、接纳感，甚至认同感,只不过普通人没有研究者的专业水准而已。人们认识异己文化最初是从一己文化为基点去观察异己文化,除非经过训练的研究者可以"悬置"一己文化而以异己文化中的标准去认识异己文化,或者以完全中立的立场认识异己文化。一般人通常是借助一己文化的标准去感知、揣摩、衡量、评价异己文化,这是将异己文化植入本文化的文化认同的前奏。当一个人在感性上和理性上都可以理解和解释异己文化时,就已经将异己文化纳入自己头脑中了,但这个不意味着一己文化和异己文化的融合,最初是两种文化并行存在于人的头脑之中。

异己文化融入一己文化之中有一个相容的过程,其重要表现有三阶段。第一阶段了解对方文化的内容是什么,这是学习异己文化的过程,也是解释性理解异己文化的过程。学习过程是新知与旧知并列存在于人的大脑知识之中,虽然新旧两种知识不能立即完全融为一体,但大脑的知识库里不会排挤任何新知识,会为任何新知识留有空间,这为新知识迁移到旧知识体系中提供了可能性。第二阶段当新知识或者对异己文化的解释性理解被一己文化所接纳时,是运用一己文化的语言表述异己文化,并且在一己文化的语言表述中,体现出异己文化的本质内涵。第三阶段在一己文化中能自如地运用异己文化的内容,这就标志着异己文化融入一己文化之中了,也就是异己文化已经内化为一己文化了。这是个文化迁移和同化的过程,这个过程是在潜移默化中实现的。例如人们在欣赏异己文化的艺术品时,感觉到艺术美感,意识到其美的存在。无论欣赏者是站在异己文化角度,还是站在一己文化角度,无论之前欣赏者对艺术品了解有多少,如果欣赏者对异己文化并不十分了解,只是从一己文化去欣赏异己文化的艺术品,并产生美感和美的意识,说明异己文化与一己文化有共同之美。如果欣赏者了解异己文化,并对异己文化的艺术品产生美感和美的意识,或者采纳异己文化的新视角发现熟悉的异己和一己文化艺术品中更多美的部分,说明异己文化艺术之美在一己文化中迁移成功了,这便意味着异己文化融入一己文化的体系之中,或者说审美者以新的标准或从新视角来审视世界美的事物。这一新的标准和视角不是外部的，而是自我生成的美标准，即已经内化了的新标准和视角。其实，在欣赏艺术之美的同时欣赏者并未意识到一己文化与异己文化的区分界限，吸引他们的是艺术本身带给人的美感。无论站在异己文化抑或一己文化哪个角度欣赏异己文化的艺术，都会产生美感，说明美是带有普遍性的共同之美；从这种意义上说，艺术之美是无国界的，绘画、音乐、雕塑等艺术作品之美是无国界的，美的共同点是不同文化并融为一体的基础，因为差异性之美中含有普遍性之美，因此各群体文化特殊性之间之所以能够跨越的原因是特殊性中都存在着普遍性。

第三，人在实践中是会变化的，群体文化具有同化功能，不仅能够同化群体内的人群，也能同化不同群体的文化。也就是在本土文化（特殊性）中融入了外来文化的元素，融入外来元素再多，也无法改变本土文化的价值内核。每个本土文化都是在容纳其他群体文化中不断发展壮大的，此处包含其他群体的文化，又包含不同层级的共同文化，例如全球化是各国的共同文化背景，虽然全球化会影响各个国家及各国内不同层级的文化，但是不会因为全球化融入本土文化而改变本土文化价值内核，改变的是本土文化的表象，而不是本质。同理，每个民族的本土文化都有不同之处，但是千差万别的本土文化都无法离开以"人"为核心的、具有普遍性的文化范围。

五、从概念的辩证环节角度超越普遍性与特殊性的对立

概念有抽象性，概念的抽象性有外部抽象和内部抽象之分。概念的内部抽象是我们关注的核心，概念的内部抽象是概念自我完满的发展过程，需要经历一个自我否定的环节。其中一个环节就是走向自己的对立面，自我对立面是对自我的否定。但是这个否定是概念自我完满的必须经历的过程，概念在对立面否定自我的过程中扬弃自我，重新返回到自我。这一概念的辩证发

展过程为跨越绝对主义普遍性与相对主义特殊性对立提供了良好的依据，分析不同群体之间的跨越和在一定程度上消减"不同群体不可通约"的观点提供良好的理论视角。

(一)概念的本质在于内部抽象

"生存、欲望、自由、平等、公正、仁慈"等概念是人类公共价值的观念，具有普遍性。人们通常把概念理解为具有抽象的普遍性，事实上概念也是具有普遍性的特殊性概念。不仅如此，概念的抽象性还有外部抽象与内部抽象之分。从心理学角度而言，"一个清楚的概念是指一个抽象的简单的特定的表象。一个明晰的观念除具有简单性外，但尚具有一种标志，或某种规定性可以特别举出来作为主观认识的记号"。[①]"正确的观念比较接近概念，甚至接近理念，但是它仍然不仅表示一个概念甚或一个表象与其对象(一个外在的事物)之间的形式上的符合"[②]。上述从心理学角度把概念作出了清楚明确的观念之划分，这仅仅是外在抽象思想作彼此的划分而已，而不是抽象思想的内在划分。从概念的内在抽象思想而言，概念不仅仅是逻辑中的概念、判断和推理划分的形式之一，概念更是真的存在，真则在于概念存在着真实的内容，"它们(形式逻辑)作为概念的形式乃是现实事物的活生生的精神"[②]。也就是说，概念不是简单抽象的存在状态，而是含有活生生特殊性在内的抽象状态，内在活生生的特殊性便是真实的现实存在。绝对主义强调普遍性和相对主义强调特殊性之间对立的主要原因是，把普遍性视为不含有特殊性的外在的抽象，特殊性也是不含有普遍性的外在的抽象，而不是把二者放在内在抽象对象的视角上，只是从二者的表象上看待二者的关系，没有看到二者内在本质的联系。同概念具有活生生的现实内含于其中一样，"生存、欲望、自由、平等、公正、仁慈"等概念不仅是有普遍性的概念形态，更是含有活生

---

①② ［德］黑格尔：《小逻辑》，贺麟译，商务印书馆，1982年，第336页。

生现实的特殊性和真实性，没有特殊性和真实性，则普遍性规律性不复存在。可见概念形式上是普遍性，实则是含有特殊性的普遍性，以此类推，绝对主义是含有相对主义的绝对主义，相对主义是含有绝对主义的相对主义，它们既是互为存在的前提条件，又是互含本质同一性的实存。

（二）从概念的自我发展环节分析超越绝对主义与相对主义的对立

对绝对主义和相对主义概念的内部抽象性而言，它们既是自己发展的不完满的中间环节，又是各自自我发展完满的必经过程，虽然经过是不完满的，但是其结果是完满的本质。"概念，作为它的自身返回和中介性的扬弃，便是直接东西的前提——这一前提与返回到自身是同一的，而这种同一性便构成自由和概念。"①从这样的角度理解绝对主义所强调的客观标准和相对主义所强调的主观标准，其结果完全不同了。一方面，当绝对主义强调客观标准时，就不会认为它是空洞的概念了，因为客观标准是包含着各个群体主观标准的客观标准，客观标准寓于每个有主观标准的特色群体之中；另一方面，相对主义强调的主观标准是含有客观标准在内的主观标准，主观标准是表现客观标准的特殊形态。从唯物论立场上看，主观标准是在认识和接受客观标准的前提下形成的，也就是说，人不会天生就有主观标准，一定是在对客观事物及其规律认识的基础上形成主观标准。由此可见客观标准的普遍性与主观标准的特殊性具有内在联系，即本质的同一性。

但是相对主义会反驳说，没有任何超越文化特殊性的标准来评判受文化约束的规则的有力说明。无论我在什么时候作评价，使用的总是我自己的文化标准（否则就不是我的评价），因此世界没有统一的标准，每个群体都有其特殊性，不能用一个标准衡量，不要指望世界有普遍的、独立于范式、文化的科学合理性标准和道德、审美判断的标准。其实相对主义这些观点陷入了

---

① ［德］黑格尔：《小逻辑》，贺麟译，商务印书馆，1982年，第324页。

群体特殊性，以及排除外部标准的群体"封闭框架"，但它不会是绝对的和永久性地封闭，终究会打破。其原因有二：一是群体是动态的，会受到外界影响，一个群体要生存和发展，一定要接受新的元素纳入群内的核心价值，如同人呼吸空气中的呼与吸一样，否则群体就会因窒息而亡，这也是人类见不到几千年前的活体原始部落的缘故之一；二是客观标准和主观标准要达到本质上的自我同一性是要经历自我扬弃各个环节的过程的。每个群体内部都有规定其成员对信念和行为的规则，作为局外人的研究者对异己群体进行研究要力图摆脱一己文化的价值标准，需要以异己群体发展的历史背景及其标准去观察其生活方式和文化习俗。如对于历史上"食人现象"的评价，研究者不是站在当代来评价古代现象，而是站在当时的历史背景下的社会环境考察这一现象。当时人类不吃人便无法存时，此时的善标准便是人类社会要延续下去，人的生存为第一要义。如此说来"食人"是可以理解的。据包鲁科特金在其《互助轮》中记载原始部落食人习俗时描述，当一位老人看到自己从别人或者从年轻人的碗里分食食物才能生存时，便向氏族部落申请并用古老的俄罗斯谚语说："我该告退了。"于是氏族部落经过大家研究，把老人杀掉分而食之。这是个体为了维护群体的生存而作出必要的自我牺牲，当时维护群体的存续是每氏族部落内的最高道德标准，也是人人要遵守的规则。看上去"食人"规则不符合人类的"生存、欲望、自由、平等、公正、仁慈"等共同规则，但是从其历史背景和社会深层原因分析会发现，正是为了担负延续人类生存的使命，才有如此下策的规则和习俗。而人类生存延续的使命是人的生命至高无上的观念蕴含其中，没有人类的存续，何谈人类的生产和生活呢？马克思、恩格斯的观点："全部人类历史的第一个前提无疑是有生命的个人的存在。因此，第一个需要确认的事实就是这些个人的肉体组织以及由此产生的个人对其他自然的关系。"①

　　研究者从历史原因的角度，能理解古代的"食人"现象，而研究者从当今

----

① 《马克思恩格斯文集》（第一卷），人民出版社，2009年，第519页。

的角度却绝不能认同"食人"现象。这是一个矛盾，似乎局内人与局外人之间的鸿沟无法填平。然而这些只不过是人类共同标准在运动过程中遇到自己的对立面的多个环节（或根据）之一而已，人类的"生存、欲望、自由、平等、公正、仁慈"等共同规则，需要经历一个个不完满的环节发展，环节是它发展的条件或根据，结果是从这些不完满的条件或根据中发展而来，最终才能走向完满，而完满与不完满都是人类共同标准的同一性本质，这是同一性本质的内生对立、裂变、合一的过程。因此，群体的特殊性和研究者对异己文化评价的差异中均含有人类共同标准在内，否则特殊性和差异性便不复存在了。无论是各个群体的特殊性也好，还是局外人对异己文化的评价也罢，都无法排除符合人性的人类共同标准加入其中。也就是说，无论是观察方，还是被观察方，都无法回避人类公共准则的渗透，或者都在人类公共概念下的观察与被观察。一己文化和异己文化都会向着符合人性的人类公共准则的方向发展，否则历史无法进步。

总之，"生存、欲望、自由、平等、公正、仁慈"等人类的公共标准或规范，蕴含在千差万别的特殊性和差异性之中，或者以多种特殊性和差异性的形态表现出来，这些形态中包括与共同标准或规范的对立部分，对立面是这些标准和规范的自我同一的对立面，是这些标准和规范自我本质的现实映现，以及自我发展和自我完善丰富内涵的依据，这些都是人类公共标准或规范自我运动和发展必经环节，虽然这些环节和依据是不完善的，但经过人类对共同标准或规范的自我否定或扬弃，最终会产生接近完善的结果。概念发展的环节是不完满的，但概念本身是完满的，因为概念是从不完满的东西发展而来的，概念本质上在于扬弃它不完满的前提。正如黑格尔所说："概念是返回到作为简单直接的存在那种的本质，因此这种本质的映现便有了现实性，而这本质的现实性同时即是一种在自己本身内的自由映现。"①更为重要的

① ［德］黑格尔：《小逻辑》，贺麟译，商务印书馆，1982年，第325页。

是，唯有概念设定它自身，同时也设定它的前提。概念的这种自我同一性、自我规定性是其本质所在。可见"生存、欲望、自由、平等、公正、仁慈"等人类的公共标准或规范，既是概念形态，也是观念形态，概念和观念绝不是逻辑空壳，因为"概念就是存在于本质的真理，因为返回到自己本身的映现（Scheinen），同时即是独立的直接性，而不同的现实性的这种存在，直接地就只是一种在自己本身内的映现"①。观念形态既是群体中的个人观念，也是群体中的整体观念，这便是群体与个人的公共观念，是有内在本质规定性和发展环节与过程的观念。

① ［德］黑格尔:《小逻辑》,贺麟译,商务印书馆,1982 年,第 324 页。

中篇：思想政治教育质性研究的构建

第四章　质性研究概述

一、质性研究的概念与历史

(一)质性研究概念

有关质性研究的内涵有多种描述，其一是国际著名质性研究学者美国的诺曼·K.邓津和伊冯娜·S.林肯在他们的巨著《定性研究：方法论基础》中对质性研究的描述如下："定性研究是一种将观察者置于现实世界中的情景性活动。它由一系列解释性的、使世界可感知的身体实践活动所构成。这些实践活动转换着世界。它们将世界转换成一系列的陈述，包括实地笔记、访问、谈话、照片、记录和自我的备忘录。在这种程度上，定性研究包含着一种对世界的解释性的、自然主义的方式。"[①]定性研究包括使用和收集各种经验材料的研究：个案研究，个人经历，内省，生活史，访问，人文产物(artifacts)研究，文化文本和产品研究，观察的、历史的、互动的以及视觉的文本研究——描述日常事务和有疑问的环节以及个人生活中的意义。纽曼认为：质性研究是一种避免数字、重现社会事实的诠释。[②]他们还说质性研究方法的共同具有

---

① ［美］诺曼·K.邓津、伊冯娜·S.林肯：《定性研究：方法论基础》(第1卷)，风笑天译，重庆大学出版社，2007年，第4页。

② 参见［美］Neuman. L., *Social Research Methods：Qualitative and Quantative Approaches*，Boston：Allyn and Bacon，1997，7.转引自：文君、蒋逸民：《质性研究概论》，北京大学出版社，2010年，第2页。

的关键特征,是资料的增强者,当资料增强后才能更清楚地看到个案的关键方面。①麦克斯威尔曾指出:质性研究是一个对多重现实的探究和建构的过程,研究者在此过程中将自己投身到实际发生的事件中来探究局内人的生活经历和意义。②还有学者从质性研究的活动本身进行描述:质性研究方法本身就是一种探究活动,它横跨学科、领域和题材,有一组复杂而互动联系的术语、概念和假设。质性研究方法主要通过对面谈、文件和参与式观察等资料的理解和解释来认识社会现象,质性研究用于多种方面的不同目的、方法和技术;纵览质性研究之后会发现,质性研究方法所讨论的是赋予其哲学观察,它是研究方法、技术、分析和解释资料的模式;有意义资料的形成与质性研究者的创造力直接相关。③

北京大学陈向明教授在其《质的研究方法与社会科学研究》一书中说道:质的研究是以研究者本人作为研究工具,在自然情景下采用多种资料收集方法对社会现象进行整体性探究,使用归纳法分析资料和形成理论,通过与研究对象互动对其行为和意义建构获得解释性理解的一种活动。④台湾学者陈伯璋认为,质性研究是一种着眼于研究者和被研究者,在日常生活世界中意义的描述及诠释。在日常生活世界中,无论是客观的描述或主观的诠释,都牵涉到语言的问题,因此日常语言分析及语意诠释,提供了了解客观世界或主观价值体系的媒介。同时在研究过程中,研究者与被研究者间的互动关系以及意义的分析及理解,本身就是一种复杂的符号互动过程。⑤文军、蒋逸民

---

① 参见[美]劳伦斯·纽曼:《社会研究方法——定性和定量的取向》,郝大海译,中国人民大学出版社,2012年,第24页。

② 参见文君、蒋逸民:《质性研究概论》,北京大学出版社,2010年,第2页。Maxwell,J.A., *Qualitative Research Design:An Interactive Approach*,Thousand Oaks,CA;Sage.

③ 参见 M. D.Myers,Qualitative Research in Information Systems,*MIS Quarterly*,June 1997,pp. 241–242.

④ 参见陈向明:《质的研究方法与社会科学研究》,教育科学出版社,2000年,第12页。

⑤ 参见陈伯璋:《教育研究方法的新取向:质的研究方法》,南宏图书有限公司,1989年,第26页。转引自文军、蒋逸民:《质性研究概论》,北京大学出版社,2010年,第2~3页。

将质性研究的概念界定为"质性研究是在自然的情境下从整体的高度对社会现象进行深度探究和诠释的过程"①。

从上述描述中可见,一是质性研究是一种现实情境下的研究活动,该研究活动不在实验室,而是在社会现实中人们真实的生活经验,这一点奠定了质性研究的事实基础即社会现实,因此社会现实就是陈述的真实事实;二是质性研究过程是把世界转换为陈述,研究者通过一系列的陈述形式获得有关世界的知识,并用这些知识解释世界,获得对世界的进一步的认识;三是质性研究不仅是一个探究活动,更是一套跨学科跨领域、应用广泛的、用于分析和解释资料方法和技术的模式;四是质性研究采用多种方法获得有关世界知识;五是质性研究体现出自然主义和解释性理解的特征;六是质性研究者长期深入实际生活,对研究对象进行整体性研究,注重与研究对象的互动关系。

质性研究是一种以人们的真实生活体验为基础,注重实效,强调阐释性的研究方法。它的特点有:研究的对象是真实情境中真实的人们的生活经验,研究者试图以生活于其中的人们的视角来理解世界,研究者自身作为工具进行研究,长时期的、直接的时间投入,以意义为中心,研究的整体性与复杂性,形成性的研究设计,归纳式的资料分析等。

(二)质性研究的历史

根据诺曼·K.邓津和伊冯娜·S.林肯的论述,质性研究经历了一百多年的发展,经过了相互重叠的七个历史时期。②

第一,传统时期(1900—1945年):这一时期是典型的实证主义研究范

---

① 文军、蒋逸民:《质性研究概论》,北京大学出版社,2010年,第3页。

② 参见[美]诺曼·K.邓津、伊冯娜·S.林肯:《定性研究:方法论基础》(第1卷),风笑天等译,重庆大学出版社,2007年,第3页。本文参阅了在该书的第15~22页中诺曼·K.邓津、伊冯娜·S.林肯对质性研究发展的七个历史时期的详细描述。

式,主要陈述有关实地经验的殖民化历史故事及其解释。研究者采用典型的民族志学的方法进入田野进行调查,客观地描述所发现是事实,这时的民族志学文本带有对客观主义的承诺和与帝国主义的共谋特色。①可见这一时期在追求实证主义客观性的前提下带有较浓厚的殖民主义和帝国主义发展背景。

第二,现代主义阶段(1945—1970年):此时期呈现出现实主义和自然主义特色。研究者仍然采用民族志学的方法,同时社会学者也参与研究社会底层人民的生活状况。在理论层上,民族方法学、现象学、批判主义、女性主义、后实证主义等理论为这一时期的现实主义研究奠定了良好的理论基础。诺曼·K.邓津,伊冯娜·S.林肯在他们的书中提到:这一时期的一个规范的文本《穿白大褂的男孩》,确立了质性研究在20世纪中期方法论对话中的地位,②因此这个时期也称为质性研究的黄金期。

第三,类型模糊时期(1970—1986年):这一时期质性研究者有丰厚的理论作为其基础,诸如符号互动、建构主义、自然主义、民族方法学、实证主义、后实证主义、现象学、批判理论、新马克思主义理论、符号语言学、结构主义和女性主义。这些理论基础进一步奠定了质性研究在学界的地位。不仅如此,质性研究的主题增加政治和伦理问题,同时研究范式和研究成果形式更加多样和开放,凸显学科特征的界限更加模糊。

第四,表述的危机(1986—1990年):所谓危机是指质性研究于20世纪90年代中叶在研究表述、研究的合法化和研究惯例三方面备受质疑。这些质疑与其两个假设有关系,第一个假设是质性研究者采集的鲜活的经验被认为是有研究者在社会文本的写作中创造的,这就是表述危机,言外之意质性研究的表述不是对事实的陈述,而是作者主观性创造,缺乏客观性;第二个

---

① 参见[美]诺曼·K.邓津、伊冯娜·S.林肯:《定性研究:方法论基础》(第1卷),风笑天等译,重庆大学出版社,2007年,第16页。

② 同上,第17页。

假设是评价与解释性研究标准被认为存在问题，被认为缺乏科学研究的标准，没有科学的标准被认为不合法。

第五，后现代时期（1990—2000年）①：这个时期的最大特点是突破质性研究所面临的危机。如质性研究者们在文本表述上更加体现"他人"的角度即显现客观性，而不是自我的角度，在研究方式上提倡主动性和参与性研究，强调研究的本土性和情境性。这些都是摆脱危机的对策。

第六，后试验时期（2000—2010年）：这一时期质性研究的表述被广泛认可，各学科都参与到这样的表述之中。研究范式从宏大叙事到特定主题和特定情境的研究，凸显本土研究的特色。

第七，未来时期（2010年至今）：质性研究得到长足的发展，"事实上，社会科学已经呈现出一种向更具解释性、后现代性和批判性的实践和理论转变的明显趋势，要想忽略这种趋势是极其困难的"②。质性研究已在几乎所有人文社会科学领域中被采用，包括医学和军事学等学科。

从20世纪初开始有国外的传教士和学者在中国开展质性研究活动以来，中国的研究成果也如雨后春笋般地涌现，其中包括国外学者研究中国问题、国内外的中国学者和华裔学者都出版了大量的研究成果。③质性研究经历了近百年的历史，直到20世纪90年代，质性研究的理论才被系统地传入中国，代表著作是北京大学陈向明教授的《质的研究与社会科学研究》，书中全方位地介绍了西方有关质性研究的理论和方法。质性研究传入中国后在教育学、社会学、心理学等多个学科产生较大的反响并广泛地被采纳。同时包括港澳台地区在内的国内多个高校都相继开设了质性研究的硕士课程。

---

① 文中第五至第七分期是大约的时间段，因每个时间段之间有交叉。

② [美]诺曼·K.邓津、伊冯娜·S.林肯：《定性研究：方法论基础》（第1卷），风笑天等译，重庆大学出版社，2007年，第175页。

③ 参见文军、蒋遗民：《质性研究概论》，北京大学出版社，2010年，第10~12页。

二、质性研究的理论基础

质性研究是以实证主义、后实证主义、建构主义、解释学、人种学、现象学、符号互动论、批判理论与女性主义和后结构主义等多种理论为基础的研究体系。多种理论使质性研究有着开放性、包容性的特征,多种理论基础决定了质性研究的本体论、认识论、方法论在面对某个研究议题时有自己的视角,并是支撑质性研究设计、程序和方法的依据,质性研究的全过程是实践多种理论的过程。质性研究的理论基础主要倾向于实证主义理论、建构主义理论、批判理论三大类:实证主义的主要观点前面已多次涉及,此处不再赘述;建构主义主要包括自然主义、解释学理论、现象学理论和符号互动理论;批判理论包括新马克思主义和女性主义。

(一)建构主义理论

建构主义正式登上历史舞台是 20 世纪二三十年代,其理论庞杂,流派较多,对于本体论采取怀疑,甚至不可知的态度。其主要理论的主要倾向是社会建构和知识建构。建构主义者否认社会现实论,否定世界的本质性、普遍性和真理性。在认识论上要超越逻辑经验主义的认识论,主张社会现实是建构的,人所观察到的东西以及人所获得的有关对世界的知识是被建构出来的,世界是在人们以思考、写作、讨论的方式被建构起来的。如诺曼·K.邓津认为,话语是一种构建再现与描述的物质实践。斯图尔特·霍尔认为:"人们不可能在某一特定社会的文化和意识形态的类型之外来体验这个社会的'真实联系'。"①人们在彼此社会生活的互动中构建他们自己的文化、语言和交往关系,社会知识的构建也如此。同时人的知识并不是客观的、中立的,人

① [美]诺曼·K.邓津、伊冯娜·S.林肯:《定性研究:方法论基础》(第 1 卷),风笑天等译,重庆大学出版社,2007 年,第 216 页。

的知识是充满着意识形态、政治性和价值观的。因此,社会因素在知识的建构中起着重要的作用,人们评价自然和社会的现象无法与社会的文化和历史相脱离,人类思维所运用的概念和概念之间的关系都是特殊的具体历史文化的产物,并且随着社会的发展变化而变化。因此,所谓理论不是绝对不变的,是具体历史时期的特殊产物,没有永恒不变的理论。特别是"强"建构论认为,所有的知识都是解释,解释永远是充斥着价值的;价值是对某些异质的、非认知的能力、过程或事件的终极表达。[①]这些观点更加强化了不同语言和不同文本之间不可通约性的相对主义倾向。建构主义的理论对于质性研究如何确定解释文本的真实意义,如何证明解释的正当性,如何设计广泛的研究框架,如何理解研究者于研究对象双方互动与社会文化背景之间的关系等问题都有着积极的影响。

(二)现象学

现象学始于德国的哲学家爱德蒙德·胡塞尔(Edmund Husserl,1858—1938年)。同其他的哲学流派一样,现象学无法回避本体论和认识论问题。在思考人与世界的关系上,现象学认为主体与客体的关系是意识活动的过程,意识活动过程是现象学研究的核心问题。如世界是什么样的? 人如何知道世界是什么样? 人类所知道的世界是真实的吗? 分析如下:

第一,人之外的世界是客观世界,人之外的客观世界也包括他人的思想、价值观、社会规范和客观物质世界等。胡塞尔认为,人只有通过经验才能感知和认识人之外的客观世界。作为体验的体验就是现象[②],因感觉和体验是不可靠、不确切的,感觉也只是人认识人之外所有事物观念的媒介而已,通

---

① 参见[美]诺曼·K.邓津、伊冯娜·S.林肯:《定性研究:方法论基础》(第1卷),风笑天等译,重庆大学出版社,2007年,第219页。

② 参见[美]海德格尔,《存在论:实际性的解释学》(1923年夏季学期讲座),何卫平译,人民出版社,2009年,第77页。

过感觉的媒介将客观外界的事物纳入人的意识之中。因此,意识是关于事物的意识,是有意义的意识,是体验的意识,是主体间的意识,是情境的意识。意识活动过程是获得知识的核心部分,意识活动过程是人与外部世界的联系过程,这一过程依靠人自身的心智作为中介而实现。换句话说,意识活动的过程是指向外部世界的过程。

人参与外部世界的活动并对这些活动的经验或体验进行描述,才能揭示人的意识内容,这些意识内容便是人的意识或心智对客观外部世界的理解。这里所说的外部世界通常是人们生活其中的日常世界。胡塞尔认为,日常世界是一个具有主客体间关系意义的世界,每个人在日常世界里通过语言工具进行交流,都会有自己的体验。从这种意义上说,人类的意义是主体间的世界,是情境的世界。①但是日常世界似乎是想当然的世界,很少有人对日常世界中所形成的认识进行反思,人们根据所体验到共同世界的思维方式去行为,而不去思考其正确与否。胡塞尔认为,实证主义无法用其方法来测量日常世界,为此提出要从哲学的抽象高度探索"意识本质研究"的核心问题,也就是"纯粹心智"的问题。可见意识活动过程与外部世界之间的关系是现象学基于本体论讨论的核心问题,但这绝不是意味着现象学侧重于外部环境对意识影响的研究,相反外部环境是其忽略的部分,环境只是研究意识活动的一个实项因素,而意识活动过程才是其研究的核心主题。正如美国学者莱斯特·恩布里所认为的那样,现象是关于关注过程及其被关注的对象的学问。②现象学对于人的思维活动过程与日常生活之间关系问题上存在主观唯心论倾向,但其日常生活环境的观点却对后人的理论和质性研究的自然主义理论基础有一定的影响。同时对于质性研究主张研究问题要从研究

---

① 参见[美]洛伦·S.巴里特、托思·比克曼、[荷]汉斯·布利克、卡雷尔·马尔德:《教育的现象学研究手册》,刘浩 译,教育科学出版社,2010年,第41页。

② 参见[美]莱斯特·恩布里:《现象学入门反思性分析》,靳希平、水轼译,北京大学出版社,2008年,第6页。

对象本身出发，而不是从自我感觉和认识出发，在研究中保持中立的立场以避免主观臆断等方面有积极的影响。

第二，要研究"纯粹心智"的活动过程首先就要把日常世界"悬置"起来，这样才能理解意识活动过程的抽象性，然后再还原感知世界，有意识活动过程的抽象性才能认识现实世界的本质。胡塞尔在他的《现象学的观念：（五篇讲座稿）》一书中详细分析了意识活动过程。他认为，人的绝对认识或"纯粹心智"是在思维的明见性的概念下被把握的，并且是绝对的、明晰的被给予性，即指对被意指的对象本身的一种绝对直接的直观和把握，并且它构成了明见性的确切概念。[①]现象学就是在绝对的被给予性即意指性的范围内，从本质依据出发对人的认识的可能性、评价的可能性和普遍怀疑的可能性进行本质的分析与研究。他认为，本质分析是总体分析，本质认识是针对本质和一般对象的认识，这样才能"解答被思维置于它的对象之中的谜"[②]。这个谜在现象之中根本找不到，也无法解释，但这个谜却在现象中构造起自身，并在现象中以展现的状态明确地给人们显示出它"存在着"。这个谜正如海德格尔所说："现象学重要的不是构造思想，而是拆解遮蔽物，以便让事情本身显现出来，从而让人看到事情的本来面目。"[③]现象学通过对思维活动过程的解析，其目的在于揭示事物的真相或事实的真相，这一点对于质性研究探究研究对象的真相或追求陈述事实的科学研究精神是有影响的，如质性研究采取质疑、怀疑的态度，用扎根理论方式不断追问事实的真相。

第三，那么如何拆解遮蔽物呢？遮蔽物即是人们能够感知到的东西，这些会影响人对思维的理解，因此要把这些不确切的感知到的对象"排除"掉，以免其干扰人对思维世界的理解。其方法是使人对思维的研究还原到思维

---

① 参见[德]爱德蒙德·胡塞尔：《现象学的观念：五篇讲座稿》，倪梁津译，人民出版社，2010年，第30~31页。

② [德]爱德蒙德·胡塞尔：《现象学的观念：五篇讲座稿》，倪梁津译，人民出版社，2010年，第47页。

③ [德]M.海德格尔：《存在论：实际性的解释学》，何卫平译，人民出版社，2009年，第17页。

本身中的实项,即思维意指自身的被给予性。所谓被还原的思维是指将对思维的研究"限制在纯粹自身被给予性的领域内,限制在那些不仅仅反被讨论,不仅被意指之物的领域内……而是指限制在那些完全在其被意指的意义上的被给予之物和在最严格意义上的自身被给予之物的领域内,以至于被意指之物中没有什么东西不是被给予的。"[①]本质的被给予性是指根据显现的现象设定为一般化,一般性就不是个别现象之物,而是抽象的本质之物。本质之物都有意向的对象,意指对象根据其本质不同而被意指为是如此这般被构造的对象。[②]

虽然外界现象千姿百态,由于本质之物的存在,使得这些现象都有联系以及与本质的对应物。因此现象学的方法是,一方面,对于思维的研究是在本质领域中进行,同时又以现象学还原的单个现象为基础而构建;另一方面,现象学的操作方法是直观阐明的、确定着意义和区分意义。如对研究对象的比较、区分、连接、联系、分割或去除一些因素等都是在直观中进行,这一点对于质性研究在分析资料的中有一定的影响。现象学的这套操作方式本质上是认识批判的哲学方法。[③]海德格尔对于现象学的描述更为形象,他认为"现象"最初不是一个范畴,而是首先步入通达、把握和保存的方式,可见现象学首先只不过是一种研究方式,"入其自身所显现的那样而且只限于其自身显现的那样来谈论问题"[④]。

可见对现象的本质依据是基于被给予的现象本身,从被给予的现象深入探究现象的本质,这一点对于质性研究依据现实社会被给予的表象不断探究事实的真相,也就是探究可视现象之后的不可视的本质有一定的影响。总之,虽然胡塞尔的"纯粹心智"研究没有获得认可的成果,但却为后来的现

---

① [德]爱德蒙德·胡塞尔:《现象学的观念:五篇讲座稿》,倪梁津译,人民出版社,2010年,第52页。

② 参见[德]爱德蒙德·胡塞尔:《现象学的观念:五篇讲座稿》,倪梁津译,人民出版社,2010年,第62页。

③ 同上,第49页。

④ [德]海德格尔:《存在论:实际性的解释学》,何卫平译,人民出版社,2009年,第76页。

象学研究提供了动力和依据。

(三)解释学

人类对世界现象进行解释的活动自古就有，但是使这种解释活动成为一种学术流派还是现代的事情。解释学最早的开创者是 20 世纪存在主义哲学的创始人德国哲学家 M.海德格尔(Martin Heidegger,1889—1976 年)，他们认为以往对现象的解释没有从从本体论的哲学角度来研究现象与本质问题，应从本体论上认识现象之后的本质，从此解释学从认识论和方法论研究方向转向为对现象的本体论哲学的研究方向，成为哲学解释学。解释学的代表人物是 H.G.伽达默尔(Hans-Georg Gadamer,1900—2002 年)和 P.利科(Paul Ricoeur,1913—2005 年)。伽达默尔反对 20 世纪初的解释主义,认为解释是一种技术或技巧的观点，他们的目标是为人类社会科学建构一个方法论基础。他们认为理解就是解释,解释是人类存在的条件。理解不是独立和单一的行为,在解释背后反映的是解释者的生活经验,而生活经验反映的是社会的基本结构。从理解社会结构的角度而言,解释就不是简单的技术或技巧,技术和技巧本身不能承载社会结构这样宏大的内容，因此解释学是一种哲学方法论,不是一种技术。由于每个解释者都是在一定的传统文化环境下成长并生活其中的,在解释的过程中,解释者不免要受到形塑其观念的传统环境的影响,但这不是重要的,问题的关键在于对这些传统因素进行反思。为了理解那些不被关注过、不被思考过、不被理解过、甚至长期被误解过的传统,必须进入第一现场进行互动交流、沟通,了解真实的情况或事实本身,这样才能有陈述判断。对此解释学是以参与、对话为方式,通过这种方式产生的东西,才能成为解释的对象。从这种意义上说,解释的过程是协商、对话的过程并产生结果的结果,解释是对人们生活中的活生生的、真实存在的实践经验的解释。伽达默尔阐述了何为解释学,利科则详细论述了为什么解释学能够对文本进行解释,他们认为文本是研究对象对世界的认识,解释学就是通过对文本的解释而认识世界和解释世界。研究者通过对话、沟通获得研究对象的文本,每个文本都有自己的结构;文本通过语言符号展现,解释者通过对语言符号解释,趋向文本结构,文本结构通向外部世界。因此,对文本的解释就是解释外部世界。

总之,解释学根据现象学的传统及其对客观知识的批判,对现象本文进行解释的条件进行反思,立足文本并采取哲学方式对文本进行了解和解释,通过文本了解和解释世界,认识世界。解释学的思想对于质性研究对于收集资料和对资料进行归纳分析有较大的影响。

(四)符号互动理论

符号互动论是由美国学者米德(G. H. Mead,1863—1931年)创立的,后由其学生布鲁默(H.G.Blumer)正式提出。米德认为,人的心智、自我和社会是紧密相联的,人们在社会中的互动形成人特有的个性,社会也在这一过程中形成。布鲁默认为,人类有使用符号、自我反思的能力,互动与组织的形成有着密切的关系,提出互动的方法论。符号互动论的主要观点如下:

第一,人类在反映世界的过程中是积极创造者。人类的互动具有创造性、构成性和可变性本质,[①]人类社会世界就是在个体之间的互动中"建构"起来的。符号互动论者认为,人类有创造符号和使用符号的能力,人类运用语言、表情、体语等符号进行交流和沟通,同时人有自我概念和把自我作为客体的认知能力,人把自我在环境中作为客体来把握会影响人对周围世界和对自我的认识。

第二,符号互动论十分注重人类社会关系在互动中形成的过程,并且互动过程处于不断变迁之中。互动的主要本质在于人们有角色领悟的能力,角色领悟是互动的关键因素,人们在互动中从角色领悟自己、他人和情景等各

---

① 参见[美]乔纳森·特纳:《社会学理论的结构》(下),邱泽奇译,华夏出版社,2001年,第25页。

种视角。角度在人在行动之前就能够领悟到自己和对方的角色及其互动的情景，因此能够在互动中自我调整互动的关系。

第三，符号互动论注重互动过程与社会组织有着密切的关系，在这个问题上，符号互动论者之间有不同的观点。布鲁默认为，社会组织是个体行动者彼此解释、估量、定义和设计的产物，因此个体互动符号化过程是影响社会组织形成、维持和变动方式的因素。而库恩认为，社会组织是由固定社会地位网络决定的，并且社会组织对人们的互动有制约作用，因此社会组织是稳定的。事实上，二者各持一端，在不同形态的社会中会有不同的情况，有的社会形态可以用布鲁默的观点解释，有的社会形态可以用库恩的观点解释，还有的社会形态可以用二者观点的混合来解释。

第四，在方法论上，符号互动论主张尊重经验现实的特性，采取促进直接无偏见地观察社会的方法论程序。①布鲁默认为，互动过程本身就是研究过程，在互动过程中应该有相关的概念进行研究，这样研究者将概念与互动的个体及其过程予以区分，使概念最后成为理论陈述。这一观点打破了社会科学研究方法中机械地把社会经验依附于某个人为设定的概念或假设的传统，而是采用直面经验世界现实之中并直接观察和互动过程，这样的研究方法充满了其开放性、实地性、即时性、灵活性的研究特点，这是社会科学方法论上的重要突破，以及对社会科学研究方法论的贡献。其意义有三：一是使理论概念不断适应鲜活变化着的现实社会，而不是相反，探求了一条解决社会科学理论与现实社会脱节问题的出路；二是使社会科学的研究方法回到直面社会现实的唯物论立场，而不是预先假设社会现实，再证明主观假设；三是采纳归纳法，从现实社会归纳出社会科学理论，对质性研究的直面现实性、开放性、灵活性、鲜活性的研究特征有一定影响。

---

① 参见［美］乔纳森·特纳：《社会学理论的结构》（下），邱泽奇译，华夏出版社，2001年，第29页。由于布鲁默与科恩在许多观点上有分歧，因此在方法论上也不同。

符号互动理论对于质性研究在研究者与研究对象之间互动、资料来自亲临现场的互动、对资料采取开放的态度和进行归纳研究方式等都有着积极的影响。

(五)批判理论

1. 新马克思主义

新马克思主义是批判理论之一,马克思是批判理论的创始人,马克思在其《德意志意识形态》(*The German Ideology*)书中批判了青年黑格尔派的唯心主义立场,这是批判理论的原动力。[1]马克思认为,社会理论的目的是揭示带有压迫性的社会关系,他毕生致力于人类解放的事业。他从人类生存的基本物质生产活动入手,分析了人在生产中存在的不平等的地位,他所发明的剩余价值理论揭示了资本主义社会生产中资本家剥削工人的秘密,从而也揭示了在资本主义社会中人与人之间不平等地位的原因。他从生产力决定生产关系、经济基础决定社会上层建筑的基本理论出发,批评了资本主义社会的经济基础和上层建筑中的不平等性,认为人们具有运用语言思考生活现状的能力和实践能力,可以会改变自己的生活环境,人的行动能力改变现代性的本质,这一观点构成批判理论的基础。虽然后来马克思·韦伯和格奥尔格·齐美尔(*Georg Simmel*,1858—1918 年)与马克思的观点有所不同,前者对马克思的观点持悲观的态度,后者对马克思的观点持批判的态度。

到了 20 世纪,被马克思批判过的黑格尔辩证法的客观唯心主义和马克思在其《德意志意识形态》中批判过的青年黑格尔派的唯心主义,又被充斥在 20 世纪的有关观念、象征、符号等学说重新给颠倒过来,但是马克思关于人类解放的观点仍然不容置疑地占有主要地位, 即为全世界受压迫的劳苦大众的解放而奋斗的政治立场和阶级立场,得到认同,并且产生了现实的革

---

① 参见［美］乔纳森·特纳:《社会学理论的结构》(下),邱泽奇译,华夏出版社,2001 年,第 225 页。

命历史运动。如1917年列宁领导的俄国十月革命及其苏维埃革命政权的建立和1921年中国共产党成立及其后来的南昌起义等革命解放运动。虽然20世纪30年代之前爆发第一次世界经济危机,世界经济大萧条,但其后受压迫的无产阶级没有形成大规模的革命运动,并且二战以后资本主义世界没有像马克思预言的那样走向崩溃的方向,反而有了发展生机的转变,资本主义世界的垄断集团在政治和经济领域不断扩充其势力范围;资本主义世界并未出现无产阶级和资产阶级两大阶级极端对立的阵营,反而出现了中产阶级阶层。特别是90年代社会主义阵营发生巨变,前苏联解体,社会主义阵营急剧萎缩;同时最大的资本主义国家美国布阵了经济全球化的格局,"要使全球产业大分工看上去合情合理,完全合乎经济规律,美国人用比较优势理论把全世界分成了两块,一块是美国,美国人认为它的优势就在于生产美元;另一块是全世界"①,全球的贫富分化进一步加剧。马克思所提出的追求人类平等和解放全人类的宏大理想,似乎距离被历史验证的时刻到来越来越远。面对整个20世纪的历史现实的变化与挑战,批判理论也经历了三个不同的历史发展时期,以回应社会现实的问题:

第一阶段:20世纪30年代至60年代以卢卡奇、霍克海默、阿多诺为代表的法兰克福学派用马克思经济学中有关货币、市场和社会关系的商品化的思想,分析人们改变现状的力量是人的意识,通过意识活动来反抗"商品拜物教"的现实。这显然是无力的反抗,当然这个时期的批评理论家也主张要从被压迫者的实际利益出发来寻求阶级解放。

第二阶段:20世纪60年代至90年代以哈贝马斯为代表的新批评理论以重构马克思主义理论为己任,开始接纳后现代主义中的有关文化、象征、符号等理论,用以分析资本主义社会中文化产品中的问题。但是重构的结果是篡改了马克思主义的基本原理,如用劳动代替了生产力,把生产关系范畴

① 《美国为谁而战》,《中国青年报》,2011年2月25日。

改为互动范畴;把社会组织作为社会形态的标准,甚至认为社会组织是社会进化的动力;主张阶级斗争、剩余价值理论过时论等。①哈贝马斯之所以提出了以上的变化,是因为他们认为社会科学是经济利益和政治利益的工具,科学成了意识形态即"专家统治意识",这是资本主义社会合法性危机的根本原因。"专家统治意识"是指资本主义社会把政治问题用技术专家的研究为指导,这一去政治化的倾向有极大的蒙蔽性,如对未来社会的预估、对某些社会问题的解决和对生活方式价值观的确立都有较强的迷惑性,这样结果是社会的四种危机:产品匮乏的经济危机、行政管理工具的理性危机、社会参与的动机危机、决策权合法性危机。②因此,他们把人类的行动者交往过程看作批判理论的核心,其中的逻辑是:人类要实现解放的目的,就要有人类的互动和交往的知识,公共领域的辩论、演讲等过程是人类互动的精髓,这就自然而然地需要理解个体间的互动过程,在这些过程所获得的知识是批判理论的基础,这是个体进行批判的有力途径。显然在这里他们把改变社会的希望建立在通过人们在交往过程中获得知识为基础来改变社会的现状,这样哈贝马斯就把马克思的基本理论转向到互动理论建构上来了。

第三个时期:20 世纪 90 年代至今,20 世纪 90 年代后出现东欧剧变,前苏联解体的事实使得批判理论家们确信马克思的理论没有过时。随着全球化时代的到来,第三代批判理论学者尝试向政治伦理转向,哈贝马斯致力于现代性的重建,"第三代批判理论家都受到哈贝马斯的较大影响,就是试图用当代语言哲学的成就避免第一代批判理论家工具理性批判的片面性,重建现代性的哲学话语"③。

---

① 参见王凤才:《从批判理论到后批判理论(上)——对批判理论三期发展的批判性反思》,《马克思主义与现实》,2012 年,第 6 期。

② 参见[美]乔纳森·特纳:《社会学理论的结构》(下),邱泽奇译,华夏出版社,2001 年,第 247 页。特纳在此描述了当时资本主义社会的四大危机。

③ 王凤才:《从批判理论到后批判理论(下)——对批判理论三期发展的批判性反思》,《马克思主义与现实》,2013 年,第 1 期。

综观批评理论的主要观点，虽然在 20 世纪世界形势发生巨大的变化，各个时期的批判理论家们为了适应当时的历史背景，不断地继承和修正马克思所开创的批评理论，甚至把马克思的基本思想改得面目全非，这主要是缘于：

一是批判理论家们对于马克思主义理论的本质理解在与当下的历史形势变化下的矛盾较量中缺乏解释力而妥协于后者的结果。其实任何理论的诞生都会有理论与理论家当下社会现实之间的矛盾问题，如何透过当下现象看到事物发展的本质规律，如何穿透当下社会历史的现实束缚而预见人类未来社会的发展规律，这是理论家不得不面对的问题，这需要坚定的辩证唯物主义的本体论立场和高超的历史唯物主义、唯物辩证法的方法论指导，否则无法超越现实、透视历史和展望未来。马克思主义理论的生命力恰恰在于拥有了上述的本体论和方法论，才能穿透历史某一阶段的表层的羁绊而高瞻远瞩于人类发展深远的历史规律性。而批判理论家们没有站在人类历史长河的高度和深度来理解马克思主义理论的客观性和真理性，加之缺乏对马克思主义理论信仰的坚定性，面对当下社会现实的变化，自然无力坚持用马克思主义的理论解释现实，只能向现实妥协。

二是批判理论家们对现实妥协的致命缺陷是在探寻人类解放的道路上，不是从社会的根本问题着手，而是从社会现象的枝节问题着手。如从社会的意识、人的理性、文化、社会互动、政治伦理等方面寻找出路，这是典型的用思想来解放人类的思想路径。首先可以肯定地说这些学说极为重要，它确实从一定层面上提出解除了资本主义社会现代性和后现代性现实的病垢所在，以及摆脱现实社会危机的基本路径，但却不是改变资本主义社会矛盾的根本出路。原因是这些理论背离了马克思主义理论的本体论和方法论根基，是向资本主义社会现实妥协的产物。这一妥协的结果就是回到马克思所批判过的青年黑格尔学派的立场，于是批判理论便从马克思主义的历史唯物主义的方法论转向对理性、文化、社会关系和政治伦理等上层建筑重构的研究方向，因此批判理论在强大的资本主义社会现实面前只能是提出修修补补地改变社会的策略。这是一个莫大的历史玩笑,马克思的继承者却回到了马克思反对者的立场。当然任何理论总是一个时代的产物,批判理论家们顺应历史现实的改变并调整其理论也是可以理解的,而且这种转向也是有积极的历史意义。问题是当批判理论家们不能站在人类历史长河总的发展规律和发展趋势的角度去理解马克思主义理论的话,就不可能坚持马克思主义的历史唯物主义方法论,则批判理论家们的理论在其当下的历史现实中其马克思主义的立场就会不得不随着历史现实的变化而左右摇摆,被社会现实所摆弄。历史总是在关键时刻出现戏剧性的变化,20世纪90年代前苏联解体之前,一些批判理论家们持有马克思主义过时论;而在其之后,批判理论家们从怀疑马克思的理论、马克思的理论过时论又回到了否定过时论的立场;2008年资本主义世界出现了金融危机,又一次验证了马克思对资本主义社会的批判及其发展预言的真理性,于是又兴起了全球性的马克思热,人们试图从马克思的理论中寻找了解资本主义世界危机的原因和解决危机的答案。

三是资本主义世界的金融危机的历史现实再一次验证了马克思主义理论的客观性、真理性。以经济自由化、个人化和市场化为特征的美式经济模式主导着的世界经济,自然是以美式经济获得最大经济利益为核心而布局全球化的经济。马克思揭示了资本家剥削工人的秘密是剩余价值,这一理论的核心内容仍然能够解释当今资本主义社会剥削的秘密。只不过剥削者和被剥削者不是某个国家的资本家和工人,而是全球性的剥削与被剥削的关系。经济全球化中最大的资本家是美国,最大的被剥削阶级是全球各国,经济全球化是以牺牲全球各国人民的利益而为美国一己私利服务的经济,虽然新自由主义和金融化是国际金融危机的直接诱因,表现为美国的金融垄断资本过度的贪欲,虚拟经济与实体经济的严重脱节,但实质是美式经济以自己获得利润最大化而盘剥世界人民的结果,为了美国的一己利益不惜用政治、军事、经济、文化等各种手段打击、遏制不利于其本国获利的国家和地区,可谓是为了美元不择手段地砸烂他国人民的安宁生活,如阿富汗、伊拉克、乌克兰等国家皆因美国而处于战乱之中,其人民饱受战争的痛苦。

金融危机表明,马克思所指出的资本主义社会的内在矛盾是导致其金融危机的根源,美式经济代表了资本主义社会的生产方式的核心是货币利润最大化,采用各种手段控制全球的劳动市场和资本市场,使全球资本定向流入美国,在货币利润的游戏过程中盘剥全球的劳动力,最终为美国的物质需求服务。为了追逐资本的最大化,不惜把资本主义社会不可调和的内在矛盾转嫁到全球,绑架全球都成为美式经济追逐垄断资本贪欲的工具,其中的秘密仍然是剩余价值。但是由于资本主义社会的内在矛盾性,决定了美式经济在追逐货币利润最大化的过程中越不择手段,就越发使其成为自己的掘墓人。纽约大学的鲁里埃尔·罗比尼教授在 2011 年 8 月 13 日接受《华尔街日报》的采访时指出:马克思的理论足以解释当今全球经济动荡的现象与原因。他认为,马克思所说的是对的:资本主义到一定的阶段会自我毁灭,市场机制已经失灵了! [1]

2. 女权主义

自从社会历史进入父系社会后,妇女受压迫的历史就开始了,这是个世界性的历史现象,几个世纪以来一些觉醒了女性和有识之士看到妇女受压迫的事实,并且探讨妇女受压迫的原因,形成多个女权主义流派。直到 20 世纪 60 年代开始在美国兴起女权主义(Feminism)运动,该运动主要是为争取妇女的权力,性别平等问题才普遍引起社会的注意。

(1)女权主义对妇女受压迫的揭露和对社会性别不平等的现实进行研究经历几个世纪,并形成了多个女权主义派别。女权主义最具历史意义的研究成果是提出了性/社会性别的概念

一是女权主义运动是女权主义理论在现实社会的实践。实际上很早就

---

[1] 参见吕薇洲、邢文增:《从金融危机看当代资本主义的矛盾与困境》,《郑州大学学报》(哲学社会科学版),2013 年第 4 期。

有人意识到妇女受压迫的不平等的社会现实了，女权主义理论则早在 15 世纪就出现了。李银河在其《女性主义》一书中总结出女权主义理论研究的七本主要著作：彼森（Christine de Pizan）1405 年出版的的《女性之城》（*The Book of the City of Ladies*），沃斯通克拉夫特（Mary wollstonecraft）于 1792 年出版的《为女人辩护》（*A Vindication of the Rights of woman*），沃尔夫（Virginia woolf）于 1929 年出版的《一间自己的屋子》（*A room of Ones' Own*），波伏娃（Simone de Beauvoir）于 1949 年出版的《第二性》（*The Second Sex*），弗里丹（Betty Friedan）于 1963 年出版的《女性的神话》（*The Feminine Mystique*），米利特（Kate Millett）于 1970 年出版的《性政治》（*Sexual Politics*），格里尔（Germaine Greer）于 1970 年出版的《女太监》（*The Female Eunuch*）。①七本书代表了不同时期女权主义研究的成果，这些成果的主要观点经过了一个变化的过程，由彼森反对仇女和女人"天然"低下的观点，到沃斯通克拉夫特肯定女性是具有人类理性主体权力的群体、沃尔夫强调女性文学应该有记录一般女性普通生活的独立性与必要性，从波伏娃揭露了在现实社会中女性失去主体性并成为是男性的"他者"的现状，到弗里丹在其著作中反映了 20 世纪 50 年代女性对家庭主妇角色的不满，再到米利特批评社会现存不平等的性别关系，以及格里尔形象地揭示了在男权社会中，女性如同太监一样被去势以获得女性气质。从上述可见，女权主义理论研究从女性受压迫的表现到一步步走向揭示女性受压迫的父权制社会根源，研究视野从一个申述妇女的痛苦层面不断地扩展到探究妇女受压迫的社会结构和制度根源层面，这样就从妇女学走到社会性别学的更宽泛、更广阔的研究领域。

二是女权主义分为多个派别，即有马克思主义女权主义、社会主义女权主义、自由主义女权主义、激进女权主义、有色人种妇女女权主义、文化女性主义、后现代女权主义、生态女权主义等派别。各派别都在分析妇女受压迫

---

① 参见李银河：《女性主义》，山东人民出版社，2005 年，第 3~4 页。

的原因，如马克思主义女权主义者直接师承了马克思、恩格斯和其他 19 世纪思想家的思想，倾向于认同妇女受压迫的终极原因是阶级歧视，而不是性别歧视。他们认为妇女受压迫是人类历史发展的一定阶段上的社会现象。妇女解放的程度是衡量普遍解放的天然尺度，妇女受压迫是阶级压迫的特殊形式，妇女解放必须伴随全体被压迫阶级的解放而实现。人们在社会和家庭中的地位归根结底是由其在社会生产中的地位决定的，参加社会劳动是妇女解放的一个重要先决条件。妇女解放是一个长期的历史过程，不仅受生产关系制约，也受生产力水平制约；不仅受物质生产水平的影响，也受精神文明程度的影响。妇女在推动人类文明、社会发展中，以及人类自身生产中都起着伟大的作用，妇女具有特殊的价值，因此应该受到尊重和保护。又如社会主义的女性主义认为，妇女受压迫的根本原因既不是"阶级歧视"，也不是"性别歧视"，而是资本主义和父权制之间错综复杂的相互作用。马克思主义的和社会主义的女性主义者都相信，妇女受压迫并不是个人蓄意行动的结果，而是个人生活于社会中的政治、社会和经济制度的产物。妇女在社会中的工作塑造了妇女的思想和"女性的本性"（Female Nature）。

三是直到 20 世纪 70 年代有关性别研究一个具有划时代意义的崭新概念，即性/社会性别制度（Sex/Gender System）出现了。性/社会性别制度是指由后天形成的，由社会生产关系和经济基础决定的男性和女性在社会群体中的特征、角色、活动及责任的社会差异及其社会关系，并且镶嵌在社会结构和一系列社会制度之中，因时而变，在不同文化之间和同一文化中表现不同。这些差异和关系具有社会属性，产生于社会化过程中，有其特定的背景是可变的。同时依据男性和女性的社会差异及其社会关系，男女被分配了不同的角色和机会，规定了男性和女性特有的行为规范，性别的社会角色被社会化了，致使限制了两性的生存和发展。性/社会性别制度是由美国学者盖尔·鲁宾（Gayle Rubin）最早提出的，1975 年完成了其硕士毕业论文《女人交易:性的"政治经济学"初探》①,学界认为他是第一个提出并论证了社会性别理论,对后来的性别理论研究奠定了坚实的基石。她在总结了马克思主义政治经济学、弗洛伊德的精神分析和列维–施特劳斯的结构人类学的基础上,首次提出了"性/社会性别制度"概念,试图回答妇女普遍受压迫的根源是什么。当时正处于女权主义理论的初创时期,至此女权主义学者就用"Gender"一词指称有关女人的社会文化含义。盖尔·鲁宾认为,马克思主义分析了资本主义生产、商品流通的过程,但还没能完全解释妇女受压迫的根源。恩格斯认识到了"性"和"生育"的作用,以及必须把性的文化关系和生产关系分开论述,但他没有具体阐述性文化关系究竟是怎么一回事。她认为列维–施特劳斯的亲属制度这一社会关系是以男人对女人交换为基础上的,从而形成对妇女的压迫;他对弗洛伊德的精神分析进行借鉴和改造,用这一理论和方法指导在社会化过程中自己的性别认同,以及男性气质和女性气质是怎样被建构起来的。盖尔·鲁宾把上述三个方面联系起来,把性别制度看成是精神的、人际关系的和政治经济制度的产物,也是历史的产物。

自从盖尔·鲁宾提出"性/社会性别制度"概念之后,学界一直在不断地丰富社会性别理论的内容。20世纪90年代美国学者琼·斯科特(Joan Scott)在其《社会性别:一个有用的历史分析范畴》②一文中有关社会性别的观点得到学界的普遍认同。他认为社会性别的核心与两大命题之间有必然的联系:一是性别是基于社会性别差异为基础上的组成诸多社会关系的一种成份,二是社会性别是区分权力关系的基本方式。性别是代表权力关系的主要方式,是权力形成的源头和主要途径,也是持久维护权力的方式。社会关系组织的变化总是与权力关系的变化同步进行。此外,他们认为社会性别有四个相关要素:一是文化象征的多种表现形式,如基督教文化中的夏娃和玛利亚就是

---

① 参见[美]盖尔·鲁宾:《女人交易:性的"政治经济学"初探》,王政主编:《社会性别研究选译》,生活·读书·新知三联出版社,2002年,第1~49页。

② 参见李银河主编:《妇女:最慢长的革命》,生活·读书·新知三联书店,1997年,第151~175页。

妇女的代表；二是规范化的性别概念，对性别象征含义的解释限制了其他比喻解释的可能性，在宗教、教育、科学、法律、政治领域中，把对男性和女性概念解释的有限含义作为共识概念；三是历史上几乎没有先例证明妇女要承担"传统"角色，探明两性对立的表现形式的本来面目，需要用政治学的概念进行分析，并引用社会结构和社会组织的概念，因为两性观念是在政治、经济制度中建立的；四是主体身份的历史构成，从历史角度研究性别认同内容的构成方式、社会活动、社会组织，特别是历史文化是如何传递这种结构的，心理分析提供了有关性别再生产的过程。他们认为以上四个要素之间是有着内在联系的。

女权主义的一个终极目标是争取全人类的性别平等，因为女权主义者们认为现存世界是个女性受到压迫、受歧视的等级社会，整个社会结构存在着女性在政治、经济、文化、思想、认知、伦理等诸多方面的不平等，这种不平等是系统性和结构性的不平等，其根源在于父权制的社会体制。而父权制思想认为这种不平等是自然产生的，与生俱来。"父权制的核心是对男性特权和权力的维护和将其合理化。"①而女权主义者认为，这些不平等是后天的社会、文化等人为造成的。当然部分男性在父权社会制度下也有受压迫的群体，这与其阶级、阶层地位交织在一起。因此在父权制下，一方面，男女都是父权制度下的受害者，就整体而言，女性比男性从压迫的程度到受压迫的数量都大于男性；另一方面，男女受压迫的现状是性别不平等与阶级不平等、种族不平等交织在一起的社会结构性和制度性的不平等。因此，父权制是性别不平等的根源，女权主义者们对于男女不平等的现状和性别不平等源于父权制的认识是一致的。

直到 21 世纪初，有关社会性别的研究已经深入到几乎所有的学科，凡是有涉及研究人的学科，几乎都有从性别角度的研究成果，其中包括自然科

---

① 李银河：《女性主义》，山东人民出版社，2005 年，第 5 页。

学和人文社会科学的学科门类。

社会性别理论的发展是在基于西方社会两性关系和总结女权主义理论研究成果的基础上，吸收马克思主义的政治经济学理论和唯物史观有关人的社会关系等理论，借鉴多学科如政治学、经济学、社会学、人类学等学科的最新研究成果，以及多种流派有关人的两性关系的理论如后结构主义关于"话语""权力"的结构理论(福柯的理论)、精神分析学派的象征主义(拉康的理论)等集于一身，形成日趋成熟的"性/社会性别制度"的理论体系。其核心是证明男女两性是社会权力关系的制度规范的历史生成而非自然本质的结果，目的是使社会性别平等理论有力地推动改进社会现实存在的性别不平等的现象，最终实现社会性别平等的宏大社会进步目标。

(2)对于性别平等的关注不仅仅限于理论界，性别平等的理念已成为中国乃至全球的行动

一是性别平等已经是各国和联合国的行动纲领。最早于1985年在肯尼亚首都内罗毕举行的联合国第三次世界妇女大会上，提出社会性别主流化(Gender Mainstreaming)的全球战略。1995年在北京召开的联合国第四次世界妇女大会通过了《北京宣言》和《行动纲领》，并且提出赋予妇女权力和男女平等是各国人民实现政治、社会、经济、文化和环境保障的先决条件，这是全球性别平等事业发展的战略目标和实现这些目标应采取的行动。社会性别主流化被公认为各国建立提高妇女地位机制、推进性别平等的有效和成功战略。社会性别主流化是指将社会性别观点纳入主流社会中的任何一项计划行动的评估，包括在任何领域和任何层面的立法、政策或计划中对男性和女性意义的确认过程。它是这样一项战略，即使女性和男性的问题和经验成为设计、实施、监督和评估所有政治、经济和社会领域中的政策和计划的一个不可缺少的因素，使女性和男性同等受益，并且使不平等现象永远禁止，最终目的是实现社会性别平等。

二是有关性别平等的理论已经从理论界走到现实的活动和日常生活之

中了。1995 年中国政府宣布把男女平等作为促进中国发展的一项基本国策。1980 年中国政府签署了联合国具有法律约束力的国际法律文书《消除对妇女一切形式歧视公约》(*The Convention on the Eliminatiom of All Forms Dis-crimination Against women*, *CEDA*)，该公约要求各缔约国须定期向联合国消除对妇女岐视委员会(简称消岐委员会)提交关于公约规定权利落实情况的报告。2006 年联合国消岐视委员会审查了《中华人民共和国执行〈消除对妇女一切形式歧视公约〉第七、八次合并报告》。从 1995 年开始，国务院制定发布了 1995—2000 年、2001—2010 年、2011—2020 年三期《中国妇女发展纲》，中国在不断促进性别平等的道路上做出积极的努力，受到联合国的好评。

由此可见，批判理论对于质性研究而言有如下意义：一是批判理论为质性研究提供了多种理论分析的研究工具，如马克思主义理论、新马克思主义的理论、女权主义的理论等，都会成为质性研究者收集资料的依据和分析资料的工具；二是批判理论为质性研究提供了一个改变社会的理想和研究方向，质性研究者如果有了为争取人类的平等而改变社会的政治立场，那么就清晰了为争取人类的平等与进步的深远研究目标；三是批判理论为质性研究提供了研究的范围，如人类理性、意识形态、文化、交往理论等方面的研究，使质性研究更加注重人的主观感受和认识。

三、质性研究的特点与方法

（一）质性研究的特征

质性研究与量性研究有明显的特征，在前文有过多处的论述，此处简单地概括如下：

第一，质性研究的自然性。质性研究的资料来源，都是来自于研究对象的自然环境，这里的自然环境是指研究对象生活的原本状态，这是一个无需任何修饰的生活情境，只有在研究对象的生活情境中才能发现真实的对方（研究对象）。在自然状态下，通过观察、收集实物、访谈、查阅记录等多种方式所收集的研究对象的资料，才真实可靠。因此，自然状态是质性研究的必要条件。

第二，质性研究的互动性。质性研究的研究者和研究对象都是人，研究者要了解研究对象是人了解人过程，需要在交往和互动中完成，其中的媒介就是语言，研究者与研究对象之间的交往和互动需要通过语言交流来完成了解和理解对方的任务，可见互动性是质性研究至关重要的环节和特征。质性研究要求研究者的研究技能之一，是要有较强的互动沟通能力，否则将无法完成研究任务。

第三，质性研究的归纳性。研究者收集完资料后，要对资料进行分析，面对碎片式的资料，要按照一定的程序进行归纳分析，如对资料初步的编码、归纳出概念或概念群，在对概念之间的关系进行同异、因果等比较与分析，最后建立模型来对研究主题的状态进行解释。

第四，质性研究的整体性。一是研究者将研究对象与其生活环境的因果联系，作为研究的整体内容来收集资料和分析；二是研究者与研究对象之间的互动是研究的完整过程，其中包括收集资料和分析资料的全过程，当研究者分析所收集到的资料时，如同在与研究对象对话一样处于收集资料的情境之中。可以说研究者一开始设计研究计划时，就已经进入了研究过程之中了，收集资料自然是研究整体的一部分了，因此收集资料和分析资料之间是不可分离的整体；三是质性研究的内容也是完整的，对于收集的资料进行完整的分析，也就是对研究对象是全面的研究，不是局部或某一点的研究。

第五，质性研究的解释性。质性研究最后的结果是对研究对象的解释性理解，感同身受地理解研究对象的思想、情感、价值观等内容。同时研究者要反省自己在对研究对象进行解释性理解过程中的立场、结果的客观性、互动的机制等问题，以确保研究结果的科学性和客观性。

(二)质性研究的方法

质性研究采取多种方法,可以说是一个方法的集合,根据不同的研究阶段、不同的研究设计会采取不同的方法,收集资料阶段主要有个案研究法、参与观察法、访谈研究法、扎根理论研究法、历史研究法、民族志研究法、内容分析法、行动研究法、德尔菲法。这些方法经常交织在一起使用,如对一个人的生命史的研究既是个案研究,同时在收集资料时,也有参与观察法和访谈研究法在其中,在分析资料时也有扎根理论研究法和内容分析法在其中。常用的方法是个案研究法、参与观察法、访谈研究法、扎根理论研究法。

第一,个案研究法。个案研究主要指对一个人或一个群体或一个社区等进行全面而深入的研究,研究者确定研究的主题后,就进入研究对象的生活环境之中,体验研究对象的环境及其感受,进行田野调查和深入访谈,收集资料并对资料进行归纳分析,归纳出命题。质性研究基本上是个案研究,同时也有跨个案研究即多个个案一起研究,这些研究可以对个案或一群个案研究对象进行深入分析和比较研究,理解个案研究对象和多个个案的状态及其个性和共性特征。通过对个案资料的认识和归纳分析,一方面可以归纳出理论命题,建构模型,以此来解释个案研究对象的现状,另一方面可以为验证某种理论观点,为探索扩大解决类似的问题提供可参考的途径与方法。个案研究有较强的个性特征,因为每个研究对象的成长和生活的环境不同,经历不同,对社会的认识、处事态度和方式都不同,对其研究的结果也不同;个案研究是对个体或多个个体的整体性研究,研究是对研究对象不预设命题的全方位研究,采集资料是在研究对象的生活状态中获取,因此个案研究也是自然性、生活性、体验性的研究。

个案研究主要有如下过程:确定研究对象范围;开始进入研究程序,其中包括设定收集资料的焦点与范围,设计进一步研究议题;初步分析资料,其中包括对资料进行编码、写备忘录,预建个案分析提要,持续分析资料;资料的展示,包括探究与描述资料,解释与预测资料,同时还有跨个案展示,即将诸多个案用图表或矩阵图排列出其时间、概念、部分内容、变量、因果等因素展示出来,这样可以清晰比较,找出共性结果;归纳意义,包括引出结论和验证结论;撰写报告。

第二,参与观察法。参与观察法是指研究者进入研究对象生活的自然情境之中进行田野调查时所采用的实地收集资料的方法。观察方法是质性研究收集(或原始)信息资料的初级方法,研究者以感知或直接记录的方式获得有关研究对象的信息情报,为后续的研究提供线索和依据。观察方法是在生活的自然情景下,实时实地地进行现场观察,特别是对特殊群体的观察更有意义,在调查方法上达到其他方法难以达到的效果。

观察方法虽然是在人们生活的自然条件下直接观察研究对象的状况,但它与日常生活的观察不同,有其自身观察的特征,即观察法是有一定研究目的或研究方向的观察;观察之前有一定的理论准备和一系列的观察计划;观察过程中是有系统的观察或记录;观察结果可以被重复验证;观察者受过一定的专业训练。①

参与观察法有不同的类型:从观察场所而言,分为试验室观察和实地观察。实验室观察通常在有单面镜、摄像机和录像机设施的实验室内进行观察,也可以在有控制条件下的教室、活动室、会议室等地进行观察。实地观察是在实际生活环境下进行观察。从观察角色而言,分为局内人观察和局外人观察。局内人观察是研究者直接进入研究对象的生活和活动内,以其成员的身份观察研究对象的情况。局外人作为旁观者的角色观察研究对象的状况。从观察程序而言,分为结构式观察和非结构式观察。结构式观察是对观察的范畴进行界定,绘制观察记录表,在观察过程中填写记录表。观察表列出的观察项目十分具体和细致,甚至可以计数定量统计。非结构式观察不设具体

①　参见袁方:《社会研究方法教程》,北京大学出版社,2004年,第334页。

的观察目标，而是对出现的行为全面观察，观察结果适合定性研究。从观察对象而言，分为直接观察和间接观察。直接观察指观察者直接观察研究对象的现场行为表现。间接观察是在研究对象活动之后观察其行为活动的迹象。①

　　第三，访谈研究法。访谈方法是质性研究最常用的方法。访谈研究法是指研究者对研究对象深入、全面的了解过程，其特点是集调查问题、研究问题、收集资料、评价解释资料于一身。它既能获得调查对象生活背景的感性材料，也能获得调查对象的内心世界的思想资料，因此访谈方法是多层次、全面、深入地了解问题和把握问题的方法。深度访谈方法的特点如下五方面：一是深度访谈是了解个人的内心世界及其生命史的主要方法；二是虽然深度访谈表面看上去是松散的，却是有重点和焦点问题的，类似半结构引导式访谈；三是深度访谈是访谈者与访谈对象平等互动、合作的关系，要求访谈者要有好的职业道德和专业技巧。访谈者通过技巧引导研究对象对自己的生活过程及其周围的社会环境进行回顾，鼓励调查对象把自己的信仰、价值观念、行为及其生活环境描述出来；四是由于深度访谈是个技巧要求较高的工作，因此研究者不仅有较高的道德品质，还要有丰富的社会经验和访谈经验，掌握较高的访谈技巧；五是深入访谈不足之处是费时、效率低、人数少等。

　　访谈程序分为：访谈前的准备阶段、访谈过程和访谈结束阶段三个阶段。访谈前的准备阶段包括：一是访谈者首先要根据研究目的和理论假设，准备详细的访谈提纲并细化成具体问题；二是确定适当的访谈对象，了解访谈对象及其周围环境的基本情况，如访谈对象的家庭、学校和所在的社区情况等，这些都是解释个人特征和问题的重要线索资料；三是阅读相关的文献资料，安排具体的访谈计划和时间表；四是要准备送给访谈对象的礼物，原因是以此表示对访谈对象的尊重，另外对于访谈所占用对方的时间以及对

---

① 参见袁方：《社会研究方法教程》，北京大学出版社，2004 年，第 335~336 页。

方的配合表示感谢;五是准备必须的访谈工具,如笔、纸、录音笔、照相机、录像机、地图、相关证件、介绍信、相关资料等。

访谈过程:一是自我介绍,介绍研究的目的,请求对方合作,告知对方他是如何被选择出来的及其重要性;二是这阶段的主要任务是访谈者与访谈对象双方建立良好的关系,访谈者采用技巧消除易出现的问题,如由拘束感、担忧感等引起谈话难以深入的尴尬局面。具体谈话技巧在第七章详细介绍。

访谈结束:一是一般谈话在 1 至 2 小时为宜,二是选择适当的机会和时间结束谈话,三是访谈者感谢对方的支持,并留下联系方式。

第四,扎根理论研究法。扎根理论(Grounded Theory)是由格拉斯(Glaser)和斯特劳斯(Strauss)于 1967 年提出的,扎根理论是质性研究的一种方式,其宗旨是从经验资料的基础上建立理论。①质性研究所采用的归纳方法就是在扎根理论指导下,从资料中一步步提炼出概念、概念与概念之间的关系,之后建立概念关系理论模型。这个理论模型是介于微观理论和宏观理论之间的中观理论,它的研究在一开始就进入了理论建设的过程之中了。也就是说,研究者在收集资料和分析资料的全过程中,都带着发现理论的心态去工作,在对资料不断地仔细分类和对比的分析中发现概念与概念之间的关系,在对概念进行密集的描述后形成概念与概念之间的系统联系,从而形成理论。

扎根理论的操作方法:扎根理论的分析过程主要是编码。劳伦斯·纽曼认为:"编码是一种标签,将意义单元分配给研究中汇集而来的描述性或推论性信息。编码通常被附加在与某个特定情境有关或无关的大小不同的'对象'上——像是词语、片语、句子、甚或整个段落……编码是两项同时进行的活

---

① 参见陈向明:《扎根理论的思路和方法》,《教育研究与实验》,1999 年 4 月。

动：机械式的资料缩减与对资料进行分析性的分类处理。"①编码过程就是分析研究的过程，具体如下：一是开放式初级编码，找到概念；二是在初级编码基础上进行关联式编码，主要指找到概念与概念之间的关系，如概念与概念之间的因果关系、时间先后关系、语义关系、情境关系、同异关系、对等关系、类型关系、结构关系、功能关系、过程关系、策略关系等，在这些概念关系中要区分主要关系概念和次要关系概念；三是趋向核心概念，即在所有概念关系中找到核心概念关系，核心概念在所有概念关系中处于众多概念关系的核心地位，在资料中出现的频率最高，在全部概念关系中起到统领全局的作用，其他概念关系都在其周围。

---

① ［美］劳伦斯·纽曼：《社会研究方法——定性和定量的取向》，郝大海译，中国人民大学出版社，2012年，第561页。

第五章　思想政治教育质性研究的缘起、特征和理论结构

一、建构思想政治教育质性研究的缘起与可能

作为政治性、理论性、应用性和综合性很强的思想政治教育学科,经过二十多年的建设和发展,虽然已经形成初步完善的理论系统和学科结构,但是在思想政治教育的理论形态转化为微观操作性较强的实践形态的路径还需探索,思想政治教育质性研究为解决这个问题提供了新的理论视域和规范而行之有效的方法。

(一)构建思想政治教育质性研究的缘由

思想政治教育质性研究是在马克思主义理论指导下,吸收质性研究的主要成果而形成。之所以有必要构建思想政治教育质性研究,有以下三个原因:

第一,质性研究经历了一百多年的发展,经过了相互重叠的七个历史时期,被引进中国是 20 世纪末的事情。质性研究的理论基础不断超越,由实证主义范式直到后实证主义理论,吸纳诸多理论的精华,形成各种各样新的解释性、质性的视角,[①]是具有包容性、开放性、客观性、解释性、反思性、过程性、质疑性和批判性等多视角的研究方法。质性研究方法本身就是一种探究

---

① 参见[美]诺曼·K.邓津、伊冯娜·S.林肯:《定性研究:方法论基础》(第 1 卷),风笑天等译,重庆大学出版社,2007 年,第 3 页。

活动,它横跨学科、领域和题材,有一组复杂而互动联系的术语、概念和假设。质性研究方法主要通过对面谈、文件和参与式观察等资料的理解和解释来认识社会现象,质性研究用于多种方面的不同目的、方法和技术;纵览质性研究之后会发现,质性研究方法所讨论的是赋予其哲学观察,它是研究方法、技术、分析和解释资料的模式;有意义资料的形成与质性研究者的创造力直接相关。[1]用陈向明教授的话说:"质的研究是以研究者本人作为研究工具,在自然情景下采用多种资料收集方法对社会现象进行整体性探究,使用归纳法分析资料和形成理论,通过与研究对象互动对其行为和意义建构获得解释性理解的一种活动。"[2]他提出了研究者的中立立场,为了保证研究的客观性,研究者把自己置于研究工具的角色;收集资料的环境要求在研究对象的自然状态下进行;研究者与研究对象之间是双向互动的关系;分析资料采纳归纳方法,以便生成理论。

第二,质性研究本身是国外比较成熟的理论和方法系统,特别是20世纪90年代后在国外被广泛地应用到许多的社会科学领域,甚至包括军事、医学等应用科学领域的应用,特别是教育领域的应用更为广泛,经验比较丰富。质性研究引进国内的时间比较短,应用的领域也比较少。尽管如此,就质性研究的特点而言,比较适合应用于教育领域,因此质性研究完全有条件应用于思想政治教育领域。

第三,质性研究有明显的优于传统实证研究之处在于,它不预先设定假设,最后验证假设;而是在收集资料和研究资料的过程中,逐渐发现研究的主题和焦点,通过编码,抽象出概念以及概念之间的关系,从中建构理论模型,生成理论,最后用理论解释现象和回答问题。这种研究理念和方法越来越被各学科所认同,被广泛地运用在社会科学和自然科学中的各个领域,解

---

[1] 参见 Myers, M. D., Qualitative Research in Information Systems, *MIS Quarterly*, June 1997, pp. 241–242.

[2] 陈向明:《质的研究与社会科学研究》,教育科学出版社,2000年,第12页。

决任何特定的问题。可以说质性研究为思想政治教育提供了宽阔的视野和理论参照。

可见质性研究在研究者的立场、收集资料环境、分析资料的程序与方法、生成理论等方面,都有较好的理念与操作方法。

(二)构建思想政治教育质性研究何以可能

质性研究引进思想政治教育领域何以可能,是构建思想政治教育质性研究不可回避的问题。这可以以下三个方面分析:

第一,思想政治教育学科发展性的特征,为质性研究的融入与存在提供了广泛的应用空间。由于思想政治教育内涵发展的核心是教育质量的提高。外延发展是思想政治教育在领域上的拓展……是教育要面向现代化、面向世界、面向未来的客观要求。[①]而思想政治教育学科要达到内涵和外延的发展,必然要在基础理论研究和应用研究两方面同时发力,二者相得益彰,才能使思想政治教育学科健康发展。目前学界的状况存在着重理论轻应用的倾向,而应用研究所体现出的实践性正是思想政治教育学科的本质特征,因此加强应用研究是思想政治教育学科建设的迫切需要。由于世界范围内的科学研究方法系统有两类,一个是量性研究,另一个是质性研究,而质性研究具有较强的实践性,是最具社会科学研究特性的方法体系。思想政治教育质性研究本身符合思想政治教育应用研究的特性,它有条件成为思想政治教育应用研究的重要内容,思想政治教育质性研究将会开拓思想政治教育研究新的微观方法领域,从而有力地促进思想政治教育学科的发展。由此可以推断,思想政治教育质性研究符合思想政治教育学科特点,并且能满足思想政治教育学科应用研究的需要。

第二,构建思想政治教育质性研究,可以解决思想政治教育理论指导实

---

① 参见张耀灿、郑永庭、吴潜涛、骆郁廷:《现代思想政治教育学》,人民出版社,2006年,第67页。

践过程中如何规范操作的瓶颈问题。虽然思想政治教育活动在谈话、调查等微观工作方法方面积累了丰富的经验,但是如何使这些经验上升到科学理论和规范操作层面,如何使一个思想政治教育理论具体指导微观实践活动层面是一个理论实践化和实践理论化的问题,也是一个理论与实践结合的创新问题。思想政治教育质性研究,具有一系列符合学科特征的操作规则、程序和方法系统,这个系统正是思想政治教育理论与实践结合的中间环节。借助这个中间环节可以使理论到实践和实践到理论的操作有依据可循,可见思想政治教育质性研究为解决理论与实践相结合的操作问题提供了一个新的领域。

第三,思想政治教育学科是一个育人的学科,教育是思想政治教育活动的基本方式,它旨在通过个体的素质内化而塑造积极的态度和行为。①素质内化既要以马克思主义为指导思想,还要以马克思主义理论为教育内容,这既是中国共产党的思想政治教育的优良传统,也是思想政治教育学科的本质特性。②个体素质内化正是以微观思想政治教育为主渠道而实现的,即在教育者与教育对象的互动中实现的。思想政治教育质性研究在教育者与教育对象之间的互动、以科学方法实现教育目标、理论与实践的转换等微观层面上,都有着不可替代的优势,特别是在了解和解释教育对象的思想现状、从思想资料分析中产生理论模型、为解决思想问题提出对策等方面都有其规范的理论、程序和方法,这些大大地增加了思想政治教育育人活动达成目标的可能性。

(三)论质性研究对思想政治教育的借鉴价值

随着中国市场经济的深入发展,特别是在"入世"后的新的历史背景下,思想政治教育面临着错综复杂、多元交错的思想意识现状,为了使思想政治教育更有效,吸收国内外各学科的经验和研究方法就成为必然。质性研究是

①② 参见张耀灿、郑永庭、吴潜绦、骆郁廷:《现代思想政治教育学》,人民出版社,2006年,第32页。

近二十多年来国际学界通用的研究方法,它广泛应用于教育学、社会学、人类学等诸多学科,目前在学界很少有人从质性研究角度探讨思想政治教育的方法。质性研究是有普遍性的微观理论,对于深层次探究人的思想现状、弥补思想政治教育以往惯用的宏大理论的缺失、以及实施思想政治教育的途径都有着积极的意义,本书试就质性研究方法对思想政治教育的借鉴价值进行探讨。

1. 思想的特点需要质性研究方法

思想政治教育研究的对象是人的思想,人的思想源于社会现象和主体与环境复杂互动的过程,具有复杂性、差异性、多变性、隐蔽性等特点。多年来学界从不同的角度论述思想的复杂性、差异性、流动性、隐蔽性等特点。我国学者张耀灿等认为思想是主体对自身的社会存在及其与周围客观世界的关系的主观反映,是为了适应主体生活的需要,在社会实践中通过大脑对输入的外界信息自觉进行整合后的产物。[①]马克思、恩格斯把思想的形成和发展看作总是在客观上就思想成分而言,思想包括思想意识和思想认识思想意识是人们在待人处事等社会活动中所表现出来的观点、品质、意志、态度、情调等较稳定的思想特性和倾向的总和……它包括人生观、幸福观、苦乐观、生死观、政治观、宗教观、理想观、道德观、荣辱观、美丑观、恋爱观、婚姻观、家庭观,等等。思想认识是指人们对自然界、人类社会历史 、世间的事、物、人、己的认知水平和认知真伪程度,它主要包括对人、对己、对事、对物的观察力、分析力、鉴别力和思想方法。[②]从外延来分析,思想政治教育包括思想理论教育、政治方向教育、法纪道德教育、心理健康教育等。[③]

从上述观点可见,思想总是一定社会历史语境下的反映,也是个体经验和主观加工程序的结果,具体而言,每个人的思想都是多种因素综合作用下

[①②] 参见张耀灿、徐志远:《现代思想政治教育学科论》,《现代思想政治教育研究丛书》,湖北人民出版社,2003 年,第 234 页。

[③] 同上,第 8 页。

的产物，人的思想形成经历修正原有思想、添加或生成新思想、以及新旧思想的复杂演变过程；每个人的思想内容包括着社会、自然等众多要素，每个人对自然、社会和宇宙都有自己的看法；每个人都在一定的具体时间和空间范围内有限的表达自己的思想，主观上每个人不可能在任何场合表达自己的所有思想，人们会在具体不同的时间、不同的地点和不同的人面前表达不同的思想，由于每个人用语言表达思想的水平不同，决定了表达思想的方式有多样性和差异性，例如：语言表达有显义和隐义、地方语和官方语等。可见，上述思想的形成，思想的内容，思想的表达都有其复杂性、差异性、多变性和隐藏性，思想政治教育面对新时期思想的特点需要有跨学科的知识、方法论和方法的介入与整合，质性研究具有跨学科性特点，有助于我们驾驭思想这一复杂现象发展的脉络，质性研究具有多种理论的综合性，方法的多样性，多学科的应用性，因为质性研究不是来自于一种哲学和一个社会理论或一类研究传统，它受很多思潮、理论和方法的影响，起源于不同学科，具有多重和多种焦点的特色。质性研究源于多种理论和方法的综合，根据美国权威人物林肯（Y.Lincoln）和丹曾（N.Denzin）的观点……质性研究应用于社会学、教育学、人类学、新闻学等多个领域，①它强调在自然状态下研究人的思想，尊重研究对象，关注研究者和被研究者之间的良性互动关系，这些都适合于具有综合复杂性特点的思想政治教育的研究。

何谓质性研究？对此学界有不同的观点，有人认为它是描述性资料的研究；还有人认为它不是经由统计程序和量化过程产生结果的研究；我国学者陈向明认为质的研究方法是以研究者本人作为研究工具、在自然情境下采用多种资料收集方法对社会现象进行整体性探究、使用归纳法分析资料和形成理论、通过与研究对象互动对其行为和意义建构获得解释性理解的一种活动。②学界更为认同的观点为：定性研究涉及有计划地使用和收集各种

① 参见陈向明：《质的研究方法与社会科学研究》，教育科学出版社，2002年，第6~9页。
② 参见同上，第12页。

经验资料的方法——个案研究,个人经验,自省,生活史,访谈,观察、历史、互动的和可视的文本——叙述着个体生活中的日常状况和具体问题,以及个体生活的意义。①这一观点更强调对人的思想和行为获得解释性理解的各种方法的有效性,它对思想政治教育有更大的借鉴意义:

第一,研究者在分析个人资料的过程中,发现人们在叙述自己经验的不经意间流露出真实思想的蛛丝马迹,之后顺藤摸瓜,从经验、表述到思想的零散碎片根据一定理论和程序还原为有条理而完整的画面。

第二,从个人的成长经验中可以找出个人思想形成的历程和掩藏表层之后的个人意图、动机等思想成分。

第三,发现与思想形成相关联的社会历史背景、思想表达的外部社会现状和个人思想的内隐和外显的复杂、曲折关系。

第四,微观思想政治教育的主要形式之一是个体间的对话,即通过教育者与受教育者之间的对话、互动来达到彼此思想的理解、影响之目的,特别是教育者更应理解对方的思想动机和意图,这些恰恰需要运用质性研究的方法。

第五,有助于思考以下问题:个体经验与其思想形成之间有着怎样的渊源关系? 主观加工外界信息的差异性与个人实践经验之间的关系是怎样? 如何从个人的表层话语探究其深层的思想寓意? 个人的深层思想意向如何在现实中表现的? 这些问题可以从质性研究中得到有意义的启示。

2. 宏观理论和微观理论形式的互补

质性研究引入思想政治教育是两种理论和方法论的互补,我们的意识形态是以马克思主义、毛泽东思想、邓小平理论和"三个代表"为指导思想,它是我党各项工作的本质精神,指导思想不能替代各项具体的思想政治工作。如何把这一主流意识形态贯穿到具体的思想政治教育工作之中,并转化

---

① See Denzin, N. & Lincoln, Y. (1994). *Handbook of Qualitative Research*. Thousand Oaks, CA: Sage Publications. Introduction: "Entering the field of qualitative research".

为日常思想政治教育的操作过程,而不是停留于口号式的宣传,这是我们要面对的理论和现实问题。目前国内思想政治教育理论研究多数沿用了宏大理论叙事模式,其特点是从形而上的理论层面探求事物内在联系的普遍规律,追求理论范畴和体系的建构,这一模式对于社会发展的宏观指导和前瞻性预测有一定的积极的意义,并且在社会整齐划一的计划经济条件下更为奏效;然而在市场经济思想多元化的条件下只有宏大理论叙事显然力不从心了,其原因之一在于宏大理论无法解决局部的中观层面问题,也无法解决日常的和个体的微观层面的具体问题,要了解丰富的个人经历和复杂的个体思想的微观问题,不仅需要形而上的宏观理论指导,而且还需要"形而中"的方法论和形而下的操作方法的有机结合,其实三者缺一不可,有理论指导才有相应的方法论和操作方法,而无方法论和方法支持的理论指导,则变成空洞无物的说教;而无理论的方法论和方法则是无源之水、无本之木。因此,思想政治教育需要多种理论和方法研究形式并存,特别需要微观理论的介入。具体问题具体分析就是我党应对思想的多样性和差异性的方法论,它是思想政治工作的活的灵魂,在实际工作中长期而广泛地运用。

质性研究是微观理论,"质性研究中的理论不是对社会现实的概念化和形式化,而是特定研究者从特定的角度通过特定的研究手段对特定的社会现象做出的一种解释。这种理论有一定的时间性和地域性。"[1]定性研究是多种方法的集合,涉及一种针对所研究题材开展的解释性的自然主义研究方法。这意味着定性研究者们在自然环境下做研究,试图了解或解释人们赋予现象的意义。[2]这就要求经过专门训练的研究者采用中立的立场,通过深度访谈等方法,收集个人的生活资料和相关信息,尽可能不加主观臆断地解释当事人的原本思想,透过个体思想反映出其生活的社会大背景,因此,质性

---

① 陈向明:《质的研究方法与社会科学研究》,教育科学出版社,2002年,第319页。

② See Denzin,N. & Lincoln,Y.(1994). *Handbook of Qualitative Research*. Thousand Oaks,CA:Sage Publications. Introduction:"Entering the field of qualitative research".

研究有广泛性和深刻性。

宏观理论和微观理论两种研究形式并存、融合，将会有相得益彰的功效，微观理论研究具体问题，多个具体问题的研究汇成理论升华的源泉，为修正和检验宏观理论提供依据；宏观理论总结、指导和预期社会发展的方向，微观理论在大量占有具体资料的基础上进行分析，最后建构宏观理论，可见，两种理论相互补充，共同发挥效益。

3. 双向深度互动的借鉴

"质的研究讲究从不同的角度探讨问题，从多方面揭示问题的复杂性和丰富性，因此其理论建构也应是多元的、丰富多彩的。"[①]质性研究采用自省、访谈、观察、历史、互动等方式了解个人的内心世界，通过个人强烈的感觉经验来透视个体现象之后的个人与社会、个人与个人之间的内在联系。力图在自然状况下充分调查、揭示和描述研究对象的各种特质，以彰显其中的意义，促进理解。质性研究通过可视性的文本展示个人生活经验史，其中包括收集个人的生活经验、生活体验和生活态度的资料，通过这些表层资料的分析整理，深度透析隐藏其后的个体和社会归因。一个人的经验史正是其思想形成的根基，从中能够追踪出个人思想的形成与社会变迁、以及社会组织结构之间的渊源关系，从这种意义上说，以往了解群体的思想状况从宏观手段入手是一种途径，从微观层面上了解群体思想状况是另一种途径，这正是思想政治教育所寻求的方法路径。以往思想政治工作多注意群体当下的思想现状，而忽视对个人经验及其思想形成过程的探究，其结果导致在认识和解决个人思想问题时易出现只知其一不知其二、治标不治本的结局。这与我们的重集体轻个体的道德文化传统有关系，其实集体和个人都不可偏废。

质性研究十分关注教育者与受教育者之间的互动关系，研究者对个体思想的多样性进行梳理、归纳，最后发现问题、分析原因、得出结论。在这一

---

① 陈向明:《质的研究方法与社会科学研究》,教育科学出版社,2002年,第320页。

分析过程中,以教育对象的利益和需求为出发点和归宿点,尊重研究对象之差异性、独特性,方法上为受教育者提供展示自己思想和情感的宽松空间。遵循流动性、互动性原则,与其说教育者研究受教育者的思想,倒不如说是教育者对自我思想认识发展过程的研究,教育者要关照自己的思想在哪些方面受到受教育者思想的影响,自己的思想在哪些方面暗示了受教育者思想的进程,双方在互动中催生哪些新的思想,放弃哪些原有思想,改变、验证了哪些原有思想。教育者在与受教育者之间的互动中建构、修正自己的分析结论。质性研究本身就是立足于个性研究的理论方法,更能直接地反映个体思想的状况。

4. 在质疑和批判中发展

质性研究具有当下广泛的适用性和丰富的内涵是在总结和质疑前人理论和经验的基础上发展起来的,从质性研究的发展历史可以看出它不是简单对资料的描述,而是在批判和质疑中前进。质性研究经历了五个复杂的历史演变阶段,即传统时期(1900—1950 年),现代主义或黄金年代(1950—1970 年),模糊流派时期(1970—1986 年),表现危机期(1986—1990 年),后现代或当前(1990 至今)。认识论方面的理论建构也跨越了这五个阶段。实证主义范式伴随着传统时期。现代主义或黄金年代和模糊流派阶段则与后实证主义的出现相关联。与之相伴随的是各种各样新的解释与定性理论不断涌现,其中包括诠释学、结构主义、符号语言学、现象学、文化研究,以及女性主义。这些学科不仅有解释内涵,更为重要的是带有批判成份,而且批判要素成为每个阶段递进的核心部分。在模糊流派阶段人文学科成为批判和解释理论的中心资源,以此扩展范围。模糊流派时期衍生出下一个阶段,表现危机阶段。该阶段的研究者们努力在自省性文本中为自己及其所属学科寻找一个恰当的定位。后现代阶段则以一种新的态势为特点,即怀疑一切以往范式。

以上五个阶段相互依赖共存,每一个阶段都是对前一阶段批判继承的结果,此阶段都是在对前一阶段质疑、并且在前一阶段内部脱胎而生,五个阶段递进的核心是质疑任何拥有特权地位的话语以及任何广泛而普遍地声称为权威知识的方法或理论。

质疑是对真理的探究和追求,是质性研究的原动力,思想政治教育的发展也如此,马克思主义和毛泽东思想的形成就是对前人思想的批判、质疑和继承中诞生和发展壮大的。思想政治教育就是对以往极左思想的反思中自我完善和自我发展,我们探讨社会主义市场经济条件下的思想政治教育模式,正是产生于对社会主义计划经济下的思想政治教育模式的及时反思和质疑过程中不断成长壮大,显示出其巨大的生命力,思想政治教育在不断反思、质疑他人、自己的思想的过程中,才能有所探索新思想。以往认知有一种误区:质疑、反思和批评某个人的思想就等于否定这个人的全部,这种以偏概全的思维模式把本来人们固有的听喜不听忧的自然心态推致成思维定势,导致人们本能地拒斥质疑意见,其实质疑与认同一样都是认知的常态,甚至质疑比认同更有价值,人们不仅在质疑中认识自己和他人的思想,而且在质疑中提升自己的思想,作为思想政治工作者首先应该具备视质疑为常态的心理素质和辨证的思维方式素质。

综上所述,质性研究与思想政治教育有着较大的契合空间,思想政治教育在新时期下应对人们思想的多样性、复杂性、隐蔽性等特点,教育者和受教育者之间的深度对话以及质疑精神等方面,质性研究都有积极的借鉴价值。

二、思想政治教育质性研究的特征

(一)思想政治教育质性研究与质性研究的区别

质性研究是舶来品,是思想政治教育主要吸纳的理论与方法,但是思想政治教育质性研究既不完全等于质性研究,也不是有名无实的质性研究的翻版,它有其自身的本质特征,并且它与质性研究有着显著的区别,思想政治教育质性研究与质性研究的主要区别如下：

第一，二者的应用学科领域不同。思想政治教育质性研究属于思想政治教育学科的一部分，只应用于具有鲜明党性和政治性的思想政治教育领域，为实现思想政治教育目标和开展思想政治教育活动服务；质性研究是独立的理论和方法模式系统，不属于哪个学科，只是应用研究的理念与方法，不具备具体的目的性，可应用于多个学科领域。

第二，二者的理论基础不同。思想政治教育质性研究是在马克思主义理论指导下，批判地吸收批判理论、解释学、符号互动理论、后结构主义等理论的合理内容，以扎根理论为主的中观理论作为操作基础，具有宏观理论与中观理论结合的特征；质性研究以后实证主义、现象学、解释学、批判理论、扎根理论、符号互动理论、女权主义、后结构主义等多种理论为基础，没有主导理论，是多种理论共存并体现在质性研究方法的全过程。

第三，二者的目标不同。思想政治教育质性研究具有鲜明的党性和政治性特征，以中国共产党的远大社会理想为教育目标，以宣传马克思主义意识形态为内容，为培养中国特色社会主义强国的建设者和接班人提供方法论和方法的支撑；质性研究没有党性和国家政治目标，没有明确的社会需求，只是某个研究项目所采用的一系列的操作方法系统。

第四，二者的功能不同。思想政治教育质性研究除了客观地揭示和解释人的思想政治现状之外，主要任务是为思想政治育人的目的服务，具有较强的教育功能。具体表现为，一方面，教育者在与教育对象的互动中解决教育对象的思想问题并进行思想引导；另一方面，教育者对于教育对象的思想资料的收集与分析结果而言，为后续思想政治教育活动作准备，为后续的思想政治教育活动的方案设计提供参考依据，同时，对于教育对象思想状况的分析与理解，对于思想政治教育活动的解释提供了充分的理论与方法的支持。可见思想政治教育质性研究是思想政治教育过程的必要环节之一；质性研究不具有教育功能，只是通过收集资料和分析资料对客观事实进行描述和解释,不采取干预活动和实质性的教育活动。

(二)思想政治教育质性研究的特征

思想政治教育是阶级和国家的必然产物,是占领导阶层的意识形态的集中体现。尽管各国在思想政治教育的名称上有所不同,但是所有领导阶层都有一整套自己的意识形态的内容和形式。同理,在中国,历史证明中国共产党领导中国人民经过几十年的艰苦卓绝的战争,建立了中华人民共和国;中华人民共和国成立后,中国共产党带领中国人民又经历了几十年的艰苦奋斗,取得了举世瞩目的政治、经济、文化、社会等各方面的巨大成就。这些历史事实证明:一方面,中国共产党是代表全中国人民和中华民族的根本利益的先锋队,是中国新民主义革命和社会主义建设不可取代的核心力量,肩负着带领中国人民继续前行的伟大历史使命。因此,中国共产党的意识形态就是中国的主流意识形态,思想政治教育就是中国共产党的意识形态教育,这是思想政治教育突出的党性特征所在。换句话说,思想政治教育是中国共产党和国家意识形态的集中体现,是现存国情特征的缩影。另一方面,中国人民接受、认同、拥护和支持中国共产党的领导及其意识形态。从这种意义上说,思想政治教育是为满足社会发展和个人发展的有机统一的必然要求为宗旨,思想政治教育,归根到底是为了满足社会和人的发展需要。[①]

具体而言,思想政治教育的目的、目标、内容、方式、活动等是通过教育者与教育对象在一定环境下的平等互动的过程而实现。教育者依据正确的理论,在与教育对象的平等互动中采取有效方法,将社会所需要的政治思想、道德思想、法治思想灌输、传播给教育对象,使教育对象将教育者所传授的政治思想、道德思想、法治思想内化为自己的政治思想、道德思想、法治思想结构中,以及外化为行为,由此达到教育目的。以此满足社会发展的需要

---

① 参见《思想政治教育学原理》编写组:《思想政治教育学原理》,高等教育出版社,2016年,第5页。

和人的需要,实现个人价值与社会价值,最终实现人的全面发展。那么教育者在与教育对象的平等互动中应该以什么样的理论为依据? 采取什么样的理念指导? 在什么样的环境下进行互动? 教育者通过什么方式与方法与教育对象进行互动和沟通呢? 教育者面对教育对象的政治思想、道德思想、法治思想状况如何解释? 这些问题都是思想政治教育必须回答的问题,而思想政治教育质性研究对于教育者回答这些问题将提供有益的借鉴,甚至是在某些方面起到不可替代作用。从这种意义上说,思想政治教育质性研究在本质上是推进思想政治教育有效性的理论、方法与途径,其呈现的特征是人本性、理论性、本土性、工具性、综合性、过程性等,其本质特征是思想政治教育的自主性与目的性的统一,即思想政治教育对象的自我教育的自主性与教育者教育目的的有机统一的实践活动。具体特点如下:

第一,人本性。思想政治教育首先是对人的教育,人作为教育对象就决定了思想政治教育的首要之意应该是充分尊重人的尊严和价值,这是思想政治教育的基本前提。其次需要有以人为本的先进的教育理念和教育方法运用于思想政治教育过程之中。在思想政治教育中具体表现为尊重教育对象的主体性,以教育对象的需求及其思想、政治、道德问题为中心,引导教育对象的思想转化。

第二,理论性。思想政治教育质性研究既是以多种理论为基础,又是以形成理论为结果的方法系统。任何方法背后都有理论的支撑,思想政治教育质性研究是一系列的方法系统,其背后是以宏观理论与微观理论构成的理论结构,即它既以马克思主义理论为指导,又吸纳了质性研究的多种理论成果作为中观理论,指导微观操作方法。教育者通过与教育对象的平等互动,采用思想政治教育质性研究理论指导下的方法,收集教育对象的思想资料,并从对政治思想、道德思想、法治思想等方面的思想资料进行归纳分析,建立理论模型,发现思想问题,提出解决思想问题的对策,为教育者对教育对象进行有针对性的政治思想、道德思想、法治思想等主流意识形态的引导提供依据。思想政治教育活动的结果又为思想政治教育质性研究提供了有利的实例,并为思想政治教育质性研究理论的深入研究提供现实基础。

第三,本土性。虽然各国都有其本国的思想政治教育,但各国政治思想教育的历史、目的、内容、方式等都带有本国和本民族的特性,这与各国的历史、政治、经济和文化等方面的发展是一脉相承的。中国具有与其他国家都不同的历史、政治、经济和文化的发展过程,几千年不间断的文明发展史,决定了中国具有独特的本土文化,特别是中国共产党领导中国人民经历几十年的新民主义革命和中国特色社会主义建设的发展历史,以及中国有史以来的政治与伦理统一性的特点(西方是伦理与宗教合一),决定了中国的思想政治教育质性研究有其自身本土寓意,它必然应用于本土主流意识形态的政治思想、道德思想、法治思想等方面的教育土壤之中。

第四,工具性。思想政治教育质性研究是一种思维方式和操作方法,是用于研究和解决思想政治教育中的问题的工具,具有工具性。一是以微观方法包括通过参与观察法、访谈法、行动研究法等多种方法,收集教育对象的思想资料;二是教育者对教育对象的思想文本资料进行逐层的归纳分析,将其提炼出微观理论模型;三是用归纳出的理论模型解释教育对象的思想现状,发现教育对象的思想问题,提出解决教育对象的思想问题的对策,为后续思想政治教育活动提供有力的依据。可见思想政治教育的质性研究是一系列思想政治教育的操作方法。

第五,综合性。思想政治教育质性研究的具体过程是教育者与教育对象在自然状态下的平等互动中,收集教育对象的政治思想、道德思想、法治思想形成和现有思想意识的文本资料;从文本资料中归纳出资料间的概念及其关系,构建理论模型,并用于解释教育对象的思想现状,发现和分析其中的思想问题及其背后隐含的社会根源;提出相应的对策,为后续的思想政治教育活动提供依据与建议。该过程中都是各种要素综合在一起向着一个方向运动的结果,各种因素包括教育者、教育对象、调查环境、教育者与教育对象之间的互动及其结果、收集资料(含教育对象的过往史、生活史、现有思想与表现)、运用器材(录音笔、摄像机)、分析文本资料(含实物、图片、事件等)、建立模型、发现问题、提出对策、调研报告,为后续的教育活动奠定基础。后续的思想政治教育活动也是运用思想政治教育质性研究的理念和方法,进行新一轮的思想政治教育过程。具体表现为:一是在教育对象的自然生活情景中,教育者在与教育对象合作互动下,影响教育对象产生新的认知,使教育对象的思想向着教育者希望的方向发生变化;二是后续的思想政治教育活动更具有针对性、科学性和实效性,促进了思想政治教育目标的实现。

由此可见,思想政治教育质性研究不是单一的具体操作方法,而是以马克思主义理论为指导,以中观理论为基础,具有鲜明的政治性、政党性、思想性和教育性特征,其目的是满足社会和个人发展的需要,向广大人民群众宣传中国共产党的主流意识形态,为提高人们的政治思想、道德思想、法治思想水平而开展的教育活动,为达成思想政治教育的目标提供一系列的方法支撑。因此,思想政治教育质性研究是实现思想政治教育目标和提高自我教育能力的重要的微观操作程序和方法系统。

然而这一本质特征也提出了一个难题,即质性研究是一套成熟的方法系统,主张中立立场,而思想政治教育主张要有鲜明的政治立场,中立与立场是一对矛盾,如何使其统一在思想政治教育质性研究之中呢? 其实二者是辩证统一的关系,立场是有明确的目标、方向和任务,中立是手段与途径,二者缺一不可。没有立场,中立的方法无所适从,没有目的和方向;没有中立的方法与手段,立场没有客观性依据就难以实现教育目标和完成任务。因此,中立与立场是辩证统一的关系,立场以中立为依据和手段,立场是中立的目的。在具体操作实践过程中,在不同的情境下二者交互运用。这就要求思想政治教育者在思想政治教育实际操作过程中, 有较强的掌控中立与立场之间转换和交互作用的能力,其中包括辨别能力、判断能力和应变能力,即教育者要在实际操作过程中辨别和判断教育对象在何时是描述现象，何时是在阐明立场。教育者在不同的情境中灵活地在中立与立场之间穿梭的技巧，审时度势地收集资料和进行思想引导，在中立与立场之间游刃有余地更迭和跨越。可见思想政治教育质性研究，一方面，是由鲜明的党性和阶级性立场的育人目标和科学中立的方法系统构成的体系；另一方面，要求思想政治教育者要有思想政治教育质性研究的专业能力，方能完成思想政治教育的任务。

三、思想政治教育质性研究的理论结构

任何方法系统都有其背后支配的方法论，任何方法论背后都有其支配的本体论。思想政治教育质性研究的方法系统其背后是由马克思主义的辩证唯物主义本体论和唯物辩证法指导下的"一切从实际出发""理论联系实际""实事求是""具体问题具体分析"的方法论所指导和支配。马克思主义的本体论、方法论是思想政治教育质性研究的指导理论体系，在此基础上需要有具体指导实践操作的中观理论，中观理论是将马克思主义的宏大理论具体化为能够操作的理论系统。因此，宏观理论与中观理论构成了思想政治教育质性研究的理论结构。

(一)马克思主义理论指导下引入中观理论的必要性

中观理论是介于宏观抽象理论和实践活动之间的理论，如自然主义理论、扎根理论、符号互动理论等都是对实践操作有较强的指导性，其中扎根理论最为显著。鉴于中观理论的特征比较适合于思想政治教育质性研究的理论建构，能够满足思想政治教育质性研究的需要，有必要引进中观理论。具体理由如下：

第一，思想政治教育学科是在马克思主义理论指导下，由概念、范畴和基本原理构成的理论系统，思想政治教育理论具有较强的抽象性和宏观性，

延续宏大叙事的传统；同时中国共产党成立九十多年以来，有着丰富的思想政治工作经验，创造了生动活泼的、操作性强的思想政治工作方法。然而宏观理论起着指导作用，不能提供指导具体操作的方法；中国共产党长期形成的思想政治工作的宝贵经验不能自动形成理论形态，需要对这些经验进行科学规范的归纳，上升到理论层面。因此，如何把思想政治工作的实践经验建构到规范化和科学化的具体理论层面，使理论能够具体指导实际操作，是个值得研究的问题。换句话说，在思想政治教育宏观理论形态和具体实际操作形态之间，需要构建一个中观理论环节。

第二，中观理论（Theories of the Middle Range）是美国学者罗伯特·金·默顿（Robert K. Merton）提出的，他们认为中层理论比宏大理论提供广泛的前景。中观理论有其具体的特征：一是中层理论虽然也是抽象理论，但不采用极为抽象的表达方式；二是中观理论与经验世界相联系，它可以清晰地表达操作化概念，这是最重要的；三是中观理论起到宏大抽象理论与社会现实之间联系的中介作用。宏大抽象理论没有与实践相结合，只是有启发意义的一堆"概念堆积物"[①]。思想政治教育质性研究的构建之所以纳入中观理论，一方面，中观理论是宏观理论与实际活动之间的中间环节，中观理论提供了从现实资料上升到理论层面的路径，以及起着理论具体指导实践操作的作用；另一方面，实践经验若不能成为科学系统的话，就难以上升为理论，则理论来自于实践就成了空洞的说辞。而中观理论对于实践的研究要求有清晰的概念和命题表述，这样对于经验世界的研究才能以科学规范的形式上升为理论，这正是中观理论发挥作用之处。可见中观理论可以弥补思想政治教育宏大抽象理论与实际生活之间的差距，如果在马克思主义本体论和方法论指导下有中观理论的话，则在实践操作中就有规范的方法可依了。马克思主义的理论可以在经验世界中具体化，经验世界可以依据科学推论程序上升

---

① ［美］乔纳森·特纳：《社会学理论的结构》（上），邱泽奇译，华夏出版社，2001年，第23页。

到理论层面,从而丰富马克思主义的理论。

第三,思想政治教育质性研究是一个思想政治教育的方法系统,其理论基础是在马克思主义理论指导下,以中观理论为操作基础的理论构架。思想政治教育质性研究之所以必要以中观理论为基础,一是"科学性与价值性的统一;理论性与应用性的统一;综合性与创造性的统一"①是思想政治教育学科的实质特点,而思想政治教育学界的研究成果在应用性研究方面与基础理论研究相比较而言,明显不足,而中观理论理论基础引进思想政治教育质性研究之中可以弥补思想政治教育应用性研究的不足。同时中观理论与上述思想政治教育学科的实质特点十分吻合,具备被纳入思想政治教育质性研究理论基础的条件,这说明中观理论在思想政治教育学科中具有天然的学科理论基础。

第四,思想政治教育理论又是发展的理论,在观念、体制、内容和方法等方面都趋向现代化的发展,而思想政治教育方法的现代化就是改变传统思想政治教育单一、单向和经验式的方法。②思想政治教育质性研究以中观理论为基础,在微观操作方面可以提供采用自然主义情境收集资料、以归纳方法分析资料,运用归纳思维与演绎思维并用的思维方式、量性研究与质性研究并用的具体操作方法。这样中观理论可以提供多样化、多向度、科学灵活的操作方法及其广泛的操作维度。

(二)思想政治教育质性研究的中观理论基础

思想政治教育质性研究的中观理论有多种,如自然主义理论、民族志、符号互动理论和扎根理论等。这些中观理论在思想政治教育质性研究实施过程的不同阶段,发挥作用不同,如在收集资料阶段主要发挥作用的中观理论有自然主义理论、民族志、符号互动理论等,在分析资料阶段主要发挥作

---

① 张耀灿、郑永庭、吴潜涛、骆郁廷:《现代思想政治教育学》,人民出版社,2006 年,第45~47 页。
② 参见张耀灿、郑永庭、吴潜涛、骆郁廷:《现代思想政治教育学》,人民出版社,2006 年,第65~66 页。

用的中观理论有扎根理论等。这些理论为思想政治教育质性研究提供了具体操作的指导。

第一，在思想政治教育质性研究的资料收集阶段中，自然主义理论、民族志等中观理论发挥着指导作用。一是自然主义理论。自然主义理论主张了解人要以人生活的原本状态为出发进行研究，注重对生活本来的样子的记录和描述，反对主观夸张和对现实的典型概括。自然主义理论对于思想政治教育者的启发意义在于要直面教育对象，深入教育对象的生活情境中进行观察了解，描绘真实的教育对象，避免无根据的主观判断。二是民族志。民族志是在质性研究中为教育者提供了一种超然的观察的态度和角度，所谓超然是指超出自己之外，把自己也看作观察的对象，研究者既要自我观察，也要观察他人的行为，以此来理解社会过程的机制，理解和解释人的行为及其过程的原因。①民族志为思想政治教育者的田野调查提供了实用的方法指导。

第二，符号互动理论在思想政治教育质性研究的资料收集阶段和分析资料阶段都有指导作用。

一是符号互动理论主要从心理学角度研究人们在社会互动中的交往行为和活动，强调社会是一种由人际之间不断沟通、互动过程中形成的动态实体。符号是其核心概念，符号包括语言、文字、记号，也包括个体的动作和姿势。人们通过符号的互动形成和改变自我概念，建立和发展相互关系，处理和应对外在变化，因此符号互动的深层含义是人的主观理性在发挥作用。这个观点为思想政治教育质性研究者收集资料和分析资料提供了一个符号分析的视角和方法，同时要考虑符号与教育对象生活的社会背景密切相关，从符号入手挖掘其后的社会制度性和结构性状况。

二是符号互动理论比较有代表性的人物是哈贝马斯，他们认为人类社会的延续是社会成员通过社会性地持续交往的协调活动而实现的。人的行

① 参见[美]诺曼·K.邓津、伊冯娜·S.林肯：《定性研究：方法论基础》（第1卷），风笑天等译，重庆大学出版社，2007年，第41页。

动分为四类,即目的性行动、循规性行动、剧作性行动和交往行动,只有交往行动才具有在日常生活中实现主观理解的诸要素。交往行动功能表现为:首先,通过交往行动传播、保存、更新文化知识;其次,协调互动交往行动以促进社会整合和群体团结;再次,社会交往能满足行动者个体身份的需要。日常生活世界的交往过程与社会系统有着内在的联系,在政治、经济、家庭等一系列社会制度中生产和再生产出日常生活世界的文化、社会和人格三个维度。①特别是哈贝马斯提出的主体间性互动理论充分肯定了交往互动双方的平等性和主体性价值。上述交往行动的功能说明教育者在与教育对象之间的互动中可以为传播、更新对方的思想提供了依据;思想政治教育者的日常教育活动不是简单活动而已,而是与经济、政治、家庭等密切相关联中产生着日常生活世界的文化;教育者与教育对象互动是两个平等的主体间的互动,教育者要充分尊重对方的主体性。

简言之,符号互动理论为思想政治教育质性研究者在与教育对象互动收集资料的过程中如何抓住和理解对方的表达符号、如何把教育对象的日常表达与社会背景联系起来思考、如何尊重对方的主体性等方面提供了借鉴。

第三,在思想政治教育质性研究的资料分析阶段,最为重要的是扎根理论。扎根理论既是质性研究的理论基础之一,又是一种研究方法,也是一种研究"风格"。其主要宗旨是从研究资料的基础上建立理论。该理论最早源于格拉斯和斯特劳斯,其特点十分注重经验和对经验的解释,但是注重经验的目的不是经验本身,而是在经验的基础上有新的发现,抽象出新的概念、思想和理论,这些概念和理论就是对经验的解释。每个研究者都可以发现新的理论,"每个人都是他们自己的理论的建筑师"②。这也是质性研究的目的和意义所在。

---

① 参见[美]乔纳森·特纳:《社会学理论的结构》(下),邱泽奇译,华夏出版社,2001年,第255页。

② [美]马茨·艾尔维森、卡伊·舍尔德贝里:《质性研究的理论视角:一种反身性的方法论》,陈仁仁译,重庆大学出版社,2009年,第19页。

扎根理论提出了理论何以从资料中产生的路径,它与以往的实证研究不同之处在于:不追求以研究者设计的研究假设作为研究的前提和验证假设真伪为目的,而是把假设变为研究的结果和发现的结果;它不是为了检验某个或某几个因果关系或相关关系的假设,尽可能减少无关变量的干扰,其结果只是在特定试验环境下的结果,远离人的现实生活,而是增加变量,归复原有人的丰富的生活场景和关系,在已有的文本中通过一定的程序,实现从概念到理论的构建。"一个扎根理论是从构建类别开始的。但除了类别之外,一个理论还包括其他两个因素:特性和假设。"[1]特性是描述一个概念的向度,假设是类别和特性之间尝试性的连结。[2]通过不断比较的方法发展类别、特性和尝试性假设,这是一个把数据逐渐纳入正在出现的理论核心的过程。这个核心是一个指导进一步收集数据的理论框架。从数据中生发理论,需要对类别、特性和假设进行合并和精细化。[3]从扎根理论的操作程序上可以看到,从概念到理论的建构过程,即从资料中产生概念、对资料和概念比较、发展理论性概念;建立概念与概念之间的联系;理论性抽样,系统地对资料进行编码;在构建理论的过程中力求获得概念的密度、变异度和高度的整合。例如在二次编码中,研究者要对各种概念进行种属关系、类属关系内的主次关系的分析,以及概念背后所代表的被研究者的意图和动机意义。[4]从资料中建构理论的价值表现在:一是理论为资料解释提供了模型,二是理论把研究彼此关联起来,三是理论为概念和变量配备了框架,从而使之获得实质意义。理论能向自己和他人解释研究者的发现具有深远的意义。[5]可见扎

---

① [美]莎兰·B.麦瑞尔姆:《质化方法在教育研究中的应用:个案研究的扩展》,于泽元译,重庆大学出版社,2008 年,第 131~132 页。

②③ 参见[美]莎兰·B.麦瑞尔姆:《质化方法在教育研究中的应用:个案研究的扩展》,于泽元译,重庆大学出版社,2008 年,第 132 页。

④ 参见陈向明:《扎根理论的思路和方法》,《教育研究与试验》,1999 年,第 60 页。

⑤ 参见[美]肯尼斯·赫文·托德·多纳:《社会科学研究的思维要素》,李涤非、潘磊译,重庆大学出版社,2008 年,第 22 页。

根理论为思想政治教育质性研究的资料分析提供了十分具体归纳操作程序和方法。

综上所述,思想政治教育质性研究不是简单地吸纳中观理论,而是遵循"实践性、全面性、开发性和创新性原则"[1],以及本学科的开放性、兼容性特质,有创造性地吸纳中观理论的精华,形成马克思主义理论指导下包括扎根理论在内的中观理论架构特色。马克思主义理论是教育内容,具有方向性价值;中观理论具有途径、操作价值。具体而言,中观理论是在马克思主义理论指导下的操作理论工具,它以思想政治教育的目标和任务为服务方向,通过田野调查,了解、收集和分析教育对象的思想道德、政治意识等思想资料的基础上,构建理论,解释人的思想状况,提出教育对策,为当下和后续思想政治教育活动提供实施依据和策略。因此,思想政治教育质性研究是在马克思主义理论指导下,以中观理论为操作理论工具的综合理论架构,是目标与方法的有机统一体。

(三)思想政治教育质性研究的宏观与中观理论结构

第一,如果对于马克思主义理论指导下构建中观理论的必要性的论证是合理的话,则中观理论是思想政治教育质性研究中不可或缺的操作性理论基础这一判断是成立的,那么宏观理论、中观理论和教育实践活动构成了完整的思想政治教育质性研究的理论与实践体系结构。马克思主义理论具有宏观理论特征,对于中观理论而言,起着指导、定向的作用;中观理论对于宏观理论而言,起着操作方法的作用。中观理论对于指导思想政治教育的微观实践活动的操作过程具有独到的价值,是实现教育目标的有效途径。由于中观理论源自于人类所面临的任务和生活现实,是有关从现实日常生活中获取资料,并在资料中生成一套互相关联的命题,为事件的发生方式提供说

---

① 张耀灿、郑永庭、吴潜绦、骆郁廷:《现代思想政治教育学》,人民出版社,2006年,第25页。

明,最平常的日常事务是生产理论的沃土。①因此,中观理论最贴近人们的思想实际,如果缺失中观理论,思想政治教育只凭经验,而没有中观理论的具体指导的话,难以收集到教育对象真实的思想资料,容易陷入主观臆断、先入为主等误区,也难以从现实生活资料中产生新的理论,宏观理论也难以丰富和发展。因此,中观理论是思想政治教育质性研究理论结构中不可或缺的理论。

第二,马克思主义理论属于宏观理论,也是形式理论,扎根理论属于中观理论,也是实质理论。形式理论、实质理论和人的思想意识现状构成了思想政治教育质性研究的结构要素,其运行路径是不断从人的现存思想意识、思想形式的事实到实质理论,再上升到形式理论的演化过程,推进形式理论的发展。实质理论主要是从经验的基础上建立理论,不排除建立有普世性特征的形式理论,形式理论需建立在实质理论基础上。②实质理论是形式理论的基础,实质理论来源于实践,是从实践中升华的理论,是理论的原生过程。形式理论有宏观理论之特征,实质理论有中观理论特征,中观理论是宏观理论与微观现实生活的过渡。将中观理论作为思想政治教育质性研究的理论结构内容,是思想政治教育质性研究理论与方法现代化的具体实现,也是深度认识人的思想和改变人的思想的重要途径。

---

① 参见[美]肯尼斯·赫文、托德·多纳:《社会科学研究的思维要素》,李涤非、潘磊译,重庆大学出版社,2008 年,第 21 页。

② 参见陈向明:《扎根理论的思路和方法》,《教育研究与试验》,1999 年 4 月,第 58 页。

第六章　思想政治教育质性研究的
方法论及其相关问题

一、思想政治教育质性研究的方法论

（一）何为方法论

第一，解读方法论。任何研究都离不开方法，方法（即一种研究过程的方式）是一种用来收集论据的技术，通常的方法有用访谈获得信息，或用观察行为来获得资料，或检测和记录历史踪迹方式收集材料。不同的研究目的和研究课题运用不同的研究方法，方法受方法论支配，方法论是关于如何进行理论与分析研究。任何一个学科都有自己的知识系统，而学科知识的生产方式就是一定的方法论，因此方法论是关于如何进行理论与分析的研究，其关键点是如何在特定的学科下运用理论，把理论运用到具体情景的分析之中。一般而言，从三个方面分析方法论：一是工具性的方法论，是指从语言、逻辑、数理方面的分析；二是解释性方法论，是指从狭隘的角度对宏观结构中的微观构成要素进行解释，或者是对从宏观现象到微观现象转变过程的解释；三是方法论维度，是指方法论有两种维度，即个人主义立场和集体主义立场，在两个不同立场下运用工具性方法论和解释性方法论。

2014年前后学界关于方法论问题的研究应该主要解决以下七个问题：一是方法论主体的层级界定和分类培养；二是马克思主义经典文献和经典

理论中的经典方法论学习和研究;三是中国马克思主义理论创新历史经验
总结和当代方法论建构;四是理论创新主体的方法论自觉性和自信心培养
和树立;五是方法论主体的责任意识养成;六是方法论知识构成和实践逻辑
的大众化推进;七是方法论体系建构以及推进方法论实际效果检验和自身
体系拓展的基本范式。①

第二,方法论源于认识论,认识论来源于世界观。不同的方法论之所以
有差异是因为认识论的不同,不同的认识论形成了不同的方法论。方法论是
以认识论为基础,认识论又与世界观相联系,不同的世界观和认识论形成了
不同的方法论系统结构;有了方法论之后才能确定使用什么样的方法,不同
的方法论运用不同的方法,方法要受一定方法论的支配。众所周知,马克思
和恩格斯关注工人的生活状况,马克思用剩余价值的经济学理论揭露了资
本家剥削工人的秘密,以此来分析社会的阶级和阶层。之所以是马克思发现
了剩余价值理论,而不是其他们的经济学家,源于马克思站在工人阶级的立
场从资本主义社会的现实认识资本主义社会的本质,以及资本家与工人的
关系,这种唯物辩证的认识论和阶级立场使得马克思具有与众不同的方法
论,才能发现资本家剥削工人的秘密即剩余价值学说。

第三,当方法论也无济于事时,只有认识论才能解决方法论无法解答的
难题,认识论是有关认知的理论,认识论问题都最终无法回避认识的哲学高
度来探讨。具体如下:

一是什么样的人才能成为认识的主体和知识的客体？这些问题涉及价
值观和政治立场,如认识主体是否是平等的,也就是说,认识主体是否存在
着等级差别和特权,即一部分人有权和有能力认识世界,从而获得知识,另
一部分人没有权和没有能力认识世界。认识主体等级的划分与社会阶级和
分层的划分密切相关。这显然是认识论在历史观中的体现,如果认为认识主

---

① 参见褚著源:《当代中国马克思主义理论创新方法研究述评》,《四川理工学院学报》(社会科
学版),2014 年 1 月。

体是否是一小部分所谓知识精英,则是错误的英雄史观再现,任何知识都是历史的、现实的,历史和现实是人民大众创造的,广大人民群众是认识的主体。

二是人的知识是怎样产生的? 这个问题是以前一个问题为基础的,如果认为认识的主体是广大劳动群众的话,那么知识的生产者就是广大劳动群众。知识是在实践中产生的,是在广大劳动人民群众的实践历史中产生的,所以人民是创造历史的动力。

三是谁的知识能成为知识的客体。这里的知识客体指能够成为人类知识认识的对象物,知识作为客体存在物,其在已有的人类知识中,并不包含全部人类的所有知识, 或者并不是人类所有的现象都会成为人们认可的人类知识,有些人类社会现象是被排除人类知识范围之外的,如有些人类社会现象并没有被人类作为知识所关注。所谓被认可的知识与社会统治集团对知识的认可有着密切的相关度,有权阶层有意识地推进,甚至主导社会对知识的认可,相反无权并沉默群体的生活现象,不被社会纳入知识范畴。

可见知识作为主体、客体和生产对象都在权力关系之中,认识论与价值观有着内在联系,平等理念、为劳苦大众谋利益的政治立场都是价值观的具体表现。在这样的价值观基础上的认识论,一定是尊重所有人的生活经验,所有阶层的生活现象都是人们认识的知识对象, 每个阶层的人都有权加入人类知识的生产大军。

(二)思想政治教育质性研究的方法论是马克思主义方法论

思想政治教育质性研究是思想政治教育的重要组成部分, 思想政治教育的理论基础是马克思主义, 由此思想政治教育质性研究的方法论的来源就是马克思主义。马克思主义是对自然、人和社会历史发展规律的认识,其方法论是建立在辩证唯物主义和历史唯物主义基础上的, 充满了唯物辩证法和历史辩证法。

第一，马克思主义方法论是马克思主义理论的重要组成部分。马克思主义的辩证唯物主义世界观与其认识论是辩证统一的关系，但是由于马克思主义世界观理论的抽象性、一般性、规律性等特点，即它没有解决自身理论的普遍性，与人们认识和实践活动要求的抽象性与具体性、一般性与个别性、普遍性与特殊性、目的性与规律性、本然与应然、以及求真、达善、合美等一系列对立面统一的问题，它是不能直接运用于指导具体的认识和实践活动的（必须对其作方法论的转化）。①因此，马克思主义的世界观不能直接等于马克思主义的方法论，需要思考马克思主义世界观和方法论是什么关系。马克思主义理论作为系统化的"思想"，一方面，马克思主义的整体世界观作为"世界观知识"以"形"的形态存在；②另一方面，马克思主义的整个方法论是马克思主义学说"魂"的形态存在，其含义是马克思主义的方法论隐含在其世界观的思考之中，由对世界观问题的思考而引出对世界知识的方法论意义。③可见马克思主义方法论的思维方式和思维逻辑，是孕育在其认识世界的过程之中的。从这种意义上说，马克思主义世界观是其内在的方法论蕴含于认识世界的过程与结果之中，把握这一过程才会有对方法论的全面认识。

第二，马克思主义理论是世界观、认识论和方法论构成的有机整体，由此决定了马克思主义方法论是一个具有完整性、科学性的体系，没有对世界整体性的认识，就不会有一个完整的理论体系，因此马克思主义理论的整体取决于蕴含其中的认识论的整体性。

一是马克思主义理论来源于对自然和人类社会发展规律、客观事物本质及其发展规律的理性认识的结果。马克思和恩格斯在社会历史中认识自然与人的关系，他们认为："全部人类历史的第一个前提无疑是有生命的个人的存在。因此，第一个需要确认的事实就是这些个人的肉体组织以及由此

---

①②③　参见倪志安：《"马克思主义是科学的方法论"新论》，《探索》，2013 年第 2 期。

产生的个人对其他自然的关系。"①"任何历史记载都应当从这些自然基础以及它们在历史进程中由于人们的活动而发生的变更出发。"②马克思和恩格斯在这里所说的"确认的事实"指的是对人类历史认识的出发点,即从鲜活的现实的自然的个人及其与其他自然的关系出发,而不是抽象的人。这是认识人类社会历史的自然(人的肉体、地质条件、山岳水文地理、气候条件等)基础条件。说明马克思和恩格斯是把自然(包括自然界和自然人体)作为人的存在基础,把自然与人融为一体来认识人的存在,众所周知,马克思和恩格斯始终注重人的社会性研究,但同时不否认自然对于人和社会的条件价值,并且把自然条件与人置于关系中进行研究。人在自然中的活动改变着自然。

二是马克思主义理论以生产实践为基础认识人自身。"人们用以生产自己的生活资料的方式,首先取决于他们已有的和需要再生产的生活资料本身的特性。"③人的活动首先是生产满足自己生存的生活资料,人的物质生活本身就在生产生活资料中产生着,人的物质生活本身是生产生活资料特性的体现。生产生活资料的方式取决于社会资料的特性,生活资料的特性是什么样的,生产方式就是什么样的。"人们生产自己的生活资料,同时间接地生产着自己的物质生活本身。"④

三是马克思主义理论以实践为思维的基本方式,"实践思维方式合于人的存在和人的活动的生成和发展规律"⑤。马克思和恩格斯认为:"个人怎样表现自己的生命,他们自己就是怎样。因此,他们是什么样的,这同他们的生产是一致的——既和他们生产什么一致,又和他们怎样生产一致。因而,个人是什么样的,这取决于他们进行生产的物质条件。

这种生产第一次是随着人口的增长而开始的。而生产本身又是以个人彼此之间的交往(Verkehr)为前提的。这种交往的形式又是由生产决定

---

① ② ④ 《马克思恩格斯文集》(第一卷),人民出版社,2009年,第519页。

③ 《马克思恩格斯文集》(第一卷),人民出版社,2009年,第519~520页。

⑤ 倪志安:《"马克思主义是科学的方法论"新论》,《探索》,2013年第2期。

的。"①从上述观点中可以看出,个人是怎样的,通过自己的生命表现出来。个人表现生命是个能动的、内在的表现。马克思和恩格斯在确定自然是人的生存基础的同时,没有否定人的主观能动性,主观能动性是体现在生产实践的基础上的主观能动性,此处把人的生产活动作为人之所以为人的载体来体现人的存在特质,即个人是怎样的与其生产什么,怎样生产是一致的。在这里又强调个人什么样取决于生产的物质条件。人的生命表现在物质生产中的能动性,而这一能动性又与生产融为一体。同时人们在生产中又形成了交往关系,生产在交往中进行,生产决定了交往的形式(见图6-1)。

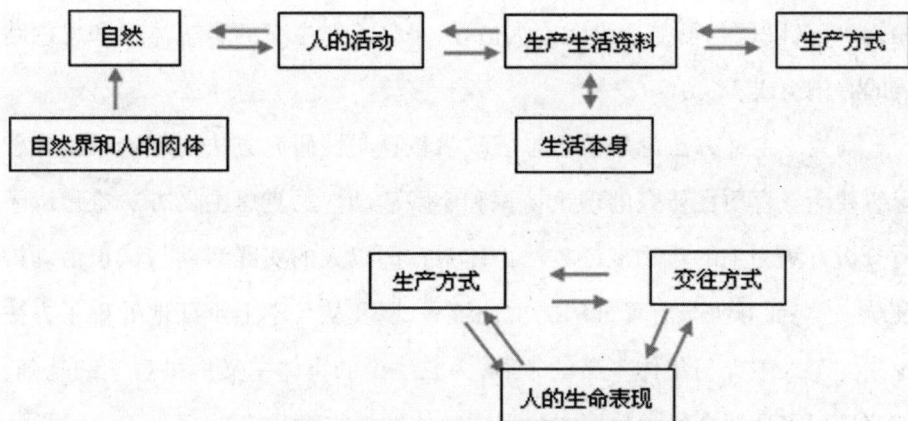

图6-1 自然、人、生产、交往关系图示

第三,马克思主义理论创新方法论基本内涵是比较明确的,就是指主体改造世界、认识世界的思想方法和工作方法,思想方法主要包括唯物辩证法和实事求是, 工作方法主要是指群众路线, 其充分地体现了马克思主义立场、观点和方法。②通过实践认识世界和改造世界,为工人阶级和广大劳动群众提供实践和研究的科学方法论, 是科学研究和社会实践的出发点和方法

---

① 《马克思恩格斯文集》(第一卷),人民出版社,2009 年,第 520 页。

② 参见储著源:《当代中国马克思主义理论创新方法论研究述评》,《四川理工学院学报》(社会科学版),2014 年第 2 期。

系统。马克思主义社会科学方法论以辩证唯物主义和历史唯物主义为根本方法，包括以实践为基础的研究方法，这体现了马克思主义的实践基础；社会系统研究方法、社会矛盾研究方法、社会过程研究方法，这体现了马克思主义的辩证思维；社会主体研究方法、社会认知与评价方法，这体现了马克思主义的主体性原则；社会科学研究的世界视野，这体现了马克思主义的世界眼光。①因此，马克思主义方法论是科学地认识自然和人类社会的历史唯物主义世界观和唯物辩证法的认识论相统一，其全部基础是实践。实践基础赋予了马克思主义社会科学方法论的系统性、实践性、辩证性、完整性和开放性特色，因此以实践为基础的马克思主义方法论既与马克思主义世界观相统一，又以马克思主义认识论为指导，是马克思主义的思想体系和思想路线的有机组成。

马克思主义方法论是关于思想政治教育质性研究方法的理论，指导着思想政治教育质性研究的理论认识和实践活动。马克思主义方法论是以矛盾分析方法为主的唯物辩证方法论体系，即以人的实践活动与认识活动辩证统一、实证方法与解释方法的辩证统一，以及从哲学上辩证地处理了方法论中的个人主义与集体主义的矛盾，为方法论的集体主义提供哲学的基础，综合运用多种社会科学分析方法形成整体性的方法系统。

二、思想政治教育质性研究方法论贯穿于三个阶段

方法论是有关方法的理论，马克思主义方法论是指导思想政治教育质性研究方法的理论。如前所述，马克思主义方法论的结构是以矛盾分析方法为主，辩证地处理了认识与实践的关系、实证研究与质性研究的关系，辩证地处理了方法论中的个人主义和集体主义的矛盾维度，同时吸收其他的方

① 参见许春红：《论马克思主义社会科学方法论体系的开放性》，《哲学文摘》，2014 年第 5 期。

法论。具体而言,马克思主义方法论由四大命题来表述:"一切从实际出发""具体情况具体分析""历史和逻辑相一致""理论与实践相结合"。①这四大命题是支配思想政治教育质性研究方法系统的方法论依据。任何研究都离不开方法,思想政治教育的方法是指教育者为了实现思想政治教育目标,在思想政治教育实践活动中采取的思路、手段、程序的总和。思想政治教育质性研究依据不同的研究课题和研究目的,在不同的研究阶段所运用不同的研究方法,之所以如此,是因为不同的方法依据不同的方法论指导。

思想政治教育质性研究方法论有一定的指导原则:平等原则、尊重原则、参与原则、共生原则、鼓励原则、历史原则、逻辑原则。这些原则渗透在具体的方法体系操作之中。在"历史和逻辑相一致"方法论的指导下,将思想政治教育质性研究过程划分为三个不同的阶段:一是收集资料阶段,二是分析资料阶段,三是对策调节阶段。三个阶段的划分分别回答了"是什么""为什么""怎么办"的问题。三个阶段有着内在的逻辑关系,相互呼应、相互制约、相互促进,形成完整的系统,如收集资料阶段是为分析资料作准备,分析资料是为教育活动奠定基础,教育活动又是以收集资料阶段中和搜集资料后的教育者与教育对象互动为基础,实现教育目标。根据三个阶段的不同问题和特点运用不同的方法,此处的方法是指教育者在从事思想政治教育实践活动和理论研究活动要达到某种目的而采取的方式、途径、措施等的总和。三个阶段中运用的不同方法形成了不同的方法体系,方法系统背后是完整的方法论体系指导。

(一)收集资料阶段

收集资料阶段主要解决两个问题,即确定选题和收集资料两部分。选题来源于生活实践,收集资料需要采取具体方法进行田野调查,全面记录和描

---

① 参见张耀灿、郑永庭、吴潜涛、骆郁廷:《现代思想政治教育学》,人民出版社,2006年,第364~365页。

述研究对象的真实状况。

第一，一项研究首先需要确定选题，思想政治教育质性研究的选题是在社会实践中发现的问题。发现问题需要对问题作初步的了解，并进行文献研究验证之后确定为研究的选题。一方面，思想政治教育质性研究确定问题的核心是来自社会生活中的现象，是社会现实中的真问题，因此思想政治教育质性研究的研究对象是有关对社会现象的研究，而不是凭空想象的选题；另一方面，对于初步选择的社会问题不仅要有感性认识，还要进行初步的理性分析，即需要做文献梳理。在确定选题之后按照研究规范制定研究计划，开始收集资料。因此，教育者在收集资料的过程中既要查阅有关文献资料，还要深入田野调查。

第二，不同的研究内容和目的运用不同的方法，方法是用来收集数据的技术，是研究过程必不可少的方式。收集资料最为重要的环节是教育者要与教育对象面对面地进行交流互动，其中教育者既要从中获取有关研究对象的第一手资料，还要巧妙地引导研究对象的思想政治认识。具体如下：思想政治教育质性研究者采取中立立场进行田野调查，通常是在教育对象熟悉的自然环境下，与教育对象直面互动过程中，采用自省、访谈、观察行为、检测和记录历史踪迹、互动等方式了解教育对象个人的内心世界，收集教育对象的思想政治资料的方法。通过教育者个人强烈的感觉经验来透视教育对象个体现象之后的个人与社会、个人与个人之间的内在联系，进一步了解和收集教育对象的欲望、需求、人生态度、价值判断等思想政治状况的资料。要求教育者在与教育对象的直面互动中，要有平等的理念，无条件地尊重教育对象，不断反思自己是否始终保持中立的立场。教育者与教育对象互动中的具体方法要求如下（见表6-1）：

表6-1　教育者在收集资料阶段中的互动技巧

类别	互动内容
互动环境	田野调查，教育者在教育对象生活的自然环境下与之互动
互动立场	教育者要保持中立的态度，不断反思互动过程
互动技巧	良好的心态和形象，录音技巧，听、问、重复、体语、观察、通感等技巧的运用
互动结果	发现问题、追寻线索、尝试判断、验证判断

一是在访谈中关注印象突出的情景、事件、关系、沉默点等信息，为结束访谈写备忘录作准备。互动环境：教育者要在教育对象生活的自然环境下，与教育对象之间直面互动；二是教育者的中立态度：教育者要保持中立的态度，即教育者在与教育对象互动了解中，要把自己当成没有任何价值判断的研究工具，无条件地面对教育对象的反应与发出的信息，并加以记录，以达到全面准确地了解教育对象的目的，教育者与教育对象之间的互动技巧还要求教育者要有良好的心态和形象，在访谈前作充分准备，如录音设备和技巧等，还要有听、问、重复、体语、观察、通感等了解教育对象思想政治状况的操作技巧；三是发现问题、追寻线索、尝试判断、验证判断的技巧。可见思想政治教育质性研究对教育者的专业技能有很高的要求，这是因为教育者所收集的资料是否真实和全面决定了后续研究的实证性、可靠性和有效性。由此可见，思想政治教育是一个专业性很强的学科，思想政治教育者需要经过专业训练，掌握一定的专业技能才能胜任工作，而不是随便什么人都能成为思想政治教育者。

第一阶段所运用的方法主要体现了"一切从实际出发""实事求是""理论与实践相结合""具体问题具体分析"的方法论。

(二)分析资料阶段

资料分析是根据"扎根理论""符号互动理论""自然主义理论"等中观理论的观点、程序和方法进行分析。

第一，思想政治教育质性研究者要确保所收集的资料具有真实性、可靠性、客观性，这样对资料的分析才有意义。因为研究者对资料的分析过程是完全开放性地植根于资料之中的，如果资料缺乏真实性、可靠性、客观性，则分析资料的过程，甚至整个研究过程都毫无意义。当教育者面对鲜活的文本资料时，既要把自己当作工具，又要不断地与资料对话和反思自己在整个研究过程中会出现的各种问题，以确保分析过程的客观性和科学性。

在分析资料的过程中，一方面，教育者要保持自我反思状态，采用归纳法不断地逐层提炼概念和概念群，直至形成理论模型；另一方面，教育者需要运用不同的理论视角对资料进行分析，并解释研究对象的现状与其成长的历史因素，以及与社会环境之间的变量关系，包括因果关系、相关关系、差异关系、功能关系、结构关系等。这是考验研究者的理论水平和研究能力的最佳时机，也是解释性理解研究对象现状的基础。

第二，思想政治教育质性研究者分析资料的具体步骤是按照一定程序和逻辑关系在资料中建立概念和理论模型；用模型解释思想政治文本资料，发现其中存在的思想政治的认识问题，提出解决问题的对策建议。目的是将思想政治资料分析的结果作为思想政治教育活动的依据，并为后续或其他思想政治教育活动奠定基础。具体分析资料方法要求如下：

表6-2　教育者在分析资料阶段中的分析技巧

类别	分析技巧内容
初级编码	将相近的资料合在一起，生成概念
关联编码	将概念与概念之间进行比较，找出它们的关系，如因果关系、时间先后关系、语义关系、情境关系、同异关系、对等关系、类型关系、结构关系、功能关系、过程关系、策略关系等；建立概念群和种属概念关系
建立理论模型	对概念群之间进行比较，生成理论模型即网状图；提炼主旨
分析结果	用理论模型解释思想政治文本资料，发现存在的思想政治问题并提出相应的对策

一是对已收集的思想政治文本资料进行初级编码，按照编码系统将相同或相近的资料合在一起给予一个名字即概念。二是在初级编码之后进行

关联编码,关联性编码是找出初级概念之间的关系,如因果关系、时间先后关系、语义关系、情境关系、同异关系、对等关系、类型关系、结构关系、功能关系、过程关系、策略关系等。将相异的资料区别开来,形成种属关系。根据种属关系,找到资料之间的联系,归纳生成概念。三是根据种属关系梳理概念,建立概念群。四是对生成的概念群之间进行比较,分析概念间的相互关系,找出核心概念,建构理论模型即微观理论,即进行模式编码,构成一个网状图,此时即出现主旨、原因或解释、人际关系、更理论的结构。五是用理论模型解释思想政治文本资料和验证理论的过程。

上述分析资料阶段所运用的方法主要体现了"具体情况具体分析""历史和逻辑相一致""实证研究与质性研究的辩证统一""方法论的个人主义和集体主义辩证统一""主体与客体辩证统一""系统分析、矛盾分析、结构分析、过程分析"的方法论。

(三)对策调节阶段

对策调节阶段的主要内容是根据第二阶段研究的理论模型,发现研究对象的思想政治问题,并对问题产生的原因进行分析,提出相应的解决问题对策;对教育对象的思想政治状况进行理解与解释;针对教育对象设计思想政治教育活动方案。

第一,思想政治教育质性研究者针对教育对象存在的思想政治问题,要设计思想政治教育的活动,这一点是思想政治教育质性研究与其他质性研究的区别所在。思想政治教育质性研究的结果不是以分析和描述资料为目的,而是为实现思想政治教育的目的和发挥思想政治教育的功能服务,为此教育者不仅要根据分析资料阶段所建立的理论模型用以描述和解释教育对象的思想政治状况,而且教育者还要发现教育对象思想政治现状中存在的问题,并分析这些问题产生的原因。更为重要的是发现问题和分析问题的目的是为了解决问题,因此教育者要提出解决问题的对策,为解决问题奠定基础,为后续思想政治教育活动提供依据。

第二,教育活动是思想政治教育质性研究与以往质性研究不同的特殊之处,也是思想政治教育质性研究最具特色之处。事实上教育者对教育对象进行思想政治引导的教育活动在每个阶段都可以"见缝插针"或引发"教育对策"的思路。一是教育者可以根据与教育对象互动中发现的思想政治问题和思想政治教育的规律,在收集资料阶段适时实施教育活动,如引导教育对象对一些问题的认识。二是教育者在分析教育对象思想政治资料的过程中发现问题时,会相应跟进思考解决问题的对策,从而思想政治教育活动的雏形便应运而生。三是在对策调节阶段根据思想政治资料分析中所发现的问题,为作为思想政治教育活动要解决的问题目标进行专门的教育活动。如教育者与教育对象进行专门的互动活动,运用沟通技巧引导和帮助教育对象对以往思想政治认识进行自我反思,从而获得新的思想政治认识,达到改变教育对象的思想政治觉悟,实现教育对象自我教育的目的。此外有针对性地开展各项思想政治教育活动,以解决教育对象的思想政治问题。具体方法要求如下(见表6-3):

表6-3 教育者开展思想政治教育活动的技巧

类别	开展思想政治教育活动技巧内容
适时引导 (适用于收集资料阶段)	教育者在与教育对象互动中保持中立立场以收集教育对象的思想政治资料;在不影响收集资料的前提下,教育者适时在中立和立场之间转换,引导对方思考问题,提高思想政治认识
适时设计 (使用于分享资料阶段)	教育者在分析教育对象思想政治资料的过程中,对于发现的问题适时思考解决问题的具体教育活动方式
教育活动 (适用于对策调节阶段)	教育者依据研究发现的问题,有针对性地与教育对象进行谈话,引导,启发对方转变思想认识,解除思想政治问题 根据研究资料发现的思想政治问题和相应对策,有针对性地开展各种思想政治教育活动

总之,思想政治教育质性研究与其他的研究不同之处在于,研究不是简单地验证、描述和解释研究结果,而是要为思想政治教育活动服务,要对教育对象进行教育干预活动,实现教育功能。对策调节阶段所运用的方法主要体现了"具体情况具体分析""理论与实践相结合""实事求是"的方法论。

三、思想政治教育质性研究方法论的相关问题

思想政治教育质性研究三个阶段在思想政治教育方法论的指导下,根据不同阶段的特点运用不同的方法,相对应三个阶段的特点也有相关的问题需要讨论,例如:在收集资料阶段中具有较强的经验性特征,其主要方法论是"从实际出发,理论联系实际",相对应的问题是如何从实际出发(这里的实际是指教育对象的真实状态)?怎样做才能保证从实际出发而不是从主观臆断出发? 在分析资料阶段中,有较强的理性认识特征,其主要方法论是"具体问题具体分析""历史和逻辑的统一""实证研究与质性研究的辩证统一""方法论的个人主义和集体主义的辩证统一""主体与客体辩证统一"的方法论。相对应的问题是如何运用扎根理论、符号互动理论和自然主义理论等中观理论分析文本数据? 如何分析资料中的文本符号? 在对策调整阶段中具有较强的教育性特点,主要方法论是"具体情况具体分析""理论与实践相结合""实事求是",相对应的问题是如何进行解释性理解研究结果? 以上这些问题对于教育者而言至关重要,具体分析如下:

(一)收集资料阶段中的自然状态和教育者的中立立场

思想政治教育质性研究收集资料阶段的基本前提是在社会实践中发现并确定一个研究的主题,之后设计研究计划。研究计划是对某些方法论的回应,是一个大致的研究过程和研究思路的设计,包括研究主题、目的和意义、研究情境、研究方法、研究的评估与检测,而绝不是提出假设,以求验证假设。在上述基础上,教育者进入田野调查过程,田野调查需要注意"自然状态"和"中立立场",具体如下:

第一,思想政治教育质性研究的田野调查是指进入教育对象的自然状态中收集资料。所谓"自然状态"是指教育对象实际生活的真实情境,"自然

状态"是人的思想政治形成的源头,每个人的思想政治现状都与其生活环境状态有着因果关系或千丝万缕的联系,因此自然状态是探求人的思想政治本质问题的土壤,它最能反映教育对象现状的根源性要素,根源性要素是在现象的表层下面存在着"共相"或观念,"共相"或观念是决定教育对象思想政治核心内容的来源,是解释教育对象思想政治状况的关键因素。只有把人的思想政治置于原本生活之中,才能了解思想政治生成的条件,才能充分调查、揭示和描述研究对象的各种特质,以彰显其中的意义,促进理解。质性研究通过可视性的文本展示个人生活经验史,其中包括收集个人的生活经验、生活体验和生活态度的资料,通过这些表层资料的分析整理,深度透析隐藏其后的个体和社会归因。一个人的经验史正是其思想形成的根基,从中能够追踪出个人思想的形成与社会变迁、社会组织结构之间的渊源关系。①

思想政治教育质性研究在"自然状态"下收集资料的意义在于:一是把人的思想置于自然状态下思考,一切从实际出发,实事求是的思想方法是党的思想路线的核心;二是在自然状态下人的思想政治和活动的防御性和掩蔽性低,受外界干扰因素小,表露真实思想政治的可能性大。在丰富、复杂、流动的自然情景中考察人的思想政治才能获得真实、可靠的第一手资料;三是在生活环境和活动组织的自然状态下,观察教育对象的思想政治表现,可以避免非真实成分嵌入其中,防止教育者的主观设定成分,教育者通常在观察教育对象的行为时,以自己的主观推测为出发点来推测教育对象的思想政治内容,寻找证据验证自己的推测,其结果是教育者的判断不能全面、准确地反映教育对象的思想政治状况;四是在自然状态下可以使教育者更能清楚地观察出教育对象的思想政治与他们所处的社会环境之间的互动关系。在教育对象生活的场景中既能获得真实的思想政治信息,又能对教育对象的真实思想政治信息进行整体性和相关性考察,观察其不断变化的社会

---

① 参见李红:《论质性研究对思想政治教育的借鉴价值》,《河北师范大学学报》(社会科学版),2006年第5期。

背景和相关思想政治的关系，从而判断教育对象的思想政治状况。

第二，"中立立场"是思想政治教育教育者在收集资料和分析资料中始终要保持的研究立场。教育者在收集资料阶段中保持中立立场才能的得到客观、真实的资料，教育者在分析资料阶段保持中立立场，才能在纷繁复杂的现象中探究带有根源性的"共相"或观念。教育者保持"中立立场"需要把自己当成"工具"运用于研究过程，这里的"工具"是指教育者把自己的价值观念"悬置"起来或将自己的价值观"中止判断"，坚信不以任何假设和信仰为前提的研究精神，坚守"实在的本质先于研究之前"的信念，保持陈述的研究状态；同时教育者还要时刻自我监督在调查过程中是否保持了中立立场，具体而言，教育者要反思自己在与教育对象环境中的人和物之间的互动中，是否保持了中立立场，教育者需要思考下面的问题：

一是教育者要了解自己与教育对象达到"解释性理解"的机制和过程是怎样的，即教育者与教育对象之间的关系是如何互动的？教育者自我身份和地位对教育对象有何影响？二是教育者要了解自己是如何获得对教育对象思想政治意义的解释的？解释教育对象的思想政治过程是基于怎样的立场和理论？是否尽可能多地反映教育对象思想政治的不同侧面？三是双方的互动对理解教育对象的行为有什么作用？教育者对教育对象的思想政治的理解和解释是否确切？教育对象如何看待教育者的言行？教育对象的言行对教育者的思想思路有何影响？四是研究者要不断反思自己的立场、思路对教育对象的影响，研究是个不断反省、提升自己的过程。要求研究者不能把自己的想法替代为研究对象的想法，研究者需要对自己的先前假设和偏见反省，从对方角度发现对方和自己的问题，要辨析出对方发出的信息哪些是虚假的、哪些是真实的？五是教育者的主要任务不仅要观察教育对象的思想政治内容，还要观察教育对象与自己互动过程中对自己的看法和影响，以及自己对教育对象的影响，从中反思自我的工作过程。

(二)分析资料阶段中的理论依据及扎根理论

在分析资料阶段中,教育者在获得真实、可靠资料的前提下可对资料进行归纳分析。教育者对资料进行归纳分析的主要内容是指以马克思主义理论为指导,依据扎根理论、符号互动理论和自然主义理论等中观理论的原理,按照一定的程序,对教育对象的思想文本资料进行归纳分析。通过编码从具体丰富的个案资料中归纳出普遍概念及概念之间的关系,逐级提取到抽象概念,直到建构理论模型。以下主要讨论三个问题:一是分析资料阶段与收集资料阶段的内在联系。二是思想政治教育质性研究分析资料的理论结构。三是扎根理论指导下的理论建构。

第一,分析资料阶段与收集资料阶段有着内在联系。分析资料是一个从个别到一般的归纳过程,其中要辩证归纳与演绎的逻辑关系。事实上,思想政治教育质性研究从发现问题和收集资料阶段就已经进入了研究状态,而并非只有分析资料阶段才是研究状态。收集资料阶段与分析资料阶段的内在联系表现于二者存在着重叠部分。教育者在收集资料阶段,对资料已经有了初步的感受和关注点,这是对资料进行归纳分析的初级阶段即感性阶段。教育者在收集资料阶段就已经对资料有初步的分析感受,在进入分析资料阶段就会对自己已形成的初步感受进行反思,进而不断地分析判断这些感受与研究方向的关系,也许这些感受会超乎原本的研究设计范畴,这需要教育者在分析资料过程中进行理性确认。在以"现实至上"的原则下,分析资料要以观察到的现实数据作为确定研究的依据,如果在分析资料的过程中发现资料不充分,还需要再收集资料。因为资料来自现实,现实是研究的源泉和依据,分析资料跟随资料走,让资料"说话"。正因如此才有许多研究者在研究设计完成以后,经过资料分析发现所收集的现实资料与自己的想象有很大差距,最后不得不在收集资料和分析资料后,根据资料重新调整原研究设计,这一点体现了质性研究与量性研究不同的开放性特点。以资料为中心才能实现研究的实证性、客观性、开放性、经验性，可见资料分析和收集资料阶段有着内在的联系。

第二，在分析资料阶段中需要依据理论视角进行分析。理论视角在分析资料中的价值表现在：一是理论为资料解释提供了模型；二是理论把研究彼此关联起来；三是理论为概念和变量配备了框架，从而使之获得实质意义。理论使我们能向自己和他人解释我们发现的深远意义。①思想政治教育质性研究不是简单地吸纳扎根理论，而是遵循实践性、全面性、开发性和创新性原则，②以及思想政治教育学科的开放性、兼容性特质，有创造性地吸纳扎根理论的精华，形成在马克思主义理论指导下与扎根理论、符号互动理论、自然主义理论等中观理论相结合的理论架构特色，马克思主义理论具有内容、方向价值，扎根理论、符号互动理论、自然主义理论等中观理论具有途径、操作价值。具体而言，扎根理论、符号互动理论、自然主义理论是在马克思主义理论指导下的操作理论工具，它以思想政治教育的目标和任务为服务方向，通过在了解、收集和分析人的思想道德、政治意识等思想资料的基础上，构建理论解释人的思想政治状况、提出教育对策，为当下和后续思想政治教育提供实施依据和策略。因此思想政治教育质性研究是在马克思主义理论指导下，以扎根理论为操作理论工具的综合理论架构是目标与方法的有机统一。③

第三，"扎根理论也是质性研究的理论基础之一，它是一种研究的方法，也是一种研究'风格'，其主要宗旨是从研究资料的基础上建立理论。该理论最早源于格拉斯和斯特劳斯，其特点十分注重经验和对经验的解释，但是注重经验的目的不是经验本身，而是在经验的基础上，有新的发现，抽象出新

---

① 参见［美］肯尼斯·赫文、［美］托德·多纳：《社会科学研究的思维要素》，李涤非、潘磊译，重庆大学出版社，2008年，第22页。

② 参见张耀灿、郑永庭、吴潜绦、骆郁廷：《现代思想政治教育学》，人民出版社，2006年，第25页。

③ 参见李红：《浅析思想政治教育质性研究》，《探索》，2013年第3期。

的概念、思想政治和理论,这些概念和理论就是对经验的解释,每个研究者都可以发现新的理论"[1],"每个人都是他们自己的理论的建筑师"[2]。这也是质性研究的目的性和创新性所在。

"扎根理论提出了理论何以从资料中产生的路径,它与以往的实证研究不同之处在于:不追求以研究者设计的研究假设作为研究的前提和验证假设真伪为目的;而是把假设变为研究的结果和发现的结果;它不是为了检验某个或某几个因果关系或相关关系的假设,尽可能减少无关变量的干扰,其结果只是在特定试验环境下的结果,远离人的现实生活,而是增加变量,归复原有人的丰富的生活场景和关系,在已有的文本中通过一定的程序,实现从概念到理论的构建。"[3]因此,分析资料阶段是一个运用扎根理论的过程,即从资料到概念,再从概念到建立理论模型的过程。具体而言,从资料中产生概念、对资料和概念比较、发展理论性概念;建立概念与概念之间的联系;理论性抽样,系统地对资料进行编码;在构建理论的过程中力求获得概念的密度、变异度和高度的整合。"一个扎根理论是从构建类别开始的。但除了类别之外,一个理论还包括其他两个因素:特性和假设。"[4]特性是描述一个概念的向度。假设是类别和特性之间尝试性的联结。[5]通过不断比较的方法发展类别、特性和尝试性假设,这是一个把数据逐渐纳入正在出现的理论核心的过程。这个核心是一个指导进一步收集数据的理论框架。从数据中发现理论,需要对类别、特性和假设进行合并和精细化。[6]

从扎根理论的操作程序上可以看出概念到理论是如何建构的:一是从资料中产生概念。二是对资料和概念进行比较,发展理论性概念,建立概念

①③ 李红:《浅析思想政治教育质性研究》,《探索》,2013 年第 3 期。

② [德]马茨·艾尔维森、[美]卡伊·舍尔德贝里:《质性研究的理论视角:一种反身性的方法论》,陈仁仁译,重庆大学出版社,2009 年,第 19 页。

④ [美]莎兰·B.麦瑞尔姆:《质化方法在教育研究中的应用:个案研究的扩展》,于泽元译,重庆大学出版社,2008 年,第 131~132 页。

⑤⑥ 参见同上,第 132 页。

与概念之间的联系。三是理论性抽样，系统地对资料进行编码。四是构建理论，获得力求概念的密度、变异度和高度的整合，例如：在二次编码中，研究者要对各种概念进行种属关系、类属关系内的主次关系的分析，以及概念背后所代表的被研究者的意图和动机意义。①

（三）分析资料阶段教育者对思想政治文本符号的认识②

思想政治教育质性研究的关键步骤是认识和解读文本资料，由于思想政治文本资料来自社会现实，从中能发现教育对象思想政治状况背后的社会生成原因，可以说是认识教育对象思想政治状况的源头和依据，如何解读思想政治文本资料是认识教育对象思想政治状况的不可或缺的程序，因此讨论教育者如何认识思想政治文本资料及其符号意义就显得尤为重要了。

第一，思想政治教育文本是指教育对象表达思想政治的言语、行为和实物等资料。当教育者阅读自己与教育对象互动而产生的文本资料之时，就是在阅读教育对象的动机、意图、情感、判断、思想等内容，"人们是自己的观念、思想等等的生产者"③。教育者既在理解当事人的语意表达，也在探索自己与文本在互动中的关系，以此来了解教育对象的思想政治意识、文化习惯、思维方式和行为规范等文本资料，理解和解释文本资料的意义、关系和结构，实现对教育对象整体性的认识及其展示。在此过程中，教育者需要思考如下问题：教育对象所生产的文本包含哪些观念和思想政治？有哪些因素影响思想政治文本的生产？教育对象是在什么语境下叙述自己的故事的？教育对象出于什么样的动机来表达其语意？为什么会是这样的表达？其意义是什么？教育者的身份对对方有何影响？教育者在哪些方面受教育对象叙述的思想政治和情感的影响？教育对象在哪些方面受到教育者话语的影响？是怎

---

① 参见陈向明：《扎根理论的思路和方法》，《教育研究与试验》，1999 年第 4 期。

② 参见李红：《思想政治教育质性研究的解释性理解》，《天津师范大学学报》，2015 年第 3 期。

③ 《马克思恩格斯文集》（第一卷），人民出版社，2009 年，第 524 页。

样影响的？哪些内容和方式对教育对象影响最大？教育者对上述问题的探寻和解答就能逐步深入认识教育对象，这是一个解释性理解的过程，"解释学关注的是如何逐步了解认知主体以及他们的表达问题"①。可见教育者是在与教育对象主体间性的循环互动之中，逐渐达到对教育对象思想的深入认识，这种认识不仅仅是对教育对象个体思想、情感和行为的认识，更是对个体背后社会生活历史背景的认识，个人生活是建立在社会互动与社会意义体系建构基础上的，每个人的内在经验感受，对于捕捉人类社会生活而言至关重要。

第二，语言分析是人们分析文本常采用的方式。教育者通过对文本的语言表达所指，特别是对特殊符号的意义进行理解，来揭示教育对象的思想认识和意识形态的内容，从而达到对教育对象思想结构的深入认识。教育者要面对的是两个问题：一是文本语言表达的多样性，二是思想文本中的象征符号存在缺陷。

具体而言，一是文本语言表达的多样性。教育对象是文本的主要生产者，文本是教育对象思想的直接反映与体现，思想不是凭空产生的，是在一定社会历史背景下的产物，思想产生的环境具有历史性、社会性、客观性；思想属性具有反应性；思想加工过程具有复杂性、综合性；思想成分有多维性、交叉性、整体性；思想表达方式具有多样性、多面性、隐意性、情境性、文化性。无论人有多么复杂的思想、感受、想象、欲望、观点、知觉等表现形式，都会体现在语言要素的表达之中，"宇宙、欲望和想象都是在语言中获得表达的；为了复述世界并使世界变得可被解释，就始终必须要有言语"②。然而文本中的语言表达是多样的，理解之亦非易事，语言意义的表意有显性和隐性，显性语言直接表达语意，隐性语言通过象征符号来表达语意，教育对象在与教育者的互动中常以不确定的、含糊不清的言语方式表达其情感、欲望等思想

①　[美]肖恩·加拉格尔：《解释学与教育》，张光陆译，华东师范大学出版社，2009年，第33页。

②　[法]保罗·利科：《解释的冲突——解释学文集》，商务出版社，2008年，第14页。

现象,呈现出不固定性、不确定性和偶然性等特点,这些特征会给教育者认识教育对象的思想带来一定的困难,也就是说教育者知道教育对象的话语存在,而却不清楚其言语的所指是什么,尽管如此,"欲望仍然是个被解释的存在"①。存在的现象都有其存在的必要性,不管思想文本是以什么样的形式展现教育对象的思想与情感,都有认识的必要,因为文本内部都有其自身的结构,而且它与外部世界有着本质的联系,这是对文本语言探究的动力所在。

二是教育对象思想文本中的象征符号存在着缺陷。思想文本常常以象征符号来表意,这给教育者对文本的分析带来困难,原因是象征符号本身存在着缺陷,正如利科在谈到象征符号缺陷时指出:"1.一直是模糊的、不透明的,因为它是借助于基于字面意义之上的类比得以构成,类比既赋予象征符号具体的根基,又赋予其有形的重量、一种不透明性。2.象征符号被囚禁于语言和文化之多样性之中,也因此一直是偶然的:为什么是这些象征符号,而不是别的呢?3.象征符号只是通过一种一直在提问的解释,才能交付给思想。没有解释,就没有神话;没有论争,就没有解释……这些便是象征符号在面对反思之清晰性、必然性和科学性理想时所具有的三个缺陷。"②"正是由于象征符号的缺陷,才使得文本分析有了必要和可能,因为象征符号只是表象,有更多的含义和线索隐藏其中,这些线索很可能直接通往教育对象思想的核心部分或文本结构,象征符号的线索价值已经决定了其与解释性理解之间存在着密切的关联性,"因此象征符号和解释成为互相关联的概念;哪里有多重意义,哪里就有解释,意义的多重性也正是在解释中变得明显起来的。"③教育者若要了解教育对象所使用的象征符号来自哪些思想因素的影响,包括使用象征符号相关的背景、思路和含义及其理由所在,就能找出象征符号原初自然的本意,以利于理解和解释教育对象的思想活动究竟是什

---

① [法]保罗·利科:《解释的冲突——解释学文集》,商务出版社,2008年,第24页。
② 同上,第392~393页。
③ 同上,第13页。

么和怎样发生的了,可见教育者解密思想文本中的象征符号的意义是认识教育对象思想的关键点所在。

第三,象征符号的功能与价值。一是象征符号的功能。象征符号具有线索聚集性、间接指向性功能。象征符号是看不见的意义,但不是没有意义,而是更有意义。它是原始意义的保护层,是一种看不见的关系的象征,在象征的背后隐藏着思想结构中有规律、秩序支配在内的更多面、更深广的意义,"象征符号是这样构成的,即象征符号通过一种意义来给出另一种意义;在这一观点下,一种原初的、字面的、俗世的、通常自然的意义,诉诸一种象征的、精神的、通常生存的、存在论的意义,这后一种意义如果脱离了这个间接的指称以外就不能被给出来了"①。可见象征符号是多种意义线索的聚集,有间接指称功能,它为解释性理解提供了一个可见语言符号与不可见语言符号之间联系的线索点,是一个意义与另一个意义的连接的节点,正如利科所说:"我把象征符号称作任何意指的结构,在这个结构中,一个直接的、原初的和字面的意义附加地指示另一个间接的、从属的、形象化的意义,后一种意义只有通过前一种意义才能被领悟。这种对双重意义上的表达进行限定便确切地构成了解释学领域。"②因此通过语言符号的前后意义互为限定,不可见的象征性语言通过对其他的语言符号和结构的理解而被解释出来,使之变得可见,使不可见的意义得以领悟,发现被解释之物确实的存在。

二是象征符号的价值表现。在对思想文本的认识过程中,存在有不确定性、不清晰性的象征符号,这些象征符号恰是通向思想内容与结构中的本质部分的闪现之点,教育者对这些闪现之点进行深入探索,才能显现出被解释之物的轮廓。具体而言,象征符号的价值在于:首先,为教育者提供认识思想文本的线索,闪现之点是思想问题的"征兆",它会多次在不同情境下出现。

---

① [法]保罗·利科:《解释的冲突——解释学文集》,商务出版社,2008 年,第 32 页。
② 同上,第 13 页。

其次，引发教育者对闪现之点的思考，由于"征兆"在字面上的不可知性，才引起教育者探寻其背后真实意义的兴趣与思考，"象征符号产生思考，象征符号要求解释"。①再次，教育者若要认识象征符号，需要用大大多于象征符号本身的言语来解释象征符号的意义，使象征符号丰满起来，象征符号的所指越丰满，其本意亦越发清楚。最后，"在意义添加与时间性负载之间，必定存在着一种本质关系"②。探求这种本质关系是教育者认识的诉求所在，教育者的目标是要认识象征符号与教育对象思想结构之间的本质关系，以及思想问题的社会根源所在。

第四，象征符号多重因果关系的探寻途径。象征符号的间接意义在于以指称形式包裹着原初自然的意义，其实一种象征符号可以指称多种意义，在多种意义中辨析出原始自然的意义，需要判断一种意义与另一种或多种意义之间的因果关系，排除非因果关系。这是个复杂的过程，因为象征符号的发出者是在特定语境下出于不同的动机而发出的信号，该象征符号与其他语意、情境和自身经历交织在一起，甚或象征符号的发出者自己都不清楚其所要表达的意义，只是发出者的潜意识的无意流露而已，此时在象征符号因果关系中的"因"潜藏在众多语言之中，但这并不是无法认识的，"哪里有多重意义，哪里就有解释，意义的多重性也正是在解释中变得明显起来的"③。"因"会与其他对话情境中的语意相关联，例如：在一个访谈文本中常常会出现众词，众词就是说话者最关注的问题的信号即象征符号，其中包括说话者的经历、爱恨情感、价值判断、心理、感受、文化等多重意义，只要象征符号与"因"有必然联系，就一定有一条从"果"通往"因"的固定通道。寻找通道的思路是：从具体情境的语言中，搜索多重意义中的与目标意义相关联的意义，通过限定有意义的线索，经过比较，不断缩小对多重意义中的某个或某几个

---

①② ［法］保罗·利科：《解释的冲突——解释学文集》，商务出版社，2008年，第32页。
③ 同上，第33页。

具有因果关系的意义进行圈定,再经过多个线索的辨析、证明、比较因果关系后,将锁定某个意义,这个意义正是意指的原初意义。可见"解释是思想的工作,这工作在于对隐藏在表面意义中的意义加以辨读,在于展开包含在字面意指中的意指层次"①。这一分析过程是挖掘、证明象征符号的思想意义过程,也就是从多重意义和文化背景中辨析出来的象征符号之意指过程;是展示教育对象的主观感受和价值判断等思想内容的过程;是思想政治教育者认识教育对象思想文本的方式;也是认识教育对象的复杂思想活动的过程。可见分析文本资料是思想政治教育者应该掌握的专业能力。

(四)对策调节阶段的解释性理解②

思想政治教育质性研究者调节阶段的主要内容:一方面根据资料分析的结果对教育对象的思想状况进行解释性理解,同时教育者对于资料研究分析所发现的问题,要分析出其产生的原因,提出解决问题的对策;另一方面教育者要有针对性地开展思想教育活动,以及为其他相关的思想政治教育活动提供依据,有关有针对性地开展思想政治教育活动不在此讨论(可参见后面的谈话法),此处重点讨论解释性理解。

第一,资料分析的结果对教育对象的思想状况进行解释性理解。"解释性理解(Interpretive Understanding)是人对事物理解前提下的解释,是更深层次理性解释基础上的理解,是对理解的再理解和对解释的再解释,是高级理性认识结果的展现。人类所有活动本身就是理解和解释的活动,人类所从事的社会政治、经济、文化和教育等活动,都具有解释性理解的特征,人类历史的开始,首先是人类为了维持个人生命体而必须从事生产活动"③,正如马克思、恩格斯所指出的:"全部人类历史的第一个前提无疑是有生命的个人的

---

① 〔法〕保罗·利科:《解释的冲突——解释学文集》,商务出版社,2008 年,第 13 页。
②③ 李红:《思想政治教育质性研究的解释性理解》,《天津师范大学学报》,2015 年第 3 期。

存在。因此，第一个确认的事实就是这些个人的肉体组织以及由此产生的个人对其他自然的关系。"①"到现在为止，我们主要只是考察了人类活动的一个方面——人改造自然。另一方面是人改造人。"②无论是人改造自然，还是人改造人的活动，都是人类经历着对生活的理解性理解过程。

"解释性理解是思想政治教育质性研究的核心内容，思想政治教育质性研究的解释性理解是指思想政治教育者在与教育对象之间的互动中，收集教育对象的思想文本资料，通过对思想文本资料的分析，理解和表达教育对象的实现意识、思想认识、情感和行为等建构意义及其途径与方法，解释教育对象对自然、社会、人和事物的所思、所想、所感和赋予其意义通向现实世界的路径。其意义在于：一是解释性理解的思想文本资料贴近生活，来源可靠。由于教育对象的思想意识散见于或隐藏于日常生活和话语之中，需要教育者亲临现场，收集第一手文本资料，归纳分析教育对象的日常生活和语言所表达的意义，从思想意识和思想认识层面上进行解释。二是教育者对思想文本资料的分析是个逐步上升到对教育对象思想深层认识和解释的过程，深度解释恰是思想政治教育质性研究的优势，同时也是受到抨击之处即被认为此研究只是个案研究，缺乏广泛的代表性。实际上，每个个体都生活在共同的社会文化环境中，通过对个体思想文本的深度解释性理解，不仅是教育者对个体思想意识和意识认识的认识，也是对个体思想背后的社会环境的认识。更重要的是在每个思想文本的结构中都存有共同属性，共有属性就体现了思想中的深层、普遍和本质的联系，从个别能够见到一般。三是思想政治教育的研究对象是两个规律，即了解人的思想形成与发展的规律和对人进行思想政治教育的规律。第一个规律是第二个规律的基础，没有第一个规律，就无法实现第二个规律。教育者对教育对象思想状况的解释性理解是尊重两个规律的体现，是践行第一个规律的重要方式，是实现思想政治教育

---

① 《马克思恩格斯文集》(第一卷)，人民出版社，2009年，第519页。

② 同上，第540页。

实效性的重要途径,是教育者必备的专业素养、专业能力和专业方法,否则一切教育方式无从谈起。事实上教育者在进行思想政治教育开始之时,就已经处在解释性理解的过程之中了。"①

第二,对思想文本的结构解释性理解。不同文本的语言符号、行为模式和实物都有其思想认识内涵的意指,任何思想意识和意识认识都有其自身的结构,这些结构与社会结构、制度、文化、个人经历和生活经验等因素相符合。无论语言符号、行为模式多么复杂、多样、模糊,它们都会指向文本生产者对社会、人和事物的思想认识的整体结构。思想文本结构不是简单的主观产物,而是教育对象对外部世界的认知、感受、想象、欲望等主观价值判断的结果,即便文本结构是对外部世界整体结构中的局部反映,其与外部社会生活仍然有着本质的联系。本质联系是一种结构式的关系,不会自动地展示在人们的面前,而是通过特殊符号即密码体现这种联系,并且指向文本结构,"我们把密码(Code)理解为特定结构之间的形式相符,因而理解为结构的同型;的确,我们对结构进行理解的要点就全部集中在这个密码观上"②。因此思想政治教育者对思想文本符号密码进行破译,是解释性理解文本结构的关键点,"如果没有象征据以在其中进行意指的结构、秩序之接替,那也就没有任何解释学理解"③。教育者需要对有序和无序的语言符号、行为方式、实物等进行分析,发现文本符号与思想结构之间联系的线索,其意义:一是发现文本符号之间的连接点及其与思想结构的关系;二是解释出教育对象思想结构与外部社会的本质联系。由此可知,教育者对文本结构的解释性理解是认识教育对象的思想结构及其与外部世界的关系的关键点。

第三,思想文本结构与社会结构的解释性理解。解释性理解的重要结果

---

① 李红:《思想政治教育质性研究的解释性理解》,《天津师范大学学报》(社会科学版),2015年第3期。

② [法]保罗·利科:《解释的冲突——解释学文集》,商务出版社,2008年,第43页。

③ 同上,第72页。

是要探索思想文本结构通向现实社会的路径，进而认识社会结构和社会制度，这样才能从源头解释思想文本结构的意义建构，理由如下：一是解释性理解思想文本的根源必然指向现实社会。由于人的思想和行为是在社会实践活动中产生的，人的思想源于社会现实，思想文本只是人的思想与行为的呈现形式，虽然教育者对文本特殊符号的解释性理解能够了解教育对象的思想结构，然而这只是教育者的任务之一，进一步的任务是认识社会结构和制度的状况，认识人和社会的目的在于改造人和社会。社会结构和制度是人的思想形成和发展的环境源头，也是人的思想意识发展趋势的外部条件因素。因此，若要解释教育对象的思想产生的来源，归根结底，必然要通向社会现实。二是教育对象的思想文本通过语言、行为和实物等要素表现出来。众所周知，语言和行为产生于社会生活，与其说个人通过自己的语言和行为符号叙述着思想文本，还不如说思想文本的生产者叙述着其对社会现实的理解与解释，思想文本与社会现实的密切联系是通过多重、复杂的语言符号和行为意义及其之间的联系实现的，正如利科所说："心灵之理解心灵不仅通过结构的类比，还要恢复和持续特殊的话语。"①因此，解释文本语意所指之结果是必然要通向社会现实，理解教育对象的现实生活状况。三是教育者对教育对象思想文本包括语言和行为等符号在内的意义进行解释性理解，要展现思想文本结构，由于人的思想文本及其结构与社会现实及其结构有着"同型"性，也就是说思想文本与社会结构有着本质的联系，这一联系通过思想文本的语言、行为等符号表达出来，教育者通过对思想文本符号、特别是语言意指的解释性理解，将达到对思想文本结构与社会结构连接的认识，语言的意指很有可能会过渡到各种社会生活现象和社会结构。可见对文本的解释性理解不是局限于文本之中，而是走向活生生的现实社会，"整个理解的历程，便是从观念的意义进到生存论的意指"②。

---

① ［法］保罗·利科：《解释的冲突——解释学文集》，商务出版社，2008 年，第 45~46 页。

② 同上，第 485 页。

为了使思想文本结构通向外部社会，教育者需要把教育对象的思想活动文本的结构与复杂、多重的外部世界之间的联系展示出来，为思想政治教育活动奠定基础，为了实现这一目标，"我们需要这样一种思想工具，好去领会语言与语言之间的联系以及系统如何转变成事件"[①]。语言与语言的联系都会聚焦到思想文本结构系统，那么解释路径如何使语言符号指向思想文本结构呢？思想文本结构如何通向外部社会结构？一是语言符号是文本内容的表达方式，常以显性语言符号和象征符号方式出现，如同一堆碎片，教育者要在文本成堆的瓦砾碎片中"修修补补"，寻找文本中原有的结构。显性语意符号和隐性语意符号与文本结构的联系如同一堆无序缠绕在一起却有结构隐藏其内的麻线，解释的任务是顺着一条麻线搜索出后面其他多条麻线的线索，了解到后面的麻线缠绕的路径也就知道了前面麻线的路径，每条路径都通往思想文本结构。有趣的是，对思想文本的分析过程与思想产生的过程是逆向而行，即对于思想文本资料的分析路径恰与人的思想与行为产生的路径呈逆向，如下所示：

❖ 人的思想形成路径：社会结构与制度→人的实践活动→思想与行为→思想文本

❖ 思想文本分析路径：思想文本→文本（语言等）符号→文本结构→社会结构与制度

当然对于解释性理解思想文本而言，一是可以多向度的叙述，二是探求思想文本结构通往社会结构途径的关键点，这个关键点是教育者要找到思想文本结构与社会原有结构的同型处，从二者的相关性入手，即从文本结构与社会结构之间早已被形式化的同型表达之间去寻找；三是从思想文本结构的整体性思考，"只有当所思考的事物是这样一个整体，即在其中，事件、人物、制度以及自然的或历史的实在都得到了连接时，多重意义的问题才会向解释者提出来；它是一整套'结构'，一种完整的意指整体，并且适合于意义从历史层次向精神层次的过渡"[②]；可见把文本中的各种要素连接起来，集

---

① ［法］保罗·利科：《解释的冲突——解释学文集》，商务出版社，2008年，第486页。

② 同上，第77页。

中指向文本结构的整体是有益的思路,例如人的思想有内涵和外延,以外延为例,"从外延来分析,思想政治教育包括思想理论教育、政治方向教育、法纪道德教育、心理健康教育等"①。这几个方面都有各自的系统,又都是思想政治教育外延整体结构的某个部分,这个整体结构的共有属性就体现了思想的深层、普遍和本质的联系,这种本质联系正是思想文本通向社会生活的密码,"即构思一种普遍的、能说明那些为隶属于社会生活每个方面的特殊结构所共有的属性之密码。这个密码的使用,应该对每个孤立的系统,对需要相互比较的所有系统都有效"②。如此一来,教育者解释性理解的关键点是思想文本中具有本质联系和共有属性的部分,这是知道是否触及到了思想结构的深层本质所在,也是找到文本结构与社会结构之间联系的密码,这是一条从文本通向社会生活的甬道。

---

① 张耀灿、徐志远:《现代思想政治教育学科论》,湖北人民出版社,2003 年,第 8 页。

② [法]保罗·利科:《解释的冲突——解释学文集》,商务出版社,2008 年,第 43 页。

第七章 思想政治教育质性研究收集资料的
观察与访谈技巧

在思想政治教育质性研究的过程中需要实施具体的操作技巧，这些操作技巧是指社会科学研究经常采用的具体技巧，只不过它们被应用于思想政治教育领域而已。需要说明：一是由于目前社会科学研究常用的研究方式是把量性研究和质性研究结合起来，因此在本章具体操作技巧的介绍中也包括问卷调查技巧。二是本章主要介绍的是思想政治教育质性研究常用的技巧，包括观察技巧、访谈技巧、问卷调查法、行动技巧等，这些技巧不是机械地运用，而是根据不同的研究目的和需求综合式、交叉式地运用。

一、思想政治教育质性研究观察技巧

(一)思想政治教育质性研究观察技巧概述

思想政治教育质性研究观察技巧是思想政治教育者实现研究目的和教育目标的认识工具。思想政治教育者采纳不同类型的观察技巧，观察研究对象的思想和行为及其变化的事件、文字和实物，收集有关思想政治教育对象的思想状况和教育状况的信息资料。思想政治教育观察技巧是思想政治教育者在田野调查中，收集初级(或原始)信息资料的技巧。思想政治教育者以旁观者或参与者身份，在现场通过感官直接感知或直接记录的方式，获得有关思想政治教育研究对象的思想信息资料，为深入调查和发现思想问题和研究思想问题,提供信息与线索。思想政治教育观察技巧属于描述性研究,要求思想政治教育者深入教育对象的生活实际,即在教育对象生活的自然情景中,实时实地地进行现场观察,特别是运用观察技巧了解不宜沟通人群的思想状况效果更佳,如少年儿童人群和老龄人群。思想政治教育观察技巧能够收集到其他技巧难以获得的信息和资料,与其他技巧结合使用,如在访谈技巧中,常用观察技巧。因此,思想政治教育观察技巧不仅是思想政治教育收集资料的手段,也是思想政治教育者必备的专业技能。

(二)思想政治教育质性研究观察的操作技巧

思想政治教育质性研究的观察技巧领域,包括实验室观察和现场观察、局内观察和局外观察、结构式观察和非结构式观察、直接观察和间接观察。在实践中各种观察类型都是交叉在一起运用的(见表7-1)。以下均以高校学生对于思想政治理论课的态度进行观察为例。

第一,非结构式的局外观察。在确定研究目的、研究主题和制定研究计划的基础上,采用非结构式的局外观察技巧。

一是观察几个人所在室内的物理环境(房屋及其摆设等),每个人坐在哪儿、站在哪儿、走路的速度、非语言的交流、几个人之间的目光交流等,都传递着主要细节信息,思想政治教育者从中会有重大的发现。

二是由于人的态度是通过行为表现出来的,大学生在思想政治理论课堂中的行为表现能反映出其对该课程的态度。因此,收集大学生在思想政治理论课上的所有行为表现。

三是对大学生在思想政治理论课上的所有行为表现,分为积极态度的行为表现和不积极态度的行为表现。

四是通过比较分析大学生在思想政治理论课上积极的行为表现和不积极的行为表现,确定大学生在思想政治理论课堂中积极行为和不积极行为的概念。

五是对概念进行操作化分解过程，即细化过程。

六是对每个细化的内容进行编码，以此作为结构观察表格中题干的基本内容，如积极行为表现：目光注视教师、认真记笔记、积极发言、无多余体语动作、在讲台前展示自己的作业或思路；消极行为表现：目光移向教师之外的地方、不记笔记、睡觉、多有体语、吃食物、戴耳机、交头接耳说笑、走动、与他人有身体接触、看其他书籍等。

第二，采用结构式现场观察的技巧。

一是将上述大学生在思想政治理论课堂中积极行为和不积极行为的概念及其细化内容，制作成结构观察表和观察卡片（见表7-2）。

二是选定对某高校某班某节思想政治理论课的课堂现场，实施局外观察记录。

三是对记录进行分析，从中发现问题。

表7-1　观察分类表

局内 ＼ 局外	自然现场	实验室
非结构观察	现场非结构式观察	实验室非结构观察
结构观察	现场结构式观察	实验室结构式观察

表7-2　大学生在思想政治理论课堂上的行为表现表

行为类别	行为表现	行为数	百分比
积极行为表现	目光注视教师		
	认真听课或做笔记		
	积极发言		
	无多余体语动作		
	讲台前展示自己的作业或思路		
消极行为表现	目光移向教师之外的方向		
	不记笔记		
	看其他书籍		
	睡觉		
	多有体语		
	吃食物		

行为类别	行为表现	行为数	百分比
	戴耳机		
	与他人有身体接触		
	交头接耳说笑		
	走动		

二、思想政治教育质性研究访谈技巧

在中国共产党悠久的思想政治工作历程中，谈话技巧是最具传统特色的技巧，也是有效的日常工作方法。在当今中国和平建设时期，访谈技巧仍然能传承思想政治工作的传统特色，发挥其功效。然而访谈技巧在现实应用中，存在着不规范的问题，如思想政治教育者未经过专业培训，依据个人经验实施访谈，其后果是谈话效果不佳，甚至是教育对象因不被尊重而受伤害，而访谈者却不自知。因此在思想政治工作中，科学而规范地运用访谈技巧，加强对思想政治工作者专业访谈技巧培训，有其必要性。

思想政治教育深度访谈技巧是解决教育对象思想问题的重要途径，是教育者与教育对象深入而广泛地交流和互动的过程。访谈技巧可以达到以下目的：一是深层次了解教育对象的信仰、理想、思想意识、思想认识、心理和行为的状况。二是了解教育对象的家庭、学校、人际群等生活环境的状况，从而收集相关思想资料。三是思想政治工作者在与工作对象的谈话中，对其进行思想政治、道德品质与行为、法治思想的教育。因此深度访谈技巧既能收集到一般的思想资料，也可以起到教育作用。思想资料和信息对开展思想政治工作有着较大的借鉴价值。更为重要的是在访谈过程中，改变着教育对象的思想观念和自我认知，因此思想政治教育访谈本身也是思想政治工作技巧之一。

（一）思想政治教育质性研究访谈的原则与要求

思想政治教育访谈技巧的运用需要遵循一定的原则，主要包括"基本原则"和"操作要求"。"基本原则"是从宏观角度要求思想政治教育者在访谈中必须具有的基本立场。事实上，"基本原则"也适用于其他思想政治工作之中。可以说"基本原则"的要求是思想政治教育者必备的基本素质。访谈是思想政治教育者与教育对象双方互动的过程，若使访谈高效而持续，教育者就要遵守访谈的内在规律。"操作要求"是从微观角度指导思想政治教育者的访谈技巧，具有较强的操作性。

1. 基本原则

基本原则是指思想政治教育者在访谈过程中，必须遵循的最本质、最重要的原则，也是思想政治教育者必备的基本素质。

（1）保密性原则。保密性原则指思想政治教育者要对教育对象的访谈资料保密。该原则既是职业道德的要求，也是进行有效访谈的重要条件。其要求如下：教育者有责任对访谈对象的谈话内容予以保密，访谈对象的名誉和隐私权应得到道义上的维护和法律上的保证。不在任何场合、不得向任何人谈论和公开访谈对象的隐私，除非征得访谈对象的同意。但是，如果访谈对象可能有潜在的和实际的危及他人或危及自己生命的想法，如自杀、他杀等，必须向上级领导汇报，与有关人员联系，采取保护措施。如果因会议、教学工作等特殊需要，不得不引用访谈对象的访谈资料内容时，也必须对材料进行适当的技术处理，即隐去全部可辨认访谈对象的真实信息，不得公开访谈对象的真实信息。

（2）价值中立原则。价值中立原则指思想政治教育者在与访谈教育对象互动的最初阶段，应保持不偏不倚的立场。价值中立是收集资料的手段，强调尊重与相信教育对象的价值和潜能。目的是确保访谈过程的顺利进行，并且确保收集访谈对象的思想资料是客观与公正的。在访谈的最初阶段是了

解情况和收集资料阶段,也是为教育对象提供宣泄思想和情绪的阶段。在这个阶段,教育者要保持中立原则。具体如下:

对访谈对象的语言、行动和情绪等给予充分的理解,不得把自己的善恶判断、私人情感、利害关系掺杂进访谈关系中,保持头脑清醒和冷静;不轻易批判教育对象,不把自己的价值观强加于教育对象;坚持不介入、不评价、不指令的基本思想。否则访谈效果不佳,甚至访谈中断。因为给予教育对象充分的理解是其自信的来源,在此基础上,才能帮助访谈对象分析自己的思想问题及其产生的原因,才能寻找解决问题的技巧。

思想政治教育者了解和掌握教育对象的思想资料之后,在分析思想政治问题和引导教育对象解决思想问题或思想转变中,是有思想政治判断的价值立场的,在教育对象愿意接受思想政治教育者的教育前提下(这一信任需要教育对象与教育者建立良好的互动关系),运用思想政治教育的理论、思想、事实给予引导。

思想政治教育者在访谈过程中,审时度势,巧妙灵活地运用访谈技巧,适时转换立场,引导访谈对象的思想转变,这是思想政治教育访谈与一般访谈的主要差异之处。

(3)主体性原则。主体性原则指思想政治教育者对教育对象的尊重,相信每一个教育对象都有自我完善、自我成长、自我实现的潜能。在访谈中,教育者以教育对象为中心,教育者充当"协助者"和"推动者"的角色,而不是"替代者""指令者""斥责者"的角色。尊重教育对象的意愿,是教育对象自愿获取教育者的帮助和访谈成功的前提,教育者遵循访谈的主体性原则的体现。

原则上说,访谈应出于教育对象的完全自愿,这是确立访谈关系的先决条件。但是教育者如果发现教育对象确实有难以解决的思想政治的认识问题,即便教育对象并没有主动寻求帮助,教育者也应该主动提出访谈要求。然而访谈不应该存在任何意义上的强制,以教育对象的意愿为主。教育对象在访谈中出现沉默现象、抵抗情绪等情况,教育者都不应排斥或训斥教育对象。

　　思想政治教育者访谈的目的是帮助教育对象自我发现思想问题及其根源，激发教育对象自身的勇气与智慧，去发现和面对思想问题，最后解决思想问题。因此，尊重教育对象的主观意愿是达到思想政治教育访谈目的的前题，尊重本身既是思想政治教育理念，也是原则。

　　（4）平等性原则。平等性原则是指思想政治教育者对待教育对象一视同仁的平等、尊重原则。不得因民族、性别、职业、地域、家庭、经济状况等方面而将教育对象区别对待；不能有身份的优越感，不得以权威自居或领导自居，居高临下对待教育对象；始终保持与教育对象处于平等的地位；避免教育者产生任何因身份上的差别而引起的主观臆断和权威压制，最大限度地维护和保障双方平等和谐的访谈关系。教育者与教育对象的平等关系，将有助于教育对象解决思想问题，并从中获得鼓励和信心。

　　2. 操作要求

　　（1）无条件积极关注要求。无条件积极关注要求指在访谈初期，教育者要对教育对象的每一个言行给予无条件积极的关注和尊重。原因如下：一是在访谈初期，教育者要了解和收集教育对象的思想资料，给予教育对象表达思想的自由空间，既表明教育者对访谈对象及其所述事实的尊重和鼓励，又是教育者了解教育对象思想情况的途径。二是教育者与教育对象之间的深度访谈关系，不是单一的外部指导或灌输的关系，而是一种启发与促进内部成长的关系，而让教育对象自由表达思想，是促进教育对象自我认识、自我改变的起点；三是教育对象的每一个言行都必定有其产生的缘由，都是教育者发现问题的线索。

　　思想政治教育者要注意以下三点：一是避免将访谈过程变成说教过程。教育者不是以道德权威的身份自居对教育对象进行随意施教。二是在访谈初期，不能通过任何具有表征性的言语、体语或行为进行有意或无意的、明示或暗示的道德评判。三是教育者要明确访谈的目的是帮助教育对象分析自己的思想问题，培养教育对象对世界、人生和社会有正确的判断和认知，以自信的心态确立人生理想信念,促进教育对象成长,教育者应将访谈目的贯穿于访谈始终。

（2）感情限定要求。访谈关系的确立是访谈工作顺利开展的关键。融洽的访谈关系会增进双方的思想沟通和情感亲近,但是教育者要与教育对象在情感上作出限定,如在访谈结束后,若教育对象对教育者提出进一步拉近关系的善意要求,例如:教育对象说:"我们一起吃饭好吗?""到我们家乡这里来玩吧?"等,教育者要婉言谢绝。因为思想政治教育者与教育对象接触过密,会妨碍教育对象表达思想,容易使教育者失去客观、公正判断事物的能力;原则上,教育者与教育对象避免访谈场所之外的更深入和更广泛的接触和交往。

（3）异同性要求。异同性要求指在访谈过程中,思想政治教育者既要注意教育对象与其他教育对象在思想上的共性规律,又要注意访谈教育对象的年龄、性别和个体的个性差异。要善于在同中求异、异中寻同,努力做到二者的有机结合与统一,要善于总结在异中求同过程中出现的经验,为将来的访谈积累丰富的实践经验。

（4）重大决定延期的要求。访谈期间,由于教育对象思想摇摆不定或情绪不稳,教育者应规劝教育对象不要轻易作出重大决定,诸如退学、退休、辞职、卸任、离职、结束恋情等,待访谈对象的思想稳定、情绪安定、心情平和之后,教育者在与教育对象讨论决定重大事情的条件、选择的利弊,以及决定的可能性与现实性,教育对象再作出决定;访谈活动必须慎重进行,以免发生意外。

（5）坚持性要求。坚持性要求指在访谈过程中,思想政治教育者充分认识到解决教育对象思想问题的艰巨性、复杂性、长期性和反复性,一次访谈不可能从根本上解决教育对象的思想问题。因此,思想政治教育者要有耐心,做好长期思想政治工作的准备,还要引导教育对象树立坚持不懈、不怕反复的信念,这样才有利于帮助教育对象真正解决思想问题。

（6）艺术性要求。艺术性要求指思想政治教育者在进行访谈的过程中要通晓访谈的理论和技巧，教育者要善于运用言语表达、情感交流和教育手段，促进教育对象的思想转化和行为的改变，以实现访谈的目标。

（7）时限性要求。时限性要求即指访谈过程必须遵守一定的时间限制。访谈时间一般规定为每次 1 小时左右。初次访谈通常时间会更短，因为初次访谈的主要目的是为了解情况，建立互信的访谈关系。限定访谈时间可以让教育对象有一定的安定感，使教育对象能够珍惜并有效利用这一时间。

（二）思想政治教育质性研究访谈的具体技巧

1. 倾听的技巧

倾听是教育者必备的谈话技术，倾听在谈话中有特殊意义。倾听表示思想政治教育者对教育对象无条件的尊重，可以启发教育对象谈出自己的思想认识问题、情绪苦恼，以及个人经历与社会环境的关系，实现对形成思想认识困境因素的自我分析，探讨摆脱思想认识困境的途径。倾听是深度访谈常用的技巧，有以下七个方面：

（1）思想政治教育者要有兴趣地听、态度诚恳地听、耐心地听。思想政治教育者对教育对象的谈话内容要表示出极大的兴趣，表情温和地关注对方，这是向对方传递支持、鼓励、接纳信息的方式，也是尊重对方的表现。在访谈期间，教育者不能有多余的小动作，如跷二郎腿、抓耳挠腮、记录、摸头发、喝水、接电话、摆弄笔等；不能因教育对象所讲的"意外内容"而表现出惊讶、爱憎等神态和表情。

（2）思想政治教育者在倾听过程中注意判断、辨析实质性问题。教育者需要判断自己所听到的内容与教育对象所表述的内容是否一致的，必要时可采用重复技术验证信息；对于教育对象解释不清楚的信息应该请其澄清，把话题引向深入。当教育对象采用一些模糊词汇表述心情、想法和事件时，教育者应该要求教育对象对关键词汇加以解释，可以用重复的技巧问："是这个意思吗？"来确定教育对象所述信息的确定性。完整的细节有利于教育者进一步提取有意义的思想信息和分析问题。

(3)教育者要跟随访谈教育对象所讲的内容进行适当的探究。探究不是刺探，不要将太多的问题指向教育对象，即使是适宜的，也会引起教育对象变得抵触。同时太少的探究，又会纵使教育对象采用无意义的抽象性和概括性的表述，这种表述对访谈无益。

(4)善听是教育者的基本功，即教育者要能听出访谈教育对象的话外音和潜台词。思想政治教育者要注意区别言语背后的深层含义，不可仅仅停留在教育对象所表述的事件本身上，而是要分析出教育对象对事件的立场、态度、情绪和想法，从而找到事件背后的原因，便于解决问题。

(5)思想政治教育者应清楚已有的访谈内容和尚未访谈到的内容，对教育对象的精力和推动访谈的发展保持高度的敏感。还要及时地给予教育对象以非言语的反馈，即各种神情和体语的反馈。

(6)在访谈过程中，思想政治教育者要多听少说。要在分析问题和解决问题时适当提出带有引导性的问题，语气之中可以暗示着一些必要的期待，从而引导教育对象主动解决问题。要多提出带有开放性的问题，开放性问题不需要假定一个答案，而是让教育对象对自己的经历、想法等作以回答。之后，教育者再从这些经历和想法中提炼出问题的原因及实质。

(7)思想政治教育者不要打断教育对象的谈话。教育者遇到感兴趣的话题时，很可能会产生打断教育对象讲述的冲动，这无益于收集资料。正确的做法是应该用脑快速记下感兴趣的关键词，并继续跟随教育对象的讲述，以后再对此提问。这样才不会打断教育对象思路的连贯性。

2. 提问的技巧

提问与倾听一样是教育者必备的访谈技巧，好的问题会启发教育对象思索更深层的问题，并从中有所领悟问题所在或者获得新知。提问技巧如下：

(1)教育者的访谈提问可以分为封闭型提问和开放型提问。对于封闭型

的提问,对方只要用类似"是"或"不是"这样的词便可回答。开放型提问则无法用一个词来加以回答。譬如:

问:"几年级了?学什么专业的?"这句话就是封闭型提问。

下面这两句话属于开放型提问。

问:"能谈谈你对思想政治教育专业的看法吗?"

"你愿意说说宿舍人际矛盾产生的原因吗?"

思想政治教育者与教育对象交谈初期,教育者可以问一些封闭型的问题,以便过渡到用开放型的问题,这样有助于形成比较自然的交谈气氛。封闭型提问不宜过多,否则容易导致教育者与教育对象之间形成一种你问我答的对话格式,即应答式的谈话,不利于实现教育对象"打开自己思想"的访谈目标。过多的封闭型提问还容易导致教育对象产生责任转移的想法,即只是等着教育者提问,等着教育者来帮助解决问题。这不利于访谈效果,也容易引起教育对象的抵抗情绪。

(2)开放型提问尽量不要用"为什么?"问"为什么"是典型的开放型提问。但是在访谈过程中采用"为什么"的问法,容易使教育对象产生自己被质疑、被责备的想法和行为的暗示,容易导致教育对象的反感和烦躁。有两种技巧可以代替问"为什么"。一种技巧是问原因。譬如:

教育对象:"我不想看到领导这副面孔。"

教育者:"你说你不想看到领导这副面孔,可以说说原因吗?"

另一种技巧等于问了"为什么",那就是将访谈对象的话重复一遍,结尾语音用升调,譬如:

"你说你不想看到领导这副面孔?"

教育者重复教育对象的话,而且用升调结尾,可以表示自己在关注、倾听、同感教育对象的话,也体现了教育者的一种素养。用这样的方式来代替问"为什么",会产生积极的效果。

(3)善于运用积极暗示的语言来提问,教育者在提问的时候,应努力带着教育对象进入一种积极状况中。比如：教育对象在陈述情况时，提到了自己的能力比较差。

教育者不应问：

"你自己认为是什么原因导致你能力这么差呢？"

教育者应该问：

"你自己认为是什么原因导致你不能获得理想的能力呢？"

"理想的能力"相比较"能力差"，对人的影响效果有相当明显的区别。前者是指出了一种模式、一种目标，容易引起教育对象形成积极的体验。后者只是聚焦在问题中，定格了教育对象的缺陷。前者就是要帮助教育对象明确进取的目标，而且一个人看到目标，远比看到缺陷更加容易改变自身。又如：在访谈中，当一位受到家庭暴力的家庭主妇，向教育者诉说自己遭受家庭暴力的经历后，教育者不应问：

"你想过离婚吗？"

教育者应该待对方情绪平稳之后，问：

"我很理解你的感受，你愿意就刚才说的经历，聊聊你的想法吗？"

两种问话代表不同的含义，前者"你想过离婚吗？"的问话，不是中立性地问话，而是带有诱导、暗示教育对象应该离婚的含义。其结果，或许教育对象因这句话而受到启发，萌生了离婚的想法；或许教育对象曾经有过离婚的念头，现在因受到启发，更倾向于离婚的想法。因此教育对象由教育者诱导、暗示而引起的想法，并不是访谈对象原本的想法，那么教育者的问话属于"无关变量"，缺乏效度。教育对象之后的叙述，不能作为访谈资料。后者的问话是中立性的问话，不含有引导、暗示的含义，同时"我很理解你的感受"有通情效应，拉近双方的情感。

（4）思想政治教育者避免判断性提问，善用比较性提问。判断性提问往往用的是一个判断性陈述句，然后再加上一个无疑而问的句尾。譬如：

"你们领导这么关心你，你这样发脾气应该吗？"

"这种想法是错误的,我认为应该……你说是不是？"

这样的问话很难取得良好的效果,因为其中的道理教育对象多半都是懂的,根本无法触动教育对象的原有思想,也就无法使其发生真正的思想改变。

3. 鼓励和重复的技巧

鼓励是访谈常用的技术,指在教育对象说话时,思想政治教育者用简短语言表示认同,如"嗯……嗯""噢""是这样"或"后来呢？"表示鼓励对方进一步讲下去和强调对方所讲的某部分内容。这是最简单的技巧之一,正是这一简单的技巧,可以使教育者得以进入教育对象的精神世界。

重复语句是鼓励对方的有效反应方式,表明教育者对教育对象的关键词语表述的关注。通过这样的鼓励,可引导教育对象的谈话向着某一方向的纵深进展。

思想政治教育者要注意运用自己的体语,如专注于对方的神情,倾听的姿势以及点头示意等,这是对对方谈话的无声鼓励,而点头所表示的含义就更为明确了。

4. 说明语句运用的技巧

说明语句的运用是指在谈话中,思想政治教育者对教育对象所讲的主要内容及其思想实质进行复述和实质性的说明。具体如下:

(1)教育者可以用自己的词汇对教育对象的话进行复述,但某些带有敏感性的词汇和一些重要的词语仍以用教育对象用过的词汇为宜。

(2)说明语句可以帮助教育者检查自己对教育对象的思想问题的理解程度,把教育对象分散讲出的事情联系起来。教育者的说明语句也给了教育对象以重新解释和认识自己思想的机会,同时也是教育对象重新探索自己的思想问题和重新思考事物之间的关系,以及深化话题内容的机会。

(3)教育者对问题本质的说明及对关键观点的重复,对于某些需要对一些困难的问题作出选择的教育对象,可能更为有益。譬如:

教育者:"我想你刚才说了那么多,主要意思就是你希望自己无论做什么都能做好，让领导们都觉得自己挺聪明、挺能干、喜欢自己，对吗？"

教育对象："嗯，差不多吧，我什么都想做得让领导满意。"

教育者："愿做一个完美的、领导满意的人？"

教育对象："嗯（点头）。"

在这里，教育者两次发言都是用了说明语句。第一次是对教育对象之前的大量谈话内容进行总结，其语句中"让领导觉得自己挺聪明""挺能干""喜欢自己"中，都是教育对象的原话。从中可见，教育者的第一次说明使教育对象也对自己的问题作了进一步的思考，教育对象进一步解释自己的想法说："我什么都想做得让领导满意"，这是教育对象对自己问题的实质进一步思考的结果。教育者的第二次说明，使访谈双方对教育对象问题的实质的认识，有了进一步的深化。

（4）在初次会谈中，说明语句对了解和收集教育对象的思想问题资料都极为有效。教育者可以据此检查自己对教育对象所叙述的事实的理解程度，澄清、确认一些关键的信息与线索，为进一步的访谈打下坚实的基础。

5. 感情反映技巧

思想政治教育者运用感情反映技巧，可以获得探究教育对象的感情卷入程度的信息。一般而言，教育对象的感情反映用如下语句："你觉得……""你心里感到……"这需要教育者要对人类丰富的情感有较好的认识，要能够比较正确地定义某些常见情绪、情感，例如：愤怒、恐惧、高兴、悲哀、孤独感等。

有些教育对象可能根本说不清其复杂而丰富的内心情感体验，也有些教育对象只叙述了某件事，并没有说出他们的主观情绪体验，但是教育者应具备感受到对方内心强烈情绪的能力，在此情景下，教育对象需要教育者能够较准确地对这些情感进行反映，甚至说清对方说不清的情绪体验。能做到这一点，教育对象会深切地体验到被人理解的感受，从而产生改变思想认识的信心。

6. 影响的技巧

影响的技巧主要包括解释、指导、提供信息或忠告、自我暴露、反馈等。影响技巧对于思想政治教育者改变教育对象的思想状况尤为重要。具体如下：

(1)解释。解释是最重要的影响技术，解释能给教育对象提供一种新的思想认识视角，从而使其世界观发生变化。需要说明的是，教育者运用说明、对感情的反映等技术，是从教育对象角度出发；教育者运用解释的技术，则是从教育者自己的角度(有立场的角度)出发。当教育者给予教育对象解释其想法时，会使对方有豁然开朗的感受，有助于教育对象思想的转变。在一次访谈中，运用两个或三个得当的解释技巧是最大的限度，解释技巧应用过多可能会使教育对象否认教育者观点的情况发生。

(2)指导。指导是指思想政治教育者指导教育对象做某事，以便改进教育对象的感受与认知。主要有以下方面：

第一，指导言语的改变。例如：教育者说："请把你所说的'我应该怎样'改为'我希望怎样'"，"把'我不能成功了'改成'我有可能成功'"。改变教育对象的认知，才能改变其行为。上例中的"应该"与"希望"的区别在于，前者有外在要求做某事的要素，后者有发自内心做某事的要素。两个词给人的情感体验有明显的差异，"应该"一词意味着约束、限制，使人的思维停留于眼下的规则；"希望"一词意味着未来，使人视野开阔，易调动教育对象想象的潜能，激发教育对象实现人生目标可能性的信心。上例中，将"不能成功"变为"可能成功"，是将负方向词语转为正方向词语，它会给教育对象带来积极向上的体验，因为语言是思维的外壳，有什么样的语言(包括内语言和外语言)，就有什么样的思维。负向语言会产生负面思维和感受，会使人信心不足，相反，正向语言会产生积极向上的思维和感受，会有助于形成人的自信心。因此正向语言将有效促进教育对象的思想转变。同样，从行为入手进行改变，也会对教育对象的认知产生影响。

第二，指导新的体验。如果教育对象是学生且有学习困难的话，一方面，教育者会建议学生修改日常学习计划、劳逸结合、坚持体育锻炼等；另一方面，教育者要做角色性指导。具体方法：教育者可以让教育对象扮演自己学习困难时的情境，教育者在具体情境中有针对性地指导教育对象，使教育对象在情境中有新的认识。其后，教育者让教育对象在一段时间内，以不同于他们原来的角色出现，以此让教育对象获得不同以往的新体验、新认识。

（3）信息与忠告。信息与忠告是指思想政治教育者借助为教育对象提供建议、忠告时，给予教育对象指导性的思想信息，或为教育对象提供具有指导意义的思想、观点等，以帮助教育对象。在教育者向教育对象提出忠告时，要注意忠告的措辞，避免措辞生硬而使对方产生抵触心态。例如可以采用这样的词句："如果那样的话可能会对你更好""如果我是你的话，我可能会……"等。而这样委婉的话语易于被对方接受，进而可能对教育对象产生影响。

但是需要注意的是，忠告或建议不要使用过多，否则会失效，应慎重使用这些技术。在大多数情况下，当教育对象征询教育者的意见、建议时，再给予忠告，一般教育者不应主动提出过多的建议。

（4）自我暴露。自我暴露是指思想政治教育者把个人的有关信息讲出来，使教育对象分享自己的经验的影响技术。自我暴露有助于教育者与教育对象建立相互信任和开诚布公的良好关系。若教育者在自我暴露中，适当提供一点自己与教育对象有相同的经历的话（但不宜过多），教育对象会感到更多的共情、温暖和信任。自我暴露会使教育对象感到教育者有吸引力，也会提高教育对象积极参与访谈的兴趣。自我暴露有两种形式：一种是向教育对象表明自己对其言行的体验；另一种是告诉教育对象自己过去的情绪体验经历与经验。但是应注意教育者的自我暴露要简明扼要。

（5）反馈。反馈是指教育者为教育对象提供自己或他人怎样看待教育对象的问题的特殊信息。应用反馈技巧的目的，是帮助教育对象开阔眼界，看看其他人是怎样想、怎样处理同类状况的。通过这样的方式，为教育对象提供不同的感知和思维模式，以达到影响教育对象的目的。

（三）思想政治教育质性研究借鉴问卷设计技巧

本章之所以要涉及量性研究中的问卷技巧，理由如下：一是目前学界科学研究最好的方式是量性研究与质性研究相结合，思想政治教育的科学研究也不例外，此处需要介绍以思想政治教育为研究内容的问卷设计技巧及其演绎思维，对思想政治教育质性研究技巧的理解有一定的意义。二是质性研究通常采用访谈、观察等技巧收集文本资料，以访谈为例，通过归纳法对访谈文本资料进行分析，建立模型，发现理论；而问卷调查是量性研究通常收集资料所采用的技巧，通过对问卷数收集的据进行分析，得出推向全体的概率性结论。问卷研究的思路是演绎法，质性研究的思路是归纳法，二者虽然设计思维不同，但有异曲同工之效。演绎思维方式与归纳思维方式是相辅相成的关系，因此质性研究者应该了解问卷调查技巧的设计思路，以利于弥补质性研究中的不足，以及用以验证质性研究的结果。

1. 社会调查研究中的问卷技巧概述

（1）问卷（Questionnaire）。问卷是社会调查中收集资料的一种测量工具，用于收集人的行为、态度和社会现象特征的工具。问卷分为自填式问卷和访问式问卷两种形式。自填式问卷是调查对象自己填写问卷，访谈式问卷是访谈员按照问卷问调查对象问题，并根据调查对象的回答填写问卷。事实上，有些问卷的题干是可以为思想政治教育质性研究收集资料时所借鉴的。

（2）问卷结构。一是封面信。封面信是一封致调查对象的短信，主要用于向调查对象介绍调查者和调查的目的、调查者身份、问卷的主要内容、调查对象抽样的方式、结果保密承诺等信息，使调查对象清楚问卷信息，这不仅是调查对象的需求，也是调查者的道德要求，同时封面信也关系到调查对象是否愿意合作，以及问卷调查结果的质量。封面信要短小精炼、言简意赅，体现出调查者对调查对象的真诚与尊重态度。二是指导语。指导语是用来指导调查对象如何填写问卷的解释与说明，如同使用说明书。三是问题与答案卷是主要内容,问题分为开放式和封闭式两大类,开放式问题(Open-ended Question)是没有具体答案的问题,调查对象根据自己的情况作答,例如:

"你喜欢什么样的校园文化环境?"

"你认为在图书馆里有哪些行为是道德的?"

封闭式问题(close-ended question)有若干答案的问题,由调查对象根据要求自主选择,例如:

"你看到有人在路上摔倒了会上前帮助吗?"

A. 会帮助　B.视情况而定　C.不会帮助　D.不知道。

编码与数字转换。为了统计的方便,封闭式问卷需要编码即赋予每个问题和答案一个数字作为代码,例如:

A1 您的家乡:①乡村　②城镇

A2 您的家庭成员人数:①2人　②3人　③5人　④5人以上

上例中的 A1、A2 是问题的代码,A1 题中的乡村,代表数字 1,城镇,代表数字 2。A2 中的答案数字以此类推。编码在问卷设计时就编好了。

(3) 问卷设计的依据。问卷要依据研究的问题和所要测量的变量而设计,要紧密结合调查的目的,目的决定问卷的内容和形式。依据调查者的需要,问卷内容的设计尽可能符合样本的构成即接近调查对象的特征、兴趣、轻松感需求、生活状况,选择适合调查对象的语言表达;依据问卷的运用与分析的方式,定量研究方式多用封闭式问题,定性研究方式多用开放式问题。

(4)问卷设计的流程。一是探索性工作。探索性工作是指思想政治教育者先通过观察并与调查对象交谈了解其基本情况,为设计问卷中的问题和答案奠定初步认识基础。二是设计问卷初稿。设计问卷初稿的具体技巧有卡片法和框图法。第一步,卡片法是在探索性认识的基础上。把每个问题写在卡片上,按照卡片上的问题内容分类(相同内容为一堆);把每类卡片排序;根据问卷的整体构思,把各类(各堆)卡片排序,最后把各类卡片的整体排序誊写到纸上。第二步,框图法是根据假设和资料内容在纸上画出问卷的各个部分及其前后顺序的框架;具体按照顺序写出每部分中的问题和答案;检查补充和调整问题和答案;转誊到另一张纸上作为问卷初稿。若在计算机上操作,其过程与纸质是一样的。三是试测验。试测验指将问卷初稿在随机抽取的小样本(30人以下)中进行测验,之后对结果进行客观检验和主观评价分析,找出问题,调整、修改问卷初稿。注意几个问题:回收率、有效回收率、填写错误(含问题表达内容和形式不清)、填答不完全。四是问卷定稿和印刷。在上述步骤之后就可以定稿并印刷了。

思想政治教育质性研究的设计思路可以借鉴上述调查问卷设计的步骤。

2. 思想政治教育问卷设计技巧借鉴

思想政治教育问卷技巧是收集思想政治教育研究的相关信息和资料的重要途径,为思想政治教育研究和活动服务。思想政治教育是了解教育对象的思想政治状况和进行思想政治教育活动状况,以解决思想政治问题为主要目的,而人的思想政治问题往往有不可视性,即不能直接被看到,要通过间接的方式,才能获得思想政治信息。问卷技巧或访谈技巧恰是能满足间接获得思想政治信息的需求,因此问卷技巧是思想政治教育研究的有效工具和常用技巧,也是思想政治教育者必备技巧。而问卷法设计的思路及其技巧,对于思想政治教育质性研究者在设置调查问题中,有一定的借鉴价值。

(1)思想政治教育问卷设计中的问题形式与分析

填空式:例如:

请问您家几口人? ＿＿＿＿＿＿口。

二项选择式:简单明了的回答问题,但信息少,是非此即彼的答案,无法测出持中立立场人的态度。例如:

你信仰马克思主义吗? 信仰( ) 不仰信( )

多项选择式:是常用的形式,答者根据自己的选择回答两个以上的问题,分为多项选一式、多项限选式、多项任选式、多项排序式,答案可作频数统计和交互分析,但要保证答案的穷尽与互斥。例如:

"您认为一名领导干部最主要的三个素质是什么？"(请按序号填在表内)

第一重要	第二重要	第三重要

①大公无私　②理论水平高　③有社会责任感　④公平公正　⑤有创新意识　⑥以身作则　⑦关心群众　⑧思维敏捷　⑨业务能力强　⑩其他(请写明)

矩阵式和表格式:两种表现方式实质上是一致的,将同一类问题集中在一个矩阵或一个表格中表达出来(见7-3)。该方式呆板,尽可能少用,例如:

"在你们学校的思想政治理论课上,下列现象严重吗？"(请在适当的表格内划√)

表7-3　思想政治理论课调查矩阵表

	很严重	比较严重	不太严重	不严重	不知道
1.迟到					
2.早退					
3.请假					
4.旷课					

以上问卷调查设计的问题,简单明了,便于思想政治教育质性研究者在设计访谈问题时,选择简单明了的封闭性问题,获得信息。

(2)思想政治教育问卷表达方式的设计

➢ 问题尽可能简单和简短。

➢ 避免出现双重意义的问题和双重否定,例如:

你赞成还是反对见义勇为和拾金不昧的行为？

你不喜欢不信仰共产主义的人吗？

➢ 避免使用抽象概念、专业用语、俚语、缩写。

➢ 避免情绪化的语言和声望偏见,例如:

某人的不道德行为令人震惊。

备受尊敬的某领导。

➤ 避免引导性问题,例如:

你是否投票给王局长了?

➤ 避免超过答者能力的问题,例如:

四个月前你一天读过多少页的《马克思传》?

➤ 避免错误假设,例如:

你什么时候能对老师能有礼貌?(假设答题者对老师有不礼貌的行为)

➤ 避免遥远未来的想法的问题,例如:

你大学毕业安定下来后,会继续学习马列原著吗?

➤ 避免程度不平衡的问题,例如:

你发现班里同学的见义勇为行为是很多、很好、比较好、还是一般?

以上思想政治教育问卷表达方式的设计,有助于思想政治教育质性研究者在设计访谈问题中,避免出现上述错误的话题。①

(3)思想政治教育问卷设计的问题数量与顺序

思想政治教育问卷调查主要是围绕研究主题,设计了解教育对象的政治思想、道德思想、政治态度、政治观点、法治意识及其引起的行为等方面状况或问题作为问卷内容。思想政治教育问卷与一般的生活问卷不同,相对内容含量深刻而复杂,问题需要答题者按照自己的价值观思考、判断后才能回答。因此,在问题的数量和顺序安排上应符合思想政治教育研究的特点。一是问题要简单清楚且集中,不宜过大,一般问题数量以答题者在 30 分钟内完成为准即可。二是思想政治教育问卷设计的顺序以先易后难、先简后繁、先轻松后紧张、先熟悉后陌生、先公共后隐私、先行为后态度和观点、先封闭后开放的排序安排。

---

① 如何制作好调查题目,可参见:[美]劳伦斯·纽曼著:《社会研究方法——定性和定量的取向》,郝大海译,中国人民大学出版社,2012 年,第 344~345 页。

思想政治教育者不仅要有思想政治教育理论基础知识和丰富的社会经验，而且还需要掌握调查研究的知识和高质量的问卷设计技巧，达到问卷设计的良好水平。具体如下：问卷有较好的效度和信度、研究目的和内容清晰、问卷适合调查对象、问卷设计少而精、较好的语言表达等。熟悉思想政治教育的问卷设计技巧，有利于理解思想政治教育质性研究技巧分设计与实施。只有熟练运用思想政治教育问卷技巧，才能有效地进行思想政治教育的研究，有效地发现问题、分析问题和解决问题。

以上思想政治教育问卷表达方式的设计，对于思想政治教育质性研究者在调查设计问题的数量和问题的前后排序中，有积极借鉴意义。

下篇：解释与理解大学生的思想状况

第八章 两种方式对大学生思想政治状况
调查的比较

关于大学生思想政治状况调查的方式有两种，即量性研究和质性研究。这两种方式有着截然不同的特点、操作程序和方法。有关量性研究与质性研究之间的差异与联系在第二章中已经讨论过了，此处不再从理论上赘述。本章只是从实践的角度来描述采用量性研究和质性研究两种方式在大学生思想政治状况调查中的特点及其调查结果，以期对两种方式的调查结果进行比较研究。

大学生群体是指在大学四年制学习的约 18~22 岁的青年群体（本书中也包括部分在大学继续接受两年/三年教育、约 22~25 岁的研究生）。陈秉公认为思想即人的思想意识，是高度组织起来的特殊物质即人脑的机能和属性。思想意识，包括的范围很广，它涵盖了意识中的全部感性形式和理性形式，主要指意识中的概念、判断、推理及现象思维等理性形式，思想意识是形成人动机和行为的主导力量。[①]

所谓思想是主体对自身的社会存在及其与周围客观世界关系的主观反映，是为了适应主题生活的需要，在社会实践中通过大脑对输入的外界信息自觉进行整合后的产物。它属于精神、意识现象的一部分，但不是他们的全部；而理性认识又是人的思想的一部分，人的思想还包括许多感性认识。[②]

---

① 参见陈秉公：《思想政治教育学原理》，高等教育出版社，2006 年，第 101~102 页。

② 参见许志远：《现代思想政治教育学范畴研究》，人民出版社，2009 年，第 357 页。

一、采用量性研究方式对大学生思想政治调查的分析

教育部每年在京、津、沪、浙、赣、鄂、粤、滇、陕、豫、鲁、黑、宁、川、新 15 个省(自治区、市)和新疆生产建设兵团所开展的大学生思想状况滚动调查工作。该大学生思想政治状况滚动调查基本上是以调查问卷为主要方式,辅之以座谈和访谈方法。调查报告是以问卷调查的百分比数据为主要分析依据,调查结果基本上涵盖了当前大学生思想政治状况的宏观趋势,对于国家掌握大学生思想动态起着极大的作用。可以说目前最具权威性的大学生思想政治状况的实证调查依据莫过于教育部每年的问卷调查了。下面以2011—2015 年教育部在京、津、黑、沪、浙、赣、鲁、豫、鄂、粤、川、滇、陕、宁、新15 个省(自治区、市)和新疆生产建设兵团开展的大学生思想政治状况滚动调查为例,对量性实证调查研究进行分析。

(一)2011—2015 年对大学生思想政治量性调查的基本特征

2015 年是教育部在京、津、沪、浙、赣、鄂、粤、滇、陕、豫、鲁、黑、宁、川、新15 个省(自治区、市)和新疆生产建设兵团开展对高校学生进行思想政治状况滚动问卷调查第 24 年了①。问卷调查是量性研究的主要方法之一,有其自身的特点。下面以 2011—2015 年五年间教育部对高校学生进行的思想政治状况滚动调查为例,分析实证调查在大学生思想政治调查中的基本特征。

1. 2011—2015 年教育部对高校学生进行思想政治状况滚动调查的基本情况

2011—2015 年教育部对高校学生进行思想政治滚动调查的基本情况(见表 8–1)如下:

---

① 参见《2015 年高校学生思想政治状况滚动调查表明大学生思想主流持续积极健康向上》,中央政府门户网站:www.gov.cn,2015 年 5 月 31 日。

2011 年教育部在京、津、沪、浙、赣、鄂、粤、滇、陕、豫、鲁、黑、宁、川、新 15 个省(自治区、市)和新疆生产建设兵团开展了对 140 所高校两万五千余名学生的政治思想状况进行了滚动问卷调查①。

2012 年教育部在京、津、黑、沪、浙、赣、鲁、豫、鄂、粤、川、滇、陕、宁、新 15 个省(自治区、市)和新疆生产建设兵团进行调查,同时在上海开展了网络调查。这一年调查的高校数据②和调查对象的数据不详。

2013 年教育部在京、津、黑、沪、浙、赣、鲁、豫、鄂、粤、川、滇、陕、宁、新 15 个省(自治区、市)和新疆生产建设兵团进行调查,共有 146 所高校 25400余名学生参与了问卷调查,1080 余名学生参与了座谈和访谈,同时在上海开展了网络调查③。

2014 年教育部在京、津、黑、沪、浙、赣、鲁、豫、鄂、粤、川、滇、陕、宁、新等 15 个省(自治区、市)和新疆生产建设兵团开展调查,共有 148 所高校 25400余名学生参与了问卷调查,1080 余名学生参与了座谈和访谈,上海、福建等地 10 所高校 25400 余名学生参加网络在线调查④。

2015 年受教育部委托,全国大学生思想政治教育发展研究中心于 2015 年 1~5 月开展了相关调查。调查采用网上调查与网下调查相结合、问卷调查与座谈访谈相结合的方式进行。网下调查继续在京、津、黑、沪、浙、赣、鲁、豫、鄂、粤、川、滇、陕、宁、新 15 个省(自治区、市)和新疆生产建设兵团进行,共有 154 所高校的 25400 余名学生参与问卷调查,1080 名学生参与座谈访

---

① 参见《2011 年高校学生思想政治状况滚动调查表明:大学生思想主流积极健康向上》,《中国教育报》,2011 年 6 月 4 日。

② 参见《2012 年高校学生思想政治状况滚动调查表明:大学生思想主流继续保持良好态势》,《中国教育报》,2012 年 6 月 4 日。

③ 参见《2013 年高校学生思想政治状况滚动调查表明:大学生思想主流持续积极健康向上》,《中国教育报》,2013 年 6 月 3 日。

④ 参见《2014 年高校学生思想政治状况滚动调查表明大学生思想主流积极健康向上》,中华人民共和国教育部门户网站:http://www.moe.edu.cn,2014 年 5 月 26 日。

谈。网上调查通过教育部"易班"发展中心进行,共有97所高校的2407名学生参与。①

表8-1 2011—2015年教育部对高校学生进行思想政治滚动调查的基本情况

数量 \ 时间	2011年	2012年	2013年	2014年	2015年
高校	140所	不详	146所	148所	154所
学生	25000人	不详	25400人	25400人	25400人

2. 2011—2015年教育部对高校学生进行思想政治状况滚动调查的特点

教育部在京、津、黑、沪、浙、赣、鲁、豫、鄂、粤、川、滇、陕、宁、新15个省(自治区、市)和新疆生产建设兵团开展的大学生思想政治状况滚动调查,其调查报告体现了概括性、宏观性的宏大叙事特点。宏大叙事(Grand Narrative)是相对于微小叙事相对应的叙事形式,主要指有明确的主题和完整、全面的叙述方式,它与总体性、共识性、普遍性等内涵有相似之处。它具有概括性、主题性、目的性、连贯性、统一性和政治性特征,是某种世界观和意识形态的权威化、合法化的表现,与国家和政党的社会治理内涵,以及社会政治理想和社会发展的当前形势有着密切的联系。

2011—2015年教育部在京、津、黑、沪、浙、赣、鲁、豫、鄂、粤、川、滇、陕、宁、新15个省(自治区、市)和新疆生产建设兵团开展的大学生思想政治状况滚动调查,其调查报告的题目、结果表述和具体内容都体现了宏大叙事的特征。

第一,综观2011—2015年教育部在京、津、黑、沪、浙、赣、鲁、豫、鄂、粤、川、滇、陕、宁、新15个省(自治区、市)和新疆生产建设兵团开展的大学生思想政治状况滚动调查,其调查报告的题目体现了概括性、主题性、政治性的宏大叙事特征。如:

---

① 参见《2015年高校学生思想政治状况滚动调查表明大学生思想主流持续积极健康向上》,中央政府门户网站:www.gov.cn,2015年5月31日。

2011 年的题目:"大学生思想主流积极健康向上"。

2012 年的题目:"大学生思想主流继续保持良好态势"。

2013 年的题目:"大学生思想主流持续积极健康向上"。

2014 年的题目:"大学生思想主流积极健康向上"。

2015 年的题目:"大学生思想主流持续积极健康向上"。

上述五个题目所表现的宏观叙述特征,一是题目包含了对调查对象整体性思想政治状况和趋势状态的概括,如"大学生……""继续""持续"。二是报告题目具有价值判断的特征,如"积极健康向上""保持良好态势"等表达是一种肯定判断的描述。三是具有政治性立场特征。如报告所采用的"主流"一词,显然是以中国共产党的意识形态作为评价主流的标准,而且"主流"一词标志着权威性、合法性是所有题目共同出现的词,体现了统一性。这表明标题有较强的政治性立场特征。综上所述,从报告的题目中可见是采用了概括性、立场性、政治性、统一性的价值判断,而不是陈述判断。

第二,综观 2011—2015 年教育部在京、津、黑、沪、浙、赣、鲁、豫、鄂、粤、川、滇、陕、宁、新 15 个省(自治区、市)和新疆生产建设兵团开展的大学生思想政治状况滚动调查,其调查报告在前面总结部分,对调查结果用了概括性表述形式进行了概述,体现出宏大叙事特点(见表 8-2)。具体如下:

2011 年,调查报告在前面的总结部分,用了 229 个字概括了调查结论的基本内容,具体如下:当前高校学生思想主流继续保持积极健康向上的良好态势。广大高校学生坚决拥护党的领导,高度认同中国特色社会主义理论体系,对中国共产党成立 90 年来带领中国人民取得的辉煌成就给予高度肯定。高校学生的理想信念更加坚定,爱国热情持续高涨,社会责任感显著增强,道德素质和现代文明素质明显提升,充分表明当代大学生正在成为中国特色社会主义共同理想的坚定信仰者、社会主义核心价值体系的积极践行者、社会和谐稳定的热情维护者,是大有作为、大有希望的一代,是党和人民完全可以信赖的一代。①

2012 年，调查报告在前面的总结部分，用了 128 个字概括了调查结论的基本内容，具体如下：调查表明，广大高校学生坚决拥护党的领导，坚持中国特色社会主义道路，拥护我国基本经济政治制度。广大学生高度认同'科学发展观是发展中国特色社会主义必须坚持和贯彻的重大战略思想'，对未来'中国特色社会主义事业进一步发展，综合国力增强，国际地位提高'表示充满信心。②

2013 年，调查报告在前面的总结部分只用了一句话概括了调查结论的整体内容：广大高校学生高度信任并拥护以习近平同志为总书记的新一届中央领导集体，对实现中华民族伟大复兴中国梦充满信心。③没有了更多宏大叙事的表述，而是直接进入调查主题，这是务实文风的新变化。

2014 年，调查报告在前面的总结部分，用了 123 个字概括描述了调查结论的基本趋向：调查显示，广大高校学生坚决拥护中国共产党的领导，拥护社会主义制度，对中国特色社会主义道路自信、理论自信和制度自信进一步提升，对实现中国梦充满信心。高校学生高度认同"中国共产党是中国特色社会主义事业的领导核心"和"必须坚持走中国特色社会主义道路"。④

2015 年，调查报告在前面的总结部分，用了 96 个字概括描述了调查结论的基本内容，具体如下：调查显示，高校学生充分信赖以习近平为总书记的党中央治国理政能力，高度认可"四个全面"战略布局，对 2014 年党和政

---

① 参见《2011 年高校学生思想政治状况滚动调查表明：大学生思想主流积极健康向上》，《中国教育报》，2011 年 6 月 4 日。

② 参见《2012 年高校学生思想政治状况滚动调查表明：大学生思想主流继续保持良好态势》，《中国教育报》，2012 年 6 月 4 日。

③ 参见《2013 年高校学生思想政治状况滚动调查表明：大学生思想主流持续积极健康向上》，《中国教育报》，2013 年 6 月 3 日。

④ 参见《2014 年高校学生思想政治状况滚动调查表明大学生思想主流积极健康向上》，中华人民共和国教育部门户网站：http://www.moe.edu.cn，2014 年 5 月 26 日。

府工作纷纷点赞。高校学生对党和政府过去一年的工作普遍给予充分肯定，满意度持续保持高位。①

表8-2　2011—2015年高校学生思想政治滚动调查报告中调查结果内容表

数量 ＼ 时间	2011 年	2012 年	2013 年	2014 年	2015 年
概括字数	229	128	52	123	96
概括内容	党的领导，社会主义特色理论体系，90年来党的成就，理想信念，爱国，社会责任，道德文明	党的领导，社会主义道路，经济政治制度，科学发展，对国家的信心	对习近平领导的新一届中央领导的信心	党的领导，社会主义制度，对社会主义道路、理论和制度的自信，中国梦	对习近平总书记的信赖，"四个全面"的战略布局，2014年党和政府的工作

从表 8-2 的展示可见，2011—2015 年高校学生思想政治状况滚动调查中，其调查报告的结论内容呈现出概括性和趋向性的宏大述事（Grand Narrative）特点。具体表现如下：一是在五年的调查结果中都有相同的内容。即大学生对党的领导、社会主义制度、党和政府的工作等的态度。二是随着中国政治领导层的变化，对大学生思想政治状况调查的内容有所调整，即调整为大学生对新领导层的态度，如 2013 年调查内容的变化。但是有关大学生对党的领导和社会主义道路和理论的问题依然不变。可见对大学生思想政治状况的滚动调查既有多年不变的调查主题，即大学生对党的领导和社会主义道路和理论问题，又有调查内容随着新的政治形势的变化（如领导层的变化）而变化。

（二）2011—2015 年对大学生思想政治状况的调查内容

1. 2011—2013 年大学生对党和政府的工作态度调查

2011—2015 年教育部在京、津、黑、沪、浙、赣、鲁、豫、鄂、粤、川、滇、陕、

---

① 参见《2015 年高校学生思想政治状况滚动调查表明大学生思想主流持续积极健康向上》，中央政府门户网站 www.gov.cn，2015 年 5 月 31 日。

宁、新 15 个省(自治区、市)和新疆生产建设兵团开展的大学生思想政治状况滚动调查,其调查内容是用数字表明大学生对党和政府在一年内的大事记的观点。具体内容如下:

第一,2011 年的调查内容:广大高校学生充分信赖以胡锦涛同志为总书记的党中央,对党和政府一年来的工作给予高度肯定,特别对成功举办上海世博会、广州亚运会亚残运会等国际盛会,妥善应对玉树强烈地震、舟曲特大山洪泥石流等严重自然灾害,积极参与海地、巴基斯坦等国际救援行动等给予高度评价。

97.8%的学生对我国参与海地、巴基斯坦等国际救援行动感到'满意'或'比较满意',97.0%的学生对应对玉树、舟曲等严重自然灾害感到'满意'或'比较满意'。95.4%的学生对举办上海世博会、广州亚运会亚残运会感到'满意'或'比较满意',91.9%的学生认为这样的国际盛会有利于促进我国经济、社会、文化发展和对外交往,90.4%的学生认为这些活动展示了我国的综合国力,扩大了国际影响力。①

第二,2012 年的调查内容:91.4%的学生认为应该增强我国各族人民对伟大祖国、中华文化和中国特色社会主义道路的认同。95.6%的学生对'以推动科学发展、促进社会和谐、服务人民群众为主题,开展创先争优活动'工作表示认可;95.3%的学生对'启动城镇居民社会养老保险试点工作,2011 年试点范围覆盖 60%地区,2012 年基本实现全覆盖'工作表示认可;95.2%的学生对'中央扶贫开发工作会议研究决定率先在 680 个特困县市试点营养餐,实施农村义务教育学生营养改善计划'工作表示认可,对调查所列举其他工作认可度均高于 90%。②

---

① 参见《2011 年高校学生思想政治状况滚动调查表明:大学生思想主流积极健康向上》,《中国教育报》,2011 年 6 月 4 日。

② 参见《2012 年高校学生思想政治状况滚动调查表明:大学生思想主流继续保持良好态势》,《中国教育报》,2012 年 6 月 3 日。

第三，2013 年调查内容：98.9%的学生对"十八届一中全会选举产生以习近平同志为总书记的新一届中央领导集体"表示关注，广大高校学生对新一届中央领导集体印象良好，排在前三位的是"亲民""实干"和"务实"，此外，自信、坚定、朴素、清醒等选项也被许多学生用来评价新一届中央领导集体；95.8%的学生对"中央政治局作出关于改进工作作风、密切联系群众的八项规定"表示满意；93.4%的学生对"中国特色社会主义事业进一步发展，综合国力增强，国际地位提高"表示乐观。高校学生对过去一年党和政府的工作给予充分肯定，对调查所列举的 14 项重大决策部署的认可度均高于90%。

94.2%的学生表示关注"神舟九号与天宫一号成功对接，蛟龙号下潜突破 7000 米大关，第一艘航空母舰辽宁舰正式交付海军"；97.8%的学生对"国务院批准设立地级三沙市，管辖西沙群岛、中沙群岛、南沙群岛的岛礁及其海域"表示满意；96.4%的学生对"中国就钓鱼岛及其附属岛屿领海基线发表声明，对钓鱼岛及其附属岛屿开展常态化巡航监测，坚决维护钓鱼岛及其附近岛屿主权"表示赞同。①

第四，2014 年调查内容：91.2%的高校学生表示"实现中华民族伟大复兴，就是中华民族近代以来最伟大的梦想"。②92.7%的高校学生高度评价习近平总书记、李克强总理等党和国家领导人多次出访所作的外交努力，认为成果丰硕、亮点纷呈，开启了大国外交新征程。广大学生对新一届中央领导印象良好，"亲民""实干"和"廉洁"等给学生们留下的印象最为深刻。③

第五，2015 年调查内容：对调查所列举的 2014 年以来的 10 项重大决策部署均保持较高满意度，对"中央持续高压反腐行动"的满意度连续三年排在第一位。对全面深化改革、全面从严治党、全面依法治国表示乐观的学生

---

① 参见《2013 年高校学生思想政治状况滚动调查表明：大学生思想主流持续积极健康向上》，《中国教育报》，2012 年 6 月 3 日。

②③ 参见《2014 年高校学生思想政治状况滚动调查表明大学生思想主流积极健康向上》，中华人民共和国教育部门户网站：http://www.moe.edu.cn，2014 年 5 月 26 日。

占比分别为 84.7%、84.5% 和 81.9%。①

93.9% 的学生对"中国特色社会主义事业进一步发展,综合国力不断增强,国际地位明显提高"表示乐观。对"在重要领域和关键环节改革上取得决定性成果""党的创造力、凝聚力、战斗力进一步增强"等方面未来发展趋势持乐观态度的学生也保持较高比例。高校学生对调查所列的 10 项时事热点均表示高度关注,"设立国家公祭日、抗战胜利纪念日、烈士纪念日""昆明严重暴力恐怖事件""习近平系列重大外交活动"排在了关注度的前三位。在网络热词的筛选中,学生们对"习大大""中国梦"等网络热词印象深刻。②

2. 对大学生入党意愿的调查

2011 年,近八成的学生表示有入党意愿。高校学生对"十二五"时期我国经济社会发展表示乐观。98.1% 的学生对"中国特色社会主义事业进一步发展,综合国力增强,国际地位提高"表示"非常乐观"或"比较乐观",86.8% 的学生对"20 世纪头 20 年中国能够实现全面建设小康社会的目标"表示"非常乐观"或"比较乐观"。③

2012 年近八成的学生表示有入党愿望,与近年来的比例基本持平。将'追求理想信念'作为入党动机的学生比例比 2011 年高出 8.3%,连续 3 年排在入党动机的首位。④

3. 对大学生思想道德的调查

在 2012 年调查中,97.9% 的学生认同"社会主义核心价值体系是兴国之魂,是社会主义先进文化的精髓";98.7% 的学生认同"诚信是做人之本";97.8%

---

①② 参见《2015 年高校学生思想政治状况滚动调查表明大学生思想主流持续积极健康向上》,中央政府门户网站 www.gov.cn,2015 年 5 月 31 日。

③ 参见《2011 年高校学生思想政治状况滚动调查表明:大学生思想主流积极健康向上》,《中国教育报》,2011 年 6 月 4 日。

④ 参见《2012 年高校学生思想政治状况滚动调查表明:大学生思想主流继续保持良好态势》,《中国教育报》,2012 年 6 月 3 日。

的学生认同"青年是祖国的未来、民族的希望，也是我们党的未来和希望"。学生认同"大学生应当走在公民道德建设的前列""人生的价值在于奉献""在考虑利益问题时，应首先考虑国家利益和集体利益"等观点的比例也呈现逐年上升趋势。①

在2013年的调查中，97.3%的学生关注"最美教师"张丽莉、"最美司机"吴斌、"最美战士"高铁成等一批感动中国的先进典型，并立志向他们学习；90.2%的学生赞同"大学生应成为社会主义核心价值观的积极践行者"；97%的学生对"诚信是做人之本"表示赞同；"爱国热情""人际交往能力""诚信意识"是高校学生自我评价最高的三个方面；对于大学校园里的一些不文明现象和行为，绝大多数学生明确表示反对②。

在2014年的调查中，93.9%的高校学生认同"没有理想信念，理想信念不坚定，精神上"会"缺钙"，92.1%的高校学生认为"大学生应成为社会主义核心价值观的积极践行者"。97.6%的高校学生认可"诚信是做人之本"，93.2%的高校学生认同"人世间的一切幸福都要靠辛勤的劳动来创造"。参加志愿服务的学生比例达94.2%，比上年增长6.5%。③

在2015年的调查中，高校学生高度认同社会主义核心价值观。对"大学生应成为社会主义核心价值观的积极传播者和践行者""诚信是做人之本"没有理想信念，或理想信念不坚定，精神上就会缺钙等理念的认同度均在90%以上。爱国、敬业、诚信、友善等主流价值观已成为广大学生的价值遵循

---

①　参见《2012年高校学生思想政治状况滚动调查表明：大学生思想主流持续积极健康向上》，《中国教育报》，2013年6月3日。

②　参见《2013年高校学生思想政治状况滚动调查表明：大学生思想主流持续积极健康向上》，《中国教育报》，2013年6月3日。

③　参见《2014年高校学生思想政治状况滚动调查表明大学生思想主流积极健康向上》，中华人民共和国教育部门户网站：http://www.moe.edu.cn，2014年5月26日。

和人生追求①。

4. 大学生对高校工作态度的调查

2011年对于大学校园里的一些不文明现象和行为，绝大多数学生明确表示反对。②

2012年大学生关注高等教育改革和学校建设与发展，普遍认为近年来高等教育改革发展取得了比较显著的成效，对学校教育教学工作的满意度高。③

2013年广大高校学生对学校工作给予较高评价，对大学生思想政治教育工作和辅导员队伍的认可度进一步提升。④

2014年广大高校学生积极评价学校工作，对所在学校的科创活动、社团活动、社会实践、辅导员工作、家庭经济困难学生资助、心理健康教育等工作满意度均较上年有所增长。85.9%的高校学生对教师教书育人的表现持肯定态度，在他们对教师队伍的好印象中，教师的"学术道德""敬业精神""教学和学术水平"分列前三位。⑤

2015年高校学生对高校落实立德树人的各项工作给予充分肯定。学生对教师学术道德、敬业精神、学术水平、教学水平、育人意识、人格魅力等方面好评度均在80%以上。对学校思想政治教育工作给予高度评价，对"辅导员工作""思想政治理论课""学生奖助工作""大学生社团活动""党团组织建设和作用发挥"等工作的满意度较高。高校围绕立德树人根本任务，不断深

---

① 参见《2015年高校学生思想政治状况滚动调查表明大学生思想主流持续积极健康向上》，中央政府门户网站 www.gov.cn，2015年5月31日。

② 参见《2011年高校学生思想政治状况滚动调查表明：大学生思想主流积极健康向上》，《中国教育报》，2011年6月4日。

③ 参见《2012年高校学生思想政治状况滚动调查表明：大学生思想主流持续积极健康向上》，《中国教育报》，2012年6月4日。

④ 参见《2013年高校学生思想政治状况滚动调查表明：大学生思想主流持续积极健康向上》，《中国教育报》，2013年6月3日。

⑤ 参见《2014年高校学生思想政治状况滚动调查表明大学生思想主流积极健康向上》，中华人民共和国教育部门户网站：http://www.moe.edu.cn，2014年5月26日。

化改革,推动内涵式发展等各项工作,得到了广大学生的充分认可。①

小 结

综上所述,2011—2015 年教育部在京、津、黑、沪、浙、赣、鲁、豫、鄂、粤、川、滇、陕、宁、新 15 个省(自治区、市)和新疆生产建设兵团开展的大学生思想政治状况滚动调查,反映出以下四个方面内容:

第一,调查主题有鲜明的政治性及其连贯性和统一性。一方面,调查主题是大学生的思想政治状况,其核心是大学生对政党和政府的态度,对社会主义理论、道路和制度的态度。这是考量主流价值观和意识形态,在大学生思想中的价值与威望,也是最为核心的指标。在此基础上,是对执政党和政府工作的评价,这是对执政党和政府社会理想、社会治理的态度的测量。另一方面,调查政治性主题是连贯性和统一性的,表现在连续多年的调查中主要政治议题始终不变。

第二,调查内容有一定的逻辑层次结构。调查的政治性主题的核心内容,是中心层即"大学生对政党和政府的态度,对社会主义理论、道路和制度的态度";围绕着中心层,外延第二层便是大学生"对执政党和政府工作及其重大成果的评价";第三层是"对高校思想政治工作的态度";第四层是"大学生个人的入党动机、思想道德态度"。调查内容是一个从大到小的系列,即调查大学生对执政党和社会主义道路的态度、到大学生对党国家和政府工作评价、再到大学生对高校思想政治教育工作的评价、最后是大学生自我对入党和思想道德的态度(见图 8-1):

---

① 参见《2015 年高校学生思想政治状况滚动调查表明大学生思想主流持续积极健康向上》,中央政府门户网站:www.gov.cn,2015 年 5 月 31 日。

执政党 → 执政党和政府的工作 → 高校思想政治工作 → 个人政治态度
第一层　　　　第二层　　　　　　　第三层　　　　　　第四层
　　　　　　　大 ——————————→ 小
图8-1　大学生政治思想调查层次结构图示

第三，调查结果描述了大学生思想政治状况的总体性、普遍性和流动性。具体而言，一方面，在各项题目的调查结果中，都依据百分比数据，描述了大学生"对执政党的领导、对社会主义理论、道路和制度的态度""对执政党和政府工作的态度""对入党的态度""对思想道德判断的认识""对高校思想政治工作的评价"等方面的总体性和普遍性的思想政治状况，体现出总体性。另一方面，随着中国政治领导层的变化，而大学生思想政治状况调查的核心内容不变的前提下，根据每年国家发生的重大事件，调整调查内容，即根据形势的变化而变化，如 2013 年调查内容调整为，对新一届国家领导人的态度。但是有关大学生对党的领导和社会主义道路和理论的核心问题，依然不变。可见对大学生思想政治状况的滚动调查，既有多年不变的调查主题，即大学生对党的领导和社会主义道路和理论问题，又有调查内容随着新的政治形势的变化（如领导层的变化）而变化，体现了动态性。

第四，调查的广泛性。调查对象涉及 15 个省、自治区、市和新疆生产建设兵团，抽样覆盖了全国近一半的省、市高校，具有代表性。但是调查对象是否是随机抽取不得而知。调查报告依据百分比的数据统计得出结论，从统计角度而言，只用百分比统计方式有些浪费数据，若能运用 Spss 软件统计，或者其他的高级统计方法，将会能观察出更多的细节。而从结论的整体性和趋势性而言，百分比又更具宏大叙事的说服力。

总之，教育部每年对大学生政治思想状况的量性滚动调查，依据百分比数据，从宏观上得出大学生思想政治状况整体积极向上的结论，既反映出大学生思想政治状况整体性的稳定趋势，又反映出大学生思想政治状况的动态趋势。

二、采用质性研究方式对大学生思想政治调查的分析

采用质性研究方法对大学生思想政治状况进行研究，是与量性研究相对应的研究方式，深入访谈、观察是质性研究中最常采用的收集资料的方法，访谈中常常伴随着观察，因此二者常交互运用。深入访谈是一种会话和社会活动，它的目的在于收取真实的信息，或者了解访谈对象对真实世界的看法、态度和感受，研究者对其进行解释和诠释。由于每个人的成长环境和生活环境的差异性，以及个体对世界的认识的差异性，决定访谈资料具有很大的异质性。因此，对访谈资料的解释和诠释是十分复杂、多样的，而这恰是量性研究难以做到的结果，也是弥补量性研究的不足，因为人的思想世界反映着现实世界，从这种意义上，与其说访谈资料反映了人的思想复杂性，还不如说访谈资料反映了现实世界的复杂性。访谈本身的意义不仅反映出大学生的思想状况，更为重要的是，反映出社会的复杂状况与问题。

访谈是一种技巧，也是一种要求较高的资料收集方法。其中包括访谈者要接受一定的专业训练，访谈者要与受访者建立良好的合作关系、激发受访者的谈话意愿、灵活运用发问的技巧、控制访谈的方向与节奏、结束访谈等技巧。要求访谈调查者有较好的理论敏感度，即理论触觉。能敏锐地察觉对方话语的特殊之处和谈话者话语中的寓意，较好地掌握文献，有较好的专业经验和个人实践经验。

(一)对大学生思想政治状况进行访谈调查的基本情况

对大学生思想状况的调查之所以采用质性研究，是因为质性研究倾向于采用个案研究趋向(质性研究的方法有很多,本书主要采用访谈方法),个案研究需要通过访谈技巧收集资料,"个案通常与分析单位或测量变量的单

位是一样的……即将个案而非变量置于中心位置"①,也就是说个案研究非量化研究是通过访谈进行的研究,即便个案是在自然环境中获取资料,会充满了偶然性,而这些偶然性中存在着必然性。在个案访谈中,大学生不经意的偶然性言行,恰是其真实的内心思想世界的必然性反映,这是研究者获得宝贵而重要的第一手资料的机会,而对于大学生所表现出来的想法和行为细节进行解释,是研究者的使命。诠释大学生的经历和故事,以及大学生对这些经历和故事的看法,是揭示大学生思想表象背后的、思想政治深处的世界观、人生观、价值观的重要途径,是解释背后那些复杂秘密原因的不可或缺的理性工具,也是量性研究无法企及的路径。

1. 访谈员的选择和访谈对象抽样的选择

第一,访谈员的选择。访谈项目分别在 2012 年、2014 年、2015 年、2017 年对天津市 12 所高校的 88 名②大学生进行访谈,对几十名大学生进行访谈是一项艰巨的工作,需要组建一支访谈队伍协力完成这项工作。最终这支访谈队伍选定的访谈员分别由 2012 级、2014 级、2015 级和 2016 级思想政治教育专业研究生组成,他们经过对质性研究课程的学习,并有过田野访谈训练的经历,由他们承担起这项大学生思想政治状况调查的访谈工作。他们每个人需要分别在天津某个高校选择一名访谈对象进行访谈。

硕士生担任访谈员的优势有以下四方面:

一是思想政治教育专业的硕士生群体是流动的、受过良好专业教育的群体,能满足大学生思想政治状况调查的政治性和持续性需求。他们有政治敏感度,熟悉党的路线、方针和政策,特别是党的十八大、十九大召开后,他们了解党的思想主张和时事政治。大学生的思想政治状况也是思想政治教

---

① [美]劳伦斯·纽曼:《社会学研究方法——定性和定量的方法》(第五版),郝大海译,中国人民大学出版社,2012 年,第 192 页。

② 实际接受访谈的大学生有 121 人之多,因资料海量未能全部进行分析,只分析其中的一部分。有少数访谈样本存在效度问题而不被采纳。

育专业研究的内容，因此访谈员群体良好的思想政治素养为收集大学生的思想政治资料奠定了良好的基础。访谈员会按照专业要求认真投入工作，效率高，为调查大学生的思想政治状况提供了基本保障。

二是硕士生与访谈对象属于同质性群体，年龄相近，双方均接受过高等教育，这些均可消除访谈员与访谈对象之间的隔阂与陌生感，为顺利进入访谈主题和深度访谈提供了条件。如若是高校教师对本科生进行访谈，因教师的身份会对访谈对象产生思想压力，使得访谈对象小心谨慎，仅表述安全的话语应对教师的问题。教师必须经历一番周折，淡化大学生访谈对象对教师身份的顾虑，取得访谈对象的信任，方可获得访谈对象的真实思想资料。可见对于大学生访谈对象而言，教师就没有硕士生的访谈来得自如。

三是硕士生作为访谈员会减少访谈对象的思想和心理的防备，并且易激发对方谈话的动力。一方面，硕士生作为学长访谈本科生时更具吸引力。因为本科生希望能够从学长那里得到更多的自己所需要的知识、资讯和经验，因此硕士生访谈员与本科生或研究生交流易出现无障碍的交流状况。另一方面，因为本科生与陌生的学长交流本身是其宣泄疑惑或询问学业的良好机会，陌生感会成为保护本科生叙述内心真实思想的积极工具。试想一个人的真实想法不愿意透露给熟悉的人（除了闺蜜之外，闺蜜完全了解一个人的真实想法，再交流亦无趣），是因为担心自己的真实想法在熟人圈子里被扩散。而与可靠的亲人交流，也会因亲人的知识背景等因素无法理解自己或担心给亲人增加思想负担而作罢。在硕士生访谈员与访谈对象易顺利沟通的情况下，可以获得更多的真实思想资料。

四是硕士生承担访谈员的任务是他/他们成长的良好机遇。通过多次访谈训练，有利于提高硕士生的科学研究的意识和科学研究的能力，特别是掌握访谈的方法和技巧，将促进硕士生的科学研究水平的提高和科学研究成果的产生；有利于提高硕士生的人际沟通能力；有利于硕士生认识社会和了解大学生群体，为进入社会和工作岗位奠定基础。

硕士生担任访谈员的劣势有以下两方面：

一是研究生访谈员还处于学习阶段,其理论功底不足,由于硕士生还未系统地完成过研究工作,研究经验不足,因此难以从理论高度观察现实,难以打通从理论视角到现实具体问题的通道,从理论到现实不能自如穿梭,由此硕士生访谈员对于访谈目标的理解深度还不够,在访谈中对发现问题的深度探究能力有限。

二是硕士生访谈员的访谈经验不足。即便他们有过访谈的专业学习和访谈经历,由于他们的科研经验不足,致使其在访谈中会出现如下失误:提出无效问题;遇到可以深入探寻访谈对象的思想政治资料的线索而不敏感,甚至贻误良机;忘记自己的访谈员角色、访谈任务和规则,访谈变为聊家常,影响了获得有效信息。

尽管思想政治教育专业硕士生访谈员存在不足,其优势与劣势相比较而言,优势大于劣势,因此选择硕士生队伍担任大学生思想政治状况调查的访谈员工作,对于解决访谈员匮乏、时间有限、资金紧张、工作量大等问题,是现实而有效的选项。

第二,质性研究抽样采用的是非概率和非随机抽样的方法。访谈是质性研究获取资料的重要方法,在大学生思想政治状况调查对象的抽样中,采用立意抽样和连续抽样相结合为主的方式,其中偶遇抽样、配额抽样和异常个案抽样交织其中。立意抽样也叫判断抽样,是指在特殊情况下可接受的抽样类型。"它借助专家的判断来选择个案或者以心中特定的目标来选择个案……立意抽样情况发生在当研究者想要确认特殊个案类型,以便进行深入探究,它的目的不是要推论到较大的总体上,而是要获得对这种类型的深入了解。"①"连续抽样与立意法相似,在立意抽样中,研究者竭尽时间、财力和个人精力,试图找到尽可能多的相关个案。原则是寻遍每一个可能的个案。

<hr>

① ［美］劳伦斯·纽曼:《社会学研究方法——定性和定量的方法》(第五版),郝大海译,中国人民大学出版社,2012年,第269页。

而在连续抽样中,研究者持续地搜集个案,直到满足了对新的信息或个案差异性的要求。"① 选择上述抽样方法的理由如下：

一是立意抽样或判断抽样最大的特点：访谈员选择特定的目标作为访谈研究对象,收集个案研究的目的是从个案推论到总体。大学生思想政治状况研究的对象目标是大学生群体。大学生群体同质性强,如年龄相同,本科生的年龄在 18~22 岁之间,硕士生的年龄在 22~25 岁之间,都属于在校的青年人群体;职业相同即全职接受高等教育的特性相同。同时大学生同质性群体中含有差异性,如大学生所在的高校的级别不同,有部署重点高校、地方重点高校和地方普通高校;年级不同,本科生有 1 至 4 年级,硕士生有 1 至 3 年级;所学专业不同,大致分为理工科和文科;性别不同,有男生和女生;大学生的家乡来源不同,有来自农村和城市,有来自发达地区和不发达地区;家庭类型不同,有来自核心家庭、主干家庭、联合家庭、单亲家庭、重组家庭和无父母家庭等。

需要说明以下情况：首先,对大学生思想政治状况调查对象所采用的抽样方法,是立意抽样方法,然而在此研究的立意抽样中,所确定的大学生抽样对象是一个目标人群,而不是一个目标个体。一个目标人群是无法成为调查所需要的选择目标个体的,而调查研究需要对目标个体进行调查。由于时间、精力、人力、物力、财力、行政资源等方面条件所限,在立意抽样方法下,难以做到在目标群体中进行大规模的随机抽样,因此只能在群体目标中采用偶遇抽样(偶遇抽样是指随意找一个调查对象),使得每个调查对象不是既定目标,即便如此,在有限的条件下,不得已而为之的立意抽样与偶遇抽样相结合的抽样设计,还是有一定的可行成分：一是在立意抽样中运用偶遇抽样与无目标群体或异质性群体的偶遇抽样相比较,有实质性的差异,前者是在同质性群体(大学生群体)中运用的偶遇抽样,在同质性方面有部分代

① [美]劳伦斯·纽曼：《社会学研究方法——定性和定量的方法》(第五版),郝大海译,中国人民大学出版社,2012 年,第 272 页。

表性,如不同年级大学生有着共同的问题。调查结果显示,不同年级大学生的共同问题反映在偶遇个体中有一定的一致性和稳定性,说明有一定的可信度。其实,同质性本身就增加了测量结果的信度;后者是在差异性群体中偶遇抽样,完全没有整体的代表性。二是在同质性群体中,立意抽样下运用偶遇抽样,虽然整体代表性不充分,也不是丝毫不能补救的,仍有部分补救的措施,即通过提高不同年级大学生访谈调查的配额抽样程度(配额抽样是指将调查对象分为若干类别,在相关类别增加相应的均等的调查人数),会比单纯的立意抽样下的偶遇抽样所带来的误差要小。例如:在抽样中,大学生的性别、所在学校的级别(部属院校、地方院校)、年级、专业、家庭地区(城市和农村)等信息方面适当的配额,会减少误差的程度(见表8-3、表8-4、表8-5、表8-6中各因素的配额抽样)。三是立意抽样下结合偶遇抽样的个案访谈调查,其目的不是为了推测总体,而是深入了解大学生思想政治状况。

其次,在既定大学生的群体中,选择具体访谈对象有偶遇抽样和配额抽样特征,其益处是在实际操作中,访谈员在高校校园里随意抽样中,要经过不断遭遇被拒访谈之后,才获得某个访谈对象同意而进行访谈的。从这种意义上而言,访谈目标是在自然状态下进行的,同时给访谈对象是否选择接受访谈,以最大的自由度,这体现了对访谈对象的尊重。而不是通过行政或其他途径的推动来实施访谈,那样的话,访谈对象会碍于面子等因素,不得不接受访谈,当不得不做某事的时候,即含有勉强之意了。

再次,本书对大学生的思想政治状况的调查,是已经累计五年六次进行的调查研究工作,是一个连续性的过程,连续五年采用立意抽样结合偶遇抽样的方法进行访谈,积累了五年六次(2011、2012年、2014年、2015年、2017年6月、2017年11月)大学生思想政治状况的第一手资料样本(本研究主要采纳六次样本中的四个样本,即2012年、2014年、2015年、2017年11月样本),这样的抽样也叫作连续抽样,连续抽样是立意抽样的延续,其最大的特点是持续性,连续抽样适合大学生思想政治状况的动态调查的目的,即通过对大学生的访谈个案，发现大学生思想政治状况，以及挖掘大学生思想政治中存在的问题，解释和诠释这些问题产生的深层原因，提出相应的对策，这是研究的基本内容，目的是促进达成思想政治教育的目标。

最后，由于已经累计五年六次的访谈样本，有关大学生思想政治状况的调查资料较为繁多，需要大量的时间和精力持续地进行分析，此工作正在进行之中。因条件限制，目前梳理出来的访谈资料是 2012 年、2014 年、2015 年、2017 年四年间对天津市 12 所高校①通过立意抽样结合偶遇抽样和配额抽样方法，对 88 名大学生进行了访谈（见表 8–3、表 8–4、表 8–5、表 8–6），并以 2012 年的资料为蓝本进行解释和诠释工作。具体梳理资料如下：

2012 年 10—12 月，对天津市 8 所高校 1 至 4 年级的 28 名大学生进行访谈。②

2014 年 10—12 月，对天津市 8 所高校 2 至 4 年级本科生和部分研究生共 15 名大学生进行访谈。③

2015 年 4—5 月，对天津市 10 所高校 1 至 4 年级的 26 名大学生进行访谈。④

2017 年 11 月，对天津市 12 所高校 1 至 4 年级的 19 名本科生和部分硕士生进行访谈。⑤

在立意抽样中，访谈员多次被拒。其原因多样，如没时间、没兴趣、有疑虑

---

① 12 所高校包括南开大学、天津大学、天津医科大学、天津师范大学、天津科技大学、天津外国语大学、天津工业大学、天津理工大学、河北工业大学、天津体育大学、天津城建大学、天津农学院。2017 年 6 月访谈的资料因其他原因暂未整理。

② 8 所高校包括南开大学、天津大学、天津师范大学、天津医科大学、天津外国语大学、天津工业大学、天津理工大学、天津体育大学。

③ 8 所高校包括南开大学、天津大学、天津医科大学、天津师范大学、天津外国语大学、天津工业大学、天津城建大学、天津农学院。

④ 10 所高校包括南开大学、天津大学、天津师范大学、天津医科大学、天津外国语大学、天津工业大学、天津理工大学、河北工业大学、天津城建大学、天津科技大学。

⑤ 12 所高校包括南开大学、天津大学、天津师范大学、天津中医药大学、天津外国语大学、天津工业大学、天津理工大学、天津财经大学、天津城建大学、天津科技大学、天津商业大学、中国民航大学。

等。能接受访谈的大学生对象多数是有时间,认为访谈很重要,能理解访谈活动或者比较活跃,平时比较喜欢参与团体活动或同样有过访谈被拒的经历。

表8-3 2012年天津市8所高校访谈对象分布表

大一		大二		大三		大四		总数
人数	8	人数	7	人数	6	人数	7	28
男生	3	男	4	男	3	男	2	
女生	5	女	3	女	3	女	5	
部属学校	2	部属学校	1	部属学校	2	部属学校	0	
天津籍贯	3	天津籍贯	1	天津籍贯	2	天津籍贯	1	
天津外籍贯	5	天津外籍贯	6	天津外籍贯	4	天津外籍贯	6	
理工专业	3	理工专业	3	理工专业	3	理工专业	1	
医学专业	1	医学专业	2	医学专业	2	医学专业	0	
社科专业	4	社科专业	2	社科专业	1	社科专业	6	

表8-4 2014年天津市8所高校访谈对象分布表

大一		大二		大三		大四		研究生	总数
人数	0	人数	3	人数	3	人数	5	4	15
男生	0	男	2	男	1	男	3	1	
女生	0	女	1	女	2	女	2	3	
部属学校	0	部属学校	0	部属学校	1	部属学校	0	1	
天津籍贯	0	天津籍贯	1	天津籍贯	1	天津籍贯	不详		
天津外籍贯	0	天津外籍贯	2	天津外籍贯	2	天津外籍贯	不详	3	
理工专业	0	理工专业	1	理工专业	2	理工专业	1	0	
医学专业	0	医学专业	0	医学专业	1	医学专业	0	0	
社科专业	0	社科专业	2	社科专业	0	社科专业	4	4	

表8-5 2015年天津市10所高校访谈对象分布表

大一		大二		大三		大四		研究生	总数
人数	2	人数	4	人数	4	人数	7	9	26
男生	0	男	2	男	2	男	1	3	
女生	2	女	2	女	2	女	6	6	
部属学校	0	部属学校	0	部属学校	1	部属学校	2	2	
天津籍贯	1	天津籍贯	2	天津籍贯	1	天津籍贯	1	0	
天津外籍贯	1	天津外籍贯	2	天津外籍贯	3	天津外籍贯	6	9	
理工专业	0	理工专业	1	理工专业	2	理工专业	4	2	
医学专业	0	医学专业	0	医学专业	0	医学专业	0	2	
社科专业	2	社科专业	3	社科专业	2	社科专业	3	5	

表8-6　2017年11月天津市12所高校访谈对象分布表

大一		大二		大三		大四		研究生		总数
人数	2	人数	3	人数	4	人数	6	人数	4	19
男生	0	男生	1	男生	2	男生	1	男生	1	
女生	2	女生	2	女生	2	女生	5	女生	3	
部属学校	1	部属学校	1	部属学校	1	部属学校	1	部属学校	0	
天津籍贯	1	天津籍贯	1	天津籍贯	2	天津籍贯	2	天津籍贯	0	
天津外籍贯	1	天津外籍贯	2	天津外籍贯	2	天津外籍贯	4	天津外籍贯	4	
理工学科	1	理工学科	2	理工学科	1	理工学科	3	理工学科	2	
医学学科	1	医学学科	0	医学学科	0	医学学科	1	医学学科	0	
人文社科	0	人文社科	1	人文社科	3	人文社科	2	人文社科	2	

2. 访谈内容

2012 年、2014 年、2015 年、2017 年四年间，访谈员①在各高校立意抽样结合偶遇抽样进行访谈。访谈主题："大学生思想政治状况调查"。围绕这一主题，具体从以下三个方向展开调查：大学生的政治态度和政治立场，大学生对马克思主义的认识，大学生的思想道德。具体内容如下：

第一，大学生的政治态度和政治立场。包括个人的政治理想，对国家政治和经济等重大事件的态度和行为，如大学生对党的十八大和十九大的态度和表现、大学生对入党的态度等。

第二，大学生对马克思主义的认识。包括大学生对思想政治理论课的认识、课堂表现、对教师的看法和对思想政治理论课考核的建议等。

第三，大学生的思想道德。通过对大学生的日常生活表现，观察其理想

---

① 访谈员由天津师范大学马克思主义学院思想政治教育专业 2012 级、2013 级、2014 级、2015 级、2016 级研究生承担。他们经过了有关质性研究方法研究生课程的专门训练，在正式进入各高校访谈现场之前，先进行预访谈训练，经过老师的点评和指导之后，进入各高校进行田野访谈调查。按照访谈要求征得访谈对象的同意，进行访谈录音，以礼物答谢访谈对象。访谈结束后立即将录音转誊成文字，并且要写访谈备忘录。教师对访谈资料进行点评并指出其中的不足之处，并且少部分访谈对象需要复访，以补充资料。在教师的指导下，对访谈资料进行初步编码，其余工作如对资料进行概念归纳、分类、分析概念之间的关系、建立模型均由教师完成。由于访谈员的水平参差不齐，收集资料的质量有所差异，剔除无效访谈，保留有效访谈。

信念,世界观、价值观和人生观状况,大学生在选择专业、就业志向、专业学习、劳动态度、人际关系、社团工作、休闲、消费等方面的态度和表现,[1]无不渗透着大学生思想政治中的理想信念,世界观、人生观和价值观等内容。

3. 分析访谈资料的思路:横向与纵向分类

通过 2012 年、2014 年、2015 年、2017 年四年间对天津市 88 名大学生的访谈资料进行初级编码、归类,分析因果关系等梳理总结后,研究者发现研究思路可分为纵向和横向两大类:纵向是指高校一至四年级大学生,每个年级有明显的特点,每个年级的大学生所关注的重点问题有显著差异;横向是指每个年级的大学生在政治立场、思想道德和对马克思主义认识等方面的共同表现及其存在的问题。横向与纵向是相互交织、相互渗透和相互影响的关系。如从纵向各年级大学生所关注的问题入手,发现各年级大学生在日常生活中存在的问题,与横向大学生的政治立场、思想道德和对马克思主义的认识和思想道德状况,有着内在联系。(本章只讨论纵向问题,横向问题将在第九章讨论)。

(二)2012 年一至四年级大学生思想政治状况的差异

通过从 2012 年的 28 名大学生访谈的资料中分析发现,一至四年级大学生所关注的问题存在显著差异:一年级大学生主要关注的是适应新的学习环境,二年级大学生主要关注的是专业学习,三年级大学生主要关注实践活动,四年级大学生主要关注毕业的目标。每个年级的大学生所关注的问题与其所处的社会环境有着密切的关系,同时也反映出教育制度需进一步完善的问题,各年级大学生所关注问题的主要差异如下:

1. 一年级大学生所关注的问题

一年级大学生主要关注适应环境和未来就业问题。大学生群体经过高

---

[1] 因各种原因,本书暂不讨论大学生的劳动态度、人际关系、社团工作、休闲、消费等问题。

考后,按照录取分数进入不同的大学,需要经过两种教育模式的转换。在高中主要是他律性的应试教育,进入大学后,是自律性发展教育,两种教育模式的差异,会给学生带来思想和心理的不适或矛盾,大学一年级表现较为突出,呈现如下现象:

第一,一年级大学生入校以后存在"失落感"现象。大学一年级学生处于人生转折中。面对的不同教育模式的转换,面对陌生又新鲜的生活环境,对大学一年级新生而言是双重压力。一方面,中学的应试教育和大学的素质教育两种对立的教育模式的转换,对于新生是一种冲击。另一方面,在大学的物理环境、人文环境、人际关系、生活模式和学习模式等方面,对于一年级新生都是新的挑战。某新生①一进入校园,就感觉校园"比较小",与"想象的差距有点大",原来想象中的大学,"应该是个花园式的学校"。再进到宿舍感觉"住宿条件也跟高中一样",原来想象中的大学宿舍应该是"住宿条件很优越","床是上下铺,宽敞明亮"。而现实的住宿条件并不是想象中的样子,由此该生产生"失落感"。但是该生所录取的学校是同类院校中少有的211学校并教学质量高,这些使得学生内心得到安慰。

上述可见,高校校园的硬件环境没有新生想象得那么好,是新生产生"失落感"的原因。同时反映出如下问题:大学新生是否思考过比校园硬件环境更重要的是对精神世界的追求?是否思考过自己上大学的目的是什么?显然涉及深层的价值观问题。

第二,大学一年级学生热衷于社团活动。大学一年级新生进入高校学习,是一个从高中的应试教育,到大学的素质教育,是两种教育模式的跨越,他们会面临诸多的疑惑和问题,如大学的生活是什么样的?与自己的想象中的校园生活是否一样?自己该怎样度过大学生活?在大学新环境下,即便校园物理环境没有自己预期得好,其他方面也会与自己的想象之间有差距,由

---

① 引自访谈资料(12-7第1~2页)。

此产生"失落感"。新生在寻找解决"失落感"的过程中,发现既有大学的"新奇味道",又能释放了内心的不适,更能体验美好想象中的大学生活,便是参与校园社团活动。多数学生都习惯把社团活动称其为"玩",社团活动能释放新生在高中"被压抑了"的"玩"的天性。这一"玩"字既体现了社团活动给新生带来了轻松、愉悦的心情,又体现了社团活动对新生入学后诸多方面不适应(如学习方式、人际关系、生活方式等方面)的补偿功能。

新生热衷于校园社团活动的原因,是由于高中阶段是以高考为目标的应试教育。应试教育用一个标准要求所有的学生,整齐划一,向着高考的目标努力。应试教育暂时掩盖了学生们个性差异的需求。在高校素质教育的自由环境中,新生对新生活充满了期待,渴望抓住锻炼自己的机会,渴望被认可,渴望展示其才华,然而现实是事与愿违。具体而言,一方面,由于新生对大学存有"太过于美好"的想象,这一想象与现实形成强烈反差,导致其内心产生了不安或"困惑感""失落感""茫然感"。而社团活动正是学生展示个性、展示才华和培养能力的平台,因此新生对社团活动充满了好奇与兴趣。社团活动是新生解决"失落感"问题的场所,其功能在于抵消新生的消极情绪。新生"刚大一的时候什么都不懂"[1],在社团中"认识很多人"[2],得到有关学校各方面的资讯,"对一个学校有个整体的了解"[3],使新生内心更踏实,这些都有利于消除新生的不良情绪;另一方面,虽然新生入学后有上述的"失落感",但其内心深处的梦想仍在,社团有一些"适合大学生的活动"[4],可以助力新生放飞梦想。

由于学生社团是有较强自主性的群团,大学生自主活动、自主管理。学生在社团里能最大限度地自我发挥其主观能动性,自我挖掘其潜在能力,充分彰显个人价值和个性特征,提高人际交往能力,增强了新生的自我存在感,这正是大学与高中不同的新奇之处,因此学生社团对新生有较强的吸引力。

---

① ② ③　引自访谈资料(12–17 第 3 页)。

④　引自访谈资料(12–14 第 2 页)。

"困惑感""失落感""茫然感"是新生入学后必然要面临的问题,也是解决思想认识问题必经的历练过程。说明大学新生的思想认识还有待提高(有关"迷茫感"详见第9章)。

2. 二年级大学生关注专业学习

二年级大学生经历了大学一年的熏陶,"茫然感"消失,由热衷于社团活动到渐渐冷静地关注学习问题,虽然不同学校和不同专业的学生对于学习重视的程度有差异,但是无论什么类型的学校和专业,二年级大学生普遍比较重视专业学习,特别是理科和医学等专业的学生,更加重视学习。

第一,二年级大学生对学习有比较清晰地认识。一方面,二年级大学生对于高中和大学的教育模式和学习方式之间的差异有所认识。高中多以做练习题为主的学习方式,大学多以自学为主的学习方式。他们认为"学习特别重要啊!上了大学其实才是真正学习知识的时候"[1],在大学学习"视野开阔点,不像以前(高中),抱着试卷(做练习)"[2]。另一方面,理工、医学等专业学生的学习压力比较大,某医学专业的学生在自述时,把"特别"一词重叠使用来形容学习任务之重,如"专业课特别特别多""专业书都特别厚,(内容)特别特别多"[3]。"特别"一词是形容人或事物达到了某个程度的形容词,该生将已经含有十分、非常、特地之意的"特别"一词叠加表述,表明学生对专业课和教科书的内容之多,有深刻的认识和体会。心存压力感成为学生必须投入更大精力学习的原因,尤其是学生选择了自己喜欢的专业,其学习态度更加积极。

第二,从大学二年级学生的日常学习生活,能窥见其学习状态。如医学院校的"生理、生化、解剖"等专业课是100~200人的大班上课(除了英语课、实验课之外),课前"同学们占座都特别积极",早上8点上课,有的同学早晨"6点多就会起来去占座,那样是占不到的,都要提前一天晚上才能(占到座

---

①② 引自访谈资料(12-13第1页)。

③ 引自访谈资料(12-14第4~5页)。

位)"①,不仅如此,而且"前面(的座位)都是非常满的"②。一般情况下,在高校100~200人大课的课堂上,学生多喜欢坐在教室的后半部分位置,远离讲课老师,以便课堂上"开小差"。而医学专业大课的情况截然相反,在医学专业约100~200人的专业基础课的课堂上,没有纪律问题,课堂纪律井然有序,学生坐在前排和后排听课的效果应该差距不大,即便如此,学生们生怕自己坐在教室后面听不清老师的话(或许学生们有距离老师越近,听课的效果越好的想法),一定要提前一天在教室的前几排占好座位,其中女同学比男同学对占座有更大的兴趣和更快的速度,而且占座这种情况不是在一门专业课上发生,而是在多门专业课上发生。从上述学生们的日常表现,可以作如下判断:

一是大学二年级学生们积极的学习态度和行为是普遍现象。因为积极占座这一现象不是发生在某一门课中,而是多门课中。二是女生学习的积极性比男生更为突出。三是学生们对专业、专业课和老师的热爱是普遍现象。学生在专业、专业课和老师三个因素中,若不喜欢其中的任何一项,都不会有提前一天占座位听课的积极行为。因此大学生选择喜欢的专业,是学习动力的源泉之一。四是学生们积极的学习态度和行为的背后,体现了学校在教师队伍建设、专业建设与管理,以及课程设置等方面的成就。一般而言,大学二年级的专业课程比较多、要求高,学生若能在多门专业课上均持有积极的学习态度,需要有良好的专业建设,合理的课程设置、高水平的专业师资队伍及其高质量的教学水平。否则,即使专业课程很重要,学生未必有如此积极的学习态度与行为。

3. 三年级大学生关注专业实践和未来的发展方向

大三学生经历了一年级的"茫然"和二年级的紧张课业后,对自己未来的计划、当下的学习、社会现象甄别等多方面的思考都相对成熟,一个重要标志是有较强的独立思考能力。

———————

①② 引自访谈资料(12–14第7页)。

第一,三年级大学生有更加明确学习目标,更强的学习自觉性,更加清晰的努力方向。其原因既有学生努力学习的因素,也有学校严格的学习管理制度,如在某部属大学,对学生的学习要求比较严格,若考试不及格"没有补考这么一说,挂了①就重修"②,退学制执行得"特别严"。在严格的管理制度下,学生学习十分的勤奋,对自己的学业不会有丝毫的懈怠。

第二,三年级大学生对自己的需求和未来,有独立的思考。有的学生不为眼前的功利所累。对于未来就业的思考,医学或部属院校中的知名专业的学生都表现出从容和淡定。

例1:从一名医学院学生的叙述中得知,他不担心找不到工作,他们可以有多种选择的可能,因此内心坦然。在就业不确定的情况下,"走一步看一步",家乡(甘肃省兰州市)"也有好多医院"③。显然医学专业的学生,有稳妥的就业机会,就业对他们而言,只不过是好与更好的问题,不会因就业而焦虑。"走一步看一步"是在等待和寻找更好的就业机会,或许在直辖市就业,或许到其他地方就业,或许回家乡(甘肃省兰州市)就业,似乎家乡兰州是该生就业的兜底保障。

有一个问题值得思考,即没有听到该生要去山村做村医的想法,或到缺医少药的边陲村庄就业,即便是甘肃省籍的医学专业学生,也只是想到可能去兰州(省会)就业。虽然这些不能证明该生没有高远志向,却也说明该生没有思考到这一层面的问题,即将自己所学的医学专业,用于服务西部贫困人群,或者即便思考到这一问题,由于种种顾虑而不能成为行动者。这其中包含着更深层的多元因素:

①追求美好的生活是人性的正常需要,大学生向往在繁华的都市生活,无可厚非。在繁华的直辖市(天津)读书的大学生,特别是来自西部等欠发达

---

① 挂了:指考试不及格。
② 引自访谈资料(12—17第6页)。
③ 引自访谈资料(12—19第8页)。

地区的学生,被现代化的城市生活所吸引,是正常现象。即便是来自繁华的直辖市的学生,也会留恋家乡优越的生活条件,不愿去他乡奋斗。

②如果医学专业的大学生希望做一名山村医生,在农村艰苦奋斗,需要有坚定而正确的世界观、人生观和价值观,以及巨大的意志力,才能以高尚的精神追求抵挡住物质上的诱惑和其他的阻力。就业是大学生生存的基本保障,选择生活条件好些的地域或单位就业,过着衣食无忧的普通人生活,是人之常情。然而普通人的生活中蕴含着理想信念,理想信念不同的人,其对社会的认知和行为是完全不同的。普通人对理想信念和人生的追求,通过普通的行为展示出来,才能散发出不普通的光辉,因此不普通的理想信念存在于普通行为之中。其实做出惊天动地大事的英雄们,都是胸怀大志,心存梦想,在正确的世界观、人生观和价值观的支配下,在平凡的生活中做着不平凡的事,在关键时刻作出惊人之举。由此推之,大学生暂时不能成为精神追求的行动者,也应该在思想上有理想,有追求,有社会责任感,如果大学生缺失理想信念、社会责任感,将是社会、学校和家庭教育的悲哀。

有一个问题值得思考,人生追求与艰苦的现实是否是对立的? 例如:提及大学生去山区或边远农村工作,似乎就意味着艰难困苦。事实上,应作具体分析,一是边远山区或农村的条件与沿海城市相比,确实艰苦。但是怀有理论信念和人生追求之人,自愿选择边远山区或农村工作,不会被艰难困苦所动;二是在制度设计层面,可以降低承受艰难困苦的压力,如限制在艰苦地区工作的时间,提高待遇等人性化的政策;三是艰苦地区多数在边疆、山区,有独特的自然环境和资源优势,这是城市所不具备的;四是大学生去艰苦地区锻炼,是人生难得的宝贵财富。

③高校应把自身发展与国家的发展紧密地结合起来,将正确的政治方向放在首位。为人民服务培养人才,为中国特色社会主义建设培养人才,为建成现代化强国、实现中国梦培养人才。将这一理想信念教育全方位地渗透到各个专业的教育之中,落实到学校的各项工作之中,使学生摆脱狭隘地追

求生活享受的小我,而是胸怀大志,立足现实,放眼世界,将小我融入促进社会进步的"大我"之中,把自己的理想融入为人类做贡献的历史洪流之中,成为德才兼备的"四有"人才。

④大学生坚持自己的理想信念,去艰苦的地方发挥才华,还需要有良好的外部环境。国家应该有相应的政策,既鼓励年轻人去贫困地区就业,又要保护大学生的合理利益,为大学生们在艰苦地区锻炼、发展和成才创造条件。

例2:一位部属院校著名专业的学生,对未来工作的选择表现出较强的独立思考,不随波逐流,不满足于就业无忧的现状,遵循内心的期待,坦然地探索人生目标,清楚自己正行进在人生的探索路上。该部属院校著名专业的大三学生,在学姐的影响下,考入部属院校的著名专业。一个著名专业在于优良的学科建设,在于雄厚的师资力量,在于优质的教学水平,该生的话也证明了这一点:"老师都还挺不错的,有的老师风格不同,但是讲课质量还是很高……很感谢老师。"[1]对于未来,该生认为其所学专业在全国很有影响力,"不是很担心"就业,但这并不一定是他一生的选择,他在寻找"特别喜欢的生活方式","如果有什么(特别)喜欢的目标,我再转向也不迟呀"。[2]

上述可见,该生就读于部署院校的著名专业,就业稳妥,已经是令众多学子钦佩的状况了,然而他并不满足于此,而是不断地在探寻自己内心特别喜欢的东西。别人的羡慕不一定是他自己的人生。他清楚自己还在成长,也许会有更吸引他的人生目标,到那时,他会遵循自己内心的愿望,不惜承担风险,放弃现有的、令人羡慕的著名专业。可见该大三学生有独立思考人生和选择人生的能力,尊重自己特别感兴趣的生活方向和生活方式。

第三,三年级大学生相对一年级而言,有一定的实践经验,对社会不良现象有独立的辨别能力和分析能力。如一位三年级大学生对自己一年级曾

---

①② 引自访谈资料(12–17 第 5 页)。

兼职被骗的经历进行反省，并采取行动避免自己被骗的经历在更多低年级同学身上重演。面对低年级学生即将受骗时，她会说："这些都是骗人的，我以我的切身经历跟你们讲(此时表情激动)。"[①]显示出该生抵制社会不良现象，保护同学的责任意识。

4. 四年级大学生关注求学和就业

大四学生更为关注求学和就业问题，并且正处于求学和就业的进行时。其表现如下：多数毕业生求学和就业的态度认真、乐观，行动积极；大四毕业生对于是否报考研究生的选择，与其所学专业有相关性；对自己未来的选择更趋于理性，更基于现实的考量，与家庭有着密切关联；有个别专业的毕业学生，80%都不从事与本专业相关的工作。

第一，大学四年级毕业生最大的特点是行动力强，即为了备考研究生或进入社会就业的目标，处于积极的行动之中。他们对后期发展主要有三种考虑：考研究生、考公务员、直接就业。某工科院校某专业的一个班"一共三十多个人"[②]，就业总体去向分布：报考研究生的"没十来个，也有七八个吧"[③]，约 1/3；"考公务员的两三个"[④]，约有 1/10；其余直接找工作，"干嘛的都有"[⑤]，近 2/3 的毕业生直接求职就业。可见每个大四学生都在为报考研究生，或报考公务员，或就业等这些关乎自己前途的事情而忙碌着，而其中最大的人群是直接就业的学生。

第三，大四学生选择未来的机会不同，方向不同，其心态不同。相对直接就业的学生而言，选择备考研究生的大四学生，除了备考研究生之外，还有就业的选择，有明确努力方向，淡定许多。其原因：一方面，考试对于未出校门的大学生而言，复习、考试的程序十分熟悉，不会产生陌生感和未知的焦虑感；另一方面，考试的结果更多地取决于考生本人的学业基础，如果考试

---

① 引自访谈资料(12–18 第 18 页)。
②③④⑤ 引自访谈资料(12–22 第 1～2 页)。

失利,还有就业的选项。而直接就业的学生,不会在短时间内有报考研究生的可能,由此备考研究生的毕业生拥有更多的主动权和控制权,他们的压力会更小,更加坦然。如一位外语专业的女生正在备考研究生:一方面,她有参加学校外派项目的机会,也有直接就业的机会,在多项选择下,备考研究生"不是很紧张,一直就是很平静的状态"[1]。他们显然比只有直接就业一条路的学生淡定许多。另一方面,多种机会也会使该生备考研究生的决心"不是很坚定"[2],缺少背水一战的决心,"考不考研、考不考得上"都没关系,复习的东西"将来我面试或者走项目(指外派项目)的时候,可能会用上,都不会浪费掉"。[3]

第四,大学四年级毕业生无论对未来有什么样的就业目标,都要经历社会的检验。就备考研究生与求职就业的比较而言,学生比较熟悉备考研究生的套路与环境,目标明确,行动更顺利,自我掌控成功的可能性更大。而求职就业是大四学生人生历程的重要转折点,即从熟悉的校园走向陌生的社会,他们充满了陌生、担忧、兴奋和希望的心态体验。一方面,大学生深知就业的重要性在于,与其日后的生存状态有着切身的利益关系,甚至有的学生和家长把工作看成是上大学的目的(这种认识有局限性),因此大学毕业生对于获得满意工作的渴望值很高,同样失望值也高。另一方面,大学生在求职的过程中,需要经历社会的严格筛选与考核,面试是最为常见的求职考核形式,也是大学生在短时间内展示才华和综合素质的平台。

一家软件公司在招聘员工时,应聘者通过笔试之后,才有资格进入面试程序。面试共三次,其中包括个人面试和小组面试。一位工科院校大四的男生,经历了这家公司的面试程序:先抽取题目,准备两分钟之后,被要求站在桌子上(所有的面试者都如此)演讲,由 5 名考官进行考核。从面试形式上看,其一,站在桌子上演讲,意味着面试生的所有表现,包括细微的动作,都

———————————
[1][2][3]　引自访谈资料(12–23 第 5 页)。

会一览无余地展现在考官面前。面试生的瞬间表现,都反映出其平时的修炼水平如何,如果面试生没有良好的心理素质和行为习惯,必然会出现纰漏;其二,考生抽取题目,准备两分钟后进行演讲,这是有难度的,需要演讲者有以下能力:一是要围绕题目,迅速构思演讲稿,演讲稿要结构合理,重点突出,逻辑性强;二是需要声情并茂,语言丰富、优美,表达流畅,出口成章;三是需要适当的肢体语言的配合。可见面试演讲既反映出面试者的知识水平、思维能力、写作能力,也反映出面试者的反应能力、语言组织能力和表达能力等综合能力和心理素质。从面试者的构成看,有不同学历的学生(包括本科生、硕士生)、不同专业(文、理科兼有)、不同性别(男生、女生)。面试中男生比女生多,而"女生表现比较好,男生的表现比较沉闷似的"[1]。面试目的是"主要看你的逻辑分析能力"[2],说明女生在思维能力、表达能力、人际能力等方面,整体水平高于男生。即便如此,女生在就业中仍然比男生的机会少。

综上所述,求职过程是大学生迈入社会的第一次人生体验,如同一把尺子,衡量出大学生的综合素质与社会需求之间的差距,也衡量出高校的教育水平与培养质量。需要思考的问题:高校培养的人才,能否与社会无缝对接?是否能满足中国特色社会主义现代化建设中对人才培养的需要?

第五,大四学生在选择就业时,会综合考量自身能力和已有资源,尽可能使就业成效最大化。如家乡所在地发展状况比较好的毕业生,会考虑回家乡,以借助家乡已有的资源,如"上一辈的人脉"[3]资源,住房性价比高于大城市等有利条件;若家乡的发展不理想的毕业生,会选择自己熟悉并发展较好的城市,包括天津市在内,或者考虑在其他发展较好的城市就业。上述说明,有的大学毕业生在选择就业地域时,会考虑更多的因素,比较理性。根据实际情况,综合分析,最后定夺,而不是一味地选择大城市。

---

①② 引自访谈资料(12-22第1页)。

③ 引自访谈资料(12-24第1页)。

小 结

通过采用质性研究方法收集了大学生思想政治状况的资料。为了使资料既能围绕着一条主线，又能体现出大学生丰富多样的生活特征，在分析资料的过程中，则以大学生的四个年级——这一自然分类为主线，寻找大学生思想关注点的共性特征。由于每个大学生都有独特的生活经历，对大学生活的看法和感受不同，这些不同无论呈现出怎样的多样化，都是表象，其背后都有一定的世界观、人生观和价值观在支配。研究的任务是，探寻大学生对社会看法和感受的差异性，以及其背后的思想政治状况，对其进行理解和解释。具体内容如下：

第一，从内容上而言，从访谈收集到的资料观之，貌似并不直接触及大学生的政治思想内容，只是归纳出各年级学生的差异与特征，如一年级大学生关注大学生活的适应，二年级大学生关注学习，三年级大学生关注实践活动，四年级大学生关注就业。实际上，各年级大学生对所关注的问题，都是以更广泛的生活层面的话语表现出来，从这些日常话语信息中，理解和解释其背后的思想政治要素，是重要的研究思路，从日常话语信息中，一方面，能反映出大学生的自然生活状况；另一方面，可以分析出大学生日常生活状况背后的思想政治倾向。如大学新生在不满意大学校园硬件条件时，是否思考过上大学的目的是什么？其本质上涉及人生目标追求的问题；大学生面对就业选择时，并没有想到去边远农村服务，这涉及追求理想信念问题；大四学生在求职面试时，面对人际关系考题，正是伦理道德问题。

第二，从方法上而言，在校园的自然环境下，采用质性研究的访谈和观察方法，收集大学生日常生活状况的资料；对资料进行编码，进行概念归类分析，寻找概念与概念之间的关系，最后创建模型；对概念之间的关系和模型进行解释。虽然访谈的人数只有几十位大学生，由于文本资料庞大，个性化突出,不能揭示出大学生思想政治的趋向性和规律性,这也是质性研究的本质特征所在。

第三,从特征上而言,大学生的思想政治状况,更具有个体性、具体性、真实性、多面性、深层性和多样性。每一个大学生的生活经历都是一个个案,都有其复杂的历史背景、社会背景、家庭背景和个性特征等因素,而通过访谈获得的个案文本资料,能深入、生动地反映出大学生的真实生活状况及其内心的感受和想法,由此呈现出大学生内心世界显著的个体性、具体性、真实性、多面性、深层性特征。

三、建构大学生思想政治调查的"双向三层级"结构体系

2011—2015 年教育部主持采用以调查问卷方法为主,以座谈会和访谈为辅的实证研究方法,在京、津、黑、沪、浙、赣、鲁、豫、鄂、粤、川、滇、陕、宁、新 15 个省(自治区、市)和新疆生产建设兵团开展了大学生思想政治状况滚动调查,采集相关数据,对数据进行分析,属于实证研究,也是量性研究方式。量性研究是自然科学和社会科学常运用的方法,有着悠久的历史,其最大特征是收集数据并对数据进行分析,追求科学性、精准性、客观性。

2012 年、2014 年、2015 年、2017 年四年间,本研究分别对天津市 12 所高校立意抽样结合偶遇抽样抽取了共 88 名大学生进行了访谈,对访谈资料进行整理和分析,属于质性研究方式。在 20 世纪 70 年代,学界对实证研究不断提出质疑,并引起了欧美学术界对"量化"与"质性"研究方法的争议,随后反实证主义思潮兴起,质性研究也随之兴起。20 世纪 90 年代,质性研究被普遍应用于军事、医疗、教育等各个学科,特别适宜教育领域的应用。质性研究的最大特点是不采集数据,不对数据进行分析,而是在自然状态下,对研究对象进行深入的观察、访谈,收集文本资料,并采用归纳法对资料进行分析,从中发现新的问题。

　　量性研究和质性研究是两种不同的调查方式，其各有所长和所短。大学生思想政治状况滚动调查是了解大学生对党、国家、社会、学校、家庭等方面的所想、所感和所望，而人的思想充满了复杂性、多样性和多面性特征，问卷调查只能了解大学生的思想趋势和大局走向，而无法了解大学生的深层次复杂多样的思想，质性研究恰能达到揭示大学生思想复杂性、多样性和变化性的目的，但不能作整体性和趋势性测量。可见两种研究方式各有研究特色，各具功能，有着明显的差异性和互补性，具体表现如下（见表8-6）：

表8-6　质性研究与量性研究差异表

比较项目	质性研究	量性研究
研究目的	解释现象，构建理论，发现新问题	验证假设，推测普遍性
理论特点	主观与客观密切相关，主观性、意义性、归纳性、参与性、特例性和专有性	主观与客观分离，客观性、因果性、概括性
研究设计	弹性、灵活性、过程性	结构性、具体性、严谨性、程序性、操作性
研究环境	轻松和自然情境下全面扑捉具体信息	严格控制变量关系下获取数字信息
研究关系	参与性研究，研究者与研究对象之间是互为主体的分享、合作关系	旁观性研究，研究者与研究对象之间是主客对立的主从关系
研究方式	微观下以归纳分析为主，获得独特性结论	宏观下以演绎分析为主，获得普遍性结论
研究结果	多层解释、复杂，可信，检测标准不固定，不可重复	单一、简单、可靠，可检测的固定标准，可重复

　　1. 采用量性研究和质性研究两种研究方式对大学生思想政治调查的差异分析

　　第一，量性研究与质性研究的理论基础不同。质性研究与量性研究的方法之所以不同，是因为二者的理论基础完全不同。量性研究的理论基础，是西方哲学史上发展了一百多年的实证主义哲学，主张先有理论假设，采用演绎方法，之后必须通过标准化的程序收集数据，进行论证或验证理论，或者验证假设,由此标准化操作获取的数据是体现实证研究的"客观性"和"科学性"特色。而质性研究的理论基础是多元的,包括现象学、诠释学、自然主义、象征互动论、建构主义、扎根理论等。其中影响最大的是现象学、解释学和扎根理论,采用归纳方法。尽管实证研究方法和质性研究方法是完全不同的两种方法,但是,在大学生思想状况调查中却发挥着不同的作用,二者有较好的互补性,因此建构大学生思想政治调查的结构体系是值得探讨的问题。

第二,实证研究与质性研究在调查情境上的差异。实证研究更多地追求对某一研究问题的结构、性能程度、规模、范围的确认,其目的在于对事物量的规定性进行确认。它为了确认变量之间的因果关系,必须排除无关变量,为此对于研究情境要求比较严格,限定诸多条件以防范无关变量的干扰,目的是用数字求证因果联系,以便验证假设,这一研究情境特点较适合于研究自然现象,而非社会现象。

质性研究与实证研究不同的是,注重研究情境的自然性即在研究对象的生活情境中进行调查研究,对研究对象的"生活世界"及其社会组织的日常活动进行探索,把对大学生的思想调查研究回归到自然生活形态,才能全面了解大学生思想产生的全貌,以及大学生的思想政治与其生活世界之间的关系,回归自然生活整体性的研究思路,也是符合马克思主义的认识论观点即人的思想是社会生活现实的反映。

第三,实证研究与质性研究在研究方法上的差异。实证研究是经过严密的思考提出假设,经过实证方法验证假设,这种假设是一个有立场的判断,采用演绎方法,经过数据的精确测量来验证假设,检验假设。实证研究为了排除无关变量的干扰,制定周密的标准化原则和程序,根据实证研究规则实施收集资料等过程,发现问题。因此,实证研究在前设中就已经把要测量的数量关系设定好了,收集资料及其分析是按照设定进行。大学生思想滚动调查问卷就是这样的设计思路,然后,按照一定的程序和原则发放问卷,实施调查,最后通过对数字进行统计、分析,得出结论。

质性研究之前有清晰的方向，但没有具体而严格的前设与程序，根据不同的研究主题和研究对象特点，采取不同的方法，目的是收集到真实、可靠和完备的第一手资料。在收集资料和分析资料的过程中主张中立立场，为了保证资料来源的客观性，在有效控制研究者主观干扰的操作规则下，研究者持开放性和发现性的态度，依靠自身的能力和技巧不断地自我反思，以排除研究者的主观干扰。研究者在庞杂的语言碎片资料面前，按照逻辑关系将其分类、排序，进行比较分析，理解并解释出思想复杂体的内在本质联系。因此，质性研究要求研究者要有较好的观察法、谈话法和归纳法的训练，有良好的理论素养和知识储备、独特的观察视角、清晰的思路和坚忍不拔的精神。

大学生的思想政治状况充满了复杂性和多样性，对大学生思政治想状况的调查无法排除其受社会、历史、个人经历等因素的影响，其因变量和自变量的多样性、复杂性和深刻性是实证研究方法难以测量的，实证研究只能反映出大学生思想的整体趋势和宏观概况，却无法测量出大学生的深层思想和个体全貌，而质性研究恰能对大学生个体思想进行深入的调查研究，因此，实证研究和质性研究是两个互补的方法，在大学生思想政治调查中会产生不同的效果。

2. 采用量性研究和质性研究两种方式调查大学生思想政治状况的互补价值

作为实证研究的问卷调查，在收集大学生的思想政治资料方面具有普遍意义，收集资料具有普遍性和总体性，结论有趋势性和概括性特点，但难以深度了解大学生的思想政治实际情况。把质性研究纳入高校学生思想政治动态调查之中，与传统的问卷调查结合将形成相得益彰，相互补充的良性状态。因为以往问卷调查主要包括大学生对党中央和政府的工作的看法和态度，是对大学生政治思想态度的宏观把握，而大学生的具体生活态度、世界观、人生观和价值观在生活中的表现，调查问卷无法测量出来，这恰是质性研究的长项。质性研究通过对大学生一对一的深度访谈，可以了解到大学生的生活状况及其内心世界,特别是大学生的深层思想认识,但是质性研究的结论难以推论到大学生的普遍情况和宏观状态,因此两种研究方法各有千秋,形成互补。

第一,量性研究与质性研究在研究思路上的互补。质性研究与量性研究在研究思路上貌似不同,实为有相似之处。质性研究不依赖于实证数字作为研究依据,表面上看似乎缺乏客观性,主观性更强,而以数字为基础的量性实证研究方法,通过计算机软件对收集的数字进行加工,减少人为误差,似乎更具客观性,但是,深入研究之后便会发现,其实双方都各有其主观性和客观性,以问卷调查为例,似乎问卷调查的客观性更强,事实上,问卷调查仍然具有主观性,如问卷的设计是依据主观的理论和立场,对数字用什么方法分析是主观设定的;而质性研究的分析过程要求研究者自我反思,基于资料的归纳推理是在一定程序指引下进行的,看似是主观推理,然而,主观推理并不是天马行空和杂乱无章的,而是被限定在反思和归纳程序的制约中,反思和程序伴随在过程中,正是保持归纳推理客观性的有效屏障。

如果调查问卷设计是在一定理论指导下,通过一定的演绎程序推导分解,直到最后的问卷题干的话,那么,质性研究就是在现实生活中采集未知的资料归纳为题干,按照一定的理论和程序进行归纳而生成理论的过程,它不预先设定假设,最后不验证假设;而是在收集资料和研究资料的过程中逐渐发现研究的主题和焦点,通过编码、抽象出概念以及概念之间的关系,从中建构理论模型,生成理论,最后用理论解释现象和回答问题。这种研究理念和方法越来越被各学科所认同,被广泛地运用在社会科学和自然科学中的各个领域,解决任何特定的问题。

第二,量性研究与质性研究在内容和方法上互相补充和验证。在内容上,大学生思想政治调查的问卷中主要以大学生对党和政府在年内的工作态度为主,辅之涉及大学生的入党动机、道德观念、高校工作、人际关系、网络等问题。质性研究主要涉及的问题是大学生在不同年级阶段中的所思所想，以及对于大学生关注更多的问题进行深入分析，如大一新生的适应问题和思想政治理论课的问题等进行了深入的分析。可见两种研究内容有交叉部分，如质性研究中也涉及大学生对时事政治的态度，从中了解到大学生对党和政府工作的看法，结果显示与问卷调查高度相关，这一点验证了问卷调查的正确性。

在方法上，大学生思想政治状况问卷调查，是通过在全国 15 个省（自治区、市）和新疆生产建设兵团范围内发放问卷、收集数据资料，对数据进行分析，得出结论。调查分析均以百分数字为依据。大学生思想政治状况调查的质性研究方法，通过对大学生进行访谈收集资料，对访谈资料进行编码、归类分析，结果发现调查所涉及的问题，均是大学生人生成长经历过程的具体问题，具有生活化特征，对这些问题的分析能发现其背后的制度性原因，它涉及国家、学校、家庭、同伴和个人认知等问题。问卷调查是对大学生思想政治状况总体的、广泛的调查，访谈调查是对大学生个体深入的研究，这两种方法各有所长、取长补短。

3. 建立大学生思想政治调查的"双向三层级"结构

由于量性研究与质性研究各有所长，在科学研究中采用量性研究与质性研究结合的做法，得到学界普遍的认可，那么，在大学生思想政治状况的调查中，如何结合量性研究与质性研究是值得探讨的问题。根据国内高校和大学生的具体情况，探讨"双向三结构"调查程序体系是有益的尝试。大学生思想政治状况调查"双向三层级"结构是指由高校学生工作干部或教师采用质性研究方法和量性研究方法对大学生思想政治状况进行自下而上和自上而下的双向调查过程，以及经过高校学生工作干部或教师收集到的大学生思想政治调查资料（"基层"）之后，上报到各高校（"中层"）、各省市教育工作委员会和国家教委（"高层"）的过程，从而形成大学生思想政治状况调查的自下而上和自上而下与基层、中层和高层的"双向三层级"结构。大学生思想政治调查的"双向"度、"三层级"及其实施的具体内容如下：

第一，建构量性研究与质性研究的"双向"度调查程序体系。教育部连续主持了二十多年的大学生政治思想问卷滚动调查，以发放调查问卷为主，辅之以座谈会和访谈形式，已经形成了独特的调查模式。该模式是一个固定的自上而下的调查流程，也是单向度的流程（见图 8-2）。

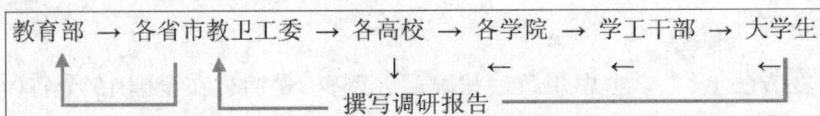

教育部 → 各省市教卫工委 → 各高校 → 各学院 → 学工干部 → 大学生
撰写调研报告

图8-2 大学生思想政治调查问卷工作操作流程

从图 8-2 可见，由教育部下发调查问卷，各高校配合完成发放和收集问卷，并集中上交到所在省、市的某个重点高校集中统计，统计结果上报给各省、市教育委员会，最后上报给教育部。具体程序是教育部布置大学生思想政治调查工作之后，下发到各省、市教卫工委；再由各省、市教卫工委布置到该省、市的各高校；各高校根据统一安排和要求分派到各学院；各学院按照学校要求安排学生回答问卷，召开座谈会等工作。从教育部到大学生回答问卷之间经过省、校、院等环节，呈现自上而下的工作流程。其特征：一是该流程是一个工作属性的流程；二是该流程是自上而下单向度的流程，下级对上级负责；三是该流程借助组织系统实现高效率流动。

自上而下单向度的调查流程有其不足之处：一是由于问卷本身具有获得信息有限的问题，因此调查只能获得大学生政治思想总体趋势的信息，无法获得大学生思想的深层问题及其解释的信息。数据结论单一、呆板，缺乏生动的解释和理解。二是调查选样是由各高校学生工作部门的干部主持和实施，若没有调查专家指导，容易出现调查样本选择偏离随机性，如在选择被试时找一些学生干部或优秀学生填写问卷。三是缺乏被试者和高校基层学生工作者的平等参与理念与过程。调查结果只为上级领导服务，而调查还应该为提高大学政治思想觉悟的高校基层学生工作服务，使得高校学生工作者和思想政治理论课教师从教育部的权威调查数据中获得有益于工作的借鉴资料与数据。四是为了弥补单向度问卷调查大学生思想政治状况的弊端,应该增加自下而上的访谈调查(不是以访谈为辅,而是将访谈调查与问卷调查处于一样的重要位置)流程模式,形成"双向"度的调查流程模式。

大学生思想政治状况"双向"调查(见图8-3)是指自上而下和自下而上的大学生思想政治双向调查流程。自上而下流程是每年一次由教育部主持的大学生政治思想问卷滚动调查,经由各省、市教卫工委沿下布置到各高校;各高校下发布置到各学院;各学院的学工干部按照要求布置到学生。自下而上流程是指每年两次由高校中的各学院的学生工作干部和部分专业教师对大学生进行日常访谈,收集资料,了解大学生的思想政治状况;将访谈资料上交学校,各高校聘请专家对访谈资料进行分析;由各高校上交省(市)教卫工委,由教卫工委组织专家汇总分析资料,得出结论,上报教育部。

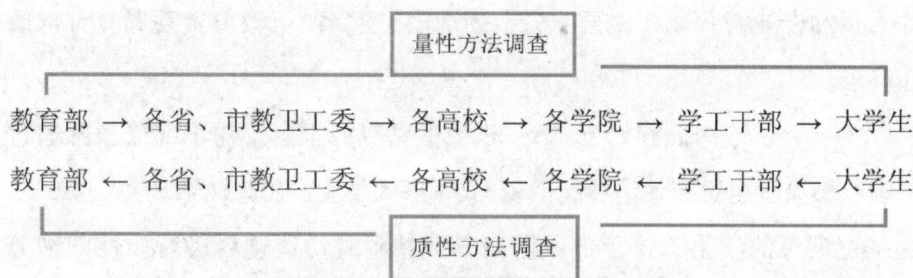

量性方法调查

教育部 → 各省、市教卫工委 → 各高校 → 各学院 → 学工干部 → 大学生
教育部 ← 各省、市教卫工委 ← 各高校 ← 各学院 ← 学工干部 ← 大学生

质性方法调查

图8-3 大学生思想政治调查"双向"图

大学生思想政治状况"双向"调查的意义在于:一是使教育部主持的大学生思想政治问卷滚动调查增加与量性研究同等重要的质性研究方式,则更加体现调查对象平等参与的理念,使调查过程更加日常化和生活化,调查内容从宏大叙事走向物有所指的具体而真实的生活现实。二是在大学生思想政治状况的调查中采用质性研究和量性研究的资料收集和分析两种不同的方式,很可能使两种方式的交叉性优势和非重叠性弱势产生,能提高研究结果的信度和效度。例如:质性研究的参与性观察和非结构式访谈,可以检验调查问卷量性调查大学生政治思想中的某个结论和观点。三是可以用量性研究的数据展示质性研究的结果,质性研究的解释和图片/图形可以展示量性研究的数据,使两种研究方式更加丰富多彩。四是质性研究的解释性理

解方法，可以为量性研究大学生政治思想状况的数据进行更加广泛的解释和多角度的理解，扩展了研究范围，使量性研究的枯燥的数据变得更加鲜活生动，使单一的数据所忽视的部分得以洞见、理解和补充。五是使两种研究方式的结论互为证据，互相验证。提高结论的概括性水平和程度，使研究结论与实践相结合，更好地运用于实践之中。

第二，建立大学生思想政治状况调查自上而下和自下而上流程的"三层级"结构。除了每年一次由教育部主持的大学生思想政治问卷滚动调查之外，还应该采用质性研究方式实现大学生思想政治状况动态调查的常规化，即建立大学生思想政治状况调查流程的"三层级"结构。"三层级"是指大学生思想政治调查的基层、中层和高层三个层级组织系统，即学院的大学生工作人员和专业教师属于基层，各高校属于中层，省、市教卫工委和教育部属于高层。

"三层级"结构流程如下：第一步由最基层的学生工作干部或教师通过访谈收集大学生思想政治状况的资料，了解大学生的思想政治动态。第二步由经过训练的学生工作干部或聘请专业教师对访谈资料进行质性归纳分析。第三步将对大学生访谈资料的分析结果逐级上报到学校；再由学校向省、市教卫工委汇总，最后上报到教育部，形成一个自下而上的流动过程。

大学生思想政治状况调查的"三层级"结构流程的意义在于：一是由自下而上流程所收集的大学生思想政治资料具有原生态性，它克服了自上而下调查问卷流程中弊端（参见大学生思想政治状况"双向度"调查的意义）。二是自下而上的调查流程促进大学生思想政治状况调查成为学生工作干部的日常工作内容，而不是大学生工作者为了完成某项上级下派的任务而工作；有利于大学生思想政治调查与大学生的日常工作相结合，大学生的思想政治调查工作促进大学生的日常思想政治教育更加有的放矢。三是自下而上的调查流程能反映出大学生思想政治状况的日常表现和深层问题，避免在调查结论重报喜轻报忧的弊端，调查结果具有日常性和真实性。

第三,大学生思想政治状况调查"双向三层级"结构的实施。大学生思想政治状况调查的"双向三层级"结构实施的重点和难点在于:一是基层是重点和难点所在,即高校学生干部或教师运用量性研究方法和质性研究方法收集有关大学生思想政治资料的质量。因为无论是教育部主持的大学生政治思想自上而下的问卷滚动调查,还是由高校学生工作干部或教师所从事的大学生思想政治自下而上的访谈调查,最终都要落实到基层实施,基层工作是收集大学生思想政治资料质量的关键,资料的真实程度取决于基层工作的态度和专业水平,如果基层所收集的资料不规范,则会阻碍分析资料的质量,直接影响调查结果的信度和效度,可见基层是"双向三层级"调查结构实施的基础。二是中层是难点,即高校的专业人员对调查资料的分析与研究水平是发现问题的关键,它涉及如下问题:分析调查资料是否专业? 针对调查出的问题及其原因是否能从思想政治教育的理论高度进行分析? 调查结论是否客观? 针对问题是否提出可行性的对策? 以天津市为例,天津市各高校收集大学生思想政治调查问卷资料后,进行分析,撰写报告。将调查结果汇集到该市某部属大学,进行汇总后上报到市教卫工委,再由市教卫工委上报到教育部。这一过程的关键在于对资料进行分析,而分析资料均是由学生工作干部经办,试想:如果未经过专业技术训练的学生工作干部对调查问卷和访谈资料进行分析的话,势必因思想教育政治专业理论知识和调查专业技术的缺陷而不能全面客观地挖掘出调查资料的内容,也难以有新发现,调查报告有可能以宏大叙事的风格表述,间接造成人力、物力、财力、资料素材的浪费。

根据大学生思想政治状况调查"双向三层级"调查结构的重点和难点,具体操作流程如下:

一是完善大学生思想政治状况自下而上的质性研究流程。在每年由教育部主持的自上而下地对大学生政治思想问卷滚动调查的基础上,各省、市每年增加两次由各高校基层学生工作干部或教师对大学生的思想政治进行观察、访谈工作，将访谈资料记录在案。由各高校主持专业教师对访谈资料进行质性研究分析，将分析结果集中到各省、市牵头的重点高校（如天津市的重点高校是南开大学）；由重点高校主持专家对各高校访谈资料分析的结果进行研究，发现全省市大学生思想政治中的问题，分析其产生的原因，提出解决问题的对策。撰写全省、市大学生思想政治状况的调研报告；由重点高校将调研报告上交各省、市的教育工作委员会，由各省市教育委员会将调研报告上交到国家教委。上述流程加强了自下而上地对大学生思想政治状况进行质性研究调查的过程，才得以完善大学生思想政治状况"双向三层级"调查结构操作的全过程。

二是加强大学生思想政治状况自下而上地质性研究流程的关键环节建设。在大学生思想政治"双向三层级"调查结构操作流程中的关键环节：

其一是基层学生工作干部或教师是否掌握量性调查的测试技术，特别是是否掌握质性研究中访谈、观察的理念和专业技术。由于教育部主持的大学生政治思想问卷滚动调查工作是由各高校的学生处负责，再由各高校的学生处分派到各学院的学生工作干部具体实施问卷调查，而各高校的学生处的干部和各学院的学生工作干部都是流水的兵，其中一部分学院的学生工作干部提拔到学校学生处或其他行政部门工作，因此为了避免因工作调动影响大学生政治思想问卷调查的质量，一方面，要对高校相关的学生工作干部（含辅导员）进行定期的量性研究基本技巧的培训，使他们掌握大学生政治思想问卷调查的基本方法；另一方面，要对高校相关的学生工作干部（含辅导员）进行定期的质性研究的理念和基本技巧的培训，特别是日常访谈技巧的培训。对学生工作干部进行经常性地量性研究和质性研究方法的培训既是对大学生思想政治调查过程的关键环节，也是更新高校基层学生工作的理念，提高其工作方法和工作质量的重要途径。

其二是各高校（中层）对于大学生调查资料的分析需要专业队伍。对大学生思想政治状况进行量性调查和质性调查的结果需要有专家对数据等资料进行深入挖掘、发现问题，分析问题产生的原因，并为实际工作部门提出解决问题的方案和建议，使研究成果转化为高校大学生思想政治教育的实际行动，这是大学生思想政治状况调查的目的。因此具体措施：一方面，各高校应建设一支量性研究和质性研究的专家队伍，将专家分析的结果即有关大学生存在的思想政治问题及其分析结果作为学校学生工作的参照，及其思想政治教育理论研究的资料，使调查资料及其结论不仅是对上负责，更是服务于基层学生工作和专业研究者，以达到解决大学生的思想问题的目的。另一方面，各省、市建立量性研究和质性研究的专家队伍，对各高校大学生思想政治状况调查的实证资料和质性资料及其分析结果进行评估，提出意见。专家队伍需要既有质性研究方面的技术，还要有思想政治理论研究的基础。否则只有前者，而无后者，则无法从思想政治教育角度提出专业建议，因为质性研究专家只能通过质性研究方式发现调查资料中的问题，难以从马克思主义理论视角对大学生思想政治存在的问题进行分析并提出相应的对策，为此专家团队由质性研究专家和思想政治教育专家两部分构成比较合理。

小　结

第一，量性研究和质性研究是两个不同调查研究方法，在大学生思想政治动态调查过程中，实证研究从宏观角度反映大学生对党和政府工作的态度和趋势，质性研究反应大学生思想政治动态的微观日常层面状况；两种方法在实施上差异显著；在内容上有相同处，相互验证；在结论上有相关性和互补性。

第二，由教育部主持每年一次的大学生政治思想动态调查，采用以问卷为主的调查方法，是自上而下的流程向度，在此基础上，应增加以质性研究为主的自下而上的大学生思想政治调查流程向度，形成"双向"的大学生思想政治调查结构。

第三,构建"双向三层级"的大学生思想政治动态调查流程结构。一是以调查问卷为主的自上而下和以访谈为主的自下而上的双向流程,其中使以访谈方法为主地收集大学生思想政治方面的资料日常化。二是由高校基层级学生工作干部和教师、中层级的各高校和高层级的各省、市教育卫生工委员会、教育部构成的"三层级"调查结构中,重点和难点是基层级学生工作干部的量性调查和质性调查的专业水平;关键环节是中层级和高层级对量性调查和质性调查资料的分析质量。高校应对学生工作干部和教师进行量性调查方法和质性调查方法的日常培训,并组织专家对调查资料进行分析。建立一支省、市级量性调查和质性调查的专家研究队伍,对各高校的研究进行评估,对大学生思想政治存在的问题及其原因进行分析,提出相关的对策,为高校基层大学生思想政治工作和思想政治教育研究服务。

第九章 思想政治教育质性研究下
大学生思想政治状况的解释与理解

对大学生思想政治状况的分析,分为从横向和纵向两类,本章重点讨论横向问题。横向主要分析以下三个方向:大学生的政治态度和政治立场、大学生对马克思主义的认识、大学生的思想道德。大学生的政治态度和政治立场主要从大学生对于党的第十八大和第十九大的认识、大学生对于加入中国共产党的认识角度进行分析。大学生对马克思主义的认识,从大学生对于思想政治理论课的认识角度进行分析;大学生的思想道德,主要表现在大学生的理想信念,世界观、人生观和价值观等方面,而这些方面深藏在大学生日常生活表象的背后,大学生日常生活中的突出问题,如大学新生的"迷茫感"问题,其原因都与大学生的理想信念、世界观、人生观和价值观等有着密不可分的联系。

运用思想政治教育质性研究方法,分析大学生的思想政治状况,需要在对相关概念进行界定的前提下进行操作化思考。操作化过程既是抽象概念分解、确立研究维度的过程,是从抽象概念走进生活世界的过程,是运用理论工具对概念进行分析的过程,最终使抽象的概念具体化、生活化,才能形成研究系统,这是理论走向现实生活的途径。

一、大学生思想政治状况调查的相关概念与思考

运用思想政治教育质性研究方法分析大学生的思想政治状况, 首先要

解决两个问题：一是研究者的研究态度问题；二是研究大学生思想政治状况中的相关概念及其操作化的问题。只有清晰了基本范畴和概念，才能对范畴和概念的维度进行操作化分解，这是科学研究的必经阶段。

1. 研究者在调查大学生思想政治状况中的态度与立场

第一，一个研究者的态度问题，即研究者是以什么样的态度对待研究的？迪尔凯姆认为："社会学家应该在进入社会人世界时，意识到自己进入了一个未知世界；他们应该认识到，他们所要处理的事实的规律和生物学尚未形成以前生命的规律一样是不可猜测的；他们应该随时准备去作会使他们惊讶和困惑的发现。"[①]迪尔凯姆的观点与质性研究的主张一致，即在研究过程中，研究者要把自己的观念、情感等"悬置起来"，防止主观臆断和主观偏见。对于研究而言，保持客观、科学、中立的立场是研究者基本的研究素养，但是思想政治教育是具有鲜明的阶级性、党性、实践性和综合性的学科，研究者自然应该有自己的阶级性和党性立场，这似乎是一对矛盾。事实上，多数学科都存在着这种矛盾，都会有研究者的自我政治立场、道德观念与研究问题的客观事实发生矛盾，研究者在面对与自己的立场不同的事实时，后者都会影响研究者的心态，研究者的观点和立场多多少少会影响研究问题，这也属于正常现象，因为研究者也是人，是人就有人的正常的心态和情感。然而作为有专业训练的研究者，不会轻易受到研究对象的观点、情感等影响，哪怕研究对象的价值观、政治立场与研究者的完全不同，也应该保持客观、中立的态度去了解和分析研究对象的思想产生的原因，对此研究者要不断地回到文本，不断地自我反思，以确保研究者的客观、中立的立场。可见反思是研究者保持客观、中立立场的重要途径。

科学研究者应秉持客观、中立的研究立场，这是科学研究要遵守的基本原则。思想政治教育学科也不例外，其研究立场也是客观、中立的。然而研究

---

① ［法］E.迪尔凯姆：《社会学方法的准则》，狄玉明译，商务印书馆，2002 年，第 9 页。

者毕竟是在社会生活中成长的人，人自然不可避免地留有被社会价值观熏陶的烙印，尽管受过良好训练的学者会尽可能保持科学研究的客观、中立的立场，以避免价值立场其对研究的影响，也难免适得其反。因为社会科学的理论内容，特别是有关意识形态的研究常常是有价值立场的，当研究者在引用某一有价值立场的理论或观点时，就意味着其持有了价值立场并会渗透到其研究的过程中，此时研究者的中立立场和价值立场的边界难以厘清，甚至混为一谈。

第二，众所周知，思想政治教育学科本身具有意识形态的政治性特征，那么是否决定了该学科的研究者必须保持价值立场呢？回答是肯定的。一门学科之所以称之为学科，是其具有客观、实证、准确等科学特性，思想政治教育学科也不例外，作为该学科的研究者必须具备中立、客观的立场。然而思想政治教育研究者要有自己的信仰即持有价值立场，才能认同自己所研究的对象和内容，这里出现了思想政治教育研究者的中立立场与价值立场之间的矛盾，这个问题从两方面理解：一是思想政治教育作为一门学科，其意识形态是该学科研究的内容及其特征，即研究者是把思想政治教育作为一个客体（研究对象）进行研究的，需要采取客观、中立的立场。二是思想政治教育这六个字中，关键词是教育，教育既有理论和理念指导，更要有教育的实践活动，教育活动必然有其灌输意识形态和价值观念的教育目的，实现价值追求是教育的目的，因此思想政治教育者需要有价值立场。

事实上，思想政治教育研究者的中立立场与价值立场之间是辩证统一的关系，而非截然对立的关系。一方面，思想政治教育者的中立立场是探寻客观事物的真相所必备的科学素养、研究立场和研究能力，否则不能称其为科学研究。价值立场是研究者对自然、社会和人类等事物所作出的判断，这一判断是有价值倾向的判断，它是研究者价值立场的体现，但其价值立场是以客观、中立立场为基础的，没有中立立场就无法产生价值立场。如果说科学研究的中立立场是人类认识自然和社会的前提的话，则人类认识世界的目的是要改造世界,而科学研究的价值立场的诉求正是要改变世界,从这种意义上说,没有价值立场,中立立场就失去意义和方向,同样没有客观、中立立场,价值立场便是无根之木。另一对面,思想政治教育者同其他学科的研究者一样要保持客观、中立的立场,以认识教育对象和社会现象,在此基础上确立其价值判断,这样的价值立场是有其实证根基的,依据价值判断改变人的思想、政治和道德以适应社会发展的需要,进而改变社会。

只有建立在事实依据基础上的价值判断还不够,还要有理论依据,这是人文社会科学研究的必备要素,思想政治教育的理论依据是马克思主义,马克思主义中"实事求是"的思想路线与研究者要保持客观、中立的研究立场的思想内涵是高度契合,虽然二者表述不同,但其思想实质是一致的,这说明马克思主义理论中的"实事求是"理论,表达和验证了人类自从有科学研究开始就创造了的客观、中立的研究立场的科学性和正确性,同时对于"实事求是"思想的确认与倡导是一种价值判断即价值立场,据此客观、中立的研究立场与对中立立场的价值判断和确认即价值立场是辩证统一的关系。

马克思主义中的"实事求是"思想既是人们认识自然、社会的思想路线,又体现科学研究的实证性、客观性、科学性、整体性的思想,自然也是思想政治教育者认识社会现象和教育对象的指导思想。教育者既要秉持"实事求是"的思想,保持研究的中立立场,而不会陷入主观臆断的陷阱,又要在此基础上进行有意识形态导向的教育活动。思想政治教育者的中立立场和价值立场在不同的思想政治教育阶段采取不同的立场,如在思想政治教育调查研究阶段要采取中立立场;在思想政治教育活动阶段适宜以价值引导为主。在思想政治教育实际操作的过程中,采取中立立场和价值立场是没有绝对的界限的,两种立场根据研究目的和教育目的具体需要而灵活选择,如在思想政治教育调查研究阶段要采取中立立场,以观察和了解教育对象的思想状况,但并不意味着教育者在该阶段没有进行思想教育活动的机会;同理,在思想政治教育活动阶段,教育者仍然存在发现教育对象思想新状况的机会,需要采取中立立场。可见一个优秀的思想政治教育者,应具备在实际的思想政治教育中适时转换、交替持有中立立场和价值立场的能力,以达到转变教育对象思想认识变化的目的。

2. 大学生思想政治状况调查的相关概念与维度

中国的思想政治教育学科是一门既年轻又古老的学科。说其年轻是因为思想政治教育学科建设从 20 世纪 80 年代中叶才开始,仅三十多年;说其古老是因为自从有了人类,特别是有了国家之后就有思想政治教育现象了,在中国历史上留有恢宏而卓越的思想政治教育遗产资源。20 世纪 80 年代中叶之所以开始思想政治教育学科的建设, 必然有那个时代需要产生新学科的必要性。"一个新的学科,是适应一定时代、社会的需要而产生的。"①任何一个学科的产生必然有其核心概念,"思想政治教育这个概念, 是中国共产党创造的专门概念。思想政治教育包括思想教育、政治教育和道德教育(还应包含法治教育),担负着党的思想建设与群众性思想教育的职责。"②由此可知:思想政治教育这一概念,一是中国独创和带有党性特征的专门概念。二是思想政治教育的内容包括思想教育、政治教育、道德教育和法治教育。三是思想政治教育肩负着维护中国共产党的领导及其意识形态的安全,肩负着对党员和群众进行思想政治教育的使命。理解思想政治教育这一概念为界定大学生思想政治调查的相关概念奠定了基础。

第一,"思想政治"是大学生思想政治调查中的核心概念。之所以只取"思想政治教育"六个字中的前四个字即"思想政治",是因为思想政治教育本身,是根据教育对象的思想政治状况而进行的教育活动,教育对象的思想政治状况,是教育者进行教育的前提与基础,如果思想政治教育者不了解教

---

① 思想政治教育学原理编写组:《思想政治教育学原理》(马克思主义理论研究和建设工程重点教材),高等教育出版社,2016 年,第 9 页。

② 同上,第 3~4 页。

育对象的思想政治状况,则教育活动就是无的放矢,因此大学生的"思想政治"这一概念是被关注的核心概念。

思想是思想政治教育中的核心概念。从心理学角度而言,思想是人对客观事物在大脑进行加工的产物与结果,通过感觉得来而储存在大脑的东西称为"记忆块",记忆块被定向组合加工得来的东西叫思考、思维和判断的过程。从哲学角度而言,思想是客观外界事物在人们头脑中经过加工后的主观反映,"观念的东西不外是移入人的头脑并在人的头脑中改造过的物质的东西而已。"[1]思想随着外界事物的不断变化而变化,"人的观念、观点和概念,一句话,人们的意识,随着人们生活条件、人们的社会关系、人们的社会存在的改变而改变。"[2]因此"意识一开始就是社会的产物,而且只要人们存在着,它就仍然是这种产物。"[3]从思想政治教育角度而言,观点一:思想是主体对自身的社会存在及其与周围客观世界的关系的主观反映,是为了适应主体生活的需要,在社会实践中通过大脑对输入的外界信息自觉进行整合后的产物。[4]这一观点显然是从思想的产生来源及其形态角度论述的,吸收了心理学、哲学有关思想的观点。观点二:思想政治教育中的思想具有意识形态的本质,其与世界观、人生观和价值观有关的哲学思想、政治思想、法律思想、道德思想等意识形态。[5]国内著名学者张耀灿将思想分为思想认识和思想意识,思想认识是指人们对自然界、人类社会历史、世间的事、物、人、己的认知水平和认知真伪程度。是对事物的是非、真伪、善恶、美丑的知觉、辨别、分析和选择。[6]思想意识是指人们在待人处事等社会活动中所表现出来的观

① 《马克思恩格斯文选》(第5卷),人民出版社,2009年,第22页。

② 《马克思恩格斯文选》(第2卷),人民出版社,第50~51页。

③ 《马克思恩格斯文选》(第1卷),人民出版社,2009年,第533页。

④ 参见张耀灿、徐志远:《现代思想政治教育学科论》,湖北人民出版社,2003年,第234页。

⑤ 参见郑永廷主编:《思想政治教育学原理》,高等教育出版社,2016年,第6页。

⑥ 参见邱伟光、张耀灿:《思想政治教育学原理》,高等教育出版社,1999年,第72页。

点、品质、意志、态度、情调等较稳定的思想特性和倾向的总和。①总之，人的思想是人为了适应社会，在与社会外界事物互动中经过大脑加工而产生的主观反映。思想政治教育中的思想是具有鲜明的主流意识形态色彩，它是在马克思主义指导下的世界观、人生观和价值观，以及哲学思想、政治思想、道德思想和法治思想等的总和。

在人类进入文明社会以后，政治就伴随着国家和阶级的产生而产生，代表着统治阶级或统治集团的主流意识形态的思想政治，都无一例外地融入国家统治机器的运转之中，发挥着思想统治和教化的作用。任何社会或统治阶级都不可避免地将其思想政治内容和要求，有目的、有计划、有组织地对其社会成员施加系统的教育和影响，使社会成员形成符合一定社会、一定阶级所需要的思想品德。思想政治教育就是将一定社会的思想观念、政治观点、道德规范等思想政治内容，转化为社会成员的思想意识和道德品质的过程，思想政治教育的全部工作，其直接目的和专门任务，都是为了把本阶级、本社会对人们的思想政治品德要求变成人们实际的思想品德，使人们实现'现有'向'应有'的转变。②因此，思想政治教育在本质上是灌输主流意识形态，在目的上是培养建成新时代中国特色社会主义强国的建设者和接班人，在任务上是对社会成员进行理想信念教育、爱国主义教育、民主法治教育和人的全面发展教育。思想政治教育中所提及的"思想"，是与"政治"不可分割的概念，思想是含有政治内涵的思想，而不是指非政治性的思想。在我国，中国共产党的领导是最大的政治特色，中国共产党的思想是最重要的政治思想，因此思想政治是带有中国共产党主流意识形态的思想政治。

在新时代中国特色社会主义建设的背景下，思想政治教育的内容包括马克思列宁主义、毛泽东思想、中国特色社会主义理论体系教育，社会主义

---

① 参见邱伟光、张耀灿：《思想政治教育学原理》，高等教育出版社，1999年，第73页。

② 参见张耀灿、郑永廷、吴潜涛、骆郁廷：《现代思想政治教育学》，人民出版社，2006年，第6页。

核心价值体系教育,党的基本路线、基本纲领和基本经验教育,中国革命、建设和改革开放的历史教育,中华民族优秀传统和中国革命传统教育。社会公民道德和民主法治教育,基本国情和形式政策教育,生态文明教育。[①]任何一个概念不仅是文字的表述,更是概念背后的社会历史发展的集中表现,思想政治教育是中国共产党的特有概念,其背后凝聚着中华民族的优良传统,中国共产党优良传统和中国革命、建设和改革开放发展的历史,特别是从中华人民共和国的成立到社会主义建设,从改革开放到中国人民过上富足的生活,再走向中华民族的伟大复兴,每个阶段都离不开以马克思列宁主义、毛泽东思想的指导,都离不开中国共产党的领导,都离不开中国共产党以人民为核心的宗旨,都离不开社会主义道理的方向。

坚持"以人民为中心",中国共产党来自人民,服务人民,体现了以人为本,追求人类平等的价值理念。将以人为本的平等理念贯穿在思想政治教育之中,就体现在对教育者和教育对象的尊重。以往对思想政治教育内涵的界定多是"施加论"。"施加论"更多地强调社会统治集团对其成员进行教育的一面,即教育者对教育对象进行教育的一面,有忽视教育者和教育对象需求的一面。事实上,思想政治教育既有社会统治集团对其成员进行主流意识形态教育的任务,也有满足社会成员个体全面发展需要的任务。社会与个人是相辅相成的辩证关系,每个社会成员都有全面发展的需求和全面发展的权利;同样,社会成员也有为社会的全面发展做贡献的义务,每个社会成员都为社会做贡献,社会才能真正得到全面发展,全面发展的社会才能为个人的全面发展提供条件和基础,社会发展的最终目的是每个人的全面发展。据此,思想政治教育的内涵应在"施加论"的基础上,增加对教育者和教育对象的关注。"思想政治教育是教育者与受教育者根据社会和自身发展的需要,以正确的思想、政治、道德理论为指导,在适应于促进社会发展的过程中,不

---

① 参见郑永廷:《思想政治教育学原理》,高等教育出版社,2016年,第181~189页。

断提高思想、政治、道德素质和全面发展的过程。"①

由上可见,大学生思想政治状况调查中的思想,是含有主流意识形态的思想,是含有政治内容的思想,而不是日常性的思想或非政治性的思想,也就是说思想政治教育中的思想与政治是有着无法分割的内在联系,是含有中国共产党意识形态的思想政治,是含有世界观、人生观和价值观在内的思想政治。思想政治是个抽象的概念,若使其具有调查研究的可操作性,需要对其分解维度。

大学生思想政治状况调查的维度,是指研究者对大学生思想政治状况所作出的判断、说明、评价和确定的条件,以及对大学生思想政治状况这一主题,进行多方位、多角度、多层次的思考过程及其结果。按照维度划分,大学生思想政治状况包括大学生的思想状况、政治状况、道德状况、法治状况。思想状况包括与大学生的世界观、人生观和价值观相关的对自然界、人类社会历史、社会的事与人、个人等观点及其思想特性和思想倾向;政治状况包括大学生具有主流意识形态的政治信仰、政治理想、政治立场、政治态度、政治观点;道德状况包括大学生的道德意识、道德原则、道德标准、道德行为;法治状况包括法治精神、法治意识、法治思维等。

上述大学生的思想、政治、道德、法治等状况,一方面,有其共同点,即四者都是在一定的世界观、人生观和价值观统领下的各个方面的展现,或者说思想、政治、道德、法治三个方面都体现着同一个世界观、人生观和价值观。另一方面,大学生的思想、政治、道德、法治之间又是相互交织、相互联系,具体如下:一是思想体现着一定价值判断下的政治信仰、政治目标、政治态度、政治立场、政治观点,体现着一定的道德信念、道德理想、道德观念、道德原则、道德规范等道德意识体现着一定的法治精神、法治意识、法治思维。二是由于中国"德政"合一的政治传统,政治意识也是一定的道德要求和法治要

---

① 郑永廷主编:《思想政治教育学原理》,高等教育出版社,2016年,第5页。

求,政治理想,体现着一种人生理想追求。三是道德原则和道德规范反映着一定的政治理念和法治精神等思想内容,道德是不成文的法律,法律是最低限度的道德。四是法治精神是一种政治理念,法治是治国理政的基本方式,政治是在法治范围内的政治,中国共产党作为最具政治权威的政治组织,确定了依法治国的政治方向,是中国依法治国的重要保障。依法治国制约和规范着政治权力、组织行为和个人行为,同样依法治国也是道德要求,公平正义、保障人权的道德追求。

二、大学生对于党的十八大和党的十九大的认识

大学生的思想政治状况主要从大学生的政治态度角度考察。大学生的政治态度是指大学生对中国的政治权力及其现实形态相对稳定的综合性心理反映倾向,表现为对中国共产党和政府的政治主张、政治权力、政治制度的肯定或否定,赞成或反对的倾向状态。大学生的政治态度从宏观和微观两方面考察,宏观方面是指大学生对待中国共产党和政府的政治思想、政治权力、政治制度的态度,例如:大学生对待中国共产党的重大政治事件和活动的态度。微观方面是指大学生个人的政治追求和政治倾向,如对待中国共产党的重大活动的态度与行为、个人加入中国共产党的态度与行为等。

(一)从生活现象研究大学生的思想政治状况

大学生的思想政治是深藏在生活表象之中的, 了解大学生的思想政治状况的途径,是深入了解大学生的生活现象,从大学生的生活表象挖掘出隐藏在其内的思想政治,如观察大学生日常生活的表现,收集大学生对日常生活现象的看法等第一手资料,通过文本的分析,可以发现其中所包含的世界观、人生观和价值观等思想政治状况, 其中包括大学生对马克思主义的态度、对中国共产党的态度、对思想政治理论课的态度与表现、对时事政治的

态度、政治意识和政治参与等状况。

同时从大学生的日常生活表象出发，探寻大学生的生活表象与社会外界的关系，其目的是挖掘出大学生个体思想政治问题产生的原因，特别是其背后的重大社会原因。马克思在《资本论》中谈到交换价值时指出："毫不相干的个人之间的互相的和全面的依赖，构成他们的社会联系。这种社会联系表现在交换价值上，因为对于每个个人来说，只有通过交换价值，他自己的活动或产品才能成为他的活动或产品；他必须生产一般产品——交换价值，或本身孤立化的、个体化的交换价值，即货币。另一方面，每个人行使支配别人的活动或支配社会财富的权力，就在于他是交换价值的或货币的所有者。他在衣袋里装着自己的社会权力和自己同社会的联系。"①马克思的这一思想表明，个人与个人的交往构成社会联系，每个人无法离开社会。个人的活动或产品只有在与他人或社会的交换中，才能有其价值。个人包含着社会权力，个人权力与社会权力有着内在的联系。同理，大学生在日常生活中表现出来的，正是其所拥有的思想政治"产品"，个体之间的思想政治"产品"是相互交换和相互依赖的，构成思想政治的社会联系。每个大学生都是自己思想政治的生产者和所有者，其价值在于与他人交换思想政治。与此同时，每个大学生吸收着他人的思想政治，而且吸收的程度更高，因为大学生处于易吸收他人思想的年龄段。大学生思想政治活动的交换，必然与社会有着内在的联系，必然投射出学校和社会的状态。

马克思明确指出："私人利益本身已经是社会所决定的利益，而且只有在社会所设定的条件下并使用社会所提供的手段，才能达到；也就是说，私人利益是与这些条件和手段的再生产相联系的。这是私人利益；但它的内容以及实现的形式和手段则是由不以任何人为转移的社会条件决定的。"②也

---

① 《马克思恩格斯文集》(第8卷)，人民出版社，2009年，第51页。

② 同上，第50~51页。

就是说,个人利益的实现是以社会所能提供的条件和手段为边界的,是在社会所能提供的条件和手段的范围内完成的,超出这个范围便是空想。相对应的,是个人利益的实现反映出社会的发展水平,即社会能为个人提供什么样的条件和工具,同时个人在参与社会活动中,可以创造社会条件和手段的进步和发展。

个人与社会相互连接,相互渗透的观点,为大学生思想政治状况研究提供了思路。当研究者研究教育对象个人的思想政治状况时,这已经不是个人的私事了。个人的思想政治状况的特点、内容和形式,反映了社会条件和社会的进步状态,由此推之,欲了解社会思想政治存在的问题,可以通过了解个人的思想政治状况得以实现。个人的全面发展在于社会全面发展的程度,在于个人参与社会生产的程度。个人深度参与社会生产既有利于个人的全面发展,也能促进社会的全面发展,正如马克思所说:"全面发展的个人——他们的社会关系作为他们自己的共同的关系,也是服从于他们自己的共同的控制的——不是自然的产物,而是历史的产物。要使这种个性成为可能,能力的发展就要达到一定的程度和全面性,这正是以建立在交换价值基础上的生产为前提的,这种生产才在产生出个人同自己和同别人相异化的普遍性的同时,也产生出个人关系和个人能力的普遍性和全面性。"①个人的思想政治状况也不例外,其与社会条件有着内在的联系,这是客观规律决定的。思想政治教育质性研究的任务,是把个体思想政治状况的表象及其背后的社会政治状况揭示出来,了解之,解释之,发现问题,提出解决问题的对策,这是思想政治教育质性研究实现社会价值的目的。

(二)大学生对中国共产党第十八次全国代表大会召开的认识与分析

中国共产党第十八次全国代表大会于 2012 年 11 月 8—14 日在北京召

---

① 《马克思恩格斯文集》(第 8 卷),人民出版社,2009 年,第 56 页。

开。①会议的主题是高举中国特色社会主义伟大旗帜,以邓小平理论、"三个代表"重要思想、科学发展观为指导,解放思想,改革开放,凝聚力量,攻坚克难,坚定不移沿着中国特色社会主义道路前进,为全面建成小康社会而奋斗。这次大会的重大历史意义在于,大会实现了中国最高层新老领导班子的换届,新的领导班子决定着中国未来发展的方向。

那么大学生对中国共产党第十八次全国代表大会这一中国最大的政治活动的表现及其态度是怎样的呢?为此本研究对部分大学生进行了访谈调查②,该调查在时间点上,既是在大学生亲历一系列庆祝中国共产党第十八次全国代表大会的活动之后,又非久隔这些庆祝活动本身,使得调查对象能在清晰记忆的状况下,叙述其所经历的各项政治活动的故事的细节及其认识。通过访谈收集到大学生参与庆祝中国共产党第十八次全国代表大会召开的一列活动及其认识的第一手资料,从中可以分析出大学生的思想政治状况和学校组织活动的状况,同时也能挖掘出大学生深层次的理论认识问题,有助于发现问题、分析问题,以及有针对性地进行思想政治教育。

表9-1　2012年天津市8所高校访谈对象的分布情况

大一		大二		大三		大四		总数
总人数	8	人数	7	人数	6	人数	7	28
男生	3	男	4	男	3	男	2	12
女生	5	女	3	女	3	女	5	16
部属学校	2	部属学校	1	部属学校	2	部属学校	0	5
天津籍贯	3	天津籍贯	1	天津籍贯	2	天津籍贯	1	7
天津外籍贯	5	天津外籍贯	6	天津外籍贯	4	天津外籍贯	6	21
理工专业	3	理工专业	3	理工专业	3	理工专业	0	9
医学专业	1	医学专业	2	医学专业	2	医学专业	0	5
社科专业	4	社科专业	2	社科专业	1	社科专业	6	14

① 本研究于 2012 年 12 月通过立意抽样结合偶遇抽样和配额抽样相结合,对天津部分大学生进行访谈,调查大学生对时事政治的态度,本调查恰逢 2012 年 11 月 8—14 日中国共产党第十八次代表大会召开之后,因此本调查的时间是了解大学生对于新一届党中央及其政策的认识的最佳时机。

② 2012 年 12 月在天津 8 所高校通过立意抽样结合偶遇抽样与配额抽样,抽取了 28 名大学生在校园进行了访谈。调查详细情况请参见第八章。

1. 大学生在高校组织活动中的表现

中国共产党第十八次全国代表大会的召开，各高校组织了各种庆祝活动,学生参与学校活动和对重大时事政治新闻的态度有所不同,下面是2012年部分大学生面对中国共产党第十八次全国代表大会的表现及其深层的思想认识。

第一，在中国共产党的第十八次全国代表大会召开之际和之后，一方面,各高校的基层单位都要组织一系列的庆祝活动,正如某生所说:庆祝党的十八大的活动有"唱红歌",有科学和政治方面的"许多讲座"①。另一方面,学生踊跃参加一系列的庆祝活动。"像党的十八大刚开幕的那天早上,好多人起来都去看了(党的十八大的开幕式)。"②这里"好多人",表明大学生对中国共产党第十八次全国代表大会的关注,是强烈的、发自内心的,因为大学生要想逃脱学校组织的大型活动是件容易的事情,但是"好多人"没有逃离活动,而是"都去看"了开幕式。参与学校开展的多种讲座,可见中国共产党的第十八次全国代表大会对大学生产生了强烈而广泛的影响,大多数大学生对此表现出积极地关注和参与的态度。

第二,中国共产党第十八次全国代表大会的召开,高校开展了一系列庆祝活动,但是学生对报告内容不是十分了解。事实上,大学生不理解党的十八大报告的内容,也不足为奇。因为高校组织庆祝中国共产党第十八次全国代表大会召开的系列活动，更多的实际意义在于通过正规渠道对大学生进行主流价值观的宣传和教育，促使大学生更加关注中国共产党的重大政治事件,深入学习党的纲领、路线、方针和政策。要理解中国共产党第十八次代表大会的精神,需要一个深入学习的过程,才能领会大会的精神实质。而随着不断深入学习会议的文件精神,深入研究大会前后中国共产党历史实践的发展过程和社会现实,才能理解党的第十八大报告的精神实质、历史意义

①②　引自访谈资料:12–19,第8页。

及其内含。例如：习近平在中国共产党第十八次全国代表大会上当选为中共中央总书记，在新一届中央政治局常委第一次与中外记者的见面会上，习近平发表讲话时说："新形势下，我们党面临着许多严峻挑战，党内存在着许多亟待解决的问题。尤其是一些党员干部中发生的贪污腐败、脱离群众、形式主义、官僚主义等问题，必须下大气力解决。全党必须警醒起来。"①当时，观众并不理解这些话的深刻内涵，而随着不断深入地学习中国共产党的文件，以及五年后即中国共产党第十九次全国代表大会即将召开的前夕，观察中国的政治、经济、文化、社会、生态等方面的历史演进，才更加深刻理解习近平总书记五年前讲话中说"我们党面临着许多严峻挑战，党内存在着许多亟待解决的问题"的所指。

那么，高校应该如何针对中国共产党的重大政治事件而组织宣传活动呢？应该有阶段性和层次性的划分与安排活动，阶段性与层次性之间是相互依托、相互贯穿始终的关系，二者有相关关系，阶段越高，层次越高，反之亦然。阶段性和层次性是指针对学生的实际安排不同的主题和不同层次的活动，活动逐渐向深入递进；由外部活动进入学生思想内部，再由学生思想内部外化为学生的行为。以中国共产党第十八次全国代表大会的庆祝活动为例：

第一阶段：在党的十八大召开之初，高校活动是以庆祝大会召开为最初阶段，以庆祝仪式层次为主。第二阶段：随着学生在大会期间和之后对党的十八大报告的深入了解，以及对大会文件的深入研读，庆祝活动进入深入学习、研讨阶段。该阶段，请专家学者讲座等活动，同时教师利用思想政治理论课向学生宣传中国共产党第十八次全国代表大会的精神，此时活动进入理性思考的层次。第三阶段：组织学生联系自己的思想实际进行交流学习体会活动。这是学生进入由内化到外化转化并学以致用的阶段，也是大学生深入

---

① 2012年11月15日上午，中国共产党第十八届中央委员会召开第一次全体会议，选举产生了新一届中央政治局常委，习近平当选为中共中央总书记。同日上午，第十八届中央政治局常委与中外记者见面，习近平在常委见面会上发表讲话。

学习的个人生活层面阶段。只有大的政治事件与学生自己的生活实际相联系，学生才能产生强大的成长动力。

2. 大学生关注中国共产党第十八次全国代表大会报告的状况及分析

除了大多数大学生热情关注中国共产党第十八次全国代表大会的重大时事政治新闻之外，有的学生比较关注党的十八大报告，但对新一届党中央的主张认识不同，这与多种影响因素有关，而揭示出多种影响因素与大学生对时事政治的态度及其表现之间的相关关系，是发现大学生的政治态度和思想认识根源的重要途径。

首先，理想信念与现实生活绝不是对立的关系。因为人总要先生存，人都有追求更好生活的权利，大学生现实的想法无可非议。但是人不仅是只要生存，还要有精神需求，大学生作为接受高等教育的社会人群，应该有人生最高精神境界的追求，应该有改变人类社会的使命感，应该有对人类终极关怀的情怀，这些需要有理想和信念做支撑，如秦玥飞①就是大学生有理想信念和使命感的榜样。对大多数人而言，理想信念不是建立在空中楼阁之中，并非不食人间烟火，而是置于现实生活之中，是在现实生活中努力实现的理想信念。只要在现实生活中蕴含有理论信念，人的日常生活就会有方向、有质量，就会选择有高尚品味的生活，人的精神世界就会升华，人就会在改变现实社会中实现理想信念。因此理想信念与现实是相辅相成的关系。高等教育的目的就是培养大学生的理想信念教育，对社会的责任感。

其次，由于学科不同的缘故，不同学科的大学生接受社会科学思维方式和思维能力的训练有所不同，关注时事政治的程度也不同。马克思主义、哲学、法学、历史、文学、社会学等人文社会学科的大学生接受过社会科学的基本理论和思维方式的训练，掌握一些政治理论的基础知识，相对比较多地关注时事政治，他们能够用所学的理论知识和思维方式，并站在主流意识形态

---

① 秦玥飞，男，1985年出生，汉族。2011年获美国耶鲁大学政治学和经济学双学士学位，回国后，在湖南衡山贺家山村当村官，2015年他与其他同学发起"黑土麦田公益"计划。

的立场上去分析社会政治现象。相反，没有接受过社会科学基本理论和思维方式训练的大学生，对于政治现象不敏感，就需要养成关注政治的习惯，才能对政治现象有一定理性分析和判断。部分大学生需要加强马克思主义、社会科学理论的学习及其思维方式的训练，高校需要加强大四学生的思想认识引导。

最后，百姓的利益也包括大学毕业生就业的利益，大学四年级学生关注党的十八大的主要原因，是中国的发展与有关他们就业的政策和未来生活息息相关。大学生对国家抱有信心。中国共产党第十八次全国代表大会产生的新一届领导班子所提倡的"大众创业，万众创新"等一系列的政策，为大学毕业生提供了更广泛的就业空间，证明大学生对新一届党中央有信心是正确的。

但是值得深思的是，如果大学生在国家政策与自己就业和未来发展的关系上，产生误解或不理解等思想认识上的困惑时，是否有相应的渠道得到释疑解惑呢？是否有相关的思想政治工作跟进呢？特别是如何解决即将毕业的大学生的思想认识问题？是高校值得思考的问题。

高校组织多种活动以庆祝中国共产党第十八次全国代表大会的召开，其中安排了系列讲座的活动，主要内容"有科研方面的，有政治方面的"[1]，大学生参与活动的情况有所不同，有的积极参与报告活动，但有的"大部分听的都是科研的"[2]内容，而不是政治方面的内容。一些学生认为政治语言"深奥"，难以理解。由于非社会科学类专业的学生，其课业相对繁重，专注专业兴趣及其与专业有关的领域，鲜于关注与专业貌似关系不大的政治领域，因此"深奥"的潜台词是不了解。事实上，一旦学生多学习政治理论，对政治现实了解更多，就不会感到"深奥"，正如一位学生听过领导讲话后说："其实听那些领导们讲话的话，感觉很（受）鼓舞。"[3]这说明非社会科学专业的学生，其内心并不拒绝政治，只要政治话语能够让学生听得懂，与他们的生活紧密

---

①②③　引自访谈资料：12-19，第8页。

相连,仍然能起到鼓舞人的作用,这需要通过各种渠道激发各专业学生的政治热情。从宏观上形成关注主流意识形态的社会氛围;从微观上发挥高校思想政治理论课的主渠道和学工工作者的积极作用,提高思想政治理论课的实效性,用有感染力的生活语言讲述思想政治道理,使大学生对中国共产党有更深刻的认识,坚定理想和信念,树立正确的世界观、人生观和价值观。

(三)大学生对中国共产党第十九次全国代表大会召开的认识与分析

2017 年 10 月 18—24 日,中国共产党第十九次全国代表大会在北京胜利召开[①]。会上中共中央总书记习近平做了《决胜全面建成小康社会夺取新时代中国特色社会主义伟大胜利》的报告,报告提出了新时代中国特色社会主义思想,规划了建设社会主义现代化强国的路线图。报告是站在人类历史的发展规律、全球的发展现状及其趋势的高度,根据中国的现状及其未来发展趋势的判断基础上,阐述了"新时代坚持和发展中国特色社会主义的总目标、总任务、总体布局、战略布局和发展方向、发展方式、发展动力、战略步骤、外部条件、政治保证等基本问题,并且要根据新的实践对经济、政治、法治、科技、文化、教育、民生、民族、宗教、社会、生态文明、国家安全、国防和军队、'一国两制'和祖国统一、统一战线、外交、党的建设等各方面作出理论分

---

① 中国共产党第十九次全国代表大会(简称党的十九大)于 2017 年 10 月 18 日至 10 月 24 日在北京召开。习近平代表第十八届中央委员会向大会作了题为"决胜全面建成小康社会夺取新时代中国特色社会主义伟大胜利"的报告。大会通过了关于《中国共产党章程(修正案)》的决议,习近平新时代中国特色社会主义思想写入党章。这次大会的主题是:不忘初心,牢记使命,高举中国特色社会主义伟大旗帜,决胜全面建成小康社会,夺取新时代中国特色社会主义伟大胜利,为实现中华民族伟大复兴的中国梦不懈奋斗。党的十九大,是在全面建成小康社会决胜阶段、中国特色社会主义发展关键时期召开的一次十分重要的大会。承担着谋划决胜全面建成小康社会、深入推进社会主义现代化建设的重大任务,事关党和国家事业继往开来,事关中国特色社会主义前途命运,事关最广大人民根本利益。

析和政策指导，以利于更好坚持和发展中国特色社会主义。"①应该说党的十九大报告是中国发展的纲领性文件，也是影响世界发展趋势的纲领性文件，它诞生于中国从"站"起来，到"富"起来，再到"强"起来的历史转折时期，迎来了新时代。面对具有如此重大历史意义的党的十九大，大学生群体的反映是怎样的呢？因为大学生群体是中国完成现代化强国发展目标的建设者和实践者，因此大学生对党的十九大的关注程度是有研究价值的课题。2017年11月，天津师范大学组织访谈员对天津市12所大学的19名本科生和硕士生以立意抽样结合偶遇抽样和配额抽样进行了访谈②调查（见表9-2）。

表9-2　2017年大学生思想政治状况调查抽样表

大一		大二		大三		大四		研究生		总数
总人数	2	人数	3	人数	4	人数	6	人数	4	19
部属学校	1	部属学校	1	部属学校	1	部属学校	1	部属学校	0	
天津籍贯	1	天津籍贯	1	天津籍贯	2	天津籍贯	2	天津籍贯	0	
天津外籍贯	1	天津外籍贯	2	天津外籍贯	2	天津外籍贯	4	天津外籍贯	4	
女生	2	女生	2	女生		女生	5	女生	3	
男生	0	男生		男生		男生		男生	1	
理工学科	1	理工学科	2	理工学科	1	理工学科	3	理工学科	2	
医学学科	1	医学学科	0	医学学科	0	医学学科	1	医学学科	0	
人文社科	0	人文社科	1	人文社科	3	人文社科	2	人文社科	2	

调查维度有以下四个方面：

①大学生获得党的十九大胜利召开信息的主要渠道或途径情况。

②高校师生在高校组织的有关党的十九大庆祝活动中的表现情况。

---

① 习近平：《决胜全面建成小康社会夺取新时代中国特色社会主义伟大胜利——在中国共产党第十九次全国代表大会上的报告》(2017年10月18日)，人民出版社，2017年，第18页。

② 访谈员是由经过质性研究课程学习，有过访谈经历的天津师范大学2016级思想政治教育专业的15位硕士生承担和4名优秀的本科生承担，他们到天津市12所高校，以立意抽样结合偶遇抽样与配额抽样的方式选择了19位访谈对象，进行结构式访谈调查。调查的主要维度：了解党的十九大胜利召开的渠道；对党的十九大召开最深刻的印象；知道或理解党的十九大报告的主要内容情况；党的十九大精神对自己或周围同学的影响；对入党的认识；对思想政治理论课的态度和认识。调查详细情况请参见第八章对大学生思想状况进行访谈调查的基本情况。

③大学生对党的十九大报告内容的理解情况。

④党的十九大召开后，对大学生本人或周围的同学带来的影响。

选择上述四个方面维度的理由：

一是通过了解大学生获得党的十九大胜利召开信息的主要渠道或途径情况，可以观察高校和社会在党的十九大精神宣传方面的工作情况。社会通过线上和线下渠道宣传党的十九大精神。高校的思想政治宣传工作有多种渠道，如课堂是教师宣传党的十九大精神的主渠道，教学管理部门、学工部门、行政部门、校园环境等。高校和社会发挥思想政治宣传的作用，会直接影响大学生对党的十九大的认识。

二是通过调查师生在高校所组织的有关党的十九大庆祝活动中的表现情况，可以了解高校师生对党的十九大精神的态度即对思想政治的认同度，特别是从高校师生参与这些活动的主动与被动角度观察。因为主动与被动有着本质的区别，前者自主、自觉的行动是在对党的十九大高度认同的基础上，自觉采取的行动，是从认识到行动的跨越；后者是被要求参加活动，不能确定参加者的行动是否发自内心。行为反映着人的思想认识，主动、自觉地宣传党的十九大精神的行动，已经含有行动者的态度和认知了。

三是通过调查大学生对党的十九大报告内容的理解情况，可以了解到大学生学习和理解党的十九大报告的状况。若学习者能够完整地叙述出报告的具体思想或原文，说明学习者完成了读、听、思的学习过程，方能对报告了如指掌；若学习者只能描述出报告的一部分思想原文或用自己理解的语言表达出报告内容，说明学习者基本认真学习了报告；若学习者模糊地表达报告中某个问题，说明党的十九大报告的主要内容没有在学习者的头脑中留下足够的印迹，或者是模糊状态，甚至是空白状态，说明学习者没有认真学习过报告。

四是通过调查党的十九大报告对大学生的影响情况，既可以了解大学生对党的十九大报告的接受和认识的水平即对党的思想、路线和国家发展状况的认识水平，也可以了解大学生对于实现国家发展目标的责任感和使命感，以及对自我发展定位的认识水平。

（1）大学生获悉党的十九大胜利召开的主要渠道

通过调查①发现，每个被调查者都知晓中国共产党第十九次全国代表大会召开的信息，但获得信息的渠道不同，主要分为现实渠道和虚拟渠道。现实渠道是指校内的教学活动、庆祝活动等，校外主要指街道等公共场所的宣传；虚拟渠道是指大学生通过互联网获得的信息。现实渠道是学校有组织、有安排的宣传、教育活动，是主渠道；虚拟渠道是学生自由自主从网络上获得的信息，是重要渠道。大学生获得信息的渠道可分为以下几类：

一类是学校渠道和社会渠道。学校渠道主要是通过各种活动和教师的教育、引导，实现宣传党的十九大。如某学生所说，因为他的老师在研究党的十九大报告，所以自己也在关注党的十九大②。另一位学生说："我们导师也让我们关注（党的）十九大报告了。"③社会渠道主要是在公共场所宣传党的十九大，如学生看到在校外的街道边、地铁站等公共场所悬挂庆祝党的十九大胜利召开的横幅和标语④，上面写着"新时代中国特色社会主义思想"⑤。

二类是网络渠道。在被调查的 19 名大学生中，有 9 名学生完全是从网络客户端、微博推送、微信、电视等媒体中获得党的十九大召开的新闻⑥，学

---

① 2017 年 11 月采用立意抽样结合偶遇抽样与配额抽样的方法，对天津 12 所高校的 19 名在校本科生和硕士生进行了大学生与党的十九大召开之间关系的结构式访谈。访谈的主要维度有大学生获得党的十九大召开的主要信息渠道或途径情况；师生在高校所组织的有关党的十九大庆祝活动中的表现情况；大学生对党的十九大报告主要内容的理解情况；党的十九大对大学生自己或周围的同学的影响情况。

② 引自访谈资料：5-17-14，第 1 页。

③ 引自访谈资料：18-17-16，第 1 页。

④ 引自访谈资料：1-17-16，第 1 页；4-17-16，第 1 页。

⑤ 引自访谈资料：4-17-16，第 3 页。

⑥ 引自访谈资料：16-17-16，第 2 页；14-17-14，第 2 页；15-17-16，第 2 页；3-17-16，第 2 页。

生们说：网络、微信上有关党的十九大的新闻很多①，这个信息在朋友圈转发得"特别火"②，同时手机新闻报道党的十九大召开也是"最多的消息了"③，因此学生很容易从网络上获得这些信息。大四要报考研究生的学生更是关注党的十九大信息④，因为这是研究生入学考试中必不可少的内容，是报考研究生的必要条件。

三类是网络和学校双渠道交织获得信息。一方面，学生通过学校组织的一系列宣传活动得知党的十九大的召开；另一方面，大多数学生从网络平台全方位地报道和宣传党的十九大而获得信息，大学生既是党的十九大召开信息的接受者，也是传播者，正如某生所说："我觉得（党的十九大对同学的影响）挺大的，因为我们很多同学都在转发，就是习大大的一些东西（党的十九大报告），然后转发（党的）十九大的一些新闻和消息。就感觉明显比之前的党代表大会的（宣传）力度要强，就影响力（而言），应该是更扩大了。"⑤

（2）师生积极参与党的十九大的宣传活动

与中国共产党第十八次全国代表大会召开相比，中国共产党第十九次全国代表大会召开之后，高校师生参与各项庆祝活动有明显的特点，具体如下：

第一，多样性。在党的十九大召开期间，每个高校都举行了多种多样的宣传活动，活动的氛围浓厚，如校园悬挂庆祝党的十九大胜利召开的横幅和标语等各种宣传活动、各高校组织学生观看了党的十九大的开幕式盛况⑥、举办报告会和讲座⑦、组织党员集体讨论会、座谈会⑧、团日活动⑨、举行升国

---

① 引自访谈资料：7-17-14本，第1页；19-17-16，第1页。
② 引自访谈资料：6-17-16，第1页。
③ 引自访谈资料：5-17-16，第1页。
④ 引自访谈资料：13-17-14，第1页。
⑤ 引自访谈资料：6-17-16，第2页。
⑥ 引自访谈资料：4-17-16，第1页。
⑦ 引自访谈资料：6-17-16，第1页；7-17-14，第1页；5-17-16，第1页。
⑧⑨ 引自访谈资料：10-17-16，第2页。

旗仪式①、演讲比赛②、读书活动③(学校发给学生《习近平的七年知青岁月》一书,要求学生写读书笔记)、学生自主举办班级研讨会④、学生自发组织参观中共天津历史纪念馆⑤等多项活动。上述活动除了大学四年级学生参与少之外⑥,一、二、三年级的大学生和硕士生均参加活动。

第二,广泛性。高校对学生进行党的十九大精神的宣传教育活动深入而广泛。一位文学专业的硕士生说:"现在每个学院都在开展(有关党的十九大)相应的活动,组织老师、同学们进行学习。"⑦某生说:"(党的十九大对学生的影响)挺大的吧,最近感觉哪儿都是关于十九大的新闻啊,或者各种活动。"⑧"哪儿都"中的"都"是全部的意思,是指同一事情发生的广泛性之意,此处指宣传党的十九大范围之广,以至于给该生的感觉是"哪儿都有"宣传;一位学生说, 他的老师做的有关党的十九大方面课件幻灯片就放在讲课电脑的桌面上,电脑桌面"都是这个(有关党的十九大的内容)……什么课都是(有关党的十九大的课件幻灯片),统一的。"⑨此处的关键词是"什么课","什么课"即所有的课,既包括专业课、非专业课,也包括必修课、选修课、通识课。也就是说,所有上课教室里讲台上的电脑桌面上,都有关于党的十九大报告相关内容的课件幻灯片,这样便于学生和老师及时学习;可见有些高校对师生进行党的十九大精神的教育和宣传已经广泛深入到日常教学生活的细节中。

第三,深入性。某硕士生说:"研工部组织了部分少数民族研究生及研究

---

① 引自访谈资料:1-17-16,第 1 页。

② 引自访谈资料:9-17-14,第 2 页。

③ 引自访谈资料:8-17-14,第 1 页;14-17-14,第 2 页。

④ 引自访谈资料:2-17-16,第 1 页。

⑤ 引自访谈资料:5-17-14,第 2 页。

⑥ 引自访谈资料:13-17-14,第 2 页。因大四学生忙着报考研究生或找工作而无暇顾及学校活动。

⑦⑧ 引自访谈资料:19-17-16,第 1 页。

⑨ 引自访谈资料:15-17-14,第 1 页。

生骨干一起参观了'钢铁长城强军梦'展览,并在参观之后共同学习党的十九大精神,很多学生都在会上发表了自己学习党的十九大精神的成果,在大家一起探讨的过程中我发现了很多自己认识上的不足。学校还成立了习近平新时代中国特色社会主义思想研究教育基地等。"[①]学生们的参观展览活动,不局限于参观活动本身,而是要继续深入讨论党的十九大精神。参观是感性认识,讨论是理想认识,参观和讨论是一个感性认识和理想理性认识的有机结合,从而提高学生们的认识,正如该生所说:"发现了很多自己认识上的不足"[②]。发现自己认识上的不足正是升华认识的起点。

第四,主动性。与党的十八大召开相比,党的十九大召开后,最大的特色是大学生主动学习党的十九大精神,主动开展活动。一般情况下,在国家重大政治活动中,高校会安排校级、院级和班级的相关活动,学生们参加活动即可。除此之外,学生还主动组织庆祝活动,如某班团支部自主举办党的十九大报告班会活动[③];又如"我们班男生自行组织的去中共天津历史纪念馆参观"[④],凸显他们用行动来表达对党的十九大精神赞同和支持的积极性和主动性。

中共天津历史纪念馆是记录中国共产党人在天津的革命历史。大学生主动参观中共天津历史纪念馆,事实上是在主动了解中国共产党的革命历史。当一个人从内心欣赏一件事情时,才会主动深入了解。主动非被动,主动既有主观动机,又有积极行为。同学们的主动行为表明:一方面,党的十九大精神激发出了大学生对中国共产党的浓厚兴趣,以及要了解中国共产党及其发展历史的强大动机。另一方面,大学生们没有停留在对中国共产党的认知与情感之中,而是付出行动,主动去了解中国共产党是怎么来的和怎么成长的历史。由此大学生主动对中国共产党的认识,从"是什么"的阶段上升到

---

① ② 引自访谈资料:16-17-16,第3页。

③ 引自访谈资料:2-17-16,第1页。

④ 引自访谈资料:5-17-14,第2页。

"为什么"的阶段。

第五，自觉性。与党的十八大召开相比，党的十九大召开后，高校教师们自觉地研究和传播党的十九大报告的意识凸显，这是最为显著的特点。具体表现如下：

一是所有的思想政治理论课教师，在教学的第一时间讲解党的十九大报告的相关内容，自觉履行维护和宣传党的意识形态的职责。某思想政治教育专业硕士生说：老师在课堂上结合具体生活实例讲解党的十九大报告，同学们比较喜欢①。

二是有的老师专注研究党的十九大报告，一位学生说他的老师"天天都在研究(党的)十九大的事儿"②。此话中的一个关键词是"天天"，"天天"不仅是指该老师在研究党的十九大报告上要付出了大量时间，还要投入大量的精力，以至于老师的言传身教影响到学生也对党的十九大产生兴趣。

三是一些教师在专业教学中(含本科生和硕士生教学)重视引入党的十九大报告内容，并对学生进行教育。特别值得一提的是，一些非思想政治教育专业或思想政治理论的其他专业的教师，甚至是理工科专业的教师，在教学中仍然讲授党的十九大报告的相关话题，他们将党的十九大精神与本专业结合起来教育学生。有的老师在课堂上要求学生读党的十九大报告，并且专门讲解专业与党的十九大报告中"有联系的地方"③。如某建筑设计专业的学生说：在党的十九大刚召开那几天，他的老师上课时谈到党的十九大报告的内容"比较多"④，凡是涉及专业上的问题时，老师"会多说一些"⑤党的十九大报告；某化学专业的学生说：化学专业课的老师和选修课的老师都在课堂上讲述党的十九大报告，鼓励学生将来做科研要创新，该生感觉"教育意义

---

① 引自访谈资料：18-17-16，第1页。
② 引自访谈资料：15-17-14，第1页。
③ 引自访谈资料：6-17-16，第2页。
④⑤ 引自访谈资料：4-17-16，第2页。

比较大"①;某数学专业的硕士生说:在专业课上,老师讲到党的十九大报告时,很多同学感兴趣并在私下也都讨论相关的内容,同学们都能在课堂上就党的十九大报告中的要点和热点话题谈想法和认识,老师与学生一起探讨相关问题②。

马克思主义基本原理概论、毛泽东思想和中国特色社会主义理论体系概论、中国近代史纲要和思想道德修养与法律基础,这四门思想政治理论课是大学生必修课,担任这些课的老师和担任思想政治教育专业课的教师,在教学中讲授党的十九大精神,是课程内容的重要组成部分,也是其职责所在。哲学社会科学相关专业的教师在课堂上讲解党的十九大报告,也是授课内容之需和职责所在,因为这些课程的内容与党的十九大报告内容有极高的相关性。然而数学、化学、物理、电子信息、生物科学等理工科专业课程与党的十九大报告内容的相关度低,这些专业课的老师在课堂上讲授党的十九大报告,并不属于其专业教学范畴,是专业课之外的教学内容,但这些老师却能将党的十九大报告与本专业相结合,鼓励学生的创新精神,说明理工科专业教师认真学习了党的十九大报告,从而积极主动地向学生灌输党的十九大报告的精神,有力地促进了学生客观地、全面地认识党的十九大报告,对于提高学生分析问题和解决问题的能力,都会产生积极的影响。正如某生说:"通过老师的眼光和知识替你讲解(党的十九大报告),你就会更了解这个目前(的形势),(对党的)十九大呈现出来的中国经济发展的动向也好、趋势也好,会有更客观的判断……再交流一下就会有一个更客观、全面的评价,还会加深对这些论述啊、观点啊的认识。"③

高校教师自觉将党的十九大报告融入课堂,向学生宣讲党的主流意识形态,教书育人,这是党的第十九次全国代表大会召开后与以往不同的突出

---

① 引自访谈资料:2-17-16,第1页。

② 引自访谈资料:16-17-16,第2页。

③ 引自访谈资料:6-17-16,第1~2页。

特征。

（3）大学生对党的十九大报告理解的情况

表述党的十九大报告内容是检验大学生学习状况的显著指标，大学生学习的深度与其表达的程度呈正相关。同时也反映出大学生对党的十九大的态度。调查显示①多数大学生比较认真学习了党的十九大报告，有的大学生不仅能完整准确地描述出党的十九大报告中的关键内容，还带有兴奋的情感色彩，这是大学生的独特之处；研究生比本科生能更完整地叙述出党的十九大报告的核心内容，说明硕士生比本科生学习得更扎实，理解得更深入；也有的大学生不能准确地叙述党的十九大报告，却能根据自己的理解描述出报告的主要思想；有的学生只是模糊地表述党的十九大报告中的某个内容；有的学生只能表达出几个词。可见大学生掌握党的十九大报的程度有明显的差异。

第一，党的十九大之后，有的大学生认真学习了党的十九大报告，能准确概括出党的十九大报告的主要内容；硕士生要比本科生更全面地掌握党的十九报告的主要内容。

甲硕士生说："通过党的十九大，我了解到了五年来我国的十个方面的成就。如经济建设取得了重大成就，全面深化改革取得重大突破，民主法制建设取得重大进展，人民生活不断改善，生态文明建设成效显著，强军兴军开创新局面，港澳台工作取得新进展，全方位外交布局深入开展，全面从严治党成效卓著。中国特色社会主义进入新时代。"②该生一连串地讲述了党的

---

① 2017年11月采用立意抽样结合偶遇抽样与配额抽样的方法，对天津12所高校的19名在校本科生和硕士生进行了大学生与党的十九大召开之间关系的结构式访谈。访谈的主要维度有大学生获得党的十九大胜利召开的主要信息渠道或途径情况；师生在高校组织的有关党的十九大庆祝活动中的表现情况；大学生对党的十九大报告主要内容的理解情况；党的十九大对大学生自己或周围的同学的影响情况。

② 引自访谈资料：19-17-16，第1页。

十九大报告中新时代中国特色社会主义思想的九大方面内容，主要内容熟烂于心，说明该生认真学习党的十九大报告了，否则难以流畅地表达出来。

乙硕士生在谈到新时代中国特色社会主义思想时说："我的理解：首先，中国特色社会主义，这个词说了很多年，我觉得就是根据中国国情，因地制宜地发展社会主义。至于新时代，我觉得这意味着中国迎来了从站起来到富起来再到强起来的飞跃，也意味着两个一百年的伟大奋斗目标即将实现，还有很多和过去不同的新变化。就之前提的，学校已经成立了习近平新时代中国特色社会主义思想研究教育基地，也有利于我们更加深入地学习新思想。好像是2035年基本实现社会主义现代化，2050年建成富强民主文明和谐美丽的社会主义现代化强。"[1]该研究生的叙述，基本概况了新时代中国特色社会主义思想的历史节点即中国从"站"到"富"再到"强"的发展过程的时代特征。

丙生说：新时代中国特色社会主义思想"应该就是在新时代习近平总书记提出的一种指导思想吧"[2]。中国的发展目标是"明确坚持和发展中国特色社会主义，总任务是实现社会主义现代化和中华民族伟大复兴，在全面建成小康社会的基础上分两步走，在21世纪中叶建成富强民主文明和谐美丽的社会主义现代化强国。2050年将建成一个社会主义现代化国家"[3]。该生表述了建成中国特色社会主义现代化强国的总目标。

丁生说：党的十九大召开，"大会主题是不忘初心，主要是对经济建设啊、思想文化、生态文明啊、全面从严治党等这些方面的讲话，还有什么房子不是用来炒的，是用来住的，还有主要矛盾也变了"[4]。该生的叙述虽然没有按照报告原文的逻辑顺序，但涉及了报告中的重要观点。

---

[1] 引自访谈资料：15—17—16，第4页。

[2] 引自访谈资料：5—17—16，第1页。

[3] 引自访谈资料：9—17—16，第2页。

[4] 引自访谈资料：8—17—14，第1页。

上述大学生基本都能阐述党的十九大报告中的新时代、不忘初心、中国特色社会主义思想、建成社会主义现代化强国的目标等主要内容，有的学生能够比较完整地叙述中国特色社会主义思想的内容，说明这些大学生都认真地学习了党的十九大报告。

第二，虽然有些学生并没有完整地叙述党的十九大报告的具体内容，但是从他们的话语中能读出他们对党的十九大召开的兴奋感、对习近平总书记的亲切感和对社会主义制度的自豪感。

甲生在谈到党的十九大报告的内容时说："党的十九大报告主要内容讲的是过去几年的发展状况和未来几年国家的发展计划蓝图，以及传递出党的最新思想。哦，对（突然兴奋状）！党的十九大还讲到了'中国梦''两个一百年'奋斗目标等。"①上述可见，该生能准确地概括出党十九大报告中的主要内容，说明该生认真地学习了报告并有一定的概括能力，同时，在"哦，对……'中国梦''两个一百年'奋斗目标"的语境中，伴有因突然记起党的奋斗目标而兴奋的情感，这一情感不仅是因回忆成功本身而兴奋，更是为回忆的内容而欣喜，在兴奋情感的背后是该生对党的奋斗目标的认知，因为有什么样的认知就有什么样的情感，认知决定情感。

乙生说：党的十九大给他们"印象最深的是习总书记三个多小时的讲话"②。习近平总书记在党的十九大上作了三个多小时的报告给该生留下最深刻的印象，一方面是习近平总书记的报告内容使该生印象深刻，表明该生赞同党的新时代中国特色社会主义思想③；另一方面是习近平总书记个人的魅力给该生留下深刻的印象，表明他们对习近平总书记的热爱和敬重。

事实上，热爱、敬佩和赞赏习近平总书记的大学生不是个别现象。某理科专业的学生说："就习大大在（党的十九大会上）作报告，不吃不喝讲了一

① 引自访谈资料：5—17—16，第 1 页。
② 引自访谈资料：19—17—16，第 1 页。
③ 该生后来的谈话内容证明了这一判断。

早上也是挺不容易的。"①某工科专业学生说："就是习大大在上面讲话，而且讲了三个小时，中间也没喝几口水，感觉铿锵有力，振奋人心的。"②此处两位学生都用了"习大大"③一词称呼党的总书记习近平，而没有使用"习近平总书记"一词，有其深刻的寓意。因为"大大"一词是指中国西北地区对父系家庭成员与父亲同辈人的称呼，一般指爸爸的哥哥。语言是意义的象征，语言是反映人的思想和情感的符号，以"习大大"一词来称呼党的总书记习近平，意味着说话者将一位国家最高领导人与普通百姓之间的距离拉近，拉近到普通家庭成员的关系之中，这一关系体现出普通百姓像自家人般地接纳习近平总书记的亲近情感，虽然称呼者与被称呼者从未谋面。"不吃不喝讲了一早上也是挺不容易的"，"讲了三个小时，中间也没喝几口水"。这些话，反映出两位学生对习近平在党的第十九次全国代表大会上作了几个小时报告之辛苦的体量与疼爱。"感觉铿锵有力，振奋人心的"④，表明了学生从习近平总书记的报告中得到激励、鼓舞和力量。学生们的内心不仅怀有对习近平总书记的亲近、敬爱、尊重之情，更获得振奋和力量。

丙生说："现在脑子里立马能反映出来的就是报告里提的党章做了修改，习近平（总）书记提出了新时代中国特色社会主义新思想，社会主要矛盾发生了变化，还有突出提的文化自信吧……听完感觉对我国的特色社会主义制度更有信心了，也有一种自豪感！"⑤该生在谈到2017年党的十九大召开后不久，自己参加学校举办的党的十九大报告解读会时，激动地说："现在脑子里立马能反映出来……"当一个人谈到近一个月前发生的事情时，会立即在脑中浮现，说明这件事情给此人留下了深刻的印记，以至于引发激动的情感，该生正如此。他们对党的十九大精神充满了赞赏，他们用"更有信心"

① 引自访谈资料：3-17-16，第1页。

②④ 引自访谈资料：15-17-16，第2页。

③ "习大大"这个词的最早来源是2014年9月9日，习近平到北京师范大学和全国教师代表座谈时，来自遵义的教师刘轶问道："叫您习大大可以吗？"习近平总书记爽快地答应了。

⑤ 引自访谈资料：18-17-16，第1页。

和"自豪感"之类的词来表达其对社会主义制度的认同和情感，也证明了思想政治教育"知之深，感之切"的原理，以及高校的教育活动具有实效性，也因此才能深深地触动学生的思想。

第三，一些学生在学习党的十九大报告时还不够认真，其表征是不能完整地阐述党的十九大报告的主要内容。这些学生在表述上有差异性，有的学生用自己所理解的语言表达党的十九大报告中的一小部分内容、只言片语，或者还不够准确（这是在情理之中的事情）；有的学生能表达其所理解的一小部分内容；有的学生只能表达某个时间点，至于这个时间段内的具体内容，就无言以对了；有的学生只能表达出一个词组。可见部分大学生之间掌握党的十九大报告的程度有差异。

甲生在谈到新时代时说："嗯，可能就是我们国家发展更上一层楼了吧，进入了一个新的阶段，所以就有了这样一个新时代的思想，但是具体的我还没有去深入研究过。"①上述中的"嗯"，是缓解不能立刻回答问题的习惯口语，其背后是该生在快速调取大脑记忆库里储存的信息并组织这些信息用于表达。随后话语中的"可能……吧""应该是吧"句式，含有疑问、试探、不确定之意，虽然说话者对自己所说的内容不是十分娴熟，不能准确无误地叙述出党的十九大报告，却能根据自己的理解说出基本内容。在回答建成中国特色社会主义强国的目标时，该生说得准确而顺利，"富强、民主、文明、和谐、生态、美丽的社会主义现代化国家，应该是吧，五位一体的，别的不知道了"②。该生也明确表示自己"还没有去深入研究过（党的十九大报告）"，这验证了前文的判断：大学生阐述党的十九大报告的完整程度与其学习程度程正相关。

另一位学生在谈到新时代时说："我感觉就是中国已经进入到一个新时代吧，在国际上的地位提高了吧。"③该生用自己理解的思想表达自己对新时代的认识，那就是中国在新时代的国际地位比以前高了。在谈到"两个一百

①② 引自访谈资料：6-17-16，第 2 页。

③ 引自访谈资料：4-17-16，第 1 页。

年"时说："到(20)50年要建设成现代化强国吧，只记得这个。"[1]该生只记得"现代化强国"，具体时间和内容不清楚了。

乙生是工科学生，在谈到十九大报告内容时说："新的主要矛盾、还有，嗯……就是现在进入了那个小康社会的全面，怎么说的来着？全面决胜时期，进入、全面进入小康社会的决胜时期，还有那个新时代。"[2]在谈到对党的十九大感受时，该生说："就是更加坚信了党的伟大和使命。对十九大的内容有了一定的了解，比如习大大那句'不忘初心，方得始终'，就还挺受用的。"[3]

上段话中，该生首先说出了"新的主要矛盾"，其后"还有，嗯……"的短时停顿，即在快速思考和捕捉所需要表达的信息，他们说出了"进入小康社会"，又意识到了还有"全面"两个字，于是"全面"二字后置在"进入小康社会"。他意识到了有不准确的地方，说了一句"怎么说的来着？""怎么说的来着？"是指对于不能说清楚某事的一种反问，也是他们在捋顺所欲表达思想的逻辑关系，随后，他抓住了主要词组即"全面决胜时期"，尝试着终于把"全面进入小康社会的决胜时期"一句说完整了。而在谈感受中，该生毫不迟疑，一气呵成。该生之所以前半截表达得迟疑和不确定，是因为该生欲尽力按照党的十九大报告的原文表述，其中不乏有背诵的成分；后半截该生是在说自己的感受，说自己的感受自然比说他人的文字要顺利多了。同时也说明该生已经理解了党的十九大报告的部分内容，否则难以有自己的感受。

丙生在回答中国建成现代化强国目标时说："嗯，就好像是2020年全面建成小康社会，然后2035(年)和2050(年)，不知道"[4]。该生知道中国到本世纪中叶要建成现代化强国，也能说出具体时间，而具体内容却说不清楚了。

丁生是大三金融专业的学生，在被问到党的"两个一百年"的奋斗目标时说："啊？"他有些惊讶和意外地会被问到这个问题，紧接着试探地说："(20)

---

① 引自访谈资料：4–17–16，第1页。

②③ 引自访谈资料：15–17–16，第2页。

④ 引自访谈资料：9–17–14，第2页。

25(年)和(20)50(年)? "①即便该生有些意外和惊讶,还是把时间基本说对了,说明该生知道时间,却不知道这个时间点的具体内容,不能描述出党的"两个一百年"奋斗目标的具体内容。

有的学生只知道党的十九大报告中大概思想,具体描述不出来,如某生说:"嗯,十九大,反正就是十九大(上)习大大说过一句话,就是把那个从什么,他那个叫什么,从什么小康社会,从什么日益落后的物质文化需求给改了,改成一个新的一句话,忘了怎么说了……对,好像是……我还是挺欣赏他(指习近平)的。"②该生想要描述的是新时代中国特色社会主义的基本矛盾发生了变化,他只知道大概的思想却无法叙述出来。

可见大学生对于党的十九大报告内容掌握的程度有较明显的差异性,从能够较完整地阐述党的十九大报告的主要内容,到模糊地、只言片语地说出几个词,其背后反映出两个问题:一是部分大学生对党的十九大报告学习的态度还不够认真,以及投入时间和精力学习有差异性;二是部分大学生存在对党的十九大报告只知其然,不知其所以然的状况。

(4)党的十九大对大学生的影响

党的十九大召开对大学生产生普遍的影响,大学生们从不同方面反映出这一影响,具体表现是党的十九大精神对于学生个体留有不同程度的印象和记忆,有的同学对党的十九大有深刻的印象,如清晰地记得党的十九大召开的日期,清晰地记得主要内容;还有的学生从党的十九大报告中受到了"不忘初心""创新意识"等思想的教育,并且将这些思想延伸到对自我现实的认识,对自己未来的就业和前途充满信心。

①党的十九大给大学生留下了印象和记忆

甲生说:"在十九大召开那天,还是听许多同学讨论过的。"③"许多同学

---

① 引自访谈资料:7-17-14,第2页。

② 引自访谈资料:9-17-14,第1页。

③ 引自访谈资料:4-17-16,第2页。

讨论",说明党的十九大的召开吸引了广大学生的关注,并引起同学们的讨论。该生说:"我记忆最深的是主要矛盾的改变,再有就是提出了习近平的新时代中国特色社会主义思想。"①党的十九大报告论述了新时代中国特色社会主义思想、社会基本矛盾变化等重大理论和现实的问题,这些内容给该生留下了最深刻的记忆。

乙生是化学专业的学生,该生说:"开十九大的那天早上下了雨,然后我们化学学院去升旗来纪念这个日子,就在开幕式那天……我感觉升旗那会儿挺自豪的。"②升国旗仪式给该生留下了深刻印象。升国旗既是一种仪式,更有爱党爱国的深刻内涵,带有内涵的升旗仪式本身就富有神圣感和自豪感,再伴有雨天的自然情境,更增加了升国旗仪式的庄重感和尊严感,由此该生感到"升旗那会儿挺自豪的"。升国旗仪式无论其形式,还是内容,都会使身临其境的学子们的心灵瞬间被感化,其穿透力使得学生的"自豪感"油然而生,因此印象深刻。"自豪感"的实质来自于对党、国家和民族的认同与信心。

丙生是理科学生,在回答党的十九大召开的时间时,毫不犹豫地说:"嗯,知道,应该是(2017年)10月18日在北京召开的"③,该生能快速而准确地说出党的十九大召开的日期,这种情况并不普遍。当一件事情发生近一个月以后,仍能被一个人鲜活而清晰地记忆其细节时,是因为该事件给这个人留下了印象深刻。该生随时可以从大脑记忆库中抽取党的十九大召开日期的信息,一方面,说明该生被党的十九大召开的强大信息所吸引,产生较强的兴趣和有意注意,自然引发短期记忆进入长期记忆;另一方面,党的十九大的内容从理论层面在该生的大脑中打下了深刻的烙印(这一点从对该生的叙述中得到证实)。

① 引自访谈资料:4-17-16,第1页。
② 引自访谈资料:1-17-16,第1页。
③ 引自访谈资料:3-17-16,第2页。该访谈时间是距离党的十九大召开约一个月后进行的,该生能记得如此清楚。

丁生是医学专业的学生，该生说："（对党的十九大的印象）最深的还是，是不是有个土地承包权和经营权？就是这个，我印象最深刻的……因为我就是（生长在）农村的，所以我比较关注土地方面的（内容）。"①党的十九大报告有关"三农"问题指出："实施乡村振兴战略。农业农村农民问题是关系国计民生的根本性问题，必须始终把解决好'三农'问题作为全党工作重中之重。"②从上述报告中可见，中共中央将"三农"问题置于极高的位置，提出了一系列乡村振兴的政策，"三农"政策不仅为农村农业的发展提供了政策保障，更是对从事农业生产的农民以巨大精神鼓舞的社会源泉。它鼓舞了农民，也鼓舞了农民的大学生子女。中国南方的农村是该学生长大的地方，虽然他身在北方高校求学，仍心系农村家乡。党的十九大报告指出："深化农村土地制度改革，完善承包地'三权'分置制度。保持土地承包关系稳定并长久不变，第二轮土地承包到期后再延长三十年。"③这是党的十九大报告给该生留下最深刻印象的土地政策。土地政策关乎农民的切身利益，关乎农村的发展，该生生长在农村，农村是关注党的十九大报告土地政策的原初点，也是他们心系家乡发展的动机源泉，因此该生对党的十九大报告印象最深之处与其成长背景有着直接紧密的关系，这也说明，一个人接受什么样的思想政治教育和具有什么样的思想政治状况无法脱离其成长的环境。

②党的十九大报告提高了大学生的思想认识

思想认识是指人们对自然界、人类社会历史、世间的事、物、人、己的认知水平和认知真伪程度，是对事物的是非、真伪、善恶、美丑的知觉、辨别、分析和选择。④党的十九大报告在马克思主义指导下，基于人类历史发展的规律和人未来发展的趋势，立足世界和中国的现状，提出一系列载入史册的重

---

① 引自访谈资料：10-17-16，第 2 页。

②③ 习近平：《决胜全面建成小康社会夺取新时代中国特色社会主义伟大胜利——在中国共产党第十九全国代表大会上的报告》（2017 年 10 月 18 日），人民出版社，2017 年，第 32 页。

④ 参见邱伟光、张耀灿：《思想政治教育学原理》，高等教育出版社，1999 年，第 72 页。

大历史判断、现实判断和理论分析,为中国建成现代化强国指明了的政治方向和政策导向。那么党的十九大精神是否提高了大学生的思想认识呢?答案是肯定的,大学生的思想认识可以从以下方面进行考察:一是大学生对世界和中国未来发展趋势的认识,二是大学生在中国发展的历程中对自己所肩负的历史使命的认识,三是大学生对自己人生设计的认识。

甲生是学科教学数学专业的研究生,在谈到党的十九大对学生的影响时说:"还是很大的吧!我觉得,十九大的召开让我更清楚地认识到了祖国的现状,也进一步明确了自己的历史使命。"①另一位大四的学生说:"我看了这近五年的建设,我是更加有信心的,真的。"②党的十九大报告中回顾了过去五年的工作,使学生了解到了国家的现状,明确了自己的历史使命和人生方向。正如一位学生所说:"在我看来,(党的)十九大对大学生影响颇深,让我们了解了现在中国的时事政策、发展方向,以此来指引我们大学生的人生发展方向。"③可见大学生从党的十九大报告中了解了国家发展的现状和未来发展的目标,从而更加清晰自己的使命和人生定位。

乙生是工科学生,当谈到对国家未来的信心时说:"有,我非常乐观。因为本身习大大在过去的五年里面都已经做得深得民心嘛,那个,尤其是打虎拍蝇,这方面做得真的非常好……我觉得这是扶正社会风气的很重要的开始,我相信在接下来的五年里,习大大在这方面肯定还会是坚持……其次呢,我们不是马上要全面建成小康社会嘛,到时候人民生活更富裕,然后,那个,人的幸福感就会更高,然后,我觉得未来的五年也是我踏入工作岗位的前五年,迎上了这个好时代——新时代,我觉得自己的生活也会不一样,也会更好。"④

---

① 引自访谈资料:15-17-16,第3页。

② 引自访谈资料:10-17-16,第5页。

③ 引自访谈资料:5-17-16,第1页。

④ 引自访谈资料:15-17-16,第2~3页。

　　该生对中国未来发展是否有信心的回答是:"有,我非常乐观。""乐观"一词已经是积极的肯定答案了,而在"乐观"前又加上"非常"二字,更增加了"乐观"的程度,表明了该生对于中国的未来和个人的未来充满信心。该生所说的"我非常乐观"的答案是建立在理性思考基础上的,是他们对党的十八大以来五年工作的整体认识,对中国现阶段发展的认识,以及对中国未来发展认识的基础上形成的,这些认识具体表现在:一是对中央在党的十八大以来五年的反腐工作给予了积极的肯定;二是对未来小康社会,人民对幸福生活充满了希望,而这些认识正是党的十九大报告中明确论述的内容,由此可以推断党的十九大报告与该生的思想认识之间有着内在的联系,也就是说,该生通过学习党的十九大报告提升了自己对中国共产党和中国社会发展趋势的认识,正如该生所说:"更加坚信了党的伟大和使命。对十九大的内容有了一定的了解,比如习大大那句:不忘初心,方得始终,就还挺受用的。"①事实上,对国家的信心和对个人的信心之间是有内在联系的。对国家有信心的认识是对个人有信心认识的基础, 个人的美好生活是建立在国家美好发展的基础上并是国家美好发展的展现。

　　该生在对国家发展认识的基础上,升华到了自我认识,她看到了自己正处于中国从富起来到强起来的"这个好时代——新时代",即将走入工作岗位,她不仅欣慰自己赶上了好时代,更对自己未来的美好生活充满希望和梦想。她说:"我的梦想首先是自己因为穷则独善其身,达则兼济天下。就是,我现在的话就是肯定自己先不要拖(别人的)后腿,自己先进入一个基本的、自己的小康生活,然后自己过得好了,父母过得好了,然后有能力了的话就想给社会创造更多价值吧, 比如说做一些公益呀……就是需要献爱心的活动呀,我都愿意去贡献自己的力量。"②她的梦想是"穷则独善其身,达则兼济天下",是指自己先独立生活并进入小康,之后为社会创造价值,为社会公益事

---

① 引自访谈资料:15–17–16,第 2 页。
② 引自访谈资料:15–17–16,第 3 页。

业做贡献。

她从过去到未来的时间角度和从国家到自我的空间角度，叙述了自己的观点和梦想，该生没有口号式的高谈阔论，而是以日常口语的叙述风格，由党的十九大报告引发了他们对党和国家发展认识的升华，由此又延伸到他们的自我梦想的生活，将家国情与自我梦想融为一体，是思想认识的又一次升华。

③大学生对党的十九大报告有所认识，同时提升了对自我现实生活的认识

不忘初心，方得始终、反腐倡廉、党风建设、创新理念等，是党的十九大精神的重要内容，调查发现一些大学生对这些内容十分认同和赞赏，同时，直接将这一认同归位到对自我当下的现实生活和未来的现实生活的认识，甚至改变了其未来的职业选择，可以说党的十九大改变了大学生对自我现实生活的认识。还有的大学生对党的十九大精神的认识有差异性。下面分析几个个案：

甲生是中医药学专业的学生，在谈到党的十九大对大学生的影响时说："一个就业方向吧，这个是最重要的。比如，我们班里有一半人说要考研。但是开了十九大以后，有一些人说，那我去当公务员吧。就是，特别是（党的）十八大以后……就是关于党风（指从严治党）啊这些，他们就觉得，我现在毕业以后回到村里面也很有前途，所以他们就没必要考研……他们就说读完之后我回村里面……我自己本身还是考研，因为我不知道是不是十九大以后，反正国家近年都是对我们中医中药特别注重①，就是越来越注重，所以我觉得我也有兴趣干这一行，所以我也想去深造，所以就考研了。"②

---

① 2017年9月20日，教育部、财政部、国家发展改革委印发了《关于公布世界一流大学和一流学科建设高校及建设学科名单的通知》，公布了世界一流大学和一流学科（简称"双一流"）建设42所高校及建设学科名单，中医中药学科在名单之列。双一流是中国共产党中央委员会、中华人民共和国国务院作出的重大战略决策，亦是中国高等教育领域继"211工程""985工程"之后的又一国家战略。

② 引自访谈资料：10-17-16，第2~3页。

该生叙述了以下问题,第一,就业是大学生最重要的问题,报考研究生继续求学是为将来创造更好的就业条件;第二,该生班里有一半学生要报考研究生,但是随着党的十八大以来反腐倡廉的深入,欲报考研究生的学生们放弃这个想法,他们认为直接回农村从事公务员工作"也很有前途";第三,该生在国家近年来对"中医中药特别注重",而且"越来越注重"的背景下,坚持自己对中医药学的兴趣,继续报考研究生。

就业涉及大学生最为现实的切身利益。中医药学是非常专业的领域,而党的"十九大以后,有一些人(指中医药学专业的学生)说,那我去当公务员吧",因为他们看到"特别是(党的)十八大以后……就是关于党风(建设)"的重大变化。此处该生道出了在党的十九大以后,有的中医药学专业的大学生想放弃本专业的就业方向,而希望从事党务工作其理由是这些大学生看到了党的十八大以来的反腐倡廉和党风建设,取得了一定成效,深得民心。

党的十九大报告中总结了五年来的反腐败工作,即"坚持反腐败无禁区、全覆盖、零容忍,坚定不移'打虎''拍蝇''猎狐',不敢腐的目标初步实现,不能腐的笼子越扎越牢,不能腐的堤坝正在构筑,反腐败斗争压倒性态势已经形成并巩固发展"①。党的十九大报告中对反腐倡廉和党风建设成果的总结,直接影响了部分中医药学专业大学生的择业方向,改变了他们的人生设计,由原来报考研究生的设想,改变为直接回农村家乡就业,并且认为自己是从农村来的,再回到农村"当公务员","也很有前途"。支撑他们改变就业方向的重要理由,是党的反腐倡廉和党风建设,这一理由超越了他们对经过多年专业训练的中医药专业的选择,这里不仅有大学生对于中国共产党的信任,而且这种信任被他们转化为人生的选择。可以说,党的反腐倡廉和党风建设的成果,改变了大学生的就业方向和人生选择,并且使其选择了

---

① 习近平:《决胜全面建成小康社会夺取新时代中国特色社会主义伟大胜利——在中国共产党第十九次全国代表大会上的报告》(2017 年 10 月 18 日),人民出版社,2017 年,第 8 页。

认为有前途的公务员职业方向。正如一位大四学生说:"党的十九大对大学生影响大……特别是(为)我这种毕业生指明了目标。"①

甲生坚持自己对中医药学的兴趣,报考研究生继续深造,其原由不仅是自己的兴趣,还是因为国家对"中医中药特别注重","越来越注重",可见大学生对自己未来现实的设计均受到党的十九大的影响。

乙生认为党的十九大对大学生"应该是有影响的吧,包括给我们上选修课的老师,也花了一段时间给我们描述十九大的这个事情,就说这里面鼓励青年要创新,就是我们将来可能做科研的人要创新,我觉得这个还是教育意义比较大一点"②。另一位学生说:"我看微博上《人民日报》的官微有介绍说要加快'双一流'大学建设,还有促进高校毕业生就业创业,然后还强调创新、科技人才等等……感觉这些和大学生都挺息息相关的。"③党的十九大报告指出:"创新是引领发展的第一动力,是建设现代化经济体系的战略支撑。"④上面两位学生都认为创新与大学生的现实生活息息相关,有较大的教育意义。

就业、创新是大学生独立的象征,是其最切身的利益需求。有些大学生将来要从事科研工作,创新意识是科研工作的核心价值观念,乙生选修课的老师给学生讲解党的十九大报告,特别是老师鼓励学生在未来的科研工作中要树立创新意识,使该生感到有比较大的教育意义。其实,创新意识在大学生未来就业和目前的日常学习中都有意义。大学生之所以感到创新意识有教育意义,源于党的十九大报告能指导和满足他们的现实生活需求,源于老师的教育将党的十九大精神与大学生的现实生活紧密地联系起来,使得大学生从党的十九大报告与其现实生活的连接中,重新认识自己的现在与未来的现实环境,即强化了创新意识。因此,只有与大学生的现实生活息息

① 引自访谈资料:11-17-16,第4页。

② 引自访谈资料:1-17-16,第1~2页。

③ 引自访谈资料:3-17-16,第2页。

④ 习近平:《决胜全面建成小康社会夺取新时代中国特色社会主义伟大胜利——在中国共产党第十九次全国代表大会上的报告》(2017年10月18日),人民出版社,2017年,第31页。

相关的思想政治教育,才能走进大学生的内心,才能使大学生对自我现实生活有新的认识,才有教育意义。

丙生在谈到党的十九大对大学生的影响时说:影响"大,主题不忘初心,多实用,在哪个领域都可以用,时刻提醒我们记住最初的梦想目标,多好啊!还有房子不是用来炒的,让我们也没有多大住房压力"①。另一位学生谈到同样的问题时说:影响"大,因为大学生马上面临着就业问题,这个十九大提到了就业问题,就业及住房问题,习大大说房子不是用来炒的,这个应该能减轻大学生的就业和住房压力"②。

两位大学生首先明确表示党的十九大对大学生的影响大。其次,党十九大的主题是不忘初心,丙生比较关注党的"不忘初心"。党的十九大报告开篇写到:"不忘初心,方得始终。中国共产党人的初心和使命,就是为中国人民谋幸福,为中华人民谋复兴。"③这是对中国共产党的宗旨的高度概括,中国共产党就是为人民服务的政党。

丙生在谈到习近平总书记在党的十九大后很快就带领中央政治局常委去重温入党誓词的感受时说;"我感觉这样挺好的,可以进一步明白入党的初心,以及我党的初心。"④进而解释道:不忘初心"多实用,在哪个领域都可以用,时刻提醒我们记住最初的梦想目标,多好啊!"丙生对于"不忘初心"的解释用了"实用"一词,而且丙生的"实用"一词在空间上,范围广泛,即"哪个领域都可以用";在时间上是"时刻",由此对该生不忘初心的"实用"解释可以概括为:党的为人民服务是党的初心,它实用于各个领域,时刻提醒人们不能忘记中国共产党为人民服务的初心和宗旨。最后丙生用"多好啊"来表

---

① 引自访谈资料:8—17—14,第 2 页。

② 引自访谈资料:15—17—16,第 2 页。

③ 习近平:《决胜全面建成小康社会夺取新时代中国特色社会主义伟大胜利——在中国共产党第十九全国代表大会上的报告》(2017 年 10 月 18 日),人民出版社,2017 年,第 1 页。

④ 引自访谈资料:4—17—16,第 1 页。

达了他们对党的十九大不忘初心的由衷赞叹。

党的十九大报告中指出:"坚持房子是用来住的、不是用来炒的定位,加快建立多主体供应、多渠道保障、租购并举的住房制度,让全体人民住有所居。"①党的住房政策体现了其为人民服务的宗旨。丙生说:"房子不是用来炒的,让我们也没有多大住房压力"。房子是大学生未来的现实需要,党的住房政策,消除了他们对未来住房压力的担忧。

④大学生对党的十九大的反映有差异性

一是有的大学生理解党的十九大报告内容的表现是:或者不理解、不确定,或者不清楚。例如:某生在回答如何理解新时代中国特色社会主义思想的问题时说:"其实具体什么意思,我也不是太懂,好像是说是习大大思想的概括,然后被纳入党章了。"②上述"不是太懂""好像是",这些都是不确定的表述,但是不确定某些内容不等于不知道某些内容,只是不能准确地判断。"不是太懂"不是一点都不懂,只是懂得不那么多而已,正如某生说:"我觉得大家有了解(党的十九大报告),但是不知道具体(理解)得深不深"③;"好像是"是或然判断,有不确定的含义。党的十九大刚刚召开,作为大学生而言,不能深入理解党的十九大报告的内容实属正常,即便专家、教授也需要学习一段时间,才能深入理解。

二是有的大学生对于党的十九大感兴趣。在谈到同学对老师在课堂上讲解党的十九大报告内容是否感兴趣时,甲生说:"有些(同学)关注十九大的同学,可能比较感兴趣,其他的同学可能就还好吧"④;乙生说:"还好吧,有的人感兴趣,有的人不感兴趣。感兴趣的人,有的人还能跟老师呼应两句;有的就是随便听听,也不发表什么意见"⑤;丙生说:"感觉还可以吧。也都比较

① 习近平:《决胜全面建成小康社会夺取新时代中国特色社会主义伟大胜利——在中国共产党第十九次全国代表大会上的报告》(2017年10月18日),人民出版社,2017年,第47页。

②④ 引自访谈资料:3–17–16,第2页。

③ 引自访谈资料:5–17–16,第1页。

⑤ 引自访谈资料:6–17–16,第2页。

关注。"①

甲、乙两位学生的表述都有"还好吧"，丙学生用了"还可以吧"。"还好吧"和"还可以吧"是雷同的表达。如果采用"很好、好、一般、差、很差"的等级排序的话，"还好吧"是比"好"略逊色的评价，属于"一般"等级即在"差"与"好"之间。"还好吧"是甲乙学生对其他同学们对党的十九大报告是否感兴趣做出的判断，甲生所用的"还好吧"，其涵义所指的是"比较感兴趣"的学生和一般感兴趣的学生两部分综合的判断，基本上属于感兴趣的范围；乙生所用的"还好吧"其涵义所指的是"感兴趣"学生和"不感兴趣"的学生两部分的综合判断，对于"不感兴趣"的学生的判断理由是"随便听听，也不发表什么意见"，这个理由不能证明不发表意见的学生就不感兴趣，因为"随便听听"本身含有听的兴趣，只是没有全身心地听；"不发表什么意见"也许是学生还处于思考阶段，不能说明这些学生对党的十九大不感兴趣。丙生在"感觉还可以吧"之后，积极判断为"也都比较关注"。

综上甲、乙、丙三位大学生的表述得知，大学生对党的十九大感兴趣，只是感兴趣的程度不同而已。当然有个别大学生的认识不同，例如：某生在谈到党的十九大是否对大学生有影响的问题时说："有影响吧……但对我，没什么感觉啊。"②

小　结

经调查发现，2017 年中国共产党第十九次全国代表大会召开后与 2012 年中国共产党第十八次全国代表大会召开后比较而言，有突出的特点，具体如下：专业课教师有意识地引导学生关注和学习党的十九大精神显著；大学生对党的十九大的关注、情感与兴趣明显提高，甚至主动组织活动；研究生

---

① 引自访谈资料：4-17-16，第 1 页。
② 引自访谈资料：7-17-14，第 2 页。

比本科生学习党的十九大报告更加深入。上述结论从以下具体维度对高校师生对党的十九大的态度进行考察：

第一，高校在宣传党的十九大精神活动呈现多样性、广泛性、深入性、主动性、自觉性特点。一是高校庆祝党的十九大的活动具有多样性。但有的活动未必有实效性，例如有的学生认为"学院都有要求去听十九大报告，还写心得体会……（同学）不是很感兴趣，因为看了（指《习近平的七年知青岁月》一书）还得写心得体会，习大大的书也就少数同学看吧"[1]。如何对大学生循循善诱，加强思想引导，使学生自觉地写心得体会是教育者要思考的问题。二是现实中和网络上宣传党的十九大精神具有广泛性。三是学生参与庆祝党的十九大的活动具有主动性。四是高校教师宣传党的十九大精神具有自觉性。

第二，高校教师的政治意识凸显，自觉宣传党的十九大报告。一是高校思想政治理论课教师和其他专业的教师投入大量的时间和精力研究党的十九大报告；二是无论在研究生和本科生的必修课，还是选修课的课堂上，思想政治理论课教师、社会科学各专业的教师和部分理工学科各专业的教师，自觉宣传党的十九大精神。在专业教学中向学生灌输主流意识形态，做到教书育人。说明高校教师积极拥护新时代中国特色社会主义思想，自觉维护主流意识形态。但也有"个别老师（上课时）提一下（党的十九大），很少（提及党的十九大），老师一般一上课就讲课，念 PPT 了"[2]。

第三，多数大学生学习党的十九大报告的态度，认真而积极。一是党的十九大给大多数学生留下深刻的印象[3]。二是学生们认真学习党的十九大报告，研究生的学习比本科生更加深入。三是有些学生能全面准确地描述出党的十九大报告中的主要内容，甚至有的同学谈到建成社会主义现代化强国的奋斗目标时，心情激动，特别是对党的"不忘初心"感触深刻，某生说："明

---

① 引自访谈资料：8-17-14，第 2 页。

② 引自访谈资料：8-17-14，第 1 页。

③ 从偶遇访谈的情况而言，19 名学生中，只有一名学生对党的十九大没感觉，其他学生都感兴趣。

确五位一体，很明显以人民为主体。因为'人民'这个词在十九大报告中出现得太多了"①。四是有些学生主动组织庆祝党的十九大召开的活动。

但是还有一些大学生学习党的十九大报告的态度不够认真。一是部分大学生对党的十九大报告学习的态度、投入时间与精力有差异性，表现为不能完整地阐述党的十九大报告内容，有的只是只言片语的表述报告内容；二是部分大学生对党的十九大报告只知其然，不知其所以然。针对上述问题建议：一是高校要加强对大学生进行党的十九大精神教育的持久性和广泛性，杜绝跟风式短视教育；二是将党的十九大教育纳入日常教学和学工活动之中。

第四，大学生联系自我现实生活，加深了对党的十九大报告的认识。一是大学生最为关注的创新创业、就业、住房、家乡变化等民生问题，他们联系党的十八大以来民生方面发生的巨大变化，学习党的十九大报告，加深了对党的宗旨的理解，增强了信心，提高了大学生对中国特色社会主义思想的认识；二是大四准备报考研究生的学生，因考试需要，十分关注党的十九大报告，虽然其中有实用主义色彩，但客观上使他们更深刻地认识中国特色社会主义思想。正如某生所说："就感觉国家的政策吧，在我考研之前，我就觉得跟我没啥关系……开始关注这些之后，感觉关系还挺大的……我觉得习大大还是一个很有能力的人。"②"中央那边落实下来的一些政策，还是贴近民生的。我家乡是个旅游区嘛……近几年变化都挺大的……就是道路啊，都翻新了……现在基本上都是楼房，从前的那种矮楼也都没有了……还有就是那种中型的超市也有很多，反正每年来旅游的人特别多。"③该生以其家乡的变化证明了党的政策体现了党为人民谋幸福，为中国谋富强的初心。可见大学生直观感受到的社会变化，会直接助力他们提高对党的路线、方针和政策的认识，进而提高对党和国家的自信心和自豪感。

---

① 引自访谈资料：12-17-16，第 4 页。

② 引自访谈资料：13-17-14，第 2 页。

③ 引自访谈资料：13-17-14，第 2~3 页。

三、大学生对于加入中国共产党的认识

中国共产党是中国的唯一的执政党,也是世界第一大政党,是全中国人民的领导核心。中国共产党的意识形态就是中国社会的主流意识形态,因此大学生加入中国共产党的动机及其对党的认识是衡量大学生思想政治状况的重要指标,分析大学生对中国共产党的态度及其加入中国共产党的动机,能显现出大学生思想政治的状况及其存在的问题。特别是党的十九大以后,大学生对中国共产党的认识更加深刻,大学生积极要求加入中国共产党的热情空前高涨,这一现象既反映出大学生对中国共产党的拥护,也反映出民心向党的社会氛围。

1. 大学生加入中国共产党的意愿具有普遍性

访谈资料显示,递交入党申请书的学生比较普遍,这一点有关量性研究已经证实,如 2015 年,"入党意愿方面,占 78.7% 的大学生表示'愿意'加入中国共产党"[1];"2016 年,2580 人表示愿意加入中国共产党,占 77.6%"[2]。

访谈调查显示如下:"所有人都想入党"[3];"挺多(人)都想入党吧"[4];"挺多的,几乎全班都交了入党申请书,差不多一半儿(指学生上党课)"[5]。

递交入党申请书的学生,有的"占全班四分之一"[6];有的"起码占到(班级)四分之三以上"[7];有的"至少百分之五十以上吧"[8]。某新生班,除了年龄

---

① 沈壮海、王培刚、段立国:《中国大学生思想政治教育发展报告 2015》,北京师范大学出版社,2016 年,第 131 页。

② 同上,第 164 页。

③ 引自访谈资料:14–22,第 8 页。

④ 引自访谈资料:14–5,第 6 页。

⑤ 引自访谈资料:15–17–16,第 3 页。

⑥ 引自访谈资料:5–17,第 3 页。

⑦ 引自访谈资料:1–17–16,第 2 页。

⑧ 引自访谈资料:3–17–16,第 3~4 页。

不满 18 岁，不符合入党条件的学生以外，其余符合入党年龄条件的学生，均向组织递交了入党申请书①。

某班由于申请入党的人数太多，而上党课的"人数有限"，"同学们民主选举，得票数最高的（先）去上"②党课，其他同学再依次上党课。

可见大学生热切地希望加入中国共产党的现象，具有普遍性。同时，大学生党员或预备党员表现都"比周围同学优秀"③。大部分党员"都是学生干部、班干部……起到了一定的表率作用"④，但个别人"做得不是特别好，不能完全得到同学们的认可或者支持"⑤。

虽然大学生的入党愿望具有普遍性，但是发展党员必须按照《中国共产党发展党员工作细则》的规定进行，有意愿加入中国共产党的人，必须遵守入党过程中的所有程序和要求，主要如下：年满 18 岁；需要向党组织递交入党申请书；在一个月内党组织派人同入党申请人谈话，了解基本情况；确定入党积极分子要有党员推荐，群团组织推优等方式产生人选，由支部委员会（不设支部委员会的由支部大会，下同）研究决定，并报上级党委备案；党组织指定一至两名正式党员作入党积极分子的培养联系人；吸收入党积极分子听党课、参加党内有关活动，给他们分配一定的社会工作以及集中培训等方法；党支部每半年对入党积极分子进行一次考察。基层党委每年对入党积极分子队伍状况作一次分析；对经过一年以上培养教育和考察、基本具备党员条件的入党积极分子，在听取党小组、培养联系人、党员和群众意见的基础上，支部委员会讨论同意并报上级党委备案后，可列为发展对象；发展对象应当有两名正式党员作入党介绍人。

2. 大学生加入中国共产党动机的积极表现

大学生的入党动机问题，是检验其共产党员标准的重要指标，是检验其

---

① 引自访谈资料：1–17，第 2 页。

② 引自访谈资料：6–17，第 3 页。

③④⑤ 引自访谈资料：14–16，第 5 页。

是否有马克思主义信仰和共产主义信念的重要标志。因为加入中国共产党关乎到个人信仰和信念的价值追求问题，即马克思主义信仰和共产主义信念。信仰是主体对具有最高精神价值的高度信服、景仰、向往、寄托，他们统摄个体的精神生活，是超越现实、超越自我地追求最高价值的自我意识和思想倾向。信念是最高精神价值的持久的精神动力。大学生的信仰和信念正在形成和确立的过程中，需要长时间的培养和历练，及时了解大学生入党意愿的理由，了解大学生入党动机的状况。发现大学生入党动机存在的问题，是有针对性地对大学生进行理想、信念和信仰教育的前提。

需要说明的是，大学生的入党动机问题分为两部分群体，一部分是指有加入中国共产党意愿，并已经向党组织递交了入党申请书，或着已经接受党课教育的大学生群体；另一部分是指已经成为中国共产党党员，或者是中国共产党预备党员的大学生群体。之所以做这样的区分，是因为大学生党员或预备党员与有入党意愿的大学生，对党的认识有明显的差距，前者明显比后者有较高的认识和思想境界。这一差距说明对大学生进行党的知识教育，培育大学生坚定的马克思主义信仰和共产主义信念是十分必要的。大学生的入党动机有以下表现：

第一，大学生的入党动机符合为人民服务的宗旨。某生是入党积极分子，该生在谈其入党原因时说："为党和人民服务"[1]，从该生的梦想看，此话并不是在喊口号，该生认为目前"自己因为穷则独善其身，达则兼济天下"[2]，先解决自己的生存问题，"自己和父母过得好了，然后有能力了的话，就想给社会创造更多价值吧"[3]，该生希望做社会公益，为有困难的人群贡献自己的力量。从该生的梦想中可以观其人生观和价值观：自己的生活无忧不是目的，最终目的是要为社会贫困人群服务。

第二，有入党意愿的大学生，对入党理由有积极的思考。某生写入党申

---

[1][2][3] 引自访谈资料：15–17–16，第 3 页。

请书是"因为想入党,跟党走。想及时知道国家政策,响应国家号召。"①因为该生了解到了党的农村政策,如低保政策、农村医疗保险政策、粮补政策、地补政策等,并且他的家里人都因这些政策而受益。显然他在现实生活中,看到了党的为人民服务的宗旨在农村惠民政策中的展现,他由衷地认同党的政策,因此他从内心里热爱党,坚定跟党走。如果他成为一名中国共产党党员的话,他说:"我开心,我骄傲,我自豪"②。某生的入党的理由是:作为一个党员,"可以在自己的岗位上做有意义的事。"③可见在工作岗位上做有意义的事,是该生入党的理由。

四、大学生对于思想政治理论课的认识

党的十九大以后,习近平总书记对高等教育作出了重大论断:"高等教育发展水平是一个国家发展水平和发展潜力的重要标志……我们对高等教育的需求比任何时期都更加迫切。"④

思想政治理论课承担着对大学生进行系统的马克思主义理论教育的任务,是实现高校以人为本、培养新时代建成中国特色社会主义强国的接班人的重要教育途径,是巩固马克思主义在高校意识形态领域指导地位、坚持社会主义办学方向即解决高校培养什么样的人、如何培养人以及为谁培养人问题的重要阵地,是全面贯彻党的教育方针、落实立德树人根本任务的主干渠道和核心课程,是加强和改进高校思想政治工作、实现高等教育内涵式发展的灵魂课程。因此一直以来,党中央高度重视高校思想政治理论课的建设。

---

① ② 引自访谈资料:11-17-16,第2页。

③ 引自访谈资料:2-17-14,第2~3页。

④ "坚持以人为本 推进四个回归 建设中国特色世界水平的一流本科教育"——在新时代全国高等学校本科教育工作会议上的讲话,教育部党组书记、部长陈宝生(2018年6月21日)。

（一）党中央对高校思想政治理论课的高层设计与方向引领的相关文献

2005 年 3 月中共中央宣传部、教育部关于印发《〈中共中央宣传部　教育部关于进一步加强和改进高等学校思想政治理论课的意见〉实施方案》的通知 教社政〔2005〕9 号，简称"05 方案"。"05 方案"提出了思想政治理论课的四门课的设置。①"05 方案"实施以来，高校思政理论课"构建了学科、教材、师资、课程协同推进的思想政治理论教育模式；形成了标志性成果，设立了马克思主义一级学科；培育了一支优秀的思政课师资队伍；赢得了学生的较好评价；体制机制建设取得良好成效。"

2016 年 12 月 7 日至 8 日，党中央召开全国高校思想政治工作会议，习近平总书记出席会议并发表了"把思想政治工作贯穿教育教学全过程"，开创我国高等教育事业发展新局面"的重要讲话，主要观点如下：

高校思想政治工作关系高校培养什么样的人、如何培养人以及为谁培养人这个根本问题。要坚持把立德树人作为中心环节，把思想政治工作贯穿教育教学全过程，实现全程育人、全方位育人，努力开创我国高等教育事业发展新局面。

我国高等教育肩负着培养德智体美全面发展的社会主义事业建设者和接班人的重大任务，必须坚持正确政治方向。我们的高校是党领导下的高校，是中国特色社会主义高校。办好我们的高校，必须坚持以马克思主义为指导，全面贯彻党的教育方针。要坚持不懈传播马克思主义科学理论，抓好马克思主义理论教育，为学生一生成长奠定科学的思想基础。

思想政治工作从根本上说是做人的工作，必须围绕学生、关照学生、服务学生，不断提高学生思想水平、政治觉悟、道德品质、文化素养，让学生成为德才兼备、全面发展的人才。

---

① 参见附录。

习近平总书记指出，要教育引导学生正确认识世界和中国发展大势，从我们党探索中国特色社会主义历史发展和伟大实践中，认识和把握人类社会发展的历史必然性，认识和把握中国特色社会主义的历史必然性，不断树立为共产主义远大理想和中国特色社会主义共同理想而奋斗的信念和信心。做好高校思想政治工作，要因事而化、因时而进、因势而新。

教师是人类灵魂的工程师，承担着神圣使命。传道者自己首先要明道、信道。办好我国高等教育，必须坚持党的领导，牢牢掌握党对高校工作的领导权，使高校成为坚持党的领导的坚强阵地。

高校党委对学校工作实行全面领导，承担管党治党、办学治校主体责任，把方向、管大局、作决策、保落实。

教育部党组为了迅速组织学习贯彻落实党中央召开全国高校思想政治工作会议和文件精神，提出要打三场战役，其中包括打一场提高思想政治理论课质量和水平的攻坚战，用好课堂教学这个主渠道，把思政课建设作为检验高校贯彻落实会议精神成效的试金石。制定了《2017年高校思想政治理论课教学质量年专项工作总体方案》（以下简称《总体方案》）。①将2017年定为"高校思想政治理论课教学质量年"，社科司牵头起草了《总体方案》，2017年5月已由部党组会审议通过。《总体方案》的设计思路是，充分体现全国高校思想政治工作会议精神，充分体现教育部领导关于提升思政课质量和水平、增强大学生获得感的系列指示精神，坚持党组领导、政策指导、舆论引导、专家辅导，突出三"大"，即大调研、大提升、大格局，坚持调动师生、凝聚合力、集中攻坚、增强获得感，满足青年学生成长发展需求和期待。

第一，教育部党组审议通过《总体方案》。按照"思路攻坚、师资攻坚、教材攻坚、教法攻坚、机制攻坚"的总要求，为深入实施《总体方案》，向各地各高校做好宣传动员工作。

---

① 资料来自：中华人民共和国教育部网站。

第二，《总体方案》的基本原则是，坚持导向优先、总结在前、问题引导、综合施策、内外结合、效为根本、宣传始终。

第三，系统开展思政课的大调研，大调研的方式有四种：领导带队调研、专家听课调研、课题专项调研、校地特色调研。

第四，"大提升"就是紧扣重点环节，以教材、教师、教学建设为突破口，在"师资攻坚""教材攻坚""教法攻坚"三方面取得明显成效，努力使思政课"有虚有实、有棱有角、有情有义、有滋有味"，大力提升学生对思政课的获得感。

第五，"大格局"就是会同多个部门、多方面力量，立足全方位、全过程，协同推进，努力构建高校思政课建设的大格局，探索出一条"机制攻坚"的新路。要坚持内外结合，统筹协调课内外、院内外、校内外、部内外各方面资源，特别是教育资源、教师资源、实践资源、宣传资源，凝聚思政课建设的合力。

第六，为保障高校思政课教学质量年各项工作任务的落实，教育部成立了工作推进协调小组，由分管部领导任组长，社科司、思政司负责同志任副组长，小组成员由《总体方案》涉及的部内各司局和直属单位有关负责同志担任，小组办公室设在社科司。

2017 年 11 月，中共中央、国务院印发中发〔2016〕31 号《关于加强和改进新形势下高校思想政治工作的意见》（以下简称《意见》）。《意见》强调指出，高校肩负着人才培养、科学研究、社会服务、文化传承创新、国际交流合作的重要使命。加强和改进高校思想政治工作，事关办什么样的大学、怎样办大学的根本问题，事关党对高校的领导，事关中国特色社会主义事业后继有人，是一项重大的政治任务和战略工程。

《意见》分为七个部分：一、重要意义和总体要求，二、强化思想理论教育和价值引领，三、发挥哲学社会科学育人功能，四、加强对课堂教学和各类思想文化阵地的建设管理，五、加强教师队伍和专门力量建设，六、推进高校思想政治工作改革创新，七、加强和改善党对高校的领导。①

---

① 参见广西工商职业技术学院：www.gxgsxy.com。

《意见》论述了党历来高度重视高校思想政治工作，探索形成了一系列基本方针原则和工作遵循；高校思想政治理论课的指导思想；加强和改进高校思想政治工作的基本原则是：要强化思想理论教育和价值引领；要发挥哲学社会科学育人功能；要加强对课堂教学和各类思想文化阵地的建设管理；要加强教师队伍和专门力量建设；要推进高校思想政治工作改革创新；要加强和改善党对高校的领导。《意见》为高校思想政治理论课的建设与实施指明了方向。

2018 年 4 月，教育部关于印发《新时代高校思想政治理论课教学工作基本要求》的通知中指出，思想政治理论课承担着对大学生进行系统的马克思主义理论教育的任务，是巩固马克思主义在高校意识形态领域指导地位、坚持社会主义办学方向的重要阵地，是全面贯彻党的教育方针、落实立德树人根本任务的主干渠道和核心课程，是加强和改进高校思想政治工作、实现高等教育内涵式发展的灵魂课程。党的十八大以来，以习近平同志为核心的党中央高度重视思想政治理论课建设，作出一系列重大决策部署，思想政治理论课建设在改进中不断加强，课堂教学状况显著改善，大学生学习思想政治理论课的获得感明显增强。中国特色社会主义进入新时代，对高校思想政治理论课发挥育人主渠道作用提出了新的更高要求。为继续打好提高思想政治理论课质量和水平的攻坚战，坚持不懈传播马克思主义科学理论，讲清讲透习近平新时代中国特色社会主义思想的时代背景、重大意义、科学体系、精神实质、实践要求，全面推动习近平新时代中国特色社会主义思想进教材进课堂进学生头脑，打牢大学生成长成才的科学思想基础，引导大学生树立正确的世界观、人生观、价值观，不断提高大学生对思想政治理论课的获得感，就教学工作提出了基本要求。

教育部党组书记、部长陈宝生于 2018 年 6 月 21 日，在新时代全国高等学校本科教育工作会议上，作了"坚持以人为本 推进四个回归建设中国特色、世界水平的一流本科教育"的讲话，讲话中指出："高教大计，本科为本；本科不牢,地动山摇。"因为本科阶段是思想观念、价值取向、精神风貌的成型期,是大学生正确的世界观、人生观和价值观的形成期,铸就理想信念、锤炼高尚品格,扣好人生第一粒扣子,打牢成长发展基础。以本为本是由本科教育的地位、作用决定的。本科教育在高等教育中体量规模最大,本科教育是研究生教育的重要基础,因此以本为本是世界高等教育发展的共识和趋势。专业建设成绩显著,课程改革亮点频出,推出了一大批线上线下精品课程,课程思政、专业思政、学科思政体系正在形成;教学改革深入推进;高等教育质量保障制度逐步完善。同时,我们必须清醒认识到,目前高等学校人才培养工作已进入提高质量的升级期、变轨超车的机遇期、改革创新的攻坚期。本科教育的突出问题:一是理念滞后问题,二是投入不到位问题,三是评价标准和政策导向机制问题。

因此,应大力推进四个回归:

回归常识:学生要刻苦读书学习,引导学生求真学问、练真本领,成为有理想、有学问、有才干的实干家,更好地为国为民服务。

回归本分:教师潜心教书育人,教授就得教书授课,离开了教书授课就不是教授。要引导教师热爱教学、倾心教学,研究教学,就是要按照总书记对教师提出的政治素质过硬、业务能力精湛、育人水平高超、方法技艺娴熟的要求,让教师潜心教书育人,更好担当起学生健康成长的指导者和引路人。

回归初心:高等学校要倾心培养建设者和接班人。高等学校的初心就是培养人才,一要成人,二要成材,也就是要培养德智体美全面发展的社会主义建设者和接班人。高校要用知识体系教、用价值体系育、用创新体系做。要坚持正确政治方向,把马克思主义作为中国特色社会主义大学的"鲜亮底色",要抓好马克思主义理论教育,深入实施习近平教育思想"五进"行动,培育践行社会主义核心价值观,继续打好提高思政课质量和水平的攻坚战,构建全程全员全方位"三全育人"大格局。要促进专业知识教育与思想政治教育相融合,造就适应时代发展需要的专业素养和过硬本领,全面提高学生的社会责任感、创新精神和实践能力。说到底，回归初心，就是要按照总书记对青年学生提出的爱国、励志、求真、力行的希望和要求，培养又红又专堪当大任的一代新人。

回归梦想：就是高等教育要倾力实现教育报国、教育强国梦。教育梦是中国梦的重要组成部分。我们要坚定信心，推动高校办学理念创新、组织创新、管理创新和制度创新，全面提升人才培养能力，努力提升我国高等教育综合实力和国际竞争力，加快建设高等教育强国。回归梦想就是要积极回应总书记对高等教育的殷切期盼，加快建设高等教育强国，有力支撑起中华民族伟大复兴的中国梦。

（二）2012 年思想政治理论课的现状及分析

根据教育部关于印发《中共中央宣传部　教育部关于进一步加强和改进高等学校思想政治理论课的意见》（教社政〔2005〕5 号）中的设置，思想政治理论课包括 4 门必修课：

①马克思主义基本原理概论（简称"原理"），3 学分。

②毛泽东思想、邓小平理论和"三个代表"重要思想概论（简称"概论"）6 学分

③中国近现代史纲要（简称"纲要"），2 学分。

④思想道德修养与法律基础（简称"基础"），3 学分。

同时开设"形势与政策"课，2 学分。

高等学校思想政治理论课新课程设置方案，从 2005 级学生开始，在中宣部、教育部的领导下进行试点；从 2006 级学生开始，全国普通高等学校普遍实施。

2012 年高校思想政治理论课，正在执行《中共中央宣传部　教育部关于进一步加强和改进高等学校思想政治理论课的意见》（教社政〔2005〕5 号）。

2012 年 10—12 月，对天津市 8 所高校一至四年级的 28 名大学生进行

访谈,其中包括思想政治理论课的调查。①

表9-3　2012年天津市8所高校访谈对象的分布情况

大一		大二		大三		大四		总数
人数	8	人数	7	人数	6	人数	7	28
男生	3	男	4	男	3	男	2	
女生	5	女	3	女	3	女	5	
部属学校	2	部属学校	1	部属学校	2	部属学校	0	
天津籍贯	3	天津籍贯	1	天津籍贯	2	天津籍贯	1	
天津外籍贯	5	天津外籍贯	6	天津外籍贯	4	天津外籍贯	6	
理工专业	3	理工专业	3	理工专业	3	理工专业	1	
医学专业	1	医学专业	2	医学专业	2	医学专业	0	
社科专业	4	社科专业	2	社科专业	1	社科专业	6	

通过访谈调查,收集到部分高等学校思想政治理论课状况的资料,具体如下:

1. 部分大学生对思想政治理论课的看法

甲生说:思想政治理论课"还好,不能说没意思,还好。课堂形式,我挺喜欢,就是大家讨论,然后发言"②。

乙生说:思想政治理论课"还是分人吧"③,即不同的学生对思想政治理论课有不同的反映,有人感兴趣,有人没兴趣。

丙生说:"如果我考研的话,(思想政治理论课)会有用。这个东西(思想政治理论课),你说是有用就有用,自己觉得有用就有用。因为你不可能给谁讲什么政治的东西,考研的话肯定有用。"④

丁生说:"有时候跟他们(指同学)在一起,喜欢听他们谈政治。有时候自己也想谈政治,我喜欢那种世界政治,而不是只是课本上的那种,课本上那

---

① 8所高校包括南开大学、天津大学、天津师范大学、天津医科大学、天津外国语大学、天津工业大学、天津理工大学、天津体育大学。调查员和调查选样情况,请参见第八章采用质性研究方式对大学生思想政治调查的分析。

② 引自访谈资料:12-12-8,第6页。

③ 引自访谈资料:12-12-3,第5页。

④ 引自访谈资料:12-12-11,第1页。

种呆板的、教条的那种理论性的东西，我不喜欢。"①

以上学生的观点，一是甲生对思想政治理论课的评价是"还好"，喜欢课堂讨论的教学形式。"还好"与"很好""很喜欢"相比，前者逊色于后者；二是乙生认为思想政治理论课"还是分人吧"，意为不同人的教与学思想政治理论课，其理解和兴趣是不同的；三是丙生认为思想政治理论课"自己觉得有用就有用"，考研"有用"。

乙生和丙生对思想政治理论课的看法表述不同，其实都存在着对思想政治理论课重要性认识的问题。乙生似乎揭示了一个客观现象，即不同的人对思想政治理论课的认识不同，认为思想政治理论课重要的人，有感兴趣；反之，没兴趣。但是为什么人会有这样的不同认识呢？除了有效教学效果之外，人的认识水平的差异源于学习能力与实践能力的差异，源于思维水平的差异，这些差异正是教育缺失的表现，恰恰需要教育，需要思想政治理论课。丙生所谓的考研"有用"，是从眼前的功利角度认识思想政治理论课的重要性，该生没有看到思想政治理论课对于大学生树立正确的世界观、人生观和价值观，以及理想信念的价值。

由上提出一个思考的问题：如何加强大学生对思想政治理论课重要性的认识？

丁生反映的问题：思想政治理论课如何将教材呆板的理论教条变为鲜活生动的教学模式？

2. 思想政治理论课课堂状况

第一，思想政治理论课的课堂人数多和出勤好。

一是思想政治理论课课堂人数：某生说："毛概（毛泽东思想、邓小平理论和"三个代表"重要思想概论）是超大班，一个班大概有三四百个人，特别

---

① 引自访谈资料：12-12-7，第23页。

多人,感觉效果不怎么样"①。"三个学院一起上那课(思想政治理论课)。"②

二是思想政治理论课课堂的出勤好:甲生说:"(出勤)比专业课稍微低那么一点,但是还不错,因为老师点名很好,而且另一个就是我们公共课上的平时成绩占了很大的比重,这个就限制了大家(逃课)。"③

乙生认为,在思想政治理论课堂上,多数学生不逃课,其原因,一是逃课"没地方可去";二是老师经常点名,"逃课一定会被(老师)发现的,有时你替同学喊到,他都可以发现"④;三是出勤率在平时成绩所占比例比较大。丙生说:"出勤率还好,我基本每次都去,大部分都去。"⑤

丙生说:"去(上课)的,(学生)也不多,一般就靠点名来控制考勤。"⑥

第二,大学生在思想政治理论课上的听课状况。

一是有的学生在思想政治理论课堂上认真听讲。

某生说:"我听(课)啊,我算是那种比较认真的(听课)。每个老师的每节课,我都会认真听。其他人,大部分人都是作别的,上自习啊什么的。"⑦

"(因为)从小的习惯就是这样(认真听讲)。老师在讲课,你在下边做别的,都是对老师的不尊重,这样不好的。"⑧

二是有的大学生在思想政治理论课堂上的表现是"各行其是"。

甲生说:课堂上"老师有时上面讲,下面该干嘛干嘛"⑨。

乙生说:课堂上"有的玩手机,有的睡觉,还有的看武侠小说,干嘛的都有,想听就听会儿,不想听就睡觉。应该听听,就是太没意思"⑩。

---

① ⑨　引自访谈资料:12-12-25,第 7 页。

②　引自访谈资料:12-12-8,第 6 页。

③　引自访谈资料:12-12-12,第 9 页。

④　引自访谈资料:12-12-3,第 5 页。

⑤　引自访谈资料:12-12-8,第 6 页。

⑥　引自访谈资料:12-12-15,第 3 页。

⑦ ⑧　引自访谈资料:12-12-9,第 8 页。

⑩　引自访谈资料:12-12-1,第 6 页。

丙生说："听课的人很少。"①

丁生说："感觉大家不怎么认真听讲，也许是觉得这些东西比较简单，或是枯燥，不实用吧。玩手机、打游戏、睡觉的，都有。"②

戊生说：上课时有些学生看专业书，因为"一些专业书比较重要的，或者是听听音乐，看手机呀，看手机可能比较多。不听的人多"③。

第三，有的学生在思想政治理论课上未认真听过课。

甲生说："我们上课（思想政治理论课）平时也都去，但是应该基本上也不听"④，考试"都可以过"。有同样看法的学生说："老实说啊，（思想政治理论课）我是不太听"⑤，因为期末考试比较好过关。

乙学生说："上（思政）课都没听过，考试看那么点资料就过了，因为我不太喜欢那种太官方、过于政治形式的东西，那种文字、各种思想、汇报、总结，我都不太喜欢。我觉得那（思想政治理论课）对于我来说仅仅是考试，应付考试罢了。那种（思想政治理论）课，老实说，我从没认真听过，书都是很新的那种。"⑥

甲生不听思想政治理论课的理由之一，是思想政治理论课的考核容易过关。乙生认为思想政治理论课很官方、很形式，理论性太强。因自己一直没有"考公务员这方面的（职业）意向，也就不太感兴趣，其实那种思想总结的，是共产党包括中国总结经验，必须那么说来的，但是我对那方面不感兴趣，所以说不去在意那东西。感兴趣的人觉得这是理论，这是一个丰富的思想文化。但是我压根就不感兴趣，所以说我平时就没很认真地上过（思政课）"⑦。

以上乙生所表述的"必须那么说来的"这句话，已经表明乙生认同总结中国共产党和中国革命历史经验的理论，只是他将来不想从事党务职业，因

---

① 引自访谈资料：12-12-13，第 2 页。

② 引自访谈资料：18-17-16，第 3 页。

③ 引自访谈资料：12-12-18，第 2 页。

④ 引自访谈资料：12-12-15，第 3 页。

⑤ 引自访谈资料：12-12-18，第 2 页。

⑥⑦ 引自访谈资料：12-12-20，第 4 页。

而不愿意听思政课,这是个认识误区,即以职业选择来评判。不管是学什么专业的大学生,将来从事什么样工作,大学生都需要有正确的世界观、人生观和价值观,都需要确立正确的政治方向,都需要德智体美劳全面发展,才能成为新时代中国现代化强国的建设者。思想政治理论课正是帮助每个大学生实现上述目标的课程。由此可见思想政治理论课教师上课要解决的第一个问题,是思想政治理论课的价值和意义是什么?

丙生说:"这些课(思政课)我从来都没听过。就是去了(课堂)在后面自习。我就是工科女,向来对这种(思政课)不感兴趣。我从来对政治都不感兴趣,所以考研我最怕的就是政治"。①"像这种课(思想政治理论课),学生都是不抬头看老师的,但是老师在上面讲得津津有味。"②"如果讲故事的话,我就挺感兴趣的;如果讲那些特别死板的思想,我就不愿听了。"③

一方面,丙生对"从来都没听过(思政课)"解释的理由:一是自己是工科学生,喜欢理工科,对文科不感兴趣;二是不喜欢老师讲些"特别死板的思想";另一方面,该生对自己"从来都没听过(思政课)"的行为,感到自责,该生说:"我觉得我怎么就成这样了呢!我也不知道,反正我就是对工科、对算术比较感兴趣。对那些政治、历史一点也不感兴趣。但是我觉得这样不太好,所以现在我也在学习这方面的一些东西"④。丙生意识到了自己重理轻文的不足,已经开始行动弥补自己在政治、历史方面的缺失了。

综上所述,归纳分析如下:

第一,在思想政治理论课上,学生的出勤率高,其原因:一是老师经常点名;二是学生逃课,"没地方可去",而且逃课容易被老师发现;三是学生的出勤率在平时成绩中所占比例高。可见老师的点名和出勤率在平时成绩的比重高,是支撑思想政治理论课出勤率高的重要因素。

第二,在思想政治理论课堂上,少数学生认真听课。但是多数情况是"各

---

① ② ③ ④　引自访谈资料:12-12-21,第3页。

行其是",表现为"老师有时上面讲,下面该干嘛干嘛",包括学生"读专业书、玩手机、睡觉、看武侠小说、打游戏、听音乐"等,"听课的人很少","感觉大家不怎么认真听讲"。

第三,为什么有的大学生从未认真听过思想政治理论课呢?其原因复杂,有社会环境的原因,有思政课教师教学效果不佳的原因,有教材枯燥的原因,有考试轻松通过的原因,有大学生对思政课的认识原因,有大学生个体对文理科的兴趣偏好问题等,而且这些原因交织在一起。此问题在后面有分析,此处不赘述。

3. 思想政治理论课教师的授课方式

第一,有的学生对思想政治理论课教师的授课方式感兴趣。

甲生说:"近代史老师还好了。老师经常放视频啊、资料啊什么的给我们看,讲个故事,更有趣些,更生动些吧,也不算很枯燥。每个学生都希望每个老师都风趣幽默些,寓教于乐的效果会更好。"[1]

乙生说:"有的老师上课的时候脱离课本,然后讲一些故事,或者放点电影什么的,这还比较好。"[2]有类似看法的学生说:"如果讲故事的话,我就挺感兴趣的。"[3]

丙生说:"因为这种课(指思想政治理论课),客观地来说比较抽象,大家不是特别的喜欢。但是我觉得我们老师讲课的方式还是比较容易接受的,他不是单纯(地)只讲一些课本上的东西,还会引入一些相关的视频啊,或者是课本以外的知识的延伸,讲一下历史什么的,这样就能吸引我们,就比单纯地讲理论知识好一点。"[4]

有类似观点的学生说:"其实老师讲的还是很好的,我觉得课本还是让

[1] 引自访谈资料:12-12-9,第8页。
[2] 引自访谈资料:12-12-15,第3页。
[3] 引自访谈资料:12-12-21,第3页。
[4] 引自访谈资料:12-12-14,第3页。

人提不起很大的兴趣。但是老师讲得确实还是挺实际的,他会给我们举很多的例子。老师讲得挺实用的,会在生活上规范我们一些,比如说有时候迟到了,迟到了进去(教室),你应该怎么进去,进去往边上坐。"①课堂上,老师放"视频的话,感觉挺好的,我喜欢那种,就是把社会上那种问题呀,比如说什么新闻啦,什么焦点访谈,放出来,让我们评论一下"②。

丁生说:"老师讲得好就喜欢。最起码不能光念书本吧,就是跟实际有关的,发表一些自己的看法,总之就是(喜欢)那种比较幽默的老师,不是来了就放视频,看完就走那种。不错(的老师)也就那么一两个,(喜欢)30多岁的老师。"③

戊生说:"他上课方式是,他会给一个题,然后让我们讨论,每一个人上去发表意见。每个题都有一部分人到讲台上去发表自己的观点。(如果)老师选择学生比较感兴趣的话题的话,大家比较感兴趣,然后(大家)就会投入到这里面。"④

己生说:吸引学生听课,"我觉得更多是结合实际的案例吧,因为这些功课(指思政课)肯定也是那些各方面专家总结出来的,它也是根据这些年各种案例总结出来的经验,我觉得在老师上课的时候,书本上的内容概括地说一下就行了,比如说咱们讲'三个代表'可以包括总结那些代表人民利益这方面案例,比如说98年洪水啦。然后以录像、PPT那种形式展现出来。(同学们应该)更多地通过新闻了解这些思想,而不是简单地上课,就让你背,让你记住就行了,那都是形式主义了。(老师的教学)更多的还是结合更生动的案例,就是你怎么总结的,你把这个总结过程告诉我们,而不是说把这个理论的结果交给我们"⑤。

---

① 引自访谈资料:12-12-18,第2页。
② 引自访谈资料:12-12-18,第3页。
③ 引自访谈资料:12-12-22,第6页。
④ 引自访谈资料:12-12-25,第7页。
⑤ 引自访谈资料:12-12-20,第4页。

庚生说："如果那些特别是一些比较老的老师，他自己的那些经历就比较丰富了，他穿插着讲的话（比较感兴趣）。"①

辛生说："也有一些人就是会跟老师互动，就是像我这种。"②但是课堂上与老师互动的学生并不多，课堂共150人左右，只有"五六个"学生与老师互动。

上述可见，在思想政治理论课上，大学生感兴趣的授课方式有以下方面：一是大学生喜欢老师采用多种形式讲课，如视频、丰富的资料、讲故事；二是大学生喜欢老师幽默风趣的授课风格；三是大学生喜欢老师讲些课外知识，扩展学生的知识面，如老师联系时事政治和社会热点问题进行讲解；特别是联系学生的日常生活实际问题授课，大学生会有理论联系实际的获得感，从中受到启发。老师也可以根据授课内容，联系自己的经历讲解相关内容；四是大学生喜欢选择内涵丰富并学生感兴趣的题目，组织学生进行课堂讨论，力争每个学生都发言，使学生有参与感；五是大学生喜欢老师讲课时，对现实生活的典型案例进行总结概括，升华成理论，这是一个从现实到理论的升华过程，学生希望老师要把这一从现实到理论的升华过程告诉学生，而不是把作为理论性的结论告诉学生，大学生希望了解理论性结论产生的过程。

第二，部分大学生对思想政治理论课教师的授课方式不感兴趣。

甲生说："就像马基（指"马克思主义基本原理概论"课）啊，思修（指"思想道德修养与法律基础"课）之类的就特别枯燥，完全是按书上讲的。"③

乙生说："对思修课中的主要问题是课本（中的），没兴趣。"④

丙生说："其实上（思政）课感觉（老师）直接讲那些马列的话，都是那些哲学的东西，真的很无聊。"⑤有类似想法的学生说："如果讲那些特别死板的

---

①⑤ 引自访谈资料：12—12—19，第2页。

② 引自访谈资料：12—12—18，第3页。

③ 引自访谈资料：12—12—9，第8页。

④ 引自访谈资料：12—12—3，第5页。

思想,我就不愿听了。"①。"就是光讲理论那东西太枯燥,乏味,不感兴趣。"②

丁生说:"要是那种放PPT,一边念一边讲就不太好,一般就挺无聊的。反正那种PPT我觉得挺无聊的。而且毕竟我们是理科的,就属于应试教育的那一种感觉,给我们没什么收获,除非他们要考研之类的,才会去背那些政治之类的。"③

戊生说:"有的老师,他上课就自讲自的,也不顾不管你(指听课学生),然后上课的人就越来越少,去的人也不听。"④

己生说:"有些老师讲得也挺好的,比如说我们现在这个老师,就是讲到哪里的时候,会让我们划重点,就是养成这个习惯了,从大一开始这种课就被我们归为不用听这种。"⑤

己生认为老师给学生每章划重点是学生喜欢的好课,其实这是大一学生,从高中时期机械地划重点、记忆的学习方式在入大学后的延续。由于应试教育等原因,使得高中学生养成以划重点为特色的学习方式和学习习惯,而缺失独立思考问题的学习方式和学习习惯的培养过程,由此导致高中生辩证思维能力和抽象思维能力训练的相对弱化。高中生到大学后,仍然保留有划重点的学习需求,若老师满足学生划重点的需求,自然受到学生的喜欢,这也是"从大一开始这种课(指思政课)就被我们归为不用听这种(课)"的原因所在。

但是大学阶段的学习是独立观察现象、独立思考问题、创新意识的培养过程。思想政治理论课的内容博大精深,是培养大学生的世界观、人生观和价值观的重要阵地,在引导学生确立正确的政治方向的同时,更加需要培养观察能力、独立思考问题和解决的能力,以及创新思维与创新能力,而沿用

---

① 引自访谈资料:12-12-21,第3页。
②④ 引自访谈资料:12-12-25,第8页。
③ 引自访谈资料:12-12-15,第3页。
⑤ 引自访谈资料:12-12-18,第2页。

高中时期划重点的学习方式，会有碍于学生的成长。

庚生说："大一、大二它占了很多的时间，而且课本很厚，更重要的一点我觉得，它有点过于重复，就是重复量。因为从小学到高中都已经（受）教育这么长时间了吧。"①

综上所述，大学生对思想政治理论课教师教学方式不满意，表现在以下方面：一是教材枯燥；二是教师在授课时，有时会照本宣科或空谈理论和概念，不联系学生和社会的实际；三是教师的教学方式单一，缺乏课堂讨论、师生互动、经验分享、小组合作等教学方式；四是教学手段单一，有个别老师课堂教学的主要方式是念 PPT，或者以播放视频代替多样化教学；五是思想政治理论课的内容与中小学所学的政治课内容有重复之处；六是教师讲课中划重点，学生考试易通过。教师的这种做法，客观上不仅削弱了学生的学习积极性，而且助长了学生短视和功利的思想。具体而言，学生只看到老师划重点对自己眼前考试的实用性，没有看到思想政治理论课对自己确立正确的世界观、人生观和价值观的价值，没有看到对自己成长的价值；七是少数理工科学生偏好理工类专业，对社会科学内容不感兴趣，直接影响这些学生对思想政治理论课的兴趣，这一现象折射出文、理科教育分离的弊端。

4. 思想政治理论课的考核

甲生说："考试突击背一下就好，当然也有因为上课表现好，回答一个问题，平时成绩高，考试成绩肯定高嘛。"②有同样观点的学生说："大家都这样想，思修（指思想道德修养与法律基础课）是考前背一背（就能过关），所以基本上都没把它当重点。"③

乙生说："我们比较相信老师，他也就是像别的老师一样，每章画几个重点知识。但是还是需要我们课下自己去背什么的。不会特别准（意为重点知

① 引自访谈资料：12-12-24，第3页。
② 引自访谈资料：12-12-13，第2页。
③ 引自访谈资料：12-12-7，第22页。

识不一定是考试题),我跟你说,我们老师很有原则的(意为老师不会给学生透露考试题)。"①

丙生说:"我们上课平时也都去,但是应该基本上也不听,就是快考试的时候找重点给划,到时候只要写得好一点,我觉得应该就都可以过。"②

丁生说:"老实说啊,我是不太听,就是到最后的时候我是看一下目录,做一下笔记,然后可能有时间的话就每一页翻翻,把重要的划一下那种,然后期末就这样过了。"③

戊生在谈到自己考试不及格时说:"我就挂了马哲("马克思主义基本原理概论"课),呵呵,这个事情令我感触很深的,我们从小学就开始学政治,(一直)学到高中。我们省里是属于统考性质的,我的(考分)属于 A+加吧。到这边(人大学以)来,如果(考试)按照自己的想法去写的话,你就得到了不及格。但是更重要的一点是,(复习)范围太大,有些内容没法背下来。因为我们学的专业跟考的政治这个东西,完全是两回事情,是联系不到的两个事情。一本厚厚的书(指教材),然后(老师)让我们去背吧。但是有一点,(老师)讲的东西和你所学的东西和考的东西往往不是一样的东西。"④

戊生到大学后,一门思想政治理论课考试不及格,他对这件事"感触很深",因为他认为自己从小学到高中一直学习政治课,并且在全省统考中,取得过 A+的优异成绩。总结考试不及格的原因:一是他认为在考试答卷时,按照自己的想法答题,"就得到了不及格",意为他在答卷时没有按照教材上的内容答题;二是该生认为自己所学的专业与思想政治理论课是完全没有联系的"两回事情";三是认为老师在课堂上讲得内容、自己所学专业的内容和思想政治理论课考试的内容,这三个方面都"不是一样的东西"(意为考试背

---

① 引自访谈资料:12-12-12,第 9 页。
② 引自访谈资料:12-12-15,第 3 页。
③ 引自访谈资料:12-12-18,第 2 页。
④ 引自访谈资料:12-12-24,第 2~3 页。

教材的难度更大了）。戊生所说的"两回事情"和"不是一样的东西"引发问题，具体分析如下：

其一，戊生认为自己所学专业与思想政治理论课之间是"两回事情"。专业与思想政治理论课之间貌似没有联系，但实质上是有联系的，因为每个学生都需要思考这样的问题：学习专业的目的是什么？怎样才能学好专业？这些问题便内含着每个学生的人生理想和信念，以及世界观、人生观和价值观，这些问题正是思想政治理论课所要学习的内容。

其二，戊生认为思想政治理论课的教材是"一本厚厚的书"，"范围太大"，自己又不是学政治专业的，"没法背下来"。该生将思想政治理论课的考试复习内容理解为背教材，教材是用来帮助大学生理解问题和思考问题的，而不是用来背的。试想：该生平时认真阅读教材及其相关的参考文献，课堂上认真听老师讲解教材中的理论，掌握教材中的重要思想并对这些思想有自己的思考，期末考试复习期间还会有教材"厚"，"范围太大"的感受吗？该生之所以在期末复习期间，感到教材是"一本厚厚的书"，"范围太大"，"没法背下来"，是因为平时在学习上的投入不足所致。

其三，该生认为思想政治理论课老师在课堂上所讲授的内容与考试的内容"不是一样的东西"（专业与思想政治理论课之间的关系前面已分析过，此处不再赘述）。在思想政治理论课上，教师授课的内容貌似与教材"不是一样的东西"，这是一种误解。事实上，教师在课堂上传授给学生的内容，是教师在深刻研读教材和其他专业文献的基础上，将理论与现实相结合，独立思考的结晶。授课内容与教材不同，只是表象，二者在本质内涵上是一致的，只有认真学习的学生才能理解其中的内在联系。试想，教师在课堂上照着书本讲，那不是讲课，而是照本宣科。

上述可见，一些学生平时上课未必认真听课。期末考试复习时，划重点，突击背，考试就能通过。需要思考的问题是：思想政治理论课如何采用过程式、个性化的考核方式，作为评定学生的学习水平？

(三)2017 年 11 月思想政治理论课的状况及分析

2017 年 10 月 18—24 日中国共产党第十九次代表大会在北京胜利召开[①]，本次大会承担着谋划决胜全面建成小康社会、深入推进社会主义现代化建设的重大任务，事关党和国家事业继往开来，事关中国特色社会主义前途命运，事关最广大人民根本利益。因此这次大会具有极为重大的历史意义。在这一重要历史背景下，调查高校思想政治理论课状况，有其特殊的意义。因为多年来，党中央一直十分重视高校思想政治理论课的建设，2005 年教育部制定了关于高校思想政治理论课的"05 方案"，特别是 2016 年 12 月 7 日至 8 日，党中央召开全国高校思想政治工作会议，习近平总书记出席会议并发表了"把思想政治工作贯穿教育教学全过程 开创我国高等教育事业发展新局面"的重要讲话。此后，教育部党组迅速组织学习和贯彻落实全国高校思想政治工作会议和文件精神。2017 年 11 月，中共中央、国务院印发《关于加强和改进新形势下高校思想政治工作的意见》中发〔2016〕31 号。教育部出台了一系列文件，组织了一系列活动，具体如下：

教育部颁布系列文件：

2017 年 5 月，制定了《2017 年高校思想政治理论课教学质量年专项工作总体方案》，将 2017 年定为"高校思想政治理论课教学质量年"。

2017 年 6 月 20 日，教育部办公厅关于开展高校学生思想政治理论课学

---

① 中国共产党第十九次全国代表大会(简称党的十九大)于 2017 年 10 月 18 日至 10 月 24 日在北京召开。习近平代表第十八届中央委员会向大会作了题为《决胜全面建成小康社会夺取新时代中国特色社会主义伟大胜利》的报告。大会通过了关于《中国共产党章程(修正案)》的决议，习近平新时代中国特色社会主义思想写入党章。这次大会的主题是：不忘初心，牢记使命，高举中国特色社会主义伟大旗帜，决胜全面建成小康社会，夺取新时代中国特色社会主义伟大胜利，为实现中华民族伟大复兴的中国梦不懈奋斗。党的十九大，是在全面建成小康社会决胜阶段、中国特色社会主义发展关键时期召开的一次十分重要的大会。

习成果展示系列主题活动的通知。

2017 年 7 月 5 日，教育部办公厅关于高校组织思想政治理论课主题学习实践活动的通知。

2017 年 7 月 26 日，教育部发布了"教育部高等学校思想政治理论课教学指导委员会关于开展 2017 年全国高校思想政治理论课教学展示活动的通知"。

2018 年 4 月，教育部关于印发《新时代高校思想政治理论课教学工作基本要求》。

2018 年 4 月 25 日，教育部办公厅印发通知实施高校思想政治理论课教师队伍建设专项工作。

教育部组织的系列活动：

2017 年 9 月 27 日，教育部高等学校思想政治理论课教学指导委员会关于举办"马克思主义基本原理概论"课教指委 2017 年会暨现场教学展示活动。

2017 年 10 月 9 日，教育部高等学校思想政治理论课教学指导委员会关于举办 2017 年全国高校"思想道德修养与法律基础"课现场教学展示活动。

2017 年 10 月 12 日，教育部高等学校思想政治理论课教学指导委员会关于举办 2017 年全国高校"中国近现代史纲要"课现场教学展示活动的通知。

2017 年 10 月 16 日，教育部高等学校思想政治理论课教学指导委员会关于举办 2017 年全国高校"毛泽东思想和中国特色社会主义理论体系概论"课现场教学展示活动。

2017 年 10 月 19 日，教育部高等学校思想政治理论课教学指导委员会关于举办 2017 年全国高校研究生思想政治理论课现场教学展示活动的通知。

在党中央、国务院高度重视高校思想政治理论课的大背景下，高校思想政治理论课建设得如何？2017 年高校思想政治理论课状况与 2012 年相比是否有变化? 在什么地方发生变化了? 大学生对思想政治理论课的反映如何? 带着这些问题本研究于 2017 年 11 月对天津 12 所大学的 19 名本科生和硕士生以立意抽样并结合偶遇抽样与配额抽样进行了访谈①调查（见表9-4）。具体情况如下:

表9-4 2017年11月大学生思想政治状况调查抽样表

大一		大二		大三		大四		研究生		总数
人数	2	人数	3	人数	4	人数	6	人数	4	19
男生	0	男生	1	男生	2	男生	1	男生	1	
女生	2	女生	2	女生	2	女生	5	女生	3	
部属学校	1	部属学校	1	部属学校	1	部属学校	1	部属学校	0	
天津籍贯	1	天津籍贯	1	天津籍贯	2	天津籍贯	2	天津籍贯	0	
天津外籍贯	1	天津外籍贯	2	天津外籍贯	2	天津外籍贯	4	天津外籍贯	4	
理工学科	1	理工学科	2	理工学科	1	理工学科	3	理工学科	2	
医学学科	1	医学学科	0	医学学科	0	医学学科	0	医学学科	0	
人文社科	0	人文社科	1	人文社科	3	人文社科	2	人文社科	2	

1. 大学生对思想政治理论课的看法

甲生说:"喜欢（思政课），因为在这些课上，我能更好地了解中国的变化和发展。"②

乙生说:"（思政课）重要，可以提高我们的思想素质吧。即便看不见（共产主义社会），我也愿意为这个目标努力奋斗，造福子孙后代。"③

丙生说:"挺喜欢的，因为我感觉这些课都很有用，尤其是毛概（指"毛泽东思想和中国特色社会主义理论体系概论"课）和马克思主义（指'马克思主

---

① 访谈员由经过质性研究课程学习过并有过访谈经历的天津师范大学 2016 级思想政治教育专业的 15 位硕士生和 4 名优秀的本科生承担，他们到天津市 12 所高校，以立意抽样并结合偶遇抽样与配额抽样的方式选择了 19 位调查对象，进行结构式访谈调查。调查的主要维度是获悉党的十九大胜利召开的渠道；对党的十九大召开最深刻的印象；理解党的十九大报告的主要内容情况；党的十九大精神对自己或周围同学的影响；对入党的认识；对思想政治理论课的认识。调查员和调查选样情况，请参见第八章第一节、采用质性研究方式对大学生思想政治调查的分析。

② 引自访谈资料:5-17-16,第 4 页。

③ 引自访谈资料:9-17-16,第 5 页。

义基本原理概论'课）。因为以前我对这个不了解，我是理科生，现在基本上对基本的东西很了解啦，然后入党也总是接触这些东西，就更能理解了。"①

有同类观点的学生说："我挺喜欢马原的（指'马克思主义基本原理概论'课），这个课还挺有意思的，因为它里面有剖析西方资本主义制度，还有一些历史的那些，就是好多原理，什么实践是检验真理的唯一标准，我觉得这些话，还是好多是值得思考的。"②"还有那主观的思想，世界观、方法论，这个我就觉得比较有意思。"③

丁生说："比较喜欢中国近代史纲要，一直很喜欢读中国近现代的历史，我觉得那不仅仅是侵略史，更是中华民族先辈们不屈的抗争史。读史可以正衣冠，虽然可能用在这里不是很贴切，但是确实能够不断地警醒我们，要发愤图强，要珍惜前辈们用鲜血筑就的当下的美好社会，更要不断地让自己进步，成为能够为社会做贡献的人。实现自身的价值，我将来要当一名老师，在教育的第一线做更多力所能及的事。"④

戊生说："（我对思政课）很感兴趣啊，我的分数差不多是最高的那一个。我坐的是第一排，很认真听课。"⑤"（思政课）有用的，怎么说没有（用）呢？但是你不能是口上说啊，你得做啊。思修（指思想道德修养与法律基础课）是一个道德的问题。我就举一个具体的例子，（有的同学）饭卡丢了，有人就捡去拿去刷光了，这种道德是很差的。但是有的人就不一样，捡到了就可能找到主人。那这个事件就可以体现了（道德）嘛，上这个课你说没用？你这个（没用的）思想还有待改进呢，那你得上啊。"⑥

综上学生的观点：一是甲生对思想政治理论课的评价是"喜欢"，喜欢的

---

① 引自访谈资料：15–17–16，第 4 页。

② 引自访谈资料：11–17–16，第 4 页。

③ 引自访谈资料：9–17–16，第 5 页。

④ 引自访谈资料：16–17–16，第 6 页。

⑤⑥ 引自访谈资料：10–17–16，第 7 页。

理由是"更好地了解中国的变化和发展"。二是乙生认为思想政治理论课"重要"，理由是"可以提高我们的思想素质"。三是丙生对思想政治理论课"挺喜欢的"，"有用"。丙生所说的"有用"是指他认真学习思政课并了解了思政课的内容后感觉有用，含有对自己的成长有用之意。有同类观点的学生认为思政课"还是好多是值得思考的"内容，说明这些学生确实从思政课中得到收获了。四是丁生"比较喜欢中国近代史纲要"，以史为鉴，立志将来当老师，"成为能够为社会做贡献的人，实现自身的价值"。五是戊生对思政课"很感兴趣"，是"很认真听课"的学生。戊生分析同学在思政课上很少发言时说，因为"反正又不会挂科，这是很现实的(问题)。"她认为："现在的学习有问题。有的学生，包括自己在内，(上)一些课是为了拿分数而努力的，而不是为了提升自己而努力的。"①

戊生上述讨论了以下问题：首先，思政课是很重要的，如学生不仅在"思想道德修养与法律基础"课上学习有关道德的知识，还要理论联系实际，知行合一，并且按照道德去行为更重要。其次，学生在思政课上发言不积极的问题。其实学生在思政课上不发言本身就说明了问题，即学生没什么可说的，因为他们没有自觉地认真学习思政课的内容，头脑里没有思政课内容储备，因此在课堂上无法回答问题。戊生所在学校的图书馆有一个"红色书"专区，戊生经常阅读这里的书，她在课堂上经常发言，因为她刻苦读书了。他们说：全校开设思政课"是非常有必要的。在思政课上(可以)努力提升自己，是有用的。比如：国外拍的那些电影，虽然电影拍得很好看，我也看，但是它们无时无刻都在渗透着(西方的)思想，这我都能感觉到。"②戊生以其亲身的经历说明，思想政治理论课有助于大学生树立正确的世界观、人生观和价值观，有助于辨别错误思想和是非观念，有助于抵抗西方思想的侵袭。再次，该生坚定地信任中国共产党，这与她认真学习思想政治理论课的相关理论有

---

① ②　引自访谈资料：10-17-16，第8页。

着内在的逻辑关系，在面对西方思潮时，她说："我不用怕它们的，我们中国共产党（是）干什么，有一个指导（指马克思主义指导思想），我就跟着（党）干就行了，虽然我不是党员，跟着（党）干就行了。"①最后，戊生提出一个重要的问题：一些大学生的学习目的，不是为了提升自己，而是为了拿学分。值得教育者深思的是，大学生在学习上的功利主义思想，会使大学生目光短浅和眼界狭窄。

综上所述，与2012年调查大学生对思想政治理论课的看法相比较，2017年多位大学生口述中使用了"喜欢、很喜欢、很感兴趣、比较喜欢、挺喜欢"，这些词是出现频率最高的词。而在2012年调查中没发现一位大学生对思想政治理论课看法的口述中，用过"喜欢"二字；词语的变化说明大学生对思想政治理论课的认同度明显提高，其背后是影响思想政治理论课的因素，发生了巨大变化。从中央到社会，从高校到师生无不形成了一个共识，即将思想政治理论课恢复到其应有的重要地位，这一共识如同巨大的洪流，冲灌到高校的各项工作之中，渗透到师生的思想之中。

2. 思想政治理论课的课堂状况

第一，思想政治理论课上学生人数和考勤。

甲生说："我们两个班在一块上，90（人）差不多。"②

乙生是大学三年级学生，他在回忆思想政治理论课时说："在最大的阶梯教室，可大了。阶梯教室的前两排20人左右。"③

丙生说："出勤率都还可以，因为这个课经常点名。早退的好像没有，但是有迟到的，替课的话应该没有吧。"④

丁生说："有时有的同学不来，老师感觉人比较少，就会点名。每次我都

---

① 引自访谈资料：10–17–16，第8~9页。

② 引自访谈资料：6–17–16，第4页。

③ 引自访谈资料：9–17–16，第4页。

④ 引自访谈资料：15–17–16，第4页。

会去(上课)"①。老师"不怎么点名,要点名"②会告知学生。"偶尔会点名,但不会提问。"③

戊生说:学生考勤采用"微信定位,定位到教室,然后点名。就是(学生)打开微信,有一个叫课堂派的小程序,打开以后,老师就会安排学委点名。然后,你打开 GPS 定位,然后就会定位你在哪个教室,哪号楼。如果你没在这号楼这个教室里面,你就算缺勤。(考勤)跟成绩挂钩啊。"④

上述可见,有的思想政治理论课堂人数在九十人左右,有个别班还是大班上课。

第二,大学生在思想政治理论课堂上的表现

甲生说:同学们都在"听他(指老师)讲课和看 PPT。(认真听课的同学)挺多的,前几排(座位)都是满的。"⑤课堂上"(少数同学)有写高数作业的,写化学的,好像玩手机的也有那么几个。"⑥

乙生说:"同学们有的听课,有的可能就会玩手机什么的。老师也会管的,但是大多数情况下老师还是会自己讲课的。"⑦

丙生说:"(思政课上)有听课的,极少数玩手机。认真听课大概 80% 吧。"⑧。"(我)一般会听,偶尔有事忙自己的事。"⑨同类观点的学生说:"听课的比较多。看书,写东西,聊天,还有一些在玩,不多吧。"⑩

丁生是大学四年级学生,他们在回忆三四年前(2013—2014 年)的思想政治理论课堂时说:"(认真听课的同学)可能有一半儿吧。(其他同学)玩手

---

① ⑦ 引自访谈资料:4-17-16,第 3 页。

② 引自访谈资料:8-17-14,第 3 页。

③ ⑨ 引自访谈资料:11-17-16,第 4 页。

④ 引自访谈资料:9-17-16,第 5 页。

⑤ ⑥ 引自访谈资料:1-17-16,第 5 页。

⑧ 引自访谈资料:5-17-16,第 3 页。

⑩ 引自访谈资料:16-17-16,第 6 页。

机、睡觉、打游戏。"①

　　戊生是大学三年级学生,他们在回忆两年前(2014—2015 年)的思想政治理论课堂时说:"还好,可能听到我感兴趣的部分,我就认真听听。有时候自己看看其他科的书,有时候就玩会(儿)手机。然后碰到感兴趣的那个部分,就听听。"②

　　"(课堂上)迟到早退有的。"③"有不来的,有的睡觉、玩手机,听(课)的、也有做笔记的,反正什么样都有。嗯,(一直听课的)可能(有)十几个? 二十个? 最多我觉得三分之一吧,不是很多。"④"因为可能不知道什么时候就走神了,或者就困了,玩手机啊。从头听到尾很认真的,我觉得没有多少,可能听了一大部分,另一(小)部分就走神了,然后大家还是可能不太听得懂(哲学课)。"⑤

　　戊生叙述了在"马克思主义基本原理概论"课堂上,同学们为什么会走神原因:"很多时候想听,但是有些老师讲哲学的时候,老师就给你放一张PPT,然后他就给你大概陈述一下上面的东西,你就会很困惑,而且当时又没有那个时间(提问题),不好意思打断老师去问他为什么,等他说下课之后,你再想你也想不明白,因为他和高中的课程还不太一样,他直接上了一个层次,就到大学时候我们再听(哲学),很多问题就觉得怎么是这样的? 就想不明白,就还挺不好理解的。所以慢慢地就容易没有兴趣了。"

　　可见,戊生解释了为什么大学生在"马克思主义基本原理概论"课上会走神,其原因并不是学生不想认真听课,而是听不懂老师的授课内容。

　　己生是大学四年级学生,他们回忆三年前(约 2014 年)的思想政治理论课堂时说:"大家都不怎么听。(因为)高中时候就不学政治了,高考就不考政

---

① 引自访谈资料:15-17-16,第 4 页。
② 引自访谈资料:6-17-16,第 4 页。
③ 引自访谈资料:8-17-14,第 3 页。
④ 引自访谈资料:6-17-16,第 4 页。
⑤ 引自访谈资料:6-17-16,第 5 页。

治了,那延续下来,到大学对政治也不敏感,感觉文科生还比较懂政治一点,我们理科生就不太行。"①

"我觉得这种(思政)课大家不听,是大家(学生)的问题,老师讲得也还行。不过我觉得和教室的布局也有很大关系,我们上课都是在一个超级大的教室,老师一个人根本顾不过来。我觉得(学生不听课)很不可避免,你坐在后面,要看老师,还要越过这么多同学,注意力是一定会被分散的。"②

"刚开始就感觉就是背、背、背,然后考试就过了。有的时候老师会播放一些视频,近现代史的一些纪实片啊,就觉得还挺有兴趣的,反过来再看书本,就感觉好累啊!"③"我觉得很大程度上也有我自己的原因,开始就没好好学。还有一个很大的原因就在于学长学姐会给学弟学妹传递一种想法:这种课背就好了。"④

己生所述有以下五方面:一是己生高中时没有上过政治课,到大学后,自认为作为理科生对政治"不敏感",思政课学得"就不太行(好)";二是因思政课教室过大,影响学生听课的注意力;三是喜欢老师在课堂上放视频的教学方式;四是读教材好累,"累"表明读教材对己生是一件很辛苦的事情;五是学长传递有误的信息:思政课的学习方法是"背"。

综上所述,一是思想政治理论课堂人数九十人左右,有的课堂还是大班上课。在 2017 年教育部还未颁布思想政治理论课中班上课标准的情况下,有的班已经做到中班上课了,达到了 2018 年 4 月教育部颁布的《新时代高校思想政治理论课教学工作基本要求》中,要求中班上课的标准⑤。

二是教师不再采用点名控制课堂出勤率,有时不点名,有的采用网络微信定位方式,作为考勤的依据。

---

① ③ 引自访谈资料:13—17—14,第 4 页。

② ④ 引自访谈资料:13—17—14,第 6 页。

⑤ 中华人民共和国教育部网站:"教育部关于印发《新时代高校思想政治理论课教学工作基本要求》的通知",2018 年 4 月 12 日。

三是特别突出的,2017 年大学生在谈到思想政治理论课堂时,出现频率最高的词是"听课",认真听课的学生"挺多的",在有的思政课堂上认真听课的学生占到 80%;课堂上玩手机的学生"有那么几个",在有的课堂上,学生"极少数玩手机"。2013—2014 年,在有的思想政治理论课堂上认真听课的学生月占到 50%;2014—2015 年,在有的思想政治理论课堂上,认真听课的学生占到三分之一。因此在思想政治理论课堂上,2017 年大学生认真听课率比2012 年以来的认真听课率,都有明显提高,课堂上"各行其是"的学生明显减少,说明 2017 年思想政治理论课对大学生有较强的吸引力,2017 年大学生在思想政治理论课堂上,有较高的积极性,这是几年前没有出现的现象。

四是 2017 年以前(2014—2015 年)的思政课,戊生和己生的叙述,反映了几个问题:其一,大学生在"马克思主义基本原理概论"课堂上走神,不是不愿意听课,走神的原因,是听不懂教师授课的内容,"很困惑",慢慢就对该课"没兴趣了";其二,理工科学生高中没学过政治课,对政治"不敏感";其三,教室过大影响听课效果(此问题已基本解决);其四,学习教材比较辛苦,实质上,大学生是对教材中的理论表述接受困难;其五,学长传递有误的信息:思政课的学习方法是"背"。

3. 大学生对思想政治理论课教师的授课方式的看法

第一,大学生对思想政治理论课教师的授课方式比较感兴趣。

甲生在谈到"思想道德修养与法律基础"课时说:"挺喜欢的,因为(老师)会给我们看一些中国梦之类的记录片,《恰同学少年》这类电视剧呀,给我们看一些相关的影视资料,就比较有意思;我们思修老师还是很有精力,可以讲很多很多相关的事迹出来的;他每次都要写四个黑板的板书,他经常会在黑板上贴一个地图给我们讲;上课的小组活动也比较多";[1]"而且老师给我们布置的一些调研作业,也比较贴近实际,像什么我为扶贫献计策这种

---

① 引自访谈资料:1—17—16,第 5~6 页。

类型"①。"我觉得现在(老师讲课)的方式就挺棒的了,主要是一些影视资料看得挺爽的。"②

"放视频时候,大家都看得挺认真的,还有图片,都比直接听老师讲要专注。比如说'不忘初心''永远在路上',就这种(视频对我们)有触动,其实,对我们来讲是更直观的。就作为一个大学生,可能我们对很多事的判断也不是很全面,所以还觉得看视频能了解到更多一点。"③

"我觉得老师如果不按照 PPT 念都挺好的,在课件上多放些图片,还有视频啊,用社会上热门的新闻让同学们在班上展开讨论,这样比较好。"④

"微课啊、慕课的啊,学生下课的时候也可以看,然后通过微信、微博和老师互动;建个群什么的,然后我们发一点资源,自己看看感兴趣的部分。"⑤

"(老师)就课本上的知识,基本点一点,然后就从一个地方扯到很多东西,比如这个名人说过哪些话,就是验证这个话,然后原来有人怎么做,我们现在应该怎么做。包括他的一些学生,咨询他一些什么跟这方面有关的问题,他也会分享给我们。"⑥

乙生说:"就是比较喜欢课堂气氛比较活跃的,因为这些课的内容,可能本身对我们的吸引力就不是很大,老师讲课语言比较风趣幽默一点的教学方式,应该比较能激发我们的学习兴趣吧。"⑦有同类观点的学生说:喜欢"生动活泼一点的、课堂氛围活跃一点的、(老师)还比较幽默的(课)"⑧

"近代史老师还不错,上课的时候会给我们讲很多历史故事,有时候还会组织大家看看纪录片什么的,这种趣味性强一点的,我们就会比较感兴趣

---

① 引自访谈资料:1-17-16,第 5 页。该生是化学专业的学生。
② 引自访谈资料:1-17-16,第 6 页。
③⑤ 引自访谈资料:6-17-16,第 6 页。
④ 引自访谈资料:8-17-14,第 3 页。
⑥ 引自访谈资料:1-17-16,第 5 页。
⑦ 引自访谈资料:3-17-16,第 1~2 页。
⑧ 引自访谈资料:6-17-16,第 5 页。

一点儿了。"①

丙生说:"老师讲的也比较有意思,而且老师也喜欢讲野史,特别好玩儿。主要我还是喜欢有故事的历史,比如近代史,你套着故事来讲这些事儿,我就觉得还是挺好玩的"②

丁生说:"(思政课老师讲得)好!老师讲课很生动,吸引人,说的话题(指时事政治话题)能引发学生的兴趣。"③"喜欢(老师)与学生有良好互动的方式,因为在讲课的同时,老师会分享一些自己的理解、感受给学生,每节课老师都会和我们聊聊时事政治热点。在实践中,说明课程的知识点,深入浅出,让我们能理解为什么会有这样的政策出台。"④"思修(指"思想道德修养与法律基础"课)课中什么加强思想道德修养和法制观念时,老师也结合实际讲,挺好的。"⑤

戊生说:"老师讲课也会结合实际情况,就会放一些相关视频之类的,中国学生的爱国情怀都很高涨的,所以也关注港台问题呀,和西方的一些对比啥的,都挺感兴趣的。"⑥

戊生希望老师在思政课上,"不能照本宣科,不能照着 PPT 讲;然后要结合实际,结合当下的各方面的新闻;可以多设置一些讨论的环节;放一些相关视频,给大家话题,让大家思考,多讨论吧;(训练学生的)发散思维。"⑦有同类观点的学生说:"个人比较喜欢听老师举例子,讲一些历史上发生的小故事。另外也可以加入一些学生讨论,增加学生的参与程度。"⑧

己生说:"讲得还行吧。能跟自己生活实际联系的就会听的多一些。老师

---

① 引自访谈资料:3–17–16,第 1~2 页。

② 引自访谈资料:9–17–16,第 5 页。

③④ 引自访谈资料:5–17–16,第 4 页。

⑤ 引自访谈资料:8–17–16,第 3 页。

⑥ 引自访谈资料:15–17–16,第 4 页。

⑦ 引自访谈资料:15–17–16,第 4~5 页。

⑧ 引自访谈资料:16–17–16,第 7 页。

如果讲的特别有激情时,也特别能吸引同学们的注意力。"①

庚生"挺喜欢老师这种划重点的"②。

辛生说:"有(一次讲)到平津战役时,他没有放电影,而是带着不到十个同学去平津战役纪念馆参观,我也去了。"③

第三,大学生对思想政治理论课教师的授课方式不十分感兴趣。

甲生说:"还行吧,没有什么感觉。我本来就是一个理科生,对文科这些的兴趣不是特别浓厚。感觉没有什么用,就是老师的官话、套话比较多。我们上思修课的时候,我就记得老师总是要求我们该怎么做一个思想素质高的大学生,但是具体的问题就比较虚了。就是说要让我们有丰富的课外生活,同时还要让我们有专心钻研学术的精神。感觉大家都很机械地在说吧,没有什么具体的吧"④。

"教思修的老师一直在讲他们自己的,不太爱搭理我们在干什么。马原的那个老师说话,我们听不太懂,再加上感觉内容和高中学的,差距不大,可能就没什么兴趣听了吧。"⑤

乙生说:"还可以吧。不过我感觉比较枯燥,就是感觉没意思吧"⑥。有同类观点的学生说:"感觉就像哲学那种,不知道他讲什么,挺枯燥的,就听不进去了。"⑦

丙生说:"老师还是要有点幽默,不能一直让人感觉很严肃;老师不应该只讲课本吧,有的老师就只讲课本上的东西,大家都不爱听;应该讲点有意思的,要结合时政。"⑧

---

① 引自访谈资料:18–17–16,第3页。

② 引自访谈资料:8–17–16,第3页。

③ 引自访谈资料:10–17–16,第10页。

④⑤ 引自访谈资料:3–17–16,第1~2页。

⑥ 引自访谈资料:4–17–16,第2页。

⑦ 引自访谈资料:6–17–16,第4页。

⑧ 引自访谈资料:4–17–16,第3页。

丁生说："挺讨厌一节课从头一个半小时，一直照着那个 PPT 的文稿念。就特别受不了这样的老师，这个同学们（的感受）都差不多，我感觉。"①

戊生说："大家感觉对政治课都没多大的兴趣了，好多都是之前学过的。老师讲课，说实话，还是比较古板，不能很好地引起大家的学习劲头，还是需要改进的。"②因为"对于纯理科生来说，这些理论的东西有些枯燥和难以理解，过于枯燥，大家就不愿意听。"③

"大多数政治老师的上课方式，不太喜欢。可能是因为理科生的原因，那些理论知识大多数我们自己都能从书里面找到，老师讲的也基本就是书上写的那些东西，比较枯燥。"④

可见思想政治理论课中，不同课程的老师，其讲课的方式有所不同，这些差异既与老师个人的教学风格有关，也与课程的特点有关，如"马克思主义基本原理概论"课的内容深奥、思辨，学生难懂，又貌似与中学的哲学课有雷同之处，使学生难以产生兴趣。

综上所述，大学生喜欢的思想政治理论课的理由如下：

一是，老师通过视频讲解课程内容，配以地图等图片，讲解与课程内容相关的事实；结合"故事历史"和社会热点问题授课；伴有丰富的板书，有的老师"每次都要写四个黑板的板书"；分小组课堂讨论；训练学生的发散思维。

二是，大学生喜欢"老师讲课语言比较风趣、幽默""趣味性强""有激情"。

三是，妥善处理好授课与教材的关系。正如学生所说："课本上的知识，基本点一点"。

四是，大学生喜欢老师分享自己对时政的"理解、感受"，以及分享教师辅导其他同学解决问题的经验。

五是，教师授课时，理论联系实际，打通学生思考理论与实践联系的思

---

① 引自访谈资料：6-17-16，第 6 页。

②③ 引自访谈资料：16-17-16，第 6 页。

④ 引自访谈资料：16-17-16，第 7 页。

维通道,正如学生所说:"课程的知识点,深入浅出,让我们能理解为什么会有这样的政策出台"。

六是,联系实际布置作业,如扶贫类的调研作业,鼓励大学生为扶贫献计献策,实地参观革命纪念馆等。

七是,采用"微课、慕课"和"微信、微博"等形式,便于教师与学生互动。

大学生不喜欢的思想政治理论课的理由如下:

一是,在思想政治理论课堂上,教师自说自话,缺少与学生的互动。

二是,不喜欢老师讲课时用"官话、套话",或者照本宣科,或者"照着 PPT的文稿念",而应贴近学生的具体实际问题讲课。

三是,学生听不懂教师的讲课内容,如"哲学(指"马克思主义基本原理概论"课)挺枯燥的,就听不进去了","难以理解"。

四是,大学生感觉思想政治理论课有重复性,貌似其内容与高中时学过的内容相似。

4. 大学生对思想政治理论课教师的评价

甲生说:"(思政课教师)非常的认真,如果没有下课铃的限制的话,他可以讲很久很久,每次铃都已经打了,中间还多上了 10 分钟,然后他又要讲 10分钟,才让我们走,因为他说不完。"[1]

乙生说:"老师们态度都是很认真的。"[2]"我感觉(老师)很好的,感觉老师上课很认真负责。"[3]老师"好,态度认真。"[4]

丙生说:"(老师讲课)挺好的。讲近代史的老师比较有意思,会给我们讲一些故事。感觉比较好。"[5]

---

[1] 引自访谈资料:1–17–16,第 5 页。

[2] 引自访谈资料:3–17–16,第 1~2 页。

[3] 引自访谈资料:8–17–16,第 3 页。

[4] 引自访谈资料:5–17–16,第 4 页。

[5] 引自访谈资料:4–17–16,第 2 页。

丁生说："我觉得我们每个老师都挺认真的,都挺尽职尽责的,讲的都还可以,讲课态度啊,仪表仪态啊都还可以。"①

戊生说："老师们挺好的。态度也是挺认真的。大多数(老师)都是脱稿(讲课),备课也还是挺认真的吧。PPT 也做得挺好的。"②

己生说："(老师给)我的印象很深,很好。"③

庚生说："觉得老师都很负责,因为他们都是马克思主义学院的专业老师,而且对这个都很了解。"④

辛说："老师们都很认真地在讲课,虽然大家很多不听,但老师的态度很好,这个是不能否认的,老师们都很敬业的。"⑤

大学生对思想政治理论课教师的专业水平、知识水平、教态、教法、表达能力、人际互动能力,已经具备一定的鉴别能力,他们对老师的评价有一定的说服力。学生在对思想政治理论课教师的教学评价中,出现的众词是"非常的认真""很认真的""很认真负责","印象很深,很好""很敬业""挺好的","挺认真、负责",说明部分教师对待思想政治理论课教学的态度十分认真、十分敬业。

5. 思想政治理论课的考核

甲生说：思想政治理论课的考核由几部分组成:"40%是闭卷考试,30%是平常的作业,剩下的 30%是出勤和课堂表现。他(老师)说他不给我们划重点的,让我们不要偷懒,要好好听课。"⑥

乙生说："希望考试方式多元化一点,不要以单一的传统的纸质版考试为主。纸质版考试的话,就只会让我们在考前突击一下,但考试完很快就会

---

① 引自访谈资料:6–17–16,第 6 页。

② 引自访谈资料:9–17–16,第 5 页。

③ 引自访谈资料:10–17–16,第 10 页。

④ 引自访谈资料:15–17–16,第 4 页。

⑤ 引自访谈资料:16–17–16,第 7 页。

⑥ 引自访谈资料:1–17–16,第 6 页。

忘记了,所以觉得这种考试方式没有多大意义,比较形式化。"①

丙生说:"(喜欢考试的形式是)口述(老师与学生互动式口述)。这样能更好、更清楚地说出我们自己内心的想法,畅所欲言,然后老师再为我们点评,大家共同交流,气氛自由也平等,我比较喜欢。"②

丁生说:"我觉得答(闭卷)卷子(需要)背,是最没意思的。可以出一点新的(考核形式),比如说针对目前社会上的一个时政热点或者大家都关注的一个社会现象,从政治理论角度,或者自己关于这个问题、现象的一个理解,然后(老师)客观地给一个分数,比直接出一张卷子,(让)所有人背要好。因为毕竟我们以后去工作也好,去干什么也好,还是自己的思维比较重要,也不是说你这道题会背了就可以,你要有一个观察社会现象的态度。

因为像马原(指"马克思主义基本原理概论"课)、毛概(指"毛泽东思想和中国特色社会主义理论体系概论"课)基本上都是卷子,然后题也是固定的,可能连好几年的题都出的一样,你可以直接跟学姐学长要原题背背,原题你就答上了,就能考九十多分,但是当你现实运用的时候,也没什么用。我觉得还是培养我们的思维方式比较重要,胜过让我们把那张卷子背好。"③

戊生说:"喜欢写论文,写论文是课后写,时间充足,要是考试,总有一种紧张感,开卷还好一些,要是闭卷还得背,太麻烦,这个就不喜欢了。"④

己生说:"最好的方式就是安排你去写一个文章或者写一个观点,这个是你对这个学科的理解,你如果就是安排选择题、填空题的考试,当然这是对于学生知识掌握最好的方式,但是却达不到课堂讲课的意义。因为你选择题填空题就跟背课本没有区别,但是你写文章就可以说你自己的理解,自己的思想。"⑤有同类观点的学生说:"论文形式吧,这样的方式比较开放,可以

---

① 引自访谈资料:3–17–16,第3~4页。
② 引自访谈资料:5–17–16,第4页。
③ 引自访谈资料:6–17–16,第7~8页。
④ 引自访谈资料:8–17–16,第3页。
⑤ 引自访谈资料:9–17–16,第5~6页。

让学生充分发挥自身的思维，表达自己的观点，报告自己的学习成果。"①

己生说："不喜欢（开卷考试），因为（开卷）就是大家去抄呗。应该80%是课堂和其他表现，20%是试卷成绩。"②

上述说明，大学生们有关思想政治理论课考核的想法和要求，一是期末闭卷考试的试卷，是几年"一贯制"，没有变化，学生容易得到考题的内容。学生通过背题，可以获得好成绩，但对于学生的成长，意义有限。二是大学生们已经看到了思想政治理论课的价值，关注自己观察社会现象的立场和态度问题，关注提高自己的思维能力的问题，这是以往大学生所没有的想法。这不仅反映出大学生对思想政治理论课的需求，而且反映出大学生对大学的要求所在，即大学生要求大学教育要满足提高自己的能力的需要和综合素质的需要，他们对于自己成长的需求有更加清晰的认识。三是根据大学生对考核多样化的需求，说明大学生有表达思想的欲望，特别是努力学习的学生，更希望写论文作为考核形式，希望老师能了解自己的观点并得到老师的指导，而不是默背教材的内容，再还给老师。思想政治理论课的改革就要从供给侧角度出发，满足学生的需求，提高教师的教学水平。

（三）2017年与2012年思想政治理论课状况比较及其问题的原因分析

1. 2017年与2012年大学生思想政治理论课状况比较

（1）2017年与2012年大学生对思想政治理论课的看法比较。

第一，2017年与2012年大学生对思想政治理论课的看法比较分析，具体如下：

2012年有的大学生对思想政治理论课表达看法时，一是大学生用了"还好"一词，"还好"与"很好""很喜欢"相比，前者逊色于后者；二是有的大学生生认为思想政治理论课"还是分人吧"，意为不同的学生对待思想政治理论

---

① 引自访谈资料：16-17-16，第7页。

② 引自访谈资料：10-17-16，第10页。

课，其理解和兴趣是不同的。三是大学生对思想政治理论课看法的表述不多，语气平淡。

2017 年有的大学生对思想政治理论课表达看法时，一是 2012 年在调查中没发现一位大学生对思想政治理论课看法的表述中，用过"喜欢"一词；2017 年多位大学生表述对思想政治理论课的看法时，出现频率最高的词是一些"喜欢、很喜欢、很感兴趣、比较喜欢、挺喜欢"的词，并且语气高昂；二是大学生在表达"喜欢、很喜欢、很感兴趣、比较喜欢、挺喜欢"这些词时，其本身就伴随着喜悦的心态，其特征是表达积极性高，表述内容多。

2017 年大学生对思想政治理论课看法的词语变化说明，大学生对思想政治理论课的认同度明显提高，其背后是影响思想政治理论课的因素，发生了巨大变化，即从中央到社会高校师生无不形成了一个共识，即将思想政治理论课恢复到其应有的重要地位，这一共识如同巨大的洪流，冲遍高校的各项工作之中，流淌到师生的思想之中。

第二，2017 年与 2012 年思想政治理论课堂人数与考勤状况比较，具体如下：

一是在思想政治理论课堂上，2017 年有的课堂人数九十人左右，有的课堂还是大班上课。在 2017 年教育部还未颁布思想政治理论课中班上课标准的情况下，有的班已经做到中班上课了，达到了 2018 年 4 月教育部颁布的《新时代高校思想政治理论课教学工作基本要求》中，要求中班上课的标准[1]。2012 年有的课堂人数在三四百人[2]，有的课堂人数约一百五十人[3]，有的课堂有三个学院的学生一起上课[4]。2017 年中班人数的课堂为提高思想政治理论课的

---

[1] 参见中华人民共和国教育部网站："教育部关于印发《新时代高校思想政治理论课教学工作基本要求》的通知"，2018 年 4 月 12 日。

[2] 引自访谈资料：12-12-25，第 7 页。

[3] 引自访谈资料：12-12-18，第 3 页。

[4] 引自访谈资料：12-12-8，第 6 页。

实效性提供了教学环境保障。

二是2012年大学生的课堂出勤率高，课堂点名和出勤率在学生平时成绩中所占比重高是支撑思想政治理论课出勤率高的重要因素；2017年教师不再采用点名控制课堂出勤率的方式，甚至有时不点名，有的课堂采用网络微信定位方式为考勤的依据。2017年课堂出勤采用现代网络科技手段，更具高效性和精准性。

（2）2017年与2012年大学生在思想政治理论课堂上的表现比较分析

第一，2012年在思想政治理论课堂上，有的课堂"听课的人很少"[1]，多数学生各行其是，正如某生所说："老师有时上面讲，下面该干嘛干嘛"[2]，其中包括学生"读专业书、玩手机、睡觉、看武侠小说、打游戏、听音乐"等，"学生都是不抬头看老师的"[3]，"感觉大家不怎么认真听讲"[4]。甚至有的学生说自己从未认真听过思政课[5]。

第二，2017年与2012年相比较，最突出的不同在于，2017年大学生在谈到思想政治理论课堂时，出现频率最高的词是"听课"，课堂出现认真听课的学生"挺多的"，在有的思政课堂上认真听课的学生占到80%；课堂上玩手机的学生"有那么几个"，在有的课堂上，学生"极少数玩手机"。因此在思想政治理论课堂上，2017年比2012年大学生认真听课率有明显提高，课堂上"各行其是"的学生明显减少，说明2017年思想政治理论课对大学生有较强的吸引力，2017年大学生在思想政治理论课堂上有较高的积极性，这是几年前没有出现过的现象。

---

① 引自访谈资料：12-12-13，第2页。

② 引自访谈资料：12-12-25，第7页。

③ 引自访谈资料：12-12-21，第3页。

④ 引自访谈资料：18-17-16，第3页。

⑤ 引自访谈资料：12-12-15，第3页；12-12-20，第4页；12-12-21，第3页。

（3）2017 年与 2012 年思想政治理论课堂教学方式比较分析

第一，2012 年大学生喜欢老师采用的授课形式：

一是多种形式讲课，如视频、丰富的资料、讲故事；二是老师幽默风趣的授课风格；三是大学生喜欢老师根据授课内容，联系时事政治、社会热点问题、大学生的日常生活和老师自己的经历讲解相关内容；四是选择大学生感兴趣并内涵丰富的题目，进行课堂讨论；五是大学生希望老师对现实生活的典型案例进行总结概括，并将其升华成理论，这是一个从现实到理论的升华过程，学生需要老师把这一从现实到理论升华的过程告诉学生，而不是把作为理论性的结论告诉学生。

第二，2017 年，大学生喜欢老师采用的授课形式，具体如下：

一是，授课内容丰富。理论联系实际，结合与教学内容相关的事实、历史故事、社会热点问题、大学生的生活现象等授课；结合知识点和现实，讲解理论性结论或现实政策产生的过程，而不是只给予学生结论，使学生知其然，不知其所以然，正如学生所说：结合"课程的知识点，深入浅出，让我们能理解为什么会有这样的政策出台。"①

二是，授课形式多样。采用视频、板书、讨论、师生互动。

三是，教师表达方式。"老师讲课语言（要）比较风趣、幽默""趣味性强""有激情"。

四是，教学与教材的关系。教师能妥善处理授课与教材之间的关系。

五是，分享感受与经验。学生喜欢老师分享自己对时事政治的"理解、感受"，以及辅导其他同学解决问题的经验。

六是，布置作业。有的教师布置给学生的作业是联系党中央的大政方针，如扶贫。要求学生调查研究。

七是，师生互动多样。师生采用"微课、慕课"和"微信、微博"等形式互动。

---

① 引自访谈资料：5-17-16，第 4 页。

由此可见,2017年比2012年大学生喜欢老师的授课方式更丰富,使课堂教学更高效。由此引发思考以下问题:首先,是整合多样教学形式,如视频、板书、图片、生动的讲解、师生互动等形式,形成课堂教学合力,产生巨大的吸引力,从而调动大学生学习和思考问题的积极性、参与性,激发大学生的探究意识和创新思维,使大学生在思想政治理论课上的学习入脑、入心、入情,从而获得马克思主义基本理论及其发展的基本知识、党和中国现实与历史发展的知识、思想道德和法律的知识。同时,促进大学生的理想信念、世界观、人生观和价值观的确立,以及促进大学生的思维方式和思维能力的提高。其次,教师课堂授课要理论联系实际,具体是联系中国社会和国际社会的现状与历史发展的实际,联系学生生活和成长的实际,联系教师经验的实际;课后作业内容理论联系实际,使大学生在实践中深刻理解理论。再次,师生利用现代科技手段,使课上课下师生互动更加密切和便利,更加满足大学生成长的知识、情感、能力、方法的需求,使大学生有更多的获得感、幸福感。

(4)2017年与2012年大学生对思想政治理论课教师的看法比较

大学生在对思想政治理论课教师的教学评价中,2012年出现更多的词是"很好""挺敬业的""挺好的";2017年出现的众词是"非常的认真""很认真的""很认真负责""印象很深,很好""很敬业""挺好的""挺认真、负责"。2017年大学生对思想政治理论课教师的评价比2012年增加了"很""非常"这样的程度副词,这说明:一方面,思想政治理论课教师的敬业精神充分体现在教学之中,大学生从中受益;另一方面,大学生对教师的教学水平有较强的审视能力,当教学真正触动了他们的心灵,他们对老师表达出由衷的尊敬与热爱,不吝赞美之词。

调查发现,大学生们对思想政治理论课的认识和感觉不同,在思想政治理论课上的表现不同,但是无论国家重点高校,还是地方普通高校;无论理科专业的学生,还是文科专业的学生;无论是否对学习思想政治理论课感兴趣的学生,绝大多数大学生都对思想政治理论课老师的敬业精神、教态、教风、教学内容、教学方式给予了高度的赞扬,2017 年大学生给予思想政治理论课老师更高的赞扬。2012 年部分对思想政治理论课不感兴趣的大学生,甚至从不听思政课的学生,都认为不听课或不感兴趣的根源在自己,不在老师。只是少数大学生对思想政治理论课老师的教学方法有意见,说明思想政治理论课教师的教学水平良莠不齐,少数教师需要改进教学方式,提高教学水平。由此可以得出结论:思想政治理论课的教师队伍是一支有使命感、有担当、业务精湛的教师队伍。

(5)2017 年与 2012 年大学生对思想政治理论课考核的看法比较

大学生在对思想政治理论课考核的看法中,2012 年出现更多的词是"背""划重点",即便平时在课堂上不认真听课者,通过这样的办法也能考试过关。2017 年大学生对思想政治理论课考核的看法比 2012 年增加了"希望考试方式多元化"[1]"口述"[2]考核、考察分析社会现象的"思维能力""喜欢写论文",大学生只通过闭卷考核思想政治理论课的学习效果,即学生背书考核,对他们的成长意义有限,他们需要多样化的考核。

2017 年大学生对思想政治理论课考核的看法说明以下两点:一是主张通过口试、论文等形式考核的大学生,特别是认真学习的学生,有更强烈表达自己思想的欲望,希望老师能了解自己的观点并得到老师的指导,而不是默背教材的内容,再还给老师;二是大学生对课程需求与自己成长需求之间的关系,有清晰的认识。大学生们更注重通过课程提高自己观察社会现象的立场、态度和思维能力。可以说大学生对思想政治理论课的要求更高了,这是 2012 年大学生所没有的现象。

因此思想政治理论课的改革就要从供给侧角度出发,满足学生的需求,提高教师的教学水平。

---

[1] 引自访谈资料:3–17–16,第 3~4 页。

[2] 引自访谈资料:5–17–16,第 4 页。

2. 2017 年与 2012 年思想政治理论课存在问题的原因分析

2017 年与 2012 年的思想政治理论课相比较,2017 年有了显著的进步,但也存在少数大学生不能专心听课,听不懂课程内容,少数教师教学照本宣科,缺少师生互动等问题。那么思想政治理论课存在问题的原因有哪些呢?从以下方面进行分析:

(1)课堂环境原因

2012 年思想政治理论课的课堂人数多,有的课堂三四百人,或者有的课堂约一百五十人,有的课堂由三个学院的学生合成一个大班。原因是缺乏国家层面的统一标准与规定。听课学生人数过多的结果是:一方面,老师难以维持课堂秩序,教师难以运用多种教学方式,难以师生互动;另一方面,课堂上,学生之间容易相互影响,难以保证思想政治理论课的教学效果。2018 年4 月教育部颁布了《新时代高校思想政治理论课教学工作基本要求》,其中要求了中班上课的标准,由此思想政治理论课大班上课的问题得到解决。

(2)教学原因

有的学生认为在思想政治理论课堂上,老师讲的理论"太没意思","比较简单,枯燥,不实用","听不懂",喜欢听故事、看视频。具体原因分析如下:

第一,思想政治理论课教学效果如何,受多种因素影响,如教学环境因素、教师教学因素、学校因素、家庭因素、大学生本身因素等,教学不是唯一的因素。教育环境对思想政治理论课教学效果有直接的影响。教育环境包括社会环境、学校环境、家庭环境和朋辈环境等。社会政治环境优良会直接激发大学生对思想政治理论课的积极性,例如:主管教育的各级党政部门,高度重视高校思想政治工作,对思想政治理论课直接产生积极的影响,大大推进思想政治理论课的育人水平。学校环境在于将思想政治工作放到高校发展方向的战略高度,并渗透到高校的各项工作之中,例如:形成各部门思想政治工作的合力,特别是加强专业教师对大学生的思想政治教育。如果专业教师对重理轻文的大学生进行思想政治教育的话,这些大学生就会对思想政治理论课产生兴趣。若家庭思想政治教育渗透到大学生的日常生活中的话,大学生对思想政治理论课就会产生"共情感"和积极性。

第二,部分大学生对思想政治理论课"不感兴趣",说明教师现有的教学模式和教学方式方法不能满足大学生的需求,教师需要提高教学理念和业务水平,具体如下:

其一,教师应具备以生为本的教学理念,深化教学改革,提高育人水平。

其二,教师的教学要使学生感到"真"。"真"体现在:一是教师真信自己所提倡的理想信念和理论,这样的教师在课堂上的表达,才带有"真气""真情";二是思想政治理论课的教学效果,是使大学生认识到教师所讲授的理论就在自己身边,而不是"假、大、空、虚"的"套话",使大学生对理论产生"真实"的获得感,感受到理论的魅力;三是通过思想政治理论课教学,使大学生感受到自己的理论联系实际的能力和思维能力"真"的有所提高。教师在授课中帮助大学生打通其的理论与现实的通道,让大学生的思维在通道中自由穿梭,使大学生面对社会现象,有能力找到理论根源,有能力用理论解释社会现象。

其三,运用多种教学模式和教学方式。一是思想政治理论课可以运用多种教学模式,如个性化、参与式、合作式、探究式、混合式、翻转课堂等教学模式;二是思想政治理论课堂采用学生喜闻乐见的教学方式,把深奥的理论通过灵活多样、通俗易懂的教学方式传递给学生,变"呆板""枯燥"为鲜活、生动;三是娴熟地掌握现代技术手段,用于教学。

其四,提高大学生的思维能力。教师的教学艺术是实现育人目标的方式,决不是被动地迎合学生的消极需求,如考试划重点。在教师传授思想政治理论的同时,以启发式教学方式,使学生知其然和知其所以然,调动大学生思考问题的积极性,与学生一起分享思考过程的快乐,而不是只给结论,从而引导大学生从形象的感性思维跨越到抽象的理性思维,以弥补大学生抽象思维能力不足的弱项;消除大学生理论思维中通向社会现象的藩篱,使大学生的思维能力驰骋于理论与现实之间，成为获得知识和成长的内生动力。使思想政治理论课堂如磁石般地吸引着大学生，成为人人参与、思想交流、共享智慧的精神殿堂；使思想政治理论课堂成为大学生思想政治成长的阵地，为芊芊学子走向社会育牢思想政治的根基。

（3）学生原因

在有的思想政治理论课堂上，大学生的表现是"老师上面讲，下面该干嘛干嘛"的各行其是，其原因分析如下：

第一，大学生的认识原因：一是理工科的学生认为喜欢自己的专业，不喜欢政治之类的文科内容，或者认为思想政治理论课与理工科专业没有更多的相关性。有的学生对自己重理轻文的倾向有所警醒，并付诸行动改进。二是有的学生认为自己将来若从事党务工作的职业，就会认真学习思想政治理论课，反之，思想政治理论课"不实用"，对思想政治理论课不感兴趣。

上述大学生对思想政治理论课的认识有误区，即将思想政治理论课视为衡量对自己的专业和就业是否"实用"的工具。他们认为自己是理科生，或者将来不从事党务工作，与思想政治理论课无关，思想政治理论课对自己"没用"，因此在思想政治理论课上，积极性不高。其原因：其一，这些大学生从自己狭隘的眼前利益看待思想政治理论课的意义，他们没有认识到，无论学习什么专业，无论将来从事什么样的职业，无论到哪个国家留学，每个大学生都要有正确的世界观、人生观和价值观，都要爱党爱国，都要有道德法治观念，都要为中华民族的强盛做贡献，否则就会在专业学习、职业生涯中迷失方向；其二，他们没有认识到，思想政治理论课是高校培养德智体美劳全面发展的社会主义现代化的建设者和接班人重要阵地，是高校进行马克思主义教育，树立理想信念，确立正确的世界观、人生观和价值观的主要教育渠道。德才兼备中的"德"就是教育的第一要义，也是做人的第一要义，德是人的灵魂，才在其后。思想政治理论课的重要性就在于，助力大学生铸造灵魂，思想政治理论是大学生专业学习所依附的根，有灵魂之根，才有专业的繁茂,才有自我成长的内生动力。因此思想政治理论课首先要解决的问题是,如何让大学生认识思想政治理论课的重要性?

第二,大学生的学习观、问题意识及其解决问题能力的原因。大学生在思想政治理论课堂上"不感兴趣"本身,就是一个问题。面对这个问题,大学生们选择的是,以"自行其是"应对(课堂上的消极行为会传导、扩散到更大的范围),而不是积极地思考解决问题的方法。这种现象的背后隐藏着大学生被动学习的学习观,以及解决问题的意识与能力的弱化。他们没有意识到自己是课堂的主人;没有意识到"不感兴趣"是一个问题;没有与同学和老师积极沟通,改进课堂状况。这些源于大学生的学习观、问题意识及其解决问题的能力存在不足。

第三,大学生的抽象思维能力原因。调查显示,所有大学生对思想政治理论课教师都给予了高度的赞扬,在此前提下,部分大学生对思想政治理论课"不感兴趣"究竟是什么呢?为什么?答案是理论和教材,即部分大学生对老师所讲的理论和教材"不感兴趣",其原因:其一,老师所讲的理论,部分大学生表示"听不懂";其二,部分大学生认为教材"枯燥",不喜欢老师照本宣科。这其中固然有教师改进教学方式方法的问题,但更为重要的是,其中反映出部分大学生的抽象思维能力有限的深层问题,这是导致部分大学生"听不懂"理论和认为教材"枯燥"的重要原因。同时也反映出部分大学生的反思能力弱的问题,即部分大学生对自我抽象思维能力有限问题的自我反思能力不足,以及缺乏对如何提高自我抽象思维能力问题的思考。例如:部分大学生是否自问这样的问题:我为什么"听不懂"?怎样才能听得懂?大学生的抽象思维能力问题,反映出大学生在受教育过程中思维能力训练不足的问题。

(4)考核原因

在思想政治理论课堂上,自称"从来都没听过"课的学生们,认为思想政治理论课的考核"都可以过"或"容易过关",言外之意,不必刻苦学习即可通过考试。思想政治理论课的考核方式,不应只是以闭卷形式来考察大学生记忆教材的考核,而是应该为学生提供思考问题的空间和表达思想的空间,因为考核是大学学习的风向标。因此思想政治理论课的考核需要改革,如采纳过程式、个性化考核,改变考核答案刻板的弊端。

小 结

(1)党中央国务院高度重视高校思想政治理论课,发布了一系列的相关政策和文献,并且全面落实到高校,为提高高校思想政治理论课创造了良好的制度保障和教育环境保障。

(2)2017年与2012年两年的思想政治理论课相比较,2017年在课堂人数和出勤、教师课堂教学方式、大学生对教师的评价和考核方面,都有比较明显的提高;课堂认真听课的大学生人数显著提高,表明大学生在思想政治理论课中的满意感、收获感明显提高。

(3)需要思考的问题:

①在思想政治理论课的教学过程中, 如何使学生认识到思想政治理论课的重要性?

②思想政治理论课教师如何把教材中深奥的理论,运用通俗易懂、深入浅出的方式传递给学生,特别是理工科学生,使学生们能够听得懂。

③在思想政治理论课的教学过程中,如何训练大学生的主体意识、问题意识和抽象思维能力?

④如何处理好教学与教材之间的关系?

⑤如何改进思想政治理论课的考核方式? 如何实现考核的过程性、开放性和个性化考核?

五、大学新生的"迷茫感"类型及其分析

由于大学新生对大学未来新的教育模式的"看不清"或不知情而引发"迷茫感"。2012 年对 8 名(其中 3 名部属院校,5 名地方普通院校)一年级大学生进行了立意抽样结合偶遇抽样与配额抽样访谈,从收集的资料分析发现,一年级大学生普遍有"迷茫感"。"迷茫感"是一种因看不清自己所处的生活状态及其未来发展趋势而产生的焦虑和迷茫的心理感受。大学新生的"迷茫感"指大学新生进入大学后,面对自己新的生活和学习环境,不知道自己的人生之路该向哪个方向走,自己的生活和学习该如何进展,因此而产生迷失感、虚无缥缈感和压力感,导致大学新生带有一种不确定的焦虑感。

(一)大学新生"迷茫感"的类型

从访谈资料中发现大学一年级新生面对"迷茫感"的现象有以下表现类型[①],具体如下:

1. 正常式"迷茫感"

大学一年级新生刚入学时,对新的学习模式感到陌生,对新的生活方式感到不知所措,对于自己未来努力的方向不清晰,会有"迷茫感"。某大学一年级新生把这类现象称作"处于迷茫阶段"[②],在他观察周围同学的情况后,认为"大一每个(人)都是这个样子的吧","我觉得都一样"[③],说明"迷茫感"是大学新生存在的普遍现象,也属于正常现象。

大学一年级学生的"迷茫感"源于从高中到大学的两种不同教育体制差异及其转换。高中教育与大学教育在很多方面存在着差异,需要大一学生在

---

① 大学新生出现的"迷茫感"的分类只是根据多名大学新生个案的访谈资料进行分析的结果,不代表全体大学新生的表现。

②③ 引自访谈资料:12-6,第 10 页。

人生目标、思维方式等多方面转换。在转换的最初,新生发现自己需要新的人生目标,但是又不知道该干什么,心里感到"很茫然、很彷徨"。新生个人的成长不同,对于入大学后确立新目标的"茫然、彷徨"程度有所不同。由于大学的"思维方式跟高中完全不一样,他(指老师)那个思维比较抽象"①,学生入学的最初,对此感到"痛苦"②,但是过两三个月就适应了。

2. 落差式"迷茫感"

"迷茫感"是大学新生对于高校新的环境与其主观预期有差距所致。大学新生在入学前对大学都有一种美好的憧憬和期待,而入学后发现,新的高校环境没有像自己预期的那么好,如有的学生刚下火车就"失望了",因为看到沿途的地方"太破了","完全不是想象中的那样",可见新生的"迷茫感"产生的原因之一, 就是现实与自己的主观预期有落差,他们把大学想象得有"童话般的感觉","想得太好了","这个想法和现实的不一样,所以就出现迷茫阶段"。③新生入学最先接触到的是一个城市或学校的自然环境,这些环境因素在第一时间会给新生的感官以强烈的刺激, 深深影响新生们对一个地方和学校的认同感。

3. 担忧式"迷茫感"

新生刚入学,普遍存有要在大学里奋斗一番的强大内在动力,然而新生很快遇到了不适应大学生活的困难, 一方面, 虽然新生一直在接受入学教育,但是雄心勃勃的新生对未来的规划"还是不大清晰,有一点迷茫的"④,不知从何做起,又担心自己的"素质不能与这个社会相适应"⑤;另一方面,新生对自己能力有点疑虑,担心自己在人才济济新的竞争环境中掉队。于是多数新生都以较强的学习动力来抵挡内心的担忧, 这在客观上成了抵抗"迷茫感"的有效利器,有助于消减新生的"迷茫感"。

①② 引自访谈资料:12-4,第3~4页。

③ 引自访谈资料:12-6,第10页。

④⑤ 引自访谈资料:12-3,第6页。

4."放纵"式"迷茫感"

有的大学新生入学之后,发现自己可以自由支配时间,感觉自由自在,即"没人管""没事做"①,便开始"放纵"自己。除了上课时间之外,"其他时间就自己想干什么就干什么"②,做自己"喜欢的事情",如观看"迎新晚会,然后就是宿舍文化节,然后又(是)明星宿舍,然后配音大赛,音乐歌手大赛,还有中外歌手大赛,还有一个故乡文化节"③。新生入学后不是没人管,而是要自我管理,如果感觉"没人管",一是说明新生入大学前被人管的惯性还在延续,而自我管理的能力不足;二是说明新生还没有意识到,具有潜在的自我约束能力和自我管理能力,才是真正的自由自在。

上述的"观看",并不是参与,是作为看热闹的看客,所谓"喜欢的事情"不是经过深思熟虑的结果,而是在"没人管"的情况下,感到"没事做"、无目标的漫游状态,具有即时性、随意性、懒散性。表面上是"没事做",实则是无生活目标,是"迷茫感"的另一种表现形式。

5. 逍遥式"迷茫感"

某新生逍遥式的"迷茫感"不是出于对于大学新生活不知所措的压力,而是认为"高中压迫太深了"④,刚进入大学,"应该好好放松了"⑤,课余不上自习,而是参加社团,"天天晚上轮滑"⑥。还有的新生说:"大家都不怎么学……因为高中一直在学,感觉(学习)挺无聊的"⑦。对于"前途""理想"这些应该思考的问题,全然"不知道",处于无知无畏地盲目逍遥状态。入学以后不仅不觉得有压力,而且沉湎于"社团活动"之中,不关注学习,把大学当作放松的场所。

---

① 引自访谈资料:12-6,第5页。
②③ 引自访谈资料:12-6,第2~3页。
④⑤⑥ 引自访谈资料:12-1,第7页。
⑦ 引自访谈资料:12-19,第1页。

(二)对大学新生"迷茫感"的分析

大学新生入学后出现的"迷茫感"现象是由多种因素影响形成的,它涉及到教育制度、学校、家庭的影响,也涉及学生的世界观、人生观、价值观、思想意识、思想认识、思维方式等多种因素的影响。

1. 大学新生入学前报考志愿存在的问题

大学新生进入一所不是自己心仪的大学或一个专业时,会产生"迷茫感",其原因与报考志愿有关系。有些考生在填报高考志愿环节中,无法自主选择自己喜欢的专业。其原因:

(1)填报高考志愿[①]不仅是专业的选择,也是职业和人生目标的选择。有些学生报考学校和专业是"家里帮着选的"[②],其中家长与孩子的意见未必一致,有些家长对孩子的期望值高,似乎给孩子的人生规划比孩子本人还要清晰,如果孩子不想按照家长的要求做,最后选择的结果是以家长和孩子之间的"折中"[③]而结束。

有的家长考虑更多的是,孩子日后的就业机会和收入问题,更倾向于经济、金融类社会时尚的专业。所谓时尚专业,无非是将来收入高的行业。如果孩子喜欢文科类专业,家长认为"经济类的专业会比较好"[④],可见家长对孩子未来的考虑,更注重现实,更注重物质,而学生更注重自己的兴趣。

但是学生还处在成长过程中,大多数学生还未确立自己的人生目标,有的学生即便按照自己的意愿报考某个专业,也未必了解这个专业,对自己难以有长远的规划,"也不清楚真正的自己以后将要干什么? 成为什么?"[⑤]只是

---

① 中国恢复高考制度之后,曾经有过在高考分数未公布的情况下填写报考志愿的情况,此种情况早已经改为公布考分之后填报志愿。

② 引自访谈资料:12-1,第4~5页。

③ 引自访谈资料:12-7,第24页。

④ 引自访谈资料:12-3,第6页。

⑤ 引自访谈资料:18-15-14,第1页。

想上一个好一些的大学,有名气的专业。

(2)考生填写报考志愿时,有几个档次按序排列,每个档次又有几个先后层次的选择。考生在报考志愿时需要了解自己的考分在本省的排位,还要了解各大学在本省招生的名额比例。学生填报大学志愿会出现几种情况:一是凭考生预估分数报志愿。曾经有的省份在考生不知道自己分数的情况下,只凭预估分数填报志愿,某高校 2012 年一名大一新生说:他们那届因考生预估分数,导致文科一本分数线比考生的实际考试分数"高出 30 多分"①。考生先估分后报志愿,增加了考生报考志愿准确性的难度。二是教育机构给出的参考分数线高估实际分数。2012 年某东北考生所在地的教育管理机构,给出预测分数线,该预测分数线比实际分数高出 30 分,学生按照这个预测分数线报考专业,必然高报,结果是考生被调剂。三是考生填报高考志愿需要一定的分析能力。填报高考志愿需要分析多种因素,如综合考虑国家的教育政策、大学所在的地域、大学的排名、专业、性别等各种因素,最后决定报考的学校和专业。因此填写报考志愿是个分析技能很高的工作,这在普通家庭,特别是农村家庭是难以操作的,最终只能听从中学老师的意见。四是性别观念影响女生选择专业。有的女性考生自认为自己喜欢的专业不适合女生。如一位女生喜欢地质、海洋等学科,但自认为不适合女生,便改为医学。医学是服务性质的行业,地质、海洋等学科是有探险性的学科,该女生的性别观念是女生应该做服务性、安稳的行业,而不应做探险性行业。事实上,所谓探险性行业早已有女性的身影了。可见性别观念是影响专业选择的重要因素之一。

学生报考志愿失误的结果:其一,违背考生的意愿,学生根据家长或老师的意愿而入某大学和某专业;其二,由于种种原因,考生的考分远高于某大学的录取分数,却与更好的学校擦肩而过;其三,一部分考生被调剂到一个陌生的地区、学校和专业,这种现象不是个例。调查中多次听到这样的话:

① 引自访谈资料:12-5,第 1 页。

"这个专业不是我考上的,是调剂的"①,"我最初的打算(学新闻)与现在这个(韩语专业)一点不挂钩"②。被调剂的考生无法自己掌控上大学的命运,完全听从他人(或电脑)给予的安排;其四,而被调剂入大学的学生,学习某个自己不甚了解、甚至是不喜欢的专业,会影响学生对学习的投入,对自我的评价,但是不是没有改变现状的可能,一方面,"大二的时候可以转专业"③,或者可以辅修自己所喜欢的专业;另一方面,大学本科教育只是通识教育,还不能确定终身的专业,若继续学习获硕士学位方可初步确定专业,即便如此,仍然有机会学习自己喜欢的其他专业。因此大学生被调剂到不喜欢或不熟悉的专业与自己的兴趣相矛盾时,并不是不可调和的矛盾,只是大学生缺乏此类常识的教育。随着高考制度的改革,该现象已有所改观。

2. 高中与大学两种教育体制的差异

大学新生产生"迷茫感"的原因之一,是他们处于高中和大学两种不同教育体制之间快速转型中的不适应。高中和大学这两种完全不同的教育体制之间应该有一个过度的教育缓冲阶段,而现实缺少缓冲带。学生在从高中到大学两个教育体制之间的转换过程中,是瞬间完成的,学生被急速地置于大学替代高中的转换之中,难以适应。在英国的高中,院系和课程的设置基本上同大学的设置雷同,学生进入大学后很自然适应大学的生活。

在中国,大学新生在入大学前,经历了三年"被人管"的高中生活状态,他们习惯了扮演被学校管理和被家长照顾的角色,习惯了高中被约束的应试教育。而大学教育环境中的自主学习、自我决策、自我管理的特征,对于缺失独立思考能力和自我管理能力与经验的大学新生而言,不适应大学的自我约束的素质教育是顺理成章的事情。

新生入大学后,不知道大学的生活方式是怎样的,缺少明确的人生方

---

① 引自访谈资料:12-21,第1页。

② 引自访谈资料:12-5,第5页。

③ 引自访谈资料:12-21,第3页。

向,不知道自己该向哪方面努力,①其特征是不知所措。在生活日常生活中,要么误认为大学是"我行我素""想干什么就干什么"的自由天堂;要么就"先放松"或无目的的"玩"。有人"玩"得理所当然,有人"玩"后忐忑不安,前者是以进入大学为目的,后者是因有更高的追求而存有危机感。

(1)由于高中和大学两种教育体制的不同,当大学新生带着高中时期被老师安排学习任务的惯性进入大学后,突然变为由自己决定并完成所有学习和生活任务时,正如某生所说:"突然没人管了,有点不适应"②,刚入学时,课程少,新生不知所措了"就不知道干什么去"。其中包含以下几点:

一是"突然没人管了"中的"突然",表明学生从高中到大学两种教育体制的转换过程中是在短时间内发生的,缺少过度期,因此学生感觉"突然"。二是"没人管了"表明从高中到大学两种教育体制的转换过程中,学生体验到了两种教育体制的鲜明特征,即前者是被人管,后者是没人管。新生刚入大学后,延续着高中被人管的习惯。大学需要有自我管理能力,大学新生真正意识到自我管理的重要性,并能学会自我管理,需要一定的适应期。三是大学新生有课就上课,当课余时,"就不知道该干什么",上课是被要求所为,课余是自主所为。为什么会这样呢?由于新生在自我制定目标、自我设计、观察能力、独立思考问题和解决问题能力、自我管理能力等方面缺乏训练,因此新生在课余时间就"不知道自己每天该干什么"了。即便新生被告知该干什么,他们若没有亲身经历和体验自我管理的过程,仍然不知道该做什么。可见在高中教育阶段,学生在自我人生目标的思考能力,自我设计能力,分析问题和解决问题的能力、自我管理能力等方面缺乏训练,而这一切需要在大学里接受教育和训练。

(2)每个新生都经历了三年的高中学习阶段,特别是高考前惨烈的竞争状态,使学生对学习备感艰辛、疲惫。入大学后,新生产生懈怠情绪,想"放

---

① 调查发现部署学校的学生,入学后适应较快。

② 引自访谈资料:12-4,第4~5页。

松""玩"。然而他们真的能放松地生活了吗？其实，"玩"只是表面现象，"玩"了之后则会"觉得挺怃忑"，"觉得不舒服"，因为"害怕平庸"。①"怃忑""不舒服""怕平庸"这些词都表现出新生内心迫切要求进步的愿望，而在现实又不能如愿以偿，致使新生担忧，担心自己在人才济济的大学里落后。可见新生的"玩"是掩盖其内心担忧的表象，其背后是不知道如何适应大学新生活的焦虑，"玩"是逃避压力或暂时解脱焦虑的权宜之计。表面是放松，实则是放松与担忧焦灼在一起，是新生产生"迷茫感"的原因之一。

（3）高中和大学两个阶段的组织形式及其人际关系有所不同，主要区别如下：高中阶段：一是以班级群体为单位，有着明确的高考目标，群体成员行动一致，向着一个方向努力；二是班级的向心力强，班级团队精神深厚，人际关系密切，班级成员有较强的归属感。大学阶段：一是班级群体没有统一的目标，班级成员的奋斗目标各异；新生若在高中是班里的佼佼者，在大学里会发现"个个都是风云人物"②；班级组织形式相对松散，虽然大家上课在一起，下课各奔东西，除了宿舍和少数活动同学在一起之外，班级成员均为个人独立活动，因此新生缺少班级的"归属感"③。由于新生不习惯于从高中依恋群体到大学个体独立的组织形式和人际关系，不习惯于独立思考问题和解决问题的思维方式，不习惯于独立完成学习和生活任务等的生活方式，是产生"迷茫感"的原因之一。

3. 大学新生的人生目标不清晰

大学新生的"迷茫感"产生的另一个重要原因，是新生入大学后，其人生目标模糊不清。新生在高中几年中有简单明确的学习目标即准备高考，学校、家庭和学生的全部能量都被集中捆绑在高考的指挥棒上，学生生活的所有方面都聚焦在高考目标上，为此学习管理由老师负责，生活管理由家长代劳，学生作为学习的主人只要心无旁骛地全身心投入学习即可。二是社会、

---

① 引自访谈资料：12-3，第13页。

②③ 引自访谈资料：12-7，第6页。

学校、老师和家长作为外界的因素，形成约束学生的巨大合力，使学生更清晰地知道自己努力的目标是什么，该做什么？怎么做才能实现目标？然而学生的高考目标的确立，更多的是来自外部因素促成，并不是经过学生主观思考而确立，因此学生高考这一人生目标的确立及其动力来源，是自外向内达成的，而非自内向外达成，这一弊端是因学生"知其然，不知其所以然"，如学生并没有思考成熟为什么要上大学这样的问题。由于高中时引导学生思考自我人生目标、人生理想、人生期待等问题的不足，入大学后引导学生思考这些问题时，其外部推动力远逊色于高考前的社会、学校、家庭等各方指向学生高考目标的强大合力，因此导致大学新生不知道下一个人生目标是什么？"不知道该干什么？"不知道如何选择和决策在学习和生活方面的事情等一系列问题的出现，从而产生"迷茫感"。这说明加强大学生思想政治教育的重要性和必要性是符合高校的实际情况。

（1）大学新生的人生目标从被动到主动的角色转换。高中生的人生目标是考上好大学，那么这一目标是如何确立的？追根寻缘，是来自社会、学校和家庭等的外界影响。高中时期的目标就是考大学，为此学生必须按照学校统一的要求学习，其他事情均由学校和家长包揽，从这种意义上说，高中生是被选择者、被决策者。进入大学后，需要自我选择和自我决策，此时大学新生并没有准备好。当大学新生发现"好多事都需要自己去处理了"[1]的时候，"特别纠结"[2]，在多种事情面前不知道如何选择，不知道如何确定自己的人生目标。在现实需要新生主动做出人生选择时，他们无能为力，不知所错，甚至是发出这样的感叹："究竟为了什么去上这个大学？动力在哪儿？"[3]要从确定人生目标的被动者转变为主导者，他们"觉得这个过程还是挺痛苦的"[4]。

"究竟为了什么去上这个大学？动力在哪儿？"新生这一感叹触及到了世界观、人生观、价值观的深奥问题，"三观"决定了学生日后的人生目标及其

---

[1][2][3][4]　引自访谈资料:12-3，第13页。

奋斗方向。大学新生"需要自己再去重新设定东西,自己去选择东西"①,而他们正处于世界观、人生观和价值观的形成阶段,自己"重新设定"人生规划,在众多事项面前"自己去选择东西",勉为其难。因为没有明确的"三观",其自我判断和自我选择就失去方向,没有努力的方向,就难以在奋斗的路上提高自我能力,因此大学需要新生"重新设定"人生规划和"自己去选择东西",其背后的实质是在世界观、人生观和价值观指导下的人生目标的重新清晰和确立,其中含有理想信念问题。只有确立了人生新目标,才有前进的动力,才可能提高学生的自我人生设计能力、自我选择人生能力和自我管理能力,可见学校对学生进行正确的世界观、人生观和价值观的教育和引导十分必要。尽管高校的学工部门和教师通过各种方式积极引导新生的"三观",但是还未形成系统化的新生入学的教育体系,如何通过新生的观察、体验、感悟来提高新生的独立思考问题和解决问题的能力? 如何从被人管到自我管理的转变,以适应大学生活? 这些问题都需要寻找答案。

(2)人生目标的迷失。某生在回答"高中时是否想考一个好大学"的问题时,说:"没想好好学习,就想考个大学(就)算了"②,在回答入大学后"有什么计划"③的问题时说:"哪有什么规划呀,这这、太遥远了吧"④,在回答"有什么理想的职业"的问题时说"没想法"⑤,在回答"以后想干些什么工作"⑥的问题时说:"赚钱多就行"⑦,在回答"每天是否上自习"⑧的问题时说:"不上自习"⑨,在回答课余生活干什么的问题时说:"社团呀","天天晚上轮滑"⑩。上述答案归纳如下:

考大学目的:没想好好学习,"考个大学(就)算了";

人生规划:没有任何"计划"、那"太遥远了吧";

职业理想:"没想法";

---

① 引自访谈资料:12-3,第13页。
②③④⑤⑥ 出自访谈资料:12-1,第7~8页。
⑦⑧⑨⑩ 引自访谈资料:12-1,第7~8页。

工作类型:"赚钱多就行";

学习情况:"不上自习";

课余生活:热衷于"社团,天天晚上(玩)轮滑"。

上述分析如下:

一是在学习情况、人生规划、职业理想、自习情况等方面的答案中,其共同点是都带有"不""没"等否定字。前三个问题是有关该生的未来理想和人生设计的大问题,该生的答案却是"没想法",因为没想好好学习,"考个大学(就)算了",其中"考个"这意味着只要考上大学,无论什么大学都行,"算了"意味着任务完结了。既然完成任务了,就与学习没关系了,似乎只要迈入大学,其他无需考虑。至于人生理想和人生目标,"太遥远了吧",不必考虑。殊不知,进入大学只是新的人生之路的开始,努力学习是走好人生路的基础,至于未来的人生之路怎么走,是每个人必须面对的问题。一个没有人生目标的学生,自然就缺乏努力的方向和学习动力,人生之路自然会茫然;

二是在工作类型和业余生活中是肯定的回答,也就是对赚钱、玩的肯定。平时不上自习,用社团活动和"玩"(即玩"轮滑")占满了业余时间,以"玩"度日,其理由却是高中"压迫太深了",刚到大学后有较强烈的"松口气""先放松放松"的想法,这也表明该生的意志力有提高的空间,意志力最终仍是被人生目标和人生理想决定和支撑的,因此意志力源于对人生理想的认识和确立,根本问题在于世界观、人生观和价值观的确立。

总之,在该生上述答案中,从表层到深层,逐层分析,追述其内在逻辑,可以看出:每天的课余时间之所以"不上自习",而是参加"社团,天天晚上(玩)轮滑",原因在于对未来的人生规划"没想法",似乎考上大学就达到目的了,因此"没想好好学习"。他认为人生规划"太遥远了"。既然人生目标是遥远的事情,不必考虑,眼下"玩"好最为重要,于是每天沉浸在"玩"之中。"玩"中包含着盲目地"自由""想干什么就干什么",也包含着及时行乐的人生观。若一个学生没有积极的人生目标和人生理想,就不会思考"为什么上大学？怎样上好大学？"这样的人生问题，可见新生的人生理想与其日常生活有着内在的因果联系。此外有些家长认为孩子上大学就意味着孩子能够自力了，自己对孩子的培养任务完结了，殊不知，大学新生仍然需要家长给予人生的指导和教育。

（3）大学新生的思维方式有待提高。大学新生还处于青春期发展阶段，其世界观、人生观、价值观处于形成过程中，由于缺少社会经验，在思维方式上缺少辩证性，具体表现：

一是充满梦想。新生有许多美好的主观期待和梦想，有的学生把自己的梦想描述为"一种很童话般的感觉，想得太好了"①。一方面，"童话般的感觉"反映出青年学生美好而纯真的内心世界，这是青年学生特有的珍贵的感受和体验，它是人类美好的精神财富，应该加以保护；另一方面，现实又是超出学生梦想之外的另一个样子，珍贵而美好的梦想却被现实所颠覆。"童话般的"梦想没有错，问题是如何面对现实，如何改变现实，将现实变成"童话般的"世界。

二是只见树木，不见森林。某新生想"成为伟人"②，当客观现实无法实现时，便产生失落感，其深层的认识问题是如何以辩证的思维方式看待伟人。学生只看到伟人的光辉之处，甚至主观夸大伟人的光辉，而未看到伟人所经受的磨难，以及伟人所经历的几十年艰苦卓绝的奋斗历程。

三是主观臆断。大学新生往往凭借主观想象来判断客观事物即主观臆断，常常出现主观想象与客观现实之间的强烈反差。如某生想象校园环境应该是"花园式的学校"③，宿舍条件应该是"很优越"④，可现实"跟我想象的差距有点大"⑤。某生没想到大学生活方式是"每天泡自习室"⑥，"大学生活跟我之前想的几乎完全不一样"⑦。大学新生还没有以客观事实为依据来验证自

① 引自访谈资料：12-6，第 10 页。
② 引自访谈资料：12-3，第 14 页。
③④⑤ 引自访谈资料：12-7，第 1~2 页。
⑥⑦ 引自访谈资料：12-4，第 8 页。

己的想象的理念和思维习惯。

四是只见事物的表象,不见事物的本质。大学新生对事物的认识容易从事物的表象作判断;某生在媒体上看到外交官旁边的外语翻译,很羡慕,便认为英语专业很好,可入大学英语专业后,发现现实与原来"想的不一样"[1],原来的想法对英语专业"只是盲目(的)崇拜"[2],该生对专业的兴趣是来自媒体外交场合中的翻译形象,这一形象只是英语专业的表象,该新生根据这一表象认知选择了英语专业,该生并不了解英语专业的实质内涵。

由此可见,大学新生的梦想、做伟人的愿望、对校园环境的想象、对大学生活方式的"没想到"、对英语专业的盲从,都反映出新生的主观想象与客观现实之间存在着差距和矛盾。对此,有的新生选择了逃避,而不是积极面对问题和解决问题。逃避比努力来得更容易,逃避是免受挫折和保护自我的最佳选择,但这并不能掩盖新生因不能梦想成真的痛苦与遗憾。究其根源是新生的思维方式存在着缺少辩证性的问题,这是大学新生产生"迷茫感"的思维方式根源。问题的关键在于新生不知道如何解决思维与现实的矛盾,需要教育者引导。教育者需要思考如下问题:

(1)如何既保护好学生那份对未来纯真而美好的梦想,又能唯物辩证地面对现实呢?

(2)如何提高新生的辩证思维能力?

(3)新生如何坚定自己合理的理想?

学校在新生教育中,应开展学生抒发自己的理想和如何实现理想的活动;在保护新生稚嫩而可贵的人生梦想的同时,加强对学生的思想认识和思维方式的引导。

4.家长、学长对大学新生的影响

大学新生选择专业和成长的过程,均受到家长和学长的较大影响。

---

① ② 引自访谈资料:12-13,第2页。

（1）家长或亲属影响孩子选择专业和发展方向。某新生的理想是当大学老师,这源于该生的姑姑和大学老师对其的影响。

如果学生与家长在选择专业上意见不一致时，最终还是家长的意见起决策的作用。某生的理想是选择大学的文科类专业,而家长希望孩子学一些经济类。家长认为经济和工科类专业比文科更能给孩子带来好前途,所谓有好前途的专业是指容易找到高新的工作。孩子只好服从家长的愿望,然而孩子高考的分数无法进入中国最好的经济类大学，只能进入部属工科院校中的金融专业。入学后,孩子才发现该校的"理工科是那么的偏重"①,金融专业并不是该校的重点专业。可见家长左右着孩子选择专业。

（2）家长和学校是大学新生克服"迷茫"的重要力量。一位新生在谈到如何走出迷茫时说："有动力（走出迷茫）,老爸老妈就是我的动力"②,但是"后劲不足"。后劲不足是指不知道通过什么途径走出迷茫。父母是该生克服困难的力量源泉,而解决迷茫的路径和方法是大学义不容辞的责任,可见新生克服"迷茫"既需要家长的动力,也需要学校的引导。

某新生感觉学生会主席"太牛了",立志大三时要当上学生会主席,入大学后踊跃参加多个社团及其活动,如百团大战等活动。后来,学业的难度不断加大,特别是"高等数学"课（6学分）的压力,迫使该生想到父亲的话："上大学也要好好学习"③,最初该生还不信父亲的话,事实证明父亲的话是对的,于是该生回归以学业为主的大学生活。可见家长的教育和学校的教学制度的要求（如6学分"高等数学"课等）形成合力,对该生的思想变化产生了巨大的影响,由追求像"那个太牛了"的学生会主席的想法,转变为对学习重要性的领悟,最终将生活重点转移到学习中来（见图9-1）。

同时家长的意见也会给新生带来压力。某新生在参与社团活动与学习

---

① 引自访谈资料:12-3,第6页。

② 引自访谈资料:12-6,第10页。

③ 引自访谈资料:12-4,第8页。

之间主次混淆时,家长的教育发挥着关键作用。某生在家长的眼里是比较优秀的孩子,家长要求孩子"一直处于这个(高)水平"[①],即保持优秀的水平。大学优秀者云集,该生要想超过这些优秀者,或者做一个"不那么优秀"的轻松者,都是难以选择。因为一面是强手如林的竞赛者,以及家长的期待,另一面是该生难以鹤立鸡群的困境,这些因素交织在一起,甚至是冲突。某生感到有压力,却又找不到解决问题的途径,其自信心受到影响。此时大学新生需要学校、家长给予帮助和指导,指导新生确立人生目标,探寻自我发展的路径,重拾自信心。

(3)学长对大学新生适应新生活有着不可小觑的影响,可以说学长是学校对新生教育的重要补充。从客观上说,学长与新生有较强的同质性,如同学校、同专业、同龄段等,同质性决定了学长对新生有较强的示范性和吸引力。从主观上说,新生在"迷茫"阶段渴望得到帮助和指导,虽然教师和学工干部都是帮助新生的理想资源,但是从时间、心理距离、沟通方式等方面,学长更具优势。新生就是未来的学长,学长是过去的新生,因此学长的经历和经验对于新生而言,有着天然的吸引力和影响力,新生从学长那里汲取营养,避免失误,明确发展目标,因此同辈教育是新生教育的重要资源。如某新生接受学长建议,即一、二年级要把基础课学好,"从基础抓牢,多修一点课"[②],该生就照此执行了,可见学长的建议对该生有着直接的影响。

上述家长的影响、学校的要求、老师的教育、学长的引导都会影响大学一年级学生确定自己未来的理想,甚至是决定作用(见图9-2)。

---

① 引自访谈资料:12-7,第6页。
② 引自访谈资料:12-8,第3页。

图9-1 影响新生选择的因素图

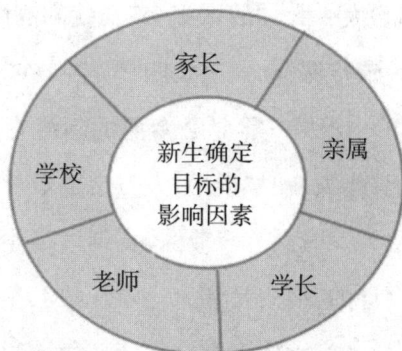

图9-2 新生确定目标的影响因素图

5. 某些高校对大学新生的教学环节仍有改进空间

高校一些专业的课程设置，教师的教学内容、教学教法、教材的使用等因素与新生的"迷茫感"之间有着相关关系。入大学后，新生在人生目标不明确的前提下，一方面，每个学生对新环境既有极高的期待，又有高度的警觉性，期待着有新的人生收获，因此十分努力，警觉的是唯恐自己落后；另一方面，入大学后不知道努力的方向和学习方法。

高中时，学生的日常学习是在被老师告知下进行的，只要按照老师的指挥行事就会得到满意的结果，所以习惯于记忆、服从的思维定式。学生独立思考问题的能力和创新能力明显不足，不适应大学的需要。到大学后，没有老师直接指挥、叮嘱学生的日常学习，取而代之的是完全自主学习，无论是学生听课、自习、作业、读书等各个学习环节，都是学生自我设计、自我管理。大学学习不再是为考试而记忆的学习，而是需要有独立思考问题、分析问题和解决问题的能力，这是大学新生在两种学习模式的矛盾中容易产生"迷忙感"的直接原因。除此之外，专业的课程设置、教师的教学内容、教学教法、教材的使用等因素，是大学新生产生"迷忙感"的间接原因。

（1）因高校各专业不同，新生的课程设计有所不同，有的专业课设计得前松后紧，有的专业课设计得相反。某语言类专业的学生说："学语言的（专业)大一大二的课很多","就和高中时一样每天都有课"①,课多到每周"只有一节空课"。大三大四"轻松一些"②。

谋大一学金融专业的新生在谈到课程设置时说:"只能说是还不合理吧"③,大一时"很松,大三会很辛苦"④,因为专业"课程都压得比较靠后"⑤。某生大一时没有专业课,直到大二才开始上专业课。某生说:"我有一同学是学会计的,他们是到大三才开始上专业课的。"⑥

(2)承担大学一年级新生课程的教师,其教学内容和教学方法若不能有助于大学新生从高中的学习方法到大学的学习方法转变的话,势必影响新生适应大学生活的进程。

某生对英语课"感觉挺无聊的,反正考试也不是很难"⑦,其原因是"因为那个(内容)高中一直在学"⑧,这里的"那个"是指具体的教学内容,如果大学课程的内容和教学方法与高中的雷同,势必影响学生的学习积极性。

某生在谈到专业课教师说:专业课教师就给"讲个大概","一节课讲一章,给我们大量的灌输概念,哗哗哗,一系列幻灯片就罗列下来了"⑨。最后的教学效果是,学生对课程内容"印象不深刻,不懂的内容还是不懂"⑩,只对名词有了印象。

新生入大学后,非常重视课堂教学,特别是专业课的教学。但是高中和大学的课堂教学有着很大的区别,高中时期的课堂,教师的教学方法是统一点清重点,注明教材上的重点;学生主要学习重点,记录重点,考试考重点,大学与此完全不同。大学课堂的教学是教师带领学生思考问题,分析问题,使学生从中得到领悟,提高对问题的理解和认识。教师要求学生大量阅读文献和专业书,独立思考,提出问题,这需要学生要有较强的自学能力。大学教

---

① ② 引自访谈资料:12-5,第 4 页。

③ ④ ⑤ 引自访谈资料:12-3,第 9 页。

⑥ 引自访谈资料:12-26,第 3 页。

⑦ ⑧ 引自访谈资料:12-19,第 1 页。

⑨ ⑩ 引自访谈资料:12-3,第 8 页。

师在课堂上讲授的内容，是其感兴趣或研究所长的内容，是其自认为重要的观点和内容，与中学教师相比，大学老师有鲜明的个体性和差异性。

为大学新生任课的专业教师要清晰一点：大学新生会将高中时的课堂学习方法延续到大学的课堂，教师的主要任务不仅是传授专业知识，还要采用适应新生特点的教学方法，更重要的是帮助学生转变学习方法，以适应大学的课堂教学。最直观的方法是让大学新生充当高中教师的角色，即以备课的形式充分预习课程内容，慢慢养成自学的能力。使学生明确在大学课堂上，更多的是提出问题，思考问题，与师生讨论。否则就是学生面对老师一节课一章内容"哗哗哗"地 PPT 翻页，不知所云。

有的授课教师布置作业的内容与大学新生的能力不相称。某专业课教师刚讲完一门课的导论，便要求新生写论文，新生当然"写不出来什么"[1]，老师认为学生写论文可以多查些资料，对学生有好处。

对于从未受过学术论文写作训练的大学一年新生而言，教师要求学生写论文，而且在导论部分就要求学生写论文，是否适宜？学生是否能做到呢？教师应该根据不同年级和不同层次学生的情况，进行学术论文的训练，从最简单的查资料训练开始，直到会写学术论文。对于新生而言，是在高中到大学两种教育体制之间转换的情况下进行学习的，新生在学习目标、学习态度、学习能力、学习方法等各方面，都面临着适应新环境和提升自我能力的问题，教师首先应帮助新生弥补由于教育制度的缺失而造成新生的学习困难，而不是用大学高年级的学习水准来要求新生，否则就不符合教育规律。以写论文为例，教师可以把写论文分解几个部分训练学生的写作能力，让新生从写论文的最基本功作起，逐渐一级一级上升到写论文，即从确定研究主题—查阅资料能力—写综述能力—分析主题的能力—框架结构—行文格式等方面训练学生，最后形成写论文的能力。

---

① 引自访谈资料：12-3，第 9 页。

（3）教材存在陈旧的问题也是影响大学新生学习热情，是产生"迷茫感"的间接原因之一

从一位大学新生那里得知，他们专业（新建专业）课的教材是"比较落后"①，"可能用的还是几十年代的"②其他地区（如厦门、香港）同专业用的是英文原版教材，会"新一点"③。新生能够发现了教材存在的陈旧问题，说明他们有一定的专业鉴别能力，"比较落后"的教材已经不能满足新生的需要了。教材陈旧不仅是教材出版的时间久，经典教材久经不衰，关键是教材的内容是否陈旧、僵化，不合时宜。"比较落后"的教材势必会影响学生学习专业的积极性。

综上所述，在大学教学的教学内容、教学方法和教材等方面存在的问题，直接影响新生对大学的认识，对专业的态度，对大学生活的积极性。深思新生发出这样的疑问："学校的课程合理吗？"④"从课程中（能）学到什么吗？"⑤学校能把我们培养成"社会需要的人吗？"⑥看到这些，身为教师，为教师没有尽到职责而感到汗颜。

小　结

大学一年级新生在高中和大学两个教育体制转换中，要经历一个从外即高中时的外部约束到内即入大学后的自我约束的蜕变过程。通过分析发现，不同学校的学生蜕变过程不同，如果把高校分为三个级别，由高到低分为中央部属院校、地方著名院校和地方普通院校三个级别的话，则学校的级别与新生面对"迷茫感"时的自我觉醒能力有着相关关系，即学校的级别越高，其新生走出"迷茫感"并找到努力的方向就越快，如中央部属院校的新生有更强的自我觉醒意识，能够较快摆脱"迷茫感"时期，找到自己的人生定

①②③　引自访谈资料：12-3，第9页。
④⑤⑥　引自访谈资料：12-3，第14~15页。

位,反之亦然。

一年级新生入学后产生"迷茫感"的表现及其思考:

(1)新生"迷茫感"的表现及其原因:大学新生对大学生活有着童话般的梦想,可是主观梦想与现实之间存在差距,由此感到迷茫;新生认为其所入学校和专业不理想,由此产生无奈感;新生难以确立新的人生目标,由此产生"茫然感"和"担忧感"。其原因如下:一是高考招生制度与考生选择专业之间的矛盾是新生"迷茫感"产生的原因之一;二是高中和大学两种不同的教育体制之间缺乏过度期,新生在两种教育体制间突然转换,导致其难以适应大学生活;三是来自家长的期待与新生期待之间的矛盾,使新生产生压力,感到迷茫;四是高校专业课程设置、教师的教法、教材的使用与新生的实际需求不适应;五是新生的思维方式和学习习惯不适应大学的学习,从而产生迷茫。

(2)消除大一新生"迷茫感"的思考与建议。大学新生的"迷茫感"只是反映在大学新生身上的表象,其实质是表象背后存在着一系列教育问题,如高中与大学之间的制度设计问题、学校针对新生的特别教育问题、大学对学生进行思想政治教育问题,学校与家庭联合教育问题等。只有解决这些实质性的问题,才能标本兼治。具体建议如下:

一是实现高中教育与大学教育两种体制的对接,高中需适当吸收大学的建制结构,创设高中与大学深入交往的机制,使高中生提前熟悉大学的教育体制结构、专业设置、教师队伍等要素,推进高中生由被学习、被选择的被动习惯,转为向着主动学习、自我选择的主动习惯方向发展,培养学生主动选择和确立自我人生目标的能力,学校和教师做学生自我选择人生目标的引导者。

二是高校针对大一新生的特点,制订以新生确立人生目标为主题的系列教育计划,因为一些新生和家长对于上大学常有一种认识误区,如上了大学就完成人生重大任务了,家长由此疏于对孩子的管理,新生也有放松的想法。殊不知上大学是新的人生里程的起点,是新的挑战的开始,因此对新生加强人生理想教育和确立人生目标恰逢其时。

三是加强大学一年级世界观、人生观和价值观教育的综合体系建设,如教学系统、学工系统和教学行政管理系统都围绕着对大学新生的世界观、人生观和价值观教育这一主题融入日常工作中。

四是提高学生的辩证思维能力,将学生的唯物辩证思维能力教育渗透到各门课程的教学之中。

五是加强学校与一年级新生家长之间的联系,发挥家长对孩子的监督和管理作用。

附　录

中共中央宣传部　教育部关于印发《〈中共中央宣传部　教育部关于进一步加强和改进高等学校思想政治理论课的意见〉实施方案》的通知

教社政〔2005〕9号

各省、自治区、直辖市党委宣传部、党委教育工作部门、教育厅(教委),新疆生产建设兵团党委宣传部、教育局,有关部门(单位)教育司(局),教育部属各高等学校:

为深入贯彻《中共中央国务院关于进一步加强和改进大学生思想政治教育的意见》(中发〔2004〕16号)精神,做好《中共中央宣传部教育部关于进一步加强和改进高等学校思想政治理论课的意见》(教社政〔2005〕5号)的实施工作,现将《〈中共中央宣传部教育部关于进一步加强和改进高等学校思想政治理论课的意见〉实施方案》印发给你们,请认真贯彻执行,执行中遇到的问题请及时报教育部。

附件:《中共中央宣传部关于进一步加强和改进高等学校思想政治理论课的意见》实施方案

中共中央宣传部　教育部

二○○五年三月二日

《中共中央宣传部 教育部关于进一步加强和改进高等学校思想政治理论课的意见》实施方案

为贯彻落实《中共中央国务院关于进一步加强和改进大学生思想政治教育的意见》(中发〔2004〕16 号)和全国加强和改进大学生思想政治教育工作会议精神，充分发挥高等学校思想政治理论课在大学生思想政治教育中的主渠道作用,现就《中共中央宣传部教育部关于进一步加强和改进高等学校思想政治理论课的意见》(教社政〔2005〕5 号)(以下简称《意见》)提出如下实施方案:

一、高等学校思想政治理论课(简称"思政课")的课程设置

(一)本科课程设置

4 门必修课:

1. 马克思主义基本原理(简称"原理") 3 学分

2. 毛泽东思想、邓小平理论和"三个代表"重要思想概论(简称"概论") 6 学分

3. 中国近现代史纲要(简称"纲要") 2 学分

4. 思想道德修养与法律基础(简称"基础") 3 学分

另外,开设"当代世界经济与政治"等选修课。

(二)专科课程设置

2 门必修课:

1. 毛泽东思想、邓小平理论和"三个代表"重要思想概论 4 学分

2. 思想道德修养与法律基础 3 学分

(三)本、专科学生都要开设"形势与政策"课,本科 2 学分,专科 1 学分。有关具体要求按照《中共中央宣传部教育部关于进一步加强和改进高等学校学生形势与政策教育的通知》(教社政〔2004〕13 号)规定执行。

（四）民办高等学校和中外合作高等学校的课程设置，按照本规定执行。

（五）成人高等学校的课程设置，参照本规定执行。

（六）研究生（包括硕士生、博士生）的课程设置，另行通知。

二、本科、专科必修课程的基本内容

（1）"马克思主义基本原理"，着重讲授马克思主义的世界观和方法论，帮助学生从整体上把握马克思主义，正确认识人类社会发展的基本规律。

（2）"毛泽东思想、邓小平理论和'三个代表'重要思想概论"，着重讲授中国共产党把马克思主义基本原理与中国实际相结合的历史进程，充分反映马克思主义中国化的三大理论成果，帮助学生系统掌握毛泽东思想、邓小平理论和"三个代表"重要思想基本原理，坚定在党的领导下走中国特色社会主义道路的理想信念。

（3）"中国近现代史纲要"，主要讲授中国近代以来抵御外来侵略、争取民族独立、推翻反动统治、实现人民解放的历史，帮助学生了解国史、国情，深刻领会历史和人民是怎样选择了马克思主义，选择了中国共产党，选择了社会主义道路。

（4）"思想道德修养与法律基础"，主要进行社会主义道德教育和法制教育，帮助学生增强社会主义法制观念，提高思想道德素质，解决成长成才过程中遇到的实际问题。

三、课程设置实施工作的基本要求和时间安排

高等学校思想政治理论课课程设置实施工作是一项政治性、政策性和科学性很强的工作，要严格按照《意见》和本方案实施。要尊重教育教学规律，充分考虑本科、专科教学的特点和内容要求，充分考虑新课程设置方案与师资队伍、原有课程的衔接，从当前实际出发，着眼于教学秩序的稳定，按照整体推进、分类指导，先试点、后推广，突出重点、逐步过渡的原则，积极稳妥地做好实施工作。

高等学校思想政治理论课新课程设置方案，从 2005 级学生开始，在中

宣部、教育部的领导下进行试点；从 2006 级学生开始,全国普通高等学校普遍实施。除试点学校外,2005 级(含 2005 级)以前的学生,仍按照"98 方案"开设相关课程。

成人高等学校、民办高等学校和中外合作高等学校的本科、专科同类课程的开设时间可参照上述相关规定执行。

研究生(包括硕士生、博士生)的课程设置在没有作出新安排前,仍按照"98 方案"开设相关课程。

四、教材编写、教学研究、教师培训和学科建设

做好高等学校思想政治理论课课程设置实施工作,必须把教材建设、教学研究、师资培训和学科建设放在重要位置,切实抓紧抓好。

第一,要加强对教学大纲和教材编写工作的领导和管理。高等学校思想政治理论课教学大纲和教材编写纳入马克思主义理论研究和建设工程,作为重大项目集中全国教学科研力量组织编写。中宣部、教育部联合成立高等学校思想政治理论课教材编写领导小组。组建由多方面专家组成的高等学校思想政治理论课教材编审委员会。按课程组建教学大纲和教材编写组,编写组实行首席专家负责制。按照定向申报,择优遴选,集中编写的方式,编写教学大纲和一套试用教材。经教材编审委员会审议后上报审定。

第二,要加强教学研究。重点加强对各门课程的教学目的、主要内容以及理论体系和教学体系的研究,加强各门课程之间以及与中学相关课程之间相互关系的研究。加强教学方法的研究,优化教学手段。开展教学观摩活动,组织社会考察。组织制作"精彩一课"、多媒体课件,实现立体化教学。组织研制全国高等学校思想政治理论课教育教学资料数据库,为高等学校思想政治理论课教育教学和科研搭建信息资料服务平台。

第三,要加强对思想政治理论课教师的培训。新课程开设前,要抓紧组织好对所有任课教师的培训。以掌握教学大纲的基本要求,熟悉教材,了解教学方法、手段为重点,着力提高教师的思想政治素质、专业水平和教学能

力。中宣部、教育部负责组织中央部委直属高等学校思想政治理论课骨干教师的培训，各省(自治区、市)宣传部门、教育部门负责组织本地骨干教师的培训，各高等学校负责本校教师的培训和集体备课工作。

第四，要大力加强学科建设。中宣部、国务院学位委员会、教育部抓紧开展设立马克思主义一级学科的有关工作。高等学校要加强"马克思主义理论与思想政治教育"硕士点和博士点的建设。要积极开展马克思主义理论体系研究，开展马克思主义发展史、马克思主义中国化研究，开展中国近现代史研究，开展思想政治教育研究，为加强高等学校思想政治理论课建设，培养思想政治教育工作队伍提供有力的学科支撑。

五、加强实施工作的领导，认真做好各项工作

高等学校思想政治理论课新课程设置实施工作，是贯彻落实《意见》的一项重要举措。各地宣传部门、教育部门和高等学校要高度重视，切实加强领导，认真组织实施，确保正常的教学秩序，确保教师队伍的稳定，确保课程设置方案的顺利平稳过渡。

各地党委宣传部门要加强对实施工作的宏观指导，及时提出工作意见，加强组织协调工作。各地教育部门要负责实施工作的具体落实，抓好检查和指导工作。各高等学校党委要切实负起政治责任，把稳定教师队伍，提高教师素质作为当前加强和改进思想政治理论课的一项基础性工作来抓，做好思想政治理论课教师的思想政治工作和队伍建设工作。要组织教师认真学习《意见》，统一思想，提高认识。要抓住新课程开设前的过渡期，积极做好准备。要根据教学需要，科学合理地组建教学单位，加强培训任课教师，妥善安排换岗教师，严把新进教师准入。

参考文献

一、经典著作

1.《马克思恩格斯文集》(第1、2、4、8、9卷),人民出版社,2009年。

2.《列宁文集》(第2、3、4卷),人民出版社,1995年。

3.《毛泽东文集》(第3、4、8卷),人民出版社,1999年。

4.《邓小平文选》(第1—3卷),人民出版社,1993、1994年。

5.《习近平谈治国理政》(第二卷),外文出版社,2017年。

二、中文著作

1.毕润成:《科学研究方法与论文写作》,科学出版社,2014年。

2.蔡晓良:《马克思主义理论教育评价》,社会科学文献出版社,2009。

3.常永军,崔永学:《思想政治教育原理概论》,辽宁大学出版社,2008年。

4.陈飞:《回归生活世界:思想政治教育研究的一个视角》,人民出版社,2014年。

5.陈立思、张耀灿:《比较思想政治教育》,中国人民大学出版社,2011年。

6.陈万柏,张耀灿:《面向21世纪课程教材〈思想政治教育原理〉》(第三版),高等教育出版社,2016年。

7.陈锡喜:《意识形态:当代中国的理论和实践》。中国人民大学出版社,

2018年。

8.陈向明、林小英:《如何成为质的研究者:质的研究方法的教与学》,教育科学出版社,2004年。

9.陈向明:《教师如何做质的研究》,教育科学出版社,2001。

10.陈向明:《社会科学研究:方法评论》,重庆大学出版社,2006年。

11.陈向明:《在行动中学作质的研究》,北京:教育科学出版社,2003年。

12.陈向明:《质的研究与社会科学研究》,教育科学出版社,2000年。

13.陈向明:《质性研究:反思与评论》(第1卷),重庆大学出版社,2008年。

14.陈向明:《质性研究:反思与评论》(第2卷),重庆大学出版社,2010年。

15.戴钢书:《大学生社会主义核心价值理念培育质性研究》,人民出版社,2009年。

16.丁建新、区鉷:《叙事的批评话语分析:社会符号学模式》,重庆大学出版社,2007年。

17.丁三东、王岫庐:《质性研究的伦理》,重庆大学出版社,2008年。

18.杜芳琴:《妇女与社会性别研究在中国(1987—2003)》(内部资料),天津人民出版社,2003年。

19.杜芳琴:《赋知识以社会性别》(内部资料),天津师范大学妇女研究中心编印,2000年。

20.杜凤琴、王政:《社会性别》(1),天津人民出版社,2004年。

21.范明林、吴军:《质性研究》,上海人民出版社,2009年。

22.风笑天:《现代社会调查方法》,华中科技大学出版社,2005年。

23.冯刚、王树荫:《思想政治教育研究热点年度发布》(2017),团结出版社,2018年。

24.冯刚、沈壮海:《思想政治教育学科30年发展研究报告》,光明日报出版社,2014年。

25.冯刚、沈壮海:《中国大学生思想政治教育发展报告》(2013),北京大学出版社,2013年。

26.冯刚:《高校思想政治教育创新发展研究》,中国人民大学出版社. 2009年。

27.甘霖:《思想政治教育研究文库:高校实践育人研究》,人民出版社,2015年。

28.古学斌:《本土中国社会工作的研究、实践与反思》,社会科学出版社,2004年。

29.顾海良、刘书林:《思想理论教育前沿问题研究:〈思想理论教育导刊〉文萃》,高等教育出版社,2013年。

30.郝保权:《多元开放条件下中国社会主义意识形态安全研究》,人民出版社,2018年。

31.侯勇:《思想政治教育学理论前沿问题研究》,中国社会科学出版社,2018年。

32.胡志刚:《价值相对主义探微》,上海世纪出版集团,2012年。

33.黄清:《质的课程研究》,广东高等教育出版社,2006年。

34.黄蓉生:《马克思主义思想政治教育经典著作选读》,高等教育出版社,2011年。

35.黄志斌:《国家级精品课程教材:当代思想政治教育方法论》,合肥工业大学出版社,2012年。

36.季海菊:《新媒体时代高校思想政治教育的解构与重塑》,东南大学出版社,2014年。

37.金一虹、史丽娜:《中国家庭变迁和国际视野下的家庭公共政策研究》,南京师范大学出版社,2014年。

38.李才俊、唐文武:《网络视角下的思想政治教育方法新探》,西南交通大学出版社,2014年。

39.李慧英:《社会性别与公共政策》(之二),中国社会科学出版社,2014年。

40.李剑:《中国西部女童:西部三十名贫困女童学业成就提高的质性研

究》，中央编译出版社，2011年。

41.李伟：《思想政治教育的现代化转型及其构建》，中国社会科学出版社，2018年。

42.李晓凤、佘双好：《质性研究方法》，武汉大学出版社，2006年。

43.李颖：《基于哲学解释学视角的思想政治教育接受研究》，浙江大学出版社，2013年。

44.李征：《马克思恩格斯思想政治教育理论与实践研究》，北京大学出版社，2011年。

45.刘川生：《大学生日常思想政治教育实效性研究》，北京师范大学出版集团、北京师范大学出版社. 2009年。

46.刘建军：《寻找思想政治教育的独特视角》，中国人民大学出版社，2017年。

47.刘梦：《中国婚姻暴力》，商务印书馆，2005年。

48.刘明：《护理质性研究》，人民卫生出版社，2008年。

49.刘松：《思想政治教育方法的实效性研究》，湖北人民出版社，2008年。

50.罗洪铁：《思想政治教育基础理论研究》，西南师范大学出版社，2000年。

51.洛郁廷：《当代大学生思想政治教育》，中国人民大学出版社，2010年。

52.马振清：《思想政治教育前沿问题研究》，国家行政学院出版社，2014年。

53.倪梁康：《胡塞尔现象学概念通释》，生活·读书·新知三联出版书店，2007年。

54.欧阳康：《社会认识方法论》，武汉大学出版社，1998年。

55.乔以钢、关新平：《社会发展与性别研究》，南开大学出版社，2014年。

56.秦金亮：《质化研究心理学》，上海教育出版社，2012年。

57.佘双好：《思想政治理论课程教学法探析/高校马克思主义理论教学与研究文库》，人民出版社，2018年。

58.沈壮海、王培刚、段立国：《中国大学生思想政治教育发展报告》（2015），北京师范大学出版社，2016年。

59.沈壮海、王培刚、王迎迎:《中国大学生思想政治教育发展报告》(2016),北京师范大学出版社,2017年。

60.沈壮海、王晓霞、王丹:《中国大学生思想政治教育发展报告》(2017),北京师范大学出版社,2018年。

61.沈壮海、王培刚、段立国、王军:《中国大学生思想政治教育发展报告》(2014),北京师范大学出版社,2015年。

62.沈壮海:《思想政治教育有效性研究》,武汉大学出版社,2008年。

63.沈壮海:《思想政治教育有效性研究》,武汉大学出版社,2016年。

64.苏振芳:《当代国外思想政治教育比较》,社会科学文献出版社,2009年。

65.孙其昂:《思想政治教育现代转型研究》,学习出版社,2015年。

66.孙其昂:《思想政治教育学前沿研究》,人民出版社,2013年。

67.万光侠:《马克思主义人学视域中的思想政治教育范式转换研究》,山东人民出版社,2014年。

68.王海明:《伦理学方法》,商务出版社,2003年。

69.王金玲:《赋社会学以社会性别》(内部资料),天津师范大学妇女研究中心编印,2001年。

70.王金玲:《性别话语与社会行动》,社会科学文献出版社,2013年。

71.王平、张耀灿:《马克思主义经典著作导读》,中国人民大学出版社,2011年。

72.王爽:《新媒体时代大学生思想政治教育的挑战与创新》,中国言实出版社,2014年。

73.王天民:《大学生价值观与民族精神教育研究丛书:大学生思想政治教育创新研究》,北京师范大学出版社,2013年。

74.王学俭:《思想政治教育理论与实践问题的研究视角》,中国人民大学出版社,2017年。

75.[美]王政:《越界——跨文化女权主义实践》,天津人民出版社,2004年。

76.文军、将逸民:《质性研究概论》,北京大学出版社,2010年。

77.吴潜涛、徐柏才:《高校思想政治教育的理论与实践》,人民出版社,2012年。

78.谢守成、王长华:《思想政治教育研究文库:国际化视野下大学生思想政治教育创新发展研究》,人民出版社,2014年。

79.薛理银:《当代比较教育研究方法论研究——作为国际教育交流论坛的比较教育》,首都师范大学出版社,1993年。

80.严蔚刚:《思想政治教育中道德矢量问题研究》,人民出版社,2015年。

81.杨建义:《大学生思想政治教育路径研究》,社会科学文献出版社,2009年。

82.杨谦、李萍:《意识形态问题研究》,广西人民出版公司,2018年。

83.杨业华:《思想政治教育创新的价值基础》,中国社会科学出版社,2017年。

84.余宁平、杜芳琴:《不守规矩的知识》,天津人民出版社,2003年。

85.翟中杰:《网络思想政治教育过程导论》,人民出版社,2017年。

86.张澍军:《思想政治教育理论前沿论略》,人民出版社,2015年。

87.张澍军:《思想政治教育学科建设研究》,人民出版社,2014年。

88.张顺昌:《高校思想政治工作活动形式多样化研究》,中央文献出版社,2008年。

89.张耀灿、郑永庭、吴潜涛、骆郁廷:《现代思想政治教育学》,人民出版社,2006年。

90.张瑜:《思想政治教育研究文库:高校网络思想政治教育发展与创新研究》,人民出版社,2014年。

91.张志丹:《意识形态功能提升新论》人民出版社,2017年。

92.郑新蓉:《赋教育以社会性别》(内部资料),北京师范大学内部编印,2001年。

93.郑永廷:《思想政治教育方法论》(修订版),高教出版社,2012年。

94.郑永廷主编,刘树林、沈壮海副主编:《思想政治教育学原理》(马克思主义理论研究和建设工程重点教材），高等教育出版社，2016年。

95.中共中央党史和文献研究院编:《十八大以来重要文献选编》(下)，中央文献出版社，2018年。

96.中国人民大学马克思主义学院、中国人民大学马克思主义理论教育研究所组编:《马克思主义理论与思想政治教育研究》，中国人民大学出版社，2016年。

97.朱继东:《新时代党的意识形态思想研究》，人民出版社，2018年。

98.邹绍清:《当代思想政治教育方法论发展研究》，人民出版社，2013年。

三、外文译著

1.[英]G.E.M.安斯康姆:《意向》，张留华译，中国人民大学出版社，2008年。

2.[美]J.Amos Hatch:《如何做质的研究》，朱光明、沈文钦、徐守磊、陈汉聪译，中国轻工业出版社，2007年。

3.[美]J.吉布森–格雷汉姆:《资本主义的终结——关于政治经济学的女性主义批判》，陈冬生译，社会科学文献出版社，2002年。

4.[美]Joseph A.Maxwell:《质性研究设计》，陈浪译，中国轻工业出版社，2008年。

5.[美]W.理查德·斯格特:《组织理论》，邱泽奇译，华夏出版社，2002年。

6.[美]阿莉森·贾格尔:《女权主义政治与人的本质》，孟鑫译，高等教育出版社，2009年。

7.[美]埃文·塞得慢:《质性研究中的访谈:教育与社会科学研究者指南》，周海涛译，重庆大学出版，2009年。

8.[德]爱德蒙德·胡塞尔:《现象学的观念》(五篇讲座稿)，倪良康译，人民出版社，2007年。

9.[美]奥利维雅·贾德森:《性别战争》，杜然译，山西人出版社，2010年。

10.[法]保罗·利科:《解释的冲突——解释学文集》,莫伟民译,商务出版社,2008年。

11.[美]大卫·A.欧兰德森:《做自然主义研究》,李涤非译,重庆大学出版社,2007年。

12.[美]大卫·希尔弗曼:《如何做质性研究》,李雪、李劼颖译,中国轻工业出版社2007年。

13.[美]丹尼·L.乔金森:《参与观察法》,龙筱红、张小山译,重庆大学出版社2009年。

14.[德]海德格尔:《存在论:实际性的解释学》,何卫平译,人民出版社,2009年。

15.[美]赫伯格·J.鲁宾、艾林·S.鲁宾:《质性访谈方法:聆听与提问的艺术》,卢晖临、连佳佳、李丁译,重庆大学出版社,2010年。

16.[德]黑格尔:《小逻辑》,贺麟译,商务印书馆,1982年。

17.[美]简·克兰迪宁:《叙事探究:质的研究中的经验与故事》,[加]康纳利译,北京大学出版社,2008年。

18.[美]杰梅茵·格里尔:《女太监》,欧阳昱译,上海文艺出版社,2011年。

19.[美]凯特·米丽特:《性政治》,宋文伟译,江苏人民出版社,2000年。

20.[美]凯西·卡麦兹:《建构扎根理论:质性研究实践指南》,陈向明、边国英译,重庆大学出版社,2009年。

21.[美]肯尼斯·赫文、多纳:《社会科学研究的思维要素》,李涤非、潘磊译,重庆大学出版社,2008年。

22.[美]莱斯特·恩布里:《现象学入门反思性分析》,靳希平、水軏译,北京大学出版社2008年。

23.[美]劳伦斯·纽曼:《社会研究方法——定性和定量的取向》,郝大海译,中国人民大学出版社,2012年。

24.[美]洛伦·S.巴里特、托思·比克曼、[荷]汉斯·布利克、卡雷尔·马尔德:《教育的现象学研究手册》,刘浩译,教育科学出版社,2010年。

25.[美]马茨·艾尔维森、卡伊·舍尔德贝里:《质性研究的理论视角:一种反身性的方法论》,陈仁仁译,重庆大学出版社,2009年。

26.[美]马歇尔、罗斯曼:《设计质性研究:有效研究计划的全程指导》(第5版),何江穗译,重庆大学出版社,2015年。

27.[美]迈尔斯、休伯曼:《质性资料的分析:方法与实践》(第2版),张芬芬译,重庆大学出版社,2008年。

28.[美]梅拉尼·莫特纳、玛克辛·伯奇、朱莉·杰索普、蒂娜·米勒:《质性研究的伦理》,丁三东、王岫庐译,重庆大学出版社,2008年。

29.[美]诺曼·K.邓津,伊冯娜·S.林肯:《定性研究:解释、评估与描述的艺术及定性研究的未来》(第4卷),风笑天等译,重庆大学出版社,2007年。

30.[美]诺曼·K.邓津、伊冯娜·S.林肯:《定性研究:经验资料收集与分析的方法》(第3卷),风笑天等译,重庆大学出版社,2007年。

31.[美]诺曼·K.邓津、伊冯娜·S.林肯:《定性研究:方法论基础》(第1卷),风笑天等译,重庆大学出版社,2007年。

32.[美]诺曼·K.邓津、伊冯娜·S.林肯:《质性资料的分析:方法与实践》(第2卷),风笑天等译,重庆大学出版社,2008年。

33.[美]乔纳森·特纳:《社会学理论的结构》(上、下),邱泽奇译,华夏出版社,2001年。

34.[加]让·格朗丹:《哲学解释学导论》,何卫平译,商务印书馆,2009年。

35.[法]让-吕克·马里翁:《还源与给予——胡塞尔、海德格尔与现象学研究》,方向红译,上海译文出版社,2009年

36.[美]莎兰·B.麦瑞尔姆:《质化方法在教育研究中的应用:个案研究的扩展》,于泽元译,重庆大学出版社。2008年。

37.[英]史蒂文·卢克斯:《道德相对主义》,陈锐译,中国法制出版社,2013年。

38.[美]塔玛·奇尔波、里弗卡·图沃-玛沙奇、艾米娅·利布里奇:《叙事研

究:阅读、分析和诠释》,王红艳译,庆大学出版社2008年。

39.[美]唐拿德·A.里奇:《大家都来做口述史》,王芝芝译,远流出版社,2006年。

40.[美]伍威·弗里克:《质性研究导引》,孙进译,重庆大学出版社,2011年。

41.[美]西蒙娜·德·波伏瓦:《第二性》,郑克鲁译,上海译文出版社,2011年。

42.[美]熊秉纯:《客厅即工厂》,重庆大学出版社,2010年。

43.[美]约翰·洛夫兰德、戴维·A.斯诺,利昂·安德森,林恩·H.洛夫兰德:《分析社会情境:质性情景与分析方法》,林小英译,重庆大学出版社,2011年。

44.[美]朱迪斯·巴特勒:《权利的精神生活:服从的理论》,张生译,江苏人民出版社,2009年。

45.[美]朱丽叶·M.科宾、安塞尔姆·L.施特劳斯:《质性研究的基础:形成扎根理论的程序与方法》(第3版),朱光明译,重庆大学出版社,2015年。

三、外文著作

1.Bryman, A. *Quantity and Quality in Social Research*. London:Unwin Hyman, 1988.

2.Denzin, N. & Lincoln, Y. *Handbook of Qualitative Research*. Thousand Oaks, CA:Sage Publications, 1994.

3.Jayartne & Stewart, A. *Quantitative and qualitative methods in the social sciences:Current feminist issues and practical strategies. In Fonow and Cook (eds.)Beyond Methodology:Feminist scholarship as lived research*. Bloomington, IN:Indiana University Press, 1991.

4.Joanna.E.M.Sale, etc. Revisiting the Quantitative-Qualitative Debate:Implications for Mixed-Methods Research, *Quality & Quantity*, 2002, Vol.36.

5.Joseph A. Maxwell, *A Realist Approach for Qualitative Research*. SAGE

Publications Inc,2012.

6.Lee Sechrest and Souraya Sidani,*Quantitative and Quali-tative Method: Is There an Alternative?* Evaluation and ProgramPlanning,1995,Vol.18.

7.Myers,M.D."Qualitative Research in Information Systems,"*MIS Quarterly* (21:2),June 1997.

四、期刊论文

1.[英]B.巴恩斯、D.布鲁尔:《相对主义、理性主义和知识社会学》,《哲学译丛》,2000年第1期。

2.宾凯:《超越绝对主义与相对主义——以卢曼的悖论解决方案为考察框架》,《上海交通大学学报》(哲学社会科学版),2013年第1期。

3.程仕波:《高校思想政治教育获得感的基本特征与提升路径》,《思想理论教育》,2017年第12期。

4.代玉启:《新时期思想政治教育内容与方法面临的挑战与发展要求》,《思想教育研究》,2015年第12期。

5.董晓蕾:《近年来思想政治教育方法论研究综述》,《思想教育研究》,2012年第2期。

6.杜海燕、张莉:《习近平思想政治教育方法探析》,《中北大学学报》(社会科学版),2018年第4期。

7.杜洁:《国际有关社会性别主流化的理论观点述评——基于《超越社会性别主流化》专辑的讨论》,《妇女研究论丛》,2013年第11期。

8.嘎日达:《论科学研究中质与量的两种取向和方法》,《北京大学学报》(哲学社会科学版),2004 年第1期。

9.高德胜、王瑶、张耀灿:《思想政治教育学的当代转向——应用思想政治教育的内涵与特征》,《思想政治教育研究》,2018年第5期。

10.高德毅、宗爱东：《从思政课程到课程思政：从战略高度构建高校思想政治教育课程体系》，《中国高等教育》，2017年第1期。

11.胡凤琴：《党的十八大以来思想政治教育方法的理论与实践创新》，《湖北社会科学》，2018年第3期。

12.黄蓉生、白云华：《新时期青年思想政治教育工作的行动指南——学习习近平总书记关于青年教育的论述》，《思想理论教育导刊》，2016年第6期。

13.江天骥：《相对主义的问题》，李涤非译、朱志方校，《世界哲学》，2007年第2期。

14.康秀云：《论十年来大学生思想政治教育的方法创新》，《思想理论教育导刊》，2012年第8期。

15.孔德生、张微：《思想政治教育方法的心理学载体研究》，《中国教育学刊》，2018年第S1期。

16.李江凌：《走出价值相对论》，《现代哲学》，2003年12期。

17.刘新庚、朱新洲：《关于思想政治教育方法规律的思考》，《中国高等教育》，2014年第23期。

18.吕薇洲、邢文增：《从金融危机看当代资本主义的矛盾与困境》，《郑州大学学报》（哲学社会科学版），2013年第4期。

19.孟婷、张树军：《思想政治教育方法论体系刍议》，《思想教育研究》，2014年第9期。

20.聂文军：《道德相对主义的多重合理性、挑战与续思》，《道德有文明》，2014年第1期。

21.聂文军：《论伦理相对主义与伦理绝对主义》，《吉首大学学报》（社会科学版），2012年第5期。

22.齐艳红：《关于分析马克思主义方法论的若干问题》，《哲学研究》，2013年第1期。

23.任志峰、杨晓慧：《大学生思想政治教育方法模式转换的历史轨迹与发展趋势》,《思想教育研究》,2012年第7期。

24.沈壮海、王迎迎:《2016年度大学生思想政治教育状况调查分析——基于全国35所高校的调查》,《中国高等教育》,2017年第11期。

25.史向军、夏玉汉:《增强高校思想政治教育的时代性——新时代高校思想政治教育贯彻落实党的十九大精神的几个维度》,《思想理论教育》,2017年第12期。

26.史小宁、权新月:《论思想政治教育话语权建设的方法论原则》,《思想教育研究》,2018年第1期。

27.唐正东:《历史唯物主义的方法论视角及学术意义——从对西方学界的几种社会批判理论的批判入手》,《中国社会科学》,2012年第5期。

28.万美容、何秀敏:《思想政治教育方法论研究进展》,《思想教育研究》,2014年第10期。

29.万美容、洪量:《思想政治教育方法论研究:回顾与反思》,《思想理论教育》,2014年第11期。

30.王辰:《基于微信的大学生思想政治教育方法研究》,《教育理论与实践》,2014年第30期。

31.王凤才:《从批判理论到后批判理论(上)——对批判理论三期发展的批判性反》,《马克思主义与现实》,2012年第6期。

32.王学俭、刘珂:《融入日常生活:思想政治教育的微观建构》,《思想教育研究》,2015年第2期。

33.王易、宋健林:《思想政治教育学科基本文献梳理的探索与实践》,《思想理论教育》,2017年第10期。

34.吴友军、牛洪顺:《同一性批判:从否定的辩证法到肯定的辩证法——阿多诺"否定的辩证法"新解》,《哲学动态》,2013年第4期。

35.项久雨、石海君:《高校思想政治理论课协同效应生成的三个维度》,《思想理论教育》,2018年第4期。

36.项久雨、吴海燕:《培育文化自信与价值观自信:当前大学生思想政治教育的着力点》,《思想理论教育》,2016年第10期。

37.杨晓慧:《论研究生思想政治工作的'五个统筹协调'》,《思想理论教育导刊》,2018年第5期。

38.于游、张树军:《中国梦融入大学生思想政治教育研究综述》,《思想教育研究》,2016年第3期。

39.袁伟:《网络思想政治教育方法与大学生社会主义核心价值观培育》,《教育探索》,2015年第9期。

40.张雷生:《马克思主义方法论与思想政治理论课教学》,《思想政治教育导刊》,2011年第9期。

41.张耀灿、钱广荣:《思想政治教育研究范式论纲——思想政治教育研究方法的基本问题》,《思想教育研究》,2014年第7期。

42.张毅翔:《思想政治教育方法创新四维趋势探微》,《思想教育研究》,2013年第7期。

43.郑永廷:《从思政课程到课程思政:从战略高度构建高校思想政治教育课程体系》,《思想理论教育》,2017年第1期。

后 记

　　本书写作缘起于对思想政治教育研究方法问题的思考。多年来,在思想政治教育领域运用量性研究方法的成果有限,运用质性研究方法的成果更是寥寥。一直以来,本人希望能在思想政治教育质性研究方面做点探索,但是探索之路无从借鉴,只能在研究的原野上跋涉,其艰辛只有走过来方能体会。

　　本书应两年前完稿,不幸本人因病被迫停笔,延至今日。历时三年,本书终于付梓,此时不禁感慨,感激与忐忑的心情交织在一起。

　　感激的是,在写作期间,得到了家人和朋友们的关心;得到了天津师范大学马克思主义学院德高望重的王秀阁教授的大力支持,可以说没有她的鼎力相助,本书难以从梦想变为现实,在此深表谢意!特别感谢天津人民出版社的黄沛社长、王康副总编和王倩编辑,她们对于书稿的出版给予全力的支持与配合,令人感动!王康副总编和王倩编辑业务精湛、不辞辛苦,全力以赴地推进本书出版的进程,在此深表感激之情!感谢天津师范大学马克思主义学院办公室主任王毅刚同志,他不惜在高温潮湿的暑期,烦劳学校多个部门,克服种种困难,解决了书稿出版过程中的难题,在他身上充分展示出了"服务"二字的内涵!

　　忐忑的是,因个人学术水平有限,在思想政治教育质性研究探索的路上,孤军奋战,无所借鉴,因此书中一定存在许多问题或瑕疵,恳请同行专家们、老师们、朋友们不吝赐教!

本书也是北京高校中国特色社会主义理论研究协同创新中心马克思主义与当代文化建设的研究成果。

李 红

2018 年 8 月 20 日